財經企管 549

# 永續發展新紀元

## The Age of Sustainable Development

傑佛瑞・薩克斯 Jeffrey D. SACHS 著

周曉琪、羅耀宗 合譯

# 永續發展新紀元

contents

The Age of Sustainable Development

**第 1 章　┃　導讀**　16

The Age of Sustainable Development

出版者的話

# 從貧窮、小康到永續發展
## —— 薩克斯激發台灣的省思

高希均

## ▎台灣要融入世界

　　對一個貧窮的社會，一個仍然落後的國家，最迫切的是要消除飢餓而能溫飽；消除文盲而能識字；消除普遍失業而有工作；哪有心思會去想到永續發展？

　　台灣很幸運地已從 1950 年代的落後，經過 1960—80 年代的經濟起飛，進入了小康的中產階級社會。此刻每人平均所得 22,000 美元，經過國際價格指數（PPP）的調整，上升到 44,000 美元，居然超過了法國（40,380 美元）、英國（39,460 元）、日本（39,060 美元）及韓國（36,250 美元）。

　　IMD 剛於五月公佈的全球競爭力排名，台灣在六十餘國家中排名第 11，高於中國大陸（22）及韓國（25）。

　　台灣在國際評比中有這樣相對優勢的排名，就迫使台灣社會要提升以及善盡國際一份子的責任，我們有能力也有道義，要融入世界潮流，共同來推動永續發展的理念與政策。

## ▎ 了解一連串的「大哉問」

這位國際著名、充滿人道關懷的經濟學者，繼二年前發表《文明的代價》後，又寫了一本人人可以讀懂，而且應當懂的好書。這位哥倫比亞大學講座教授，曾任聯合國秘書長特聘顧問，對蘇聯、波蘭、維多利亞等國家提供過經濟轉型改革策略，因其改革幅度要大，時間要快，被形容為「震撼療法」（shock therapy），曾受到質疑。美國《時代》雜誌曾經選他為「全球百大影響力人士」，法國媒體選他為「對全球化最有影響力的五十位領袖之一」。

我對台灣社會的一個憂慮，就是只關心自己「小確幸」的舒適圈，對身外之事與國外之事十分冷漠。如果花幾個晚上，看完這本書，你就變成了與世界接軌的世界公民；一瞬間，你的視野、格局，以及關心的議題就擴大了，這是何等的奇妙？你會感覺到人在吸收新知識後就是不一樣，談話的題材，思考的模式，閱讀的興趣，人生的方向，也會因此出現微妙的轉變，就會跳脫習以為常的時間安排；注入「閱讀」、「旅行」、「參加公益」、「吸收知識」的新養分；突然間，人生會出現新的轉變，新的活力，新的願景！

認真看完這本可讀性高的書，你就會開始關心，以及大體知道這些「大哉問」：

- 什麼是「永續發展」？
- 為什麼出現貧富不均的世界？
- 如何才能終結赤貧？
- 如何在能源、糧倉、人口等壓力下，面對「地球限度」（Planetary

boundaries）？

- 如何以社會包容性及道德標準面對社會分裂？
- 如何應對人類健康、糧倉安全、氣候變遷、生物多樣性消失及都市發展帶來的機會與威脅？
- 最後，人類如何同追求永續發展？

## ▌大家勇敢起步

我自己學的是經濟，關心的是教育，渴求的是和平，嚮往的是文明社會。三十年來經由遠見・天下文化事業群的出版的雜誌、書籍及舉辦各種論壇，我們就是努力提倡台灣要心無二用地邁向文明社會。文明社會是泛指匯聚的社群，具高度文化水準及科技發展，同時擁有多元創新的誘因，相互包容的生活方式，以及共同致力於永續發展。但這真是一條曲折漫長的路。透過薩克斯教授這本書，讓全球人類命運共同體的理念，逐漸深入人心，使古聖賢描繪的大同世界，能融入我們每一個人的言行之中。

美國最年輕的總統甘迺迪曾經說過：「我們需要的人是夢想素來不存在的事物，並且質問為什麼不？」讀完《文明的代價》，我的心得是：「不付代價，哪來文明？」讀完這本書，我的覺醒是：「不勇敢起步，哪來永續發展？」

（作者為遠見・天下文化事業群董事長）

「天下文化」近年出版過多本相關題目的重要著作，列舉如下：

1. 史迪格里茲：《世界的另一種可能》，2007 年 6 月出版
2. 佛里曼：《世界是平的》，2007 年 11 月出版
3. 佛里曼：《世界又平、又熱、又擠》，2009 年 2 月出版
4. 史迪格里茲：《失控的未來》，2010 年 6 月出版
5. 高爾：《驅動大未來》，2013 年 11 月出版
6. 哈拉瑞：《人類大歷史》，2014 年 8 月出版
7. 許倬雲：《現代文明的批判》，2014 年 9 月出版
8. 寇伯特：《第六次大滅絕》，2014 年 11 月出版
9. 朱雲漢：《高思在雲》，2015 年 1 月出版
10. 奈思比：《全球大變革》，2015 年 4 月出版
11. 高希均：《開放台灣》，2015 年 5 月出版

# 齊力打造共存共榮的未來

潘基文

永續發展是當前的核心挑戰。

世界正承受極大壓力，貧窮繼續困擾著一些社區和家庭，氣候變遷威脅人的生計，衝突激烈，分配不均日益加深……除非我們改弦更張，否則危機只會加深。

因此，全球領導人都在努力推動一項新的發展大計——包括一套具體明確的永續發展目標——以協助人類走向安全和繁榮之途。

對我們來說，極其要緊的一件事，是了解世界各地如何確實做到永續發展。我的特別顧問薩克斯教授寫的這本書，提供了資訊豐富的全貌，也概述種種機會、挑戰與風險。我相信，不論對國家、都市、企業、家庭，甚至個人來說，本書會是實用的指南。

解決貧窮、饑餓和疾病，每一個人都責無旁貸。在借鏡聯合國千年發展目標（Millennium Development Goals）的同時，更應推而廣之，過渡到永續發展的道路上。對此，我們樂觀以對。

　　如今，我們擁有成功所需的技術和知識，只要人人都能奉獻一己之力，我們會是終結赤貧的第一代，也將是面對氣候變遷威脅生存的最後一代。

　　你的能力和努力，將有助於我們往永續發展的目標更靠近。結合眾人之力，打造共存共榮的未來，讓地球上的每一員都過著有尊嚴的生活。（本文作者為聯合國祕書長）

前言

# 新紀元、新使命

　　我們已經踏進一個新紀元，全球社會脣齒相依的程度前所未見。商業、觀念、技術、人員，甚至流行病，都以絕無僅有的速度和強度跨界流動。我們分享新資訊時代的激情，也分擔環境破壞的憂慮。企業的作為、技術，以及人口的規模和年齡結構，都在迅速改變。這裡面有新的機會，也有新的風險。基於上述理由，我想，我們已經到了永續發展的紀元。

　　我將在書內說明，永續發展不僅將重點放在經濟、社會和環境的相互連結上，以觀察世界，同時也結合經濟發展、社會包容和環境永續於一體，描述我們如何渴望過像樣生活。簡單的說，這既是分析性理論，也是「規範性」或倫理性框架。很快的，我們就要用新的全球性目標，也就是「永續發展目標」（Sustainable Development Goals）來描述。

　　還有一些強有力的觀念，也表達了這個紀元的嶄新特質。走在前端的地球科學家，造出人類世（Anthropocene）一詞，希臘字根的意思是「人類」

（anthropo）和「世」（cene）。人類世正是指地球上我們目前所處的這個前所未見的時期中，地球的實體變化，包括氣候、生物多樣性、化學都是由人類的活動驅動的。知名的生態學家以「地球限度」的觀念解釋，人類的活動如果超出那些極限，就會引爆地球進入未曾經歷和危險的氣候破壞、喪失生物多樣性，空氣、土壤、海洋化學性質出現重大改變。這些都是新永續發展紀元所要面對的真實狀況。

　　另一方面，我們的地緣政治也在迅速改變之中。原本美國、蘇聯兩強對立的世界，現在變得更為錯綜複雜。如今，有許多區域性強權和約二百個國家並存，其中不少是新的國家，體質脆弱。在這個新的多極世界，必須找到方法，以維繫和平、追求經濟發展，並且面對過去聞所未聞的環境挑戰。新的全球治理模式，將在達成新永續發展目標的過程中，扮演關鍵角色。

　　值此時刻，我樂於和各位分享這些觀念。儘管前方面對的挑戰十分重大、史無前例，但我們仍期盼有朝一日能結束極端貧窮，保護地球免於毀壞。希望這本書有助於我們找到新的途徑，也期待無數年輕讀者和學子，很快就成為新紀元中，富有創意且願意奉獻投入的領導人。

# 1 ┃ 導讀

## ▌永續發展是什麼？

### 是一種分析性、規範性的概念

　　永續發展是當代的核心概念；既是了解這個世界的方式，也是解決全球問題的方法。「永續發展目標」將是下一世代在面對全球經濟外交工作時，一項重要指標。本書將帶你踏進這個迷人又關鍵的領域。

　　一切始於這顆擁擠的星球。現在，地球上有 72 億人口，約為 1750 年工業革命展開時估計 8 億人的九倍之多。人口持續成長，每年增加約 7,500 萬人，到 2020 年代就有 80 億人，2040 年代初也許將有 90 億人。數十億的人，正尋找自己的立足之地。窮人拚死拚活尋找生存所需的食物、安全的飲水、健康照護和棲身之所。活在略高於貧窮線以上的人，想方設法讓孩子過好一點的生活，擁有更光明的未來。高所得國家的人民則希望，科技進步能帶來更多福祉。巨賈們似乎也競相躋身「全球最富有人士」之林。

　　總之，72 億人都正設法改善經濟，透過貿易、金融、技術、生產流動、遷徙和社群網路，在日益脣齒相依的世界中做這件事。現在估計，世界經濟規模每年有 90 兆美元的產值（稱為世界生產毛額，Gross World Product，GWP）。金額之大，前所未見。根據粗略的統計，這個 GWP 至少是 1750 年的二百倍大。事實上，我們很難做這種比較，因為構成今天世界經濟的大部分貨物和服務，250 年前根本不存在。

世界經濟十分巨大且成長迅速（每年成長 3% -4%），可是各國之內、國與國之間，所得分配高度不平均。我們的世界有傳說中的巨富和赤貧：數十億人享受著過去難以想像的長壽與健康，同時也至少有 10 億人一貧如洗，每天都在為生存而掙扎。最窮的那群人營養不足、缺乏健康照護、住在鄙陋不堪的地方、沒有安全的飲水和衛生設施。每天都面臨攸關生死的挑戰。

經濟不只顯著分配不均，也嚴重威脅地球本身。人類和其他物種一樣，都必須仰賴大自然供給食物、水等資源才得以生存，也需要在疾病和自然災害等可怕的環境威脅中求得安全。可是，依賴大自然恩賜或者科學家所說「環境服務」的人類，在保護自身賴以生存的實體基礎方面，表現卻是奇差無比！巨大的世界經濟也創造了巨大的環境危機，危及數十億人的生命和福祉，以及其他數百萬物種的生存。

環境遭受的威脅起於幾個面向。人類正在改變地球的氣候、淡水的供應、海洋的化學性質，以及其他物種的棲息地。這些影響十分巨大。地球本身，以及生命所依賴的一些關鍵運轉確實正在起變化，例如水、氮和碳的循環。我們不知道這些變化的確切規模、時間和涵義，但我們知道它們極其危險，在人類文明中前所未見。

因此，我們必須要談永續發展。做為一種知識性的探求，永續發展試圖理解三個複雜系統的互動：世界經濟、全球社會和地球的實體環境。72 億人和 90 兆美元的經濟規模是如何演變出來的？什麼原因導致經濟成長？為什麼貧窮持續存在？當數十億人透過市場、技術、金融和社群網路連結在一起，會發生什麼事？所得、財富和權力分配如此不均的全球社會，如何運轉？窮人能夠逃脫命運嗎？人與人之間的信任和同情，可以超越階級和權力的分界嗎？當世界經濟和實體環境相互衝突，會發生什麼事？有辦法改弦更張，結合經濟發展和環境永續嗎？

永續發展也是規範性的世界觀，它建議了一套世界應該努力追求的目標。世界各國將採行永續發展目標，目的正是為了協助引導未來經濟與社會的發展方向。就這個層面的意義來說，永續發展希望經濟進步普遍存在；赤貧得以被消滅；透過強化社區的政策，鼓勵社會信任；保護環境不致因為人類的活動而退化。為此，永續發展建議採行全方位的架構，追求經濟、社會和環境目標。也就是說，永續發展目標呼籲，經濟成長需要兼顧社會包容性、環境永續性。

為實現永續的經濟、社會和環境目標，也必須達成第四個目標：良善治理（good governance）。各國政府應當執行許多核心職能，讓社會得以欣欣向榮。包括提供健康照護和教育等社會服務；提供道路、港口和電力等基礎設施；保護個人免遭犯罪和暴力行為傷害；促進基礎科學和新技術；以及執行保護環境的法令規定。以上所說，當然只是人們對政府所抱期望的一小部分。然而，不少人經常得到相反的東西：貪瀆腐敗、戰爭，以及公共服務匱乏。今天，良善治理一詞不能只用於政府，許多跨國公司往往是最強大的行為人。我們的福祉經常取決於這些強大的公司是否遵守法令規定、尊重自然環境，友善它們所在的社區，特別是要克服極端的貧窮。和我們對政府的期待一樣，現實往往相反。跨國公司經常成為公共權力腐敗的代理人，不時賄賂官員以扭曲法規或財稅政策、逃稅、洗錢，以及不顧後果地破壞環境。

也就是說，永續發展的規範面必須包含四大基本支柱：經濟繁榮；社會包容性和凝聚；環境永續；以及政府和企業的良善治理。這不是件容易的事，不乏各式各樣的挑戰，然而這件事攸關重大。在這個擁擠、分配不均和退化的星球上，實現永續發展，是我們這一代所面對的最重要挑戰。2015 年到本世紀中葉這段期間，永續發展目標必須做為未來發展的圭臬。

　　走筆至此，容我以簡短篇幅，略述永續發展概念的歷史。「永續」（sustainable）一詞用於生態系統，可以追溯到很久以前。例如漁業管理人員採用「最大永續量」（maximum sustainable yield）的概念，表示每年容許的最大撈捕量。1972 年，在斯德哥爾摩舉行的聯合國人類發展會議，首次將追求經濟成長和發展的同時，維持永續是各國必須正視的當務之急。同年，羅馬俱樂部（Club of Rome）出版的暢銷書《成長的極限》（*Limits to Growth*），提出強烈警告：人類若繼續以現行的方式推動經濟成長，衝撞地球有限的資源，將導致未來因寅吃卯糧而崩壞。

　　雖然永續發展的挑戰在 1972 年就已浮現，這個名詞本身卻在 8 年後，才在深具影響力《世界保育策略：永續發展的生存資源保育》（*World Conservation Strategy: Living Resource Conservation for Sustainable Development*）這份報告中被正式提出。報告的前言即開宗明義指出：

　　人類在追求經濟發展、享受大自然的豐饒時，必須與有限的資源和生態系統承載能力的現實，取得妥協，同時也必須考慮未來世代的需求。

　　而這份文件的目的，正是「透過生存資源的保育，協助促進永續發展的實現」。聯合國環境與發展委員會（United National Commission on Environment and Development）的後來在報告中採用這個詞，使它廣為人知。該委員會主席是格羅・哈萊姆・布倫特蘭（Gro Harlem Brundtland）博士，所以一般稱之為「布倫特蘭委員會」。這個委員會為永續發展的概念下了一個經典的定義，沿用 25 年之久：「永續發展指的是，發展能夠滿足目前的需求，卻不犧牲未來的世代，而致他們無法滿足自身的需求。」

　　永續發展的「跨世代」概念被廣泛採用。1992 年里約地球高峰會議所發布的「里約宣言」，即聲明「今天的發展不可威脅今世和後代的需要。」

　　隨著時代變遷，永續發展的定義更加務實：減少聚焦在跨世代的需求上，而更著重於連結經濟發展、社會包容性和環境永續的全方位方法。2002年，在約翰尼斯堡舉行的聯合國世界永續發展高峰會（World Summit on Sustainable Development）上，提出執行計畫，便提及「整合永續發展的經濟發展、社會發展和環境保護三個組成元件，以做為互相依存、彼此強化的支柱」。跨世代正義的概念繼續存在，僅次於強調經濟、社會和環境目標三者兼顧的全方位發展。

　　2012年，里約高峰會在20周年之際，再次強調永續發展三管齊下的願景。在一份會後總結的文件《我們要的未來》（*The Future We Want*）中，以如下的方式談永續發展的目標：「我們也重申，必須藉以下各點實現永續發展：促進永續、包容和公平的經濟成長，為所有的人創造更大的機會，減低分配不均，提高基本生活水準；提升公平的社會發展和包容；以及促進自然資源、生態系統的整合與永續性管理，特別是用以支持經濟、社會和人類發展。在面對新挑戰時，持續促進生態系統的保育、再生、修復與韌性。」

　　此外，這份文件也宣示永續發展目標如下：「永續發展目標應該以平衡的方式，處理和納入永續發展的三個面向及其連結……我們也強調永續發展目標應該以行動為導向、簡潔且易於溝通、數量有限、振奮人心、放諸四海皆準、普遍適用於所有的國家。同時，也考量不同國家的現狀、能力和發展水準，尊重各國本身的政策和優先要務……適當的情況下，各國政府應致力推動執行永續發展目標，所有關係人也應積極參與。」

　　本書的最後一章將更詳細討論永續發展目標。在此之前，我將使用目前三頭並進的永續發展概念。此外，我會將永續發展當作分析性的研究領域，以解釋並預測人類與自然體系間複雜、非線性的交互作用。接下來，讓我們來談談這個名詞的分析性意義。

## 擁抱複雜

　　永續發展不僅是個規範性（倫理性）的概念，也是一門複雜系統（complex systems）的科學。一個系統指的是一組交互作用的組成元件，加上規範它們之間作用的規則，構成彼此連結的整體。大腦是由相互作用的神經元所構成的系統，人體是由約 60 兆個細胞構成的系統，那些細胞在各個器官系統（循環系統、神經系統、消化系統等）以交互作用。經濟則是由千百萬個個人和企業，因為市場、契約、法律、公共服務和法令規定而綁在一起所構成的系統。

　　我們稱這些系統為「複雜」，是因為這些交互作用產生的行為和型態，不容易從組成元件察覺到。有意識的大腦不能歸結為一張神經元和神經遞質清單；意識等機能取決於神經元之間高度複雜的交互作用。活細胞不只是細胞核、核醣體和其他元件的總和；新陳代謝、基因表達之類的系統，更是取決於組成元件之間高度複雜的交互作用。同樣的，成長中的經濟不只是個別企業和勞工的總和。科學家說，複雜系統具有浮現性質（emergent properties），意思是，這些特徵會在組成元件的交互作用中浮現，產生「比各部分的總和還要多的」某種東西。

　　複雜系統有許多始料未及的特點。它們常以非線性的方式，回應各種震撼或變化。意思是，即使只是各組成元件的輕微改變，也會引起整個系統的大變化，甚至災難。細胞化學性質的小小改變，可以導致它死亡；實體環境的小小改變，可能導致環境中相對豐富的物種出現巨大變化。單一企業倒閉，會引發金融恐慌和全球性的經濟低迷，例如 2008 年 9 月雷曼兄弟（Lehman Brothers）事件。單一銀行倒閉、單一的感染，或者地球溫度略有變化，都可能引發連鎖反應，帶出爆炸性的後果。

　　永續發展不只涉及一個系統，而是四個複雜的交互作用系統。它所探討的全球經濟，現在橫跨世界上的每一個地方；聚焦於信任、倫理、分配不均和社區中的扶持網（因為資訊和通訊技術革命才可能出現的全球線上新社群）之間的社會互動，也分析複雜的地球系統的變化，例如氣候和生態系統；它研究治理方面的問題，包括各國政府和企業的表現。不論經濟、社會、環境和治理，其複雜系統的特質都十分明顯。

　　人的思維也保持某種複雜性。相信永續發展問題可以歸結成一個想法或者一個解決方案，那就錯了。「豐饒之中的貧窮」這類複雜現象，成因很多，難以做出單一診斷或開立單一處方；環境惡化或社區因不信任和暴力而被撕裂得支離破碎，情形也是一樣。醫生接受訓練，以了解並回應人體這個複雜系統，他們知道發燒或疼痛可能有不計其數的原因。醫術精湛的醫生，部分工作是對某個特定病患發燒的具體原因做出鑑別診斷。熟練的永續發展實務工作者，也必須是複雜系統專家：承認問題的複雜性，並且設法對每個特定案例做出特定診斷。

## 科技發展的角色

　　上海的磁浮列車（圖 1.1）是令人驚歎的技術傑作，能以超過 200 英哩的時速，載運乘客往返上海市和國際機場之間。這是歐洲和中國的工程公司聯手合作的產物，已經營運了 10 年。這個實例說明了，新技術如何藉改善運輸服務、提高能源使用效率，轉向清淨、低碳的能源系統，實現永續發展的目標。這組磁浮列車是靠電力驅動，不像以前各代的軌道列車那樣必須燒煤或石油。如果磁浮列車使用的電力，最後是用低碳的初級能源（primary energy），而非中國今天的發電主力煤炭，那麼城市間的電氣鐵道也會促使我們，從化石燃料改用風能、太陽能等更安全的低碳能源。本書稍後會談到，這將減輕污染和人為的氣候變遷。

　　在整個永續發展研究過程中，會談到技術的三個面向。第一，技術的進步是全球經濟成長的主要動力。世界經濟自 1750 年以來快速成長，從蒸汽機、蒸汽動力運輸開始，再歷經內燃機、電氣化、工業化學、科學農業、航空、核電，以及今天的資訊和通訊技術……倘若沒有這些進展，早在幾十年前，甚至幾個世紀前，世界經濟和人口數便已停止成長。

　　其次，科技的進步往往帶來負面影響，即使它們的直接作用極其正面。燃煤既是工業革命的標誌，也是當前環境危機的禍源。我們可以說，蒸汽機的發明，加上人類利用石化燃料為動力，促成了現代的文明。然而用煤的規模如此巨大，產生的副作用如此可怕，它反而成為了文明的威脅。2010 年，人類因為燃煤而排放了約 140 億公噸的二氧化碳，接近總量的一半。除非迅速淘汰用煤，或者搭配新科技使用，例如稍後會談到的碳捕獲和封存，地球和全球經濟將遭到難以承受的破壞。

　　第三，技術的進步在某種程度上是由人引導的。有些時候，技術的進步被人形容成一張巨額彩票，由運氣或個別發明家、科學家的技能決定。另外，技術的進步有時被視為只是在追隨市場的需求；企業投資於研究發展，是為了追求利潤。他們所做的研究，終究是市場尋求的挑戰，不見得對窮人或環境非常重要。技術的變遷還有另一面，就是我們可以刻意透過公共和民間研究發展的互動，將之導向有益人類的目標。

　　政府為了「國家的理由」，亦即軍事目的，而引導技術的發展方向。這樣的想法，我們習以為常。長久以來，各國政府延聘工程師、發明家設計與建造新武器及國防能力，取得許多開創性的技術突破。第一次世界大戰掀起航空業長足進步的序幕，第二次世界大戰在電腦、雷達、半導體、火箭、抗生素、通訊等，以及國家資助的其他不計其數的研究領域取得驚人進展。例如美國「曼哈頓計畫」（Manhattan Project），滙聚世界頂尖物理學家於一堂，設計製造出第一枚原子彈。

　　我們當然希望能透過和平手段而實現技術的進步。事實上，即便政府常將軍事目的放在心上，但政府支持民間技術進步的紀錄確實可圈可點。近幾十年來，網際網路的資訊技術、航空、全球定位系統之類的太空技術、基因學、奈米技術和其他無數領域的技術進步，在很大的程度上都要歸功於政府支持開發。

　　身處永續發展的時代，我們需要這種定向式的技術變革，以開發永續能源、運輸、建築、糧食生產、健康照護、教育和更多領域的新技術。各國政府勢必將依賴許多政策工具，選定方向，推展創新，包括投入資金進行研究發展、公立實驗室直接研究、改善法令規定、獎勵新發明、修改專利法、鼓勵針對特定疾病進行研究。

※ 圖 1.1 上海的磁浮列車
資料來源：*"The Shanghai Transrapid maglev train,"* Lars Plougmann, Flickr, CC BY-SA 2.0.

## 永續發展做為規範性方法

　　永續發展是理解世界的一種方式，因為這個世界的經濟、社會、環境和政治體系之間，存在複雜的交互作用。同時，它也是一種規範性或倫理性的世界觀，我們用它來定義運作良好的社會應該追求什麼目標，好讓當今和未來世代的公民享有應得的福祉。就規範性的意義來說，永續發展敦促我們以全方位的眼光，觀察一個好的社會應該是什麼樣子。最簡單的答案是：良好的社會是富裕的社會，經濟和政治生活的終極目的就是提高所得。但是，這種看法顯然過於侷限。

　　一個社會可能因為某個人是超級富豪，其他人都很窮，平均起來仍是富裕的社會。多數人並不認同這樣的社會能為公民帶來福祉；人們關心的不只是平均所得，還有分配狀況。

　　關於福祉的分配，至少有 5 件事值得關切。一是赤貧。是不是有人置身於富饒之中，卻仍然極其貧困？二是分配不均。富人和窮人之間的差距非常大嗎？三是社會流動性。今天的窮人能夠期待將來在經濟上出人頭地，還是往上爬的障礙很高？四是歧視。有人因為在群體中的身分不同而受到不利對待，例如婦女、少數族群、宗教少數團體或原住民？五是社會凝聚力。社會因為不信任、敵意、冷嘲熱諷，以及缺乏共同的道德準則而撕裂嗎？

　　永續發展需要面對這些問題，呼籲社會致力終結極度貧窮；縮短貧富之間明顯的差距；建立高度的社會流動性，包括出生於窮人家的小孩仍有明亮的人生機會；不因性別、族群、宗教、人種而歧視；培養社會信任、相互扶持、道德價值和凝聚力。基本上，我們可以用「社會包容」（social inclusion）一詞，總結這些目標。

　　好社會的另一個面向，是當自然環境的好管家。如果我們破壞水和生物多樣性的實體系統，傷害海洋和雨林，損失將難以估量。如果我們將來走的

路，是繼續從根本上改變地球的氣候，我們將面臨嚴重的危險。因此，從規
範性的角度來看，如果我們在乎（是應該在乎）子女、孫子女……世世代代
的福祉，走向永續之路，肯定正確且不得不然。

我們也關心政府的運作。良善治理和法治會讓人產生安全感和幸福感。
另一方面，貪污腐敗、目無法紀、政客不受信賴、政府提供的服務不公平、
嚴重歧視、內線交易等，會製造大量的不滿。研究證實，當人民信賴政府，
對生活的滿意度和幸福感都將大增。遺憾的是，許多地方的人們不信任政府
會以誠實、公平的態度對待他們，也不會給他們基本的安全保障。總之，他
們有太多理由不信任政府。

因此，從規範性的角度來看，我們可以說，一個好社會不只是經濟繁榮
的社會（平均每人所得高），也是社會包容、環境永續和良善治理的社會。
這是我對永續發展的規範性目標所下的定義。這個觀點，是聯合國會員國贊
同的。我們要處理的根本問題，在於如何運用我們對經濟、社會、環境和治
理四者相互關聯的知識，去判斷如何產生繁榮、包容、永續和良善治理的社
會；也就是，如何實現永續發展目標。事實上，的確能夠運用一些強而有力
的方式，使永續發展成為全人類的共同目標。

## 取捨與綜效

在追求經濟、社會和環境目標時，一般認為需要做出重大取捨。例如，
人們一向相信，社會可以努力追求變得富有，或者努力追求分配公平，但如
果目的是更為公平，社會最後會變得比較不富有。依這種觀點，所得和公平
是相互替代的。講白一點，這方面的辯論往往在於「把經濟的餅做大」，還
是「把餅分得更公平」。人們經常認為，環境方面也存在類似的取捨：貧窮
的社會必須在成長和環境間做出選擇。

　　經濟學家常以「效率」和「公平」來形容這種選擇。前者是指經濟中沒有浪費。傳統觀點認為，我們沒辦法提高一個人的所得或福祉，而不降低另一個人的所得或福祉，因為餅本質上就是那麼大。公平是指平均分餅，但是不要忘了，所謂平均，標準可能因人而異。再重複一次上面說過的觀點：效率和公平必須有所取捨。以這種傳統看法來說，社會的目標如果是追求更為公平，那麼經濟面勢必帶來低效率的問題，導致資源的浪費。例如，對富人課稅，將所得分配給窮人，可能會同時降低兩者的工作誘因，因為前者有部分所得必須繳稅，後者不必太辛苦工作也能享有更多。結果可能比較公平，但代價是犧牲效率、降低產出。

　　這種觀點過於悲觀。本書將一再說明為什麼投資於公平，也可能投資於效率，以及為什麼注意永續發展，可以同時更為公平、更有效率。用兩個簡單易懂的例子來說明。假設對富人課稅，不是用於供窮人消費，而是投入於窮人的教育和健康，對窮人來說，健康和教育的投資報酬率很可能非常高，有助於他們大幅提高生產力。如果富人的工作努力幾乎不受課稅影響，而窮人的生產力大為提升，結果可能很容易既提高效率，也分配得更加公平。同樣的，投資於污染防治可能會因為減少疾病和缺勤，而提高勞工的生產力，尤其是居住在污染最嚴重地區的窮人的生產力。污染防治因此達成三個目的：高產出、更公平和更永續。這些情況中，永續發展在追求效率、公平和永續的過程中，帶來的是綜效，不是取捨。

## ▌ 經濟成長概述

### 經濟規模的測量

　　經濟學家通常以「每人國內生產毛額」（Gross Domestic Product，GDP），

總結一國的整體經濟發展狀況。GDP 測量一段期間（通常是一年）一國內部總生產的市場價值。「每人平均國內生產毛額」（GDP per capita，即「人均GDP」）的計算很簡單：拿 GDP 除以人口。GDP 是指整塊經濟大餅的大小，人均 GDP 就是指每人平均分得的那塊餅的大小。當然，任何一國的實際所得分配都不平均。有些家庭拿到很大的一塊餅，其他家庭分得的不過是麵包屑。儘管如此，平均每一塊的大小，也就是人均 GDP，相當貼近其他的國民福祉量數，例如預期壽命、教育水準、基礎設施的品質、個人消費支出水準等，只是相關性沒有那麼完美。

關於 GDP 的測量，有幾件事必須一提。第一，GDP 測量一國境內的生產。這不同於該國居民賺得的收入。假設某個國家是石油出口國，政府擁有三分之二的石油，外國公司擁有三分之一。GDP 會計算那個國家內部生產的所有石油，但國民所得只包括政府擁有的三分之二石油。以所得為基礎的量數，我們稱之為「國民生產毛額」（GNP）。這個例子中，GNP 低於 GDP。

第二，GDP 是以市場價格測量產出。經濟中的每一筆產出，例如穀物、汽車生產、理髮及公寓出租，都是拿生產數量乘以每單位的價格，而計算出生產價值。把這些數字加總，便是 GDP。這種情況下，每個國家的 GDP 是以本國貨幣表示，例如美元、披索、歐元、日圓、人民幣、韓圜等。如果要比較不同的國家，就得將各國的貨幣單位依市場匯率轉換為美元。這一來，我們就有跨國比較 GDP 的共同標準。將一國的 GDP 除以該國的人口，算出人均 GDP，可用以顯示各國的相對生活水準。一國之內，依各個家庭的所得分配高低來看，生活水準會有差異。

可是這種比較有個問題。不同的國家中，相同產品的價格即使以美元表示，也很可能不一樣。假設在第一個國家，全國理髮師銷售了 5,000 萬美元的理髮服務，而在第二個國家，他們賣出 2,500 萬美元的服務。如果兩個國家的理髮價格相同，那麼說第一個國家銷售的理髮次數是第二個國家的兩倍,這樣的結論正確無誤。然而如果第一個國家的理髮市場價格是第二個國家的兩倍,那麼兩國的理髮次數其實相同,即使第一個國家的理髮服務銷售額是兩倍高。

當我們比較 GDP 時,我們想比的是實際的貨物和服務數量,不只是因為市場價格不同而產生的差異。因此,為了正確比較不同國家的 GDP,統計學家決定使用一組通用的國際價格,將每個國家的生產和消費加總。經過調整後的這個量數稱為「購買力平價」(purchasing power parity,PPP)。使用一組共同的國際價格,可以確保每個國家的 GDP 以 PPP(或者國際價格)測量時,每一塊錢購買貨物和服務的購買力相同。

第三,我們也必須指出,GDP 只測量在市場經濟中交易的貨物和服務,不包括市場之外發生的交易,例如家庭中的生產。當一位母親照顧自己的孩子,褓姆服務不會計入 GDP;如果母親收費照顧鄰家的孩子,這種褓姆服務就會算成是 GDP 的一部分。此外,GDP 不測量經常伴隨生產而來的「公害」或損傷,例如工業污染或者戰爭破壞造成的成本。因此,人均 GDP 只能粗略顯示平均每人真正的經濟福祉。污染、自然災害、戰爭可能令高所得國家的人民痛苦,GDP 卻沒有反映那些社會成本。

## 定義經濟成長

若問任何一位經濟政策制定者,他們國家的主要經濟目標是什麼,答案通常千篇一律是「經濟成長」。每一天,報紙都會刊登主要經濟體最近的成長率,並且評論未來的成長展望。可是經濟成長到底在測量什麼?用最簡單的方式來說,經濟成長測量一段期間內 GDP 的變化,例如今年相對於去年,或者今年本季(1-3 月)相較於前一季(去年 10-12 月)。經濟成長意味著 GDP 有增加。

再次強調。如果 GDP 成長 100％，即規模增為 2 倍，但人口倍增，那麼經濟大餅的平均每一塊大小維持不變。因此，我們對經濟成長的關注通常是在人均 GDP 上，而不是 GDP 本身。

此外，我們感興趣的是實際貨物和服務產出的增加，而不僅是貨物和服務的價格上漲。舉個例子來說，某個鋼品生產國，每噸鋼售價 500 美元，那麼對 GDP 的貢獻是 500 美元。要是鋼品價格漲為每噸 1,000 美元，而產量仍然是 1 噸，即使經濟的實際產量沒有變化，鋼品對 GDP 的貢獻還是增為 1,000 美元。因此，我們通常對以固定價格計算的 GDP 感興趣，而非當時價格。例如，即使將來市場價格波動不定，我們可能仍決定接下來幾年每噸的鋼品都以固定價格 500 美元測量，即所謂「依固定價格計算的 GDP」。

為什麼我們對以固定國際價格測量人均 GDP 那麼感興趣？正如前面提到的，這個量數往往和其他的繁榮指標有關。當人均 GDP 增加，經濟福祉通常會上升。較富裕的國家，人均 GDP 也較高，相較貧窮的國家享有更高的物質福祉，例如較高的消費水準、較強的糧食保障、壽命更長，面對疾病和環境災難相對較少，發生暴力和戰爭的可能性較低。生活在較富庶社會中的人，當他們以主觀的方式評估自己的生活時，也經常表示滿意度更高。這一點，下一章會討論。

儘管如此，人均 GDP 上升絕非完美的福祉量數。一國的人均 GDP 增加，但許多人的處境變糟，這種情況完全可以想像得到，當社會中只有少部分人受惠於較高的生產時，情況便是如此。或者，以市場為基礎的產出增加，卻被市場之外的「公害」抵消，例如空氣和水污染等環境破壞發生，也可能會出現這種事。

且讓我們將焦點放在以固定國際價格測量的人均 GDP。好消息是，數十年來，全世界經濟一直在成長。這表示，如果我們把每個國家以固定國際價格測量的 GDP 加起來，並稱那個和數為「世界生產毛額」（GWP），然後除以世界人口，算出人均 GWP，會發現人均 GWP 以每年約 2％到 3％的速度平穩增加。反過來說，這種全球性的成長也反映了各國經濟的成長（以人均 GDP 測量），並促成了其他物質福祉的成長，例如健康改善、教育水準提高、糧食溫飽更有保障（卻也讓人更加肥胖，唉）。

　　關於經濟成長，有個簡便的經驗法則稱為「70 法則」。以世界經濟成長率來說，假設人均 GWP 每年增加 2％，拿 70 除以年成長率，本例是 70 除以 2，得 35，便是經濟規模倍增所需的年數。所以說，經濟每年成長 2％，需要 35 年的時間才會加倍；如果全球經濟成長率升溫為每年 4％，倍增時間就會縮短為 17.5 年。

　　接下來要說的重點是：世界經濟自 18 世紀中葉的工業革命起持續成長。經濟歷史學家安格斯・麥迪森（Angus Maddison）對經濟這門專業做出重大的貢獻，他估計了自西元西元 1 年以來、這段相當長的時期內的人均 GDP，以 1820 年後最詳盡。他以 1990 年的國際價格測量每個時期、每個國家的 GDP，結果顯示 GWP 從 1820 年的 6,950 億美元增為 2010 年的 41 兆美元左右。這段期間，世界人口從約 11 億上升到 69 億。也就是說，人均 GWP 從 651 美元增加到 5,942 美元。

　　若換算成年增率，成長有多快？我們可以用下列方程式算出 1820 到 2010 年這 190 年間的平均成長率 g：

**（2010 年每人 \$GWP）／（1820 年每人 \$GWP）＝ \$5942 ／ \$651 ＝ (I+g)** [190]

　　得出 g 為 1.1％。也就是說，自 1820 年以來，平均每年成長率為 1.1％。如果我們計算 1970 到 2010 年，會發現每年高達 1.5％。

　　圖 1.2 畫出從西元 1 年到 2010 年，以固定國際美元測量出的每人 GWP

粗估值。當然，早期的實際人均 GWP 是根據粗略的估計值，而非精確資料。不過，我們還是能從這張圖中看出一些端倪。在過去兩千年的歷史中，大部分時候經濟幾無成長，或者根本沒有成長。每人 GWP 到了 1750 年左右才開始上升，而且起初增加得非常緩慢。人類歷史上，經濟成長是最近才有的事，不過 2 個世紀多一點而已！經濟歷史學家稱 1750 年起的時期為「現代經濟成長時期」。從圖 1.2 可以看出，即使工業革命始於 18 世紀中葉的英國，到了 19 世紀，全球才明顯感受到。

可以說，人類的大部分歷史中，平均每人產出都很低，大約只夠生存。多數人住在農場，種植糧食自給自足。食物足堪維持生命，一旦遇到乾旱、洪災、熱浪或者蟲害襲擊，收成可能下降，人會餓死，甚至大量死亡。1750年左右起，經濟開始成長。起初只有幾個地方，包括英國和美國，之後成長擴散到世界各地，只不過分布相當不平均。

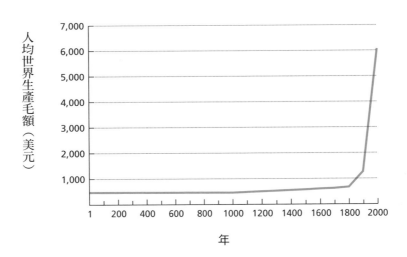

※ 1.2　人均世界生產毛額，1990 年國際美元

資料來源：*Bolt, J., and J. L. van Zanden. 2013. "The First Update of the Maddison Project: Re-Estimating Growth Before 1820." Maddison Project Working Paper 4.*

　　GWP 上升和工業的崛起有關，例如採煤、煉鋼、紡織生產。事實上，我們稱 1750 年左右到 1850 年的第一次經濟起飛為「工業革命」。1950 年之後，高所得國家的 GWP 上升則和服務業的興起有關。結果，每人產出或者人均 GWP 上升到高於維持生計的水準，而且在大約 250 年的期間內成長約 30 倍，某些國家的增幅更達 100 倍。

　　圖 1.3 顯示世界人口的變化，和圖 1.2 看起來很像。時間上溯到推定的人類文明開端，也就是距今大約 1 萬 2 千年。那個時候，人類從狩獵和採集食物轉為定居一處種植糧食，從遊牧民族變成住在固定村莊的農民。農業出現之前的這段期間，稱為舊石器時代，農業出現之後稱為新石器時代。

　　也就是說，全球人口和人均 GWP 一樣，在很長的時間內幾無改變，始終遠低於 10 億人。根據麥迪森的估計，大約西元 1 年，也就是在羅馬帝國時期，世界人口約為 2 億 2 千 5 百萬。西元 1000 年，人口為 2 億 6 千 7 百萬；

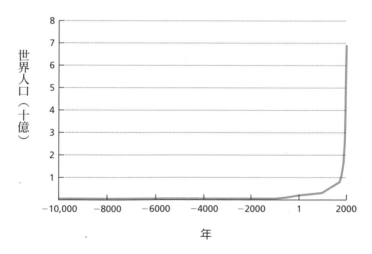

※ 圖 1.3 全球人口，西元前 10,000 年至 2010 年

資料來源：*Bolt, J., and J. L. van Zanden. 2013. "The First Update of the Maddison Project: Re-Estimating Growth Before 1820." Maddison Project Working Paper 4.*

1500 年約為 4 億 3 千 8 百萬；1820 年左右達到 10 億。因此，從西元 1 年到 1820 年，18 個世紀內，世界人口增為 4 倍，年成長率只有 0.08%。

　　然後，在工業革命的同一時期，人口掙脫自古以來的限制，轉為扶搖直上。1820 年左右，人類數目達到 10 億人，然後從 1820 到 1930 年約一個世紀內，增加第二個 10 億。接著，從 1930 到 1960 年，短短 30 年內增加第三個 10 億。世界人口從 1960 年的 30 億增為 1974 年的 40 億、1987 年的 50 億、1999 年的 60 億、2011 年的 70 億。請注意，近代幾乎都是在大約 12 年內增加 10 億人。

　　人口增加的一個明顯的理由是，人類能夠生產更多的糧食，餵養增多的人口。正如人類學會運用技術而邁向工業化，他們也學會如何利用技術來提高糧食的產量。1750 年左右之後，由於更優良的作物品種、更好的農業技術、使用化肥提高土壤的養分，以及利用機械播種、收割作物、處理食品，儲存和運輸食物到城市，農民因此能夠種植更多糧食。

　　我們勢將在 2024 或 2025 年，達到 80 億人，2040 年代初達到 90 億。在那之後的人口數字不是那麼明朗，但依目前的生育率和死亡率來看，還是會繼續增加。自 1800 年代初以來的人口增加，在人類史上前所未見，就像每人 GWP 那樣。事實證明，現代的經濟成長和人口增加傾向於齊頭並進，而且兩者間的關係錯綜複雜。

　　可以說，經濟的成長時代結合了每人產出增加和整體人口迅速成長。兩個動態合在一起，便是每個人的所得增加，以及地球上有更多的人。意味著整體的經濟活動大規模擴張。事實上，全世界的總產出，也就是 GWP，等於平均每人產出乘以世界人口，這個關係十分明顯：

**世界生產毛額（GWP）＝ 平均每人世界生產毛額 X 世界人口**

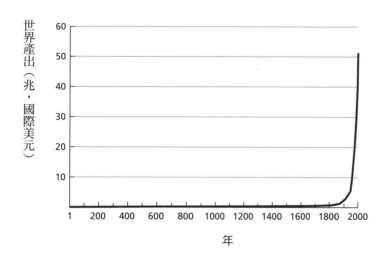

※ 圖 1.4 世界產出成長，1990 年國際價格

資料來源：*Bolt, J., and J. L. van Zanden. 2013. "The First Update of the Maddison Project: Re-Estimating Growth Before 1820." Maddison Project Working Paper 4.*

　　圖 1.4 畫出以固定的 1990 年國際美元測量，麥迪森估計的 GWP。由於從西元 1 年到 1800 年，人均 GWP 和人口都呈現幾乎沒有變化的相同型態，然後大幅上揚，所以 GWP 的圖具有相同的形狀。自 1800 年以來，世界產出激增約 240 倍。這對平均福祉（例如預期壽命更長）、工業化、都市化，當然還有環境威脅，都是一大推力。

## 中國最近的成長

　　放眼古今中外，找不到比中國的快速經濟成長更令人驚異的例子。不論從哪個層面來看，中國的成長都是首屈一指的。13 億人口的中國，發生任何重大事件，都會驚天動地。1978 年以來，中國也是史上成長最快的經濟體之一。從鄧小平開始，中國展開一些基本的市場改革，將國家推進到經濟成長的軌道上，GDP 平均每年成長約 10％。

　　拿前面提過的「70 法則」來說。成長 10％，表示中國的 GDP 大約每隔 7 年（70 除以 10）就增為 2 倍，十分驚人。近 35 年來，中國以這種超高的速率成長，所以經濟規模倍增大約 5 次（7 年倍增一次）。這又意味著，自鄧小平開放中國經濟的大門、接受市場力量和國際貿易以來，經濟成長了約 $2^5$ 倍，也就是 32 倍。1978 到 2013 年，人均 GDP 成長率略遜一籌，約為每年 9％，或者成長 11.8 倍。

　　這種非同小可的成長意味著什麼？要了解中國的成就，不妨以中國南部比鄰香港的深圳市為例來說。1980 年，深圳是以農為主的小地方，人口約 3 萬，如圖 1.5 所示。今天的深圳相較之下，如圖 1.6 所示。

※ 圖 1.5　中國深圳，1980 年

*"Looking northwest . . .," Leroy W. Demery, Jr., Flickr. Used with permission.*

　　現在，這座現代化都會區，有將近 1 千 2 百萬人，和 30 年前相比，不可同日而語。這種強勁的成長，是中國東部沿海地區的特色：沿岸城市成了國際貿易的重鎮。超過二億人從農村湧向城市，在製造業和服務業尋找新的機會。中國成為世界上最大的貿易國，也是世界的生產工廠。

　　中國的經驗標誌了現代經濟成長，不過那是加強版的成長。從農村走向城市，從農業走向工業和服務取向；從高生育率走向低生育率；從兒童高死亡率走向兒童低死亡率。預期壽命飆升，公共衛生改善，教育程度大幅上升。中國人口龐大，加上重視教育的傳統，每年拿到博士學位的人多於其他國家。這一切轉變，發生在不過 30 年多一點的期間，激勵許多國家起而仿效，致力終結境內的貧窮。

※ 圖 1.6 中國深圳，2013 年
*Reuters.*

　　然而,中國式的經濟成長並非有利而無弊,至少有以下三個嚴重缺點。第一,從農村快速轉型到都市,從農業走向工業和服務業,擾亂了數億人的生活,造成境內人口大規模遷移,也破壞家庭功能,父母親經常離鄉背景到城市找工作,把孩子留在鄉下給爺爺奶奶照顧。第二,所得分配不均激升,都市勞工的生活水準上升,鄉村的生活水準則經常處於停滯狀態。第三,環境遭到蹂躪,中國的大規模工業化,製造了大規模的污染。事實上,正如我們將看到的,中國的污染嚴重到造成大規模的疾病和死亡,尤其是心肺疾病、中風和癌症,減緩了中國預期壽命的成長。簡單的說,儘管中國的經濟快速成長,卻非永續發展,也就是兼具社會包容和環境永續的成長。

## 全球衛生大幅改善

　　全球人均 GWP 的成長也促使了公共衛生方面的改善。所得提高,代表糧食安全提升(不健康的飲食習慣也導致肥胖)。農業和工業技術的進步,也伴隨著健康技術的突飛猛進,包括抗生素、疫苗、診斷和手術大幅改進等醫療進步,以及供水普及、污水處理和家庭衛生等具有重大健康利益的其他領域的進步。

　　1950 年左右,每 1,000 名新生兒,估計有 134 名活不到 1 歲,這個數字稱作「嬰兒死亡率」(infant mortality rate,IMR),本例為 13.4%。今天,IMR 已經大幅下降到 3.7%,進展令人雀躍。但我們必須記住,這意味著每 1,000 名新生兒仍有 37 名因為瘧疾、肺炎、腹瀉或其他可預防的疾病,活不到 1 歲。也就是說,每年有約 500 萬名兒童(幾乎全在開發中國家)於 1 歲前死亡,約 600 萬於 5 歲前死亡。然而,嬰兒死亡率從 134 降到 37,仍代表了經濟發展和公共衛生系統的重大成就。

　　更多兒童活了下來,年齡較大的人健康改善,人類的預期壽命也顯著上升。上個世紀中葉，從 1950 年到 1955 年的 5 年間，世界人口的平均預期壽命是 47 歲左右，如今大約是 71 歲，高所得國家更高達 80 歲。壽齡大增，正是經濟成長和物質進步的另一項附加利益。

透過經濟成長實現繁榮，是永續發展的第一根支柱，如今已可大規模實現，也正在地球的廣大地區開花結果中。世界大部分地區都已受益於人均 GDP 上升，同時也出現幾個社會結構上的變化：從鄉村生活轉型到城市生活；幼兒死亡人數減少；多數人更健康長壽，預期壽命比 20 世紀中葉多出數十年。

中國的經驗也在其他國家複製，只是沒有那麼戲劇性。由此可見，高所得絕非少數國家的專利，事實證明大部分地方都能實現。然而正如中國的例子告訴我們的，即使是快速的經濟成長，也不足以確保福祉。經濟成長必須顧及包容性，不能把數百萬人拋在後頭。同時，也要考量環境永續性，這樣進步才不會破壞生物多樣性、土壤生產力、氣候與海洋。除非兼顧經濟成長、社會包容，以及環境永續，否則經濟效益很可能曇花一現，因為接下來的會是社會不安、環境災難的頻率增多。

## ▌ 豐饒仍見貧窮

從許多方面來看，我們已經活在豐饒的世界。經濟成長產生令人難以置信的財富，世界上大部分地方擺脫了嚴重的經濟困難。曾經非常貧窮的國家，例如中國，現在已是中等所得國家。儘管如此，仍有地方一貧如洗。如何協助仍然活在生存邊緣的人口，取得經濟成長、擺脫貧困，是當前最迫切的經濟挑戰。

圖 1.7 是住在衣索比亞北部提格雷省（Tigray Province）科拉洛（Koraro）村的一個小佃農，被驢子馱負的一大捆穀物遮住身影。這裡沒有現代化的運

※ 圖 1.7 衣索比亞北部小佃農的生活
*Photo courtesy of John Hubers.*

輸工具,沒有電力網,大地如焦土。貧窮的農村家庭在這個乾旱的地區勉強
維生,設法種植足夠的糧食,養活自己和家人。如果運氣不錯,也許會有點
剩餘的穀物可以帶到市場出售,賺點現金。

　　圖 1.8 是奈洛比的貧民窟街道。這是赤貧的都市面貌,有數億人住在世
界各地的都市貧民窟中,窮人和巨富比鄰而居。仔細一看,那是未鋪設的泥
濘道路,車輛難以通行。如圖所示,住在貧民窟中的人看得見頭上的電線,
卻窮到無法接電。這些人也可能缺乏現代的下水道系統或住家衛生設施,必
須在空曠的地方排便。甚至社區也缺乏公共用水,居民必須向水車買水。

※ 圖 1.8　肯亞奈洛比基貝拉的貧民窟
"*Scenes from the Kibera slum in Nairobi,*" *Karl Mueller, Flickr, CC BY 2.0.*

　　即使這些貧民窟居民生活在都會區，仍無法滿足基本的需求，獲得緊急健康照護、電力、充足的營養、乾淨的爐灶、安全的用水和衛生。他們可能四處打臨時工，勉強餬口，所得可能剛好只夠買最低限度的食物、水、衣服，擁有一個可以容身的住處。

　　赤貧是個多面向的概念。一般認為，貧窮代表缺乏足夠收入，赤貧的意義涵蓋了對食物、水、環境衛生、安全能源、教育和民生的基本需求無法獲得滿足。例如缺乏天然氣之類的安全能源，家庭只能用火爐燒柴，長期煙霧瀰漫，導致子女罹患呼吸道疾病；家庭無力讓子女接受像樣的學校教育，社區附近可能沒有學校，或者缺乏合格教師，或是學費超過家庭收入所能負擔。

　　生活在赤貧中的人，基本需求不能得到滿足，每天為了活得有尊嚴，甚至為了生存而掙扎。雖然近數十年來，赤貧人口一直在減少，數目仍高得驚人。有人估計超過 10 億人，甚至可能多達 25 億人。每天，有約 10 億人單單為了生存而掙扎，擔憂是否有足夠的食物；擔憂不安全的水會讓他們生病；擔憂孩子因被蚊蟲叮咬而喪命，因為他們負擔不起治療瘧疾所需的 80 美分用藥。

　　掙扎求生的故事，不論農村、都會都有。赤貧發生在哪裡？不妨看看世界各地的人均 GDP。一般來說，人均 GDP 低的經濟體有較多家庭活在赤貧狀態。圖 1.9 的世界地圖以各種顏色標示，購買力經調整後，不同的人均 GDP（以 2011 年的價格為準）。可以看得出來，差異很大。用藍色表示的國家，人均 GDP 超過 30,000 美元，包括美國、加拿大、西歐大部分國家、日本、澳大利亞，以及中東地區幾個盛產石油的小國。大體上說，這些國家已經完全消除赤貧。

　　淺藍色的國家人均 GDP 介於 12,000 至 30,000 美元，以世界標準來說仍算很高，包括以色列、韓國、紐西蘭、俄羅斯和中歐的幾個國家。紅色國家的人均 GDP 低於 2,000 元，人口集中在赤貧的程度也最高。從這張地圖，明顯可見最貧窮的國家集中在撒哈拉沙漠以南的熱帶非洲。這些熱帶非洲國家普遍都窮，約一半的人口活在赤貧之中。次貧的地區是南亞，包括印度、巴基斯坦、尼泊爾和孟加拉。即使南亞的人均 GDP 一般高於熱帶非洲，其經濟體卻有龐大人口，許多人生活赤貧。儘管非洲和南亞的赤貧家庭百分率節節下降，但要全面消除赤貧仍是一場巨大挑戰。本書會有一章詳談這個課題。

　　其他一些地方也散布著貧窮帶，例如南美內陸國玻利維亞，以及中亞的內陸國蒙古。這些國家的貧困程度都很高，地理處境艱難。經濟成長往往有賴於國際貿易，對於距港口幾百公里、甚至超過千里遠，且港口位於別國的國家來說，進行國際貿易十分困難。擁有港口的海洋國家，也經常對內陸鄰國存有敵意，有時會發動戰爭，企圖奪取海港。

　　圖 1.10 畫出赤貧的另一個面向：2008 年左右的嬰兒死亡率。活在赤貧中的嬰兒面臨疾病的挑戰，死亡風險遠高於非窮人家的孩子。不意外的，熱帶非洲和南亞部分地區也是兒童高死亡率的集中地區。

　　即使在多數人口已經擺脫赤貧的國家，貧民區還是存在。巴西便是個典型的例子。在巴西，多數窮人都能滿足基本需求（因此不應說他們活在「赤」貧之中），但和較富有的都市鄰居相比，他們還是窮得多且處境堪憐。有時，貧富之間的鮮明對比，就活生生出現在我們眼前。圖 1.11 就是里約熱內盧的都市樣貌，貧民窟和現代的高樓大廈比鄰而居。

　　永續發展能給活在赤貧的、相對貧窮中的人帶來希望。我們有一些務實的辦法，能協助窮人滿足他們的基本需求，幫助他們戰勝生存挑戰。本書稍後會詳細探討這些方法。

　　我們也注意到，貧窮的程度呈現很強的地理型態，這絕非巧合，我們將研究原因。地理會影響經濟上的很多事情，包括農業的生產力、傳染性疾病的發生、貿易的成本和能源的取得。本書稍後會探討這種地理因素。幸運的是，地理不是宿命。即使某一特定區域容易遭受特定的疾病襲擊，如瘧疾，現代科技也提供了解決方案。地理上的推論，有助於幫助赤貧的窮人脫離絕境。

## 經濟發展造成的全球環境威脅

　　永續發展給我們的重要訊息之一是：由於人類對自然環境造成前所未見的傷害，反而嚴重威脅自身的福祉，甚至可能危及生存。現在，GWP 是12,000 美元，全球人口達 72 億，意味著世界年產出至少是工業革命開始時的

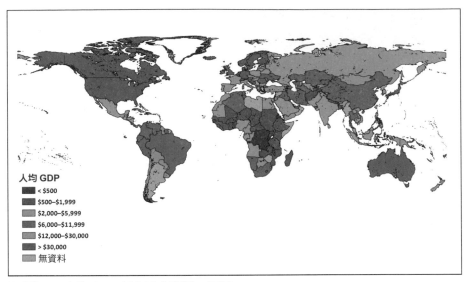

※ 圖 1.9　人均 GDP（2011 年價格，PPP）

資料來源：*World Bank. 2014. "World Development Indicators."*

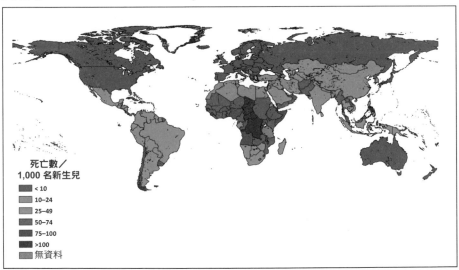

※ 圖 1.10　全球嬰兒死亡率（每千名 1 歲以下新生兒的死亡人數）

資料來源：*World Bank. 2014. "World Development Indicators."*

※　圖 1.11　里約熱內盧的富與貧
"*Rocinha_68860004,*" *matteo0702, Flickr, CC BY 2.0.*

100 倍。大規模的經濟活動正在改變地球的氣候、水循環、氮循環，甚至海洋的化學性質。人類占用許多土地，其他物種甚至因此遭到滅絕。

　　不論貧富，同樣感受到這場危機。2012 年 10 月底，超級風暴珊迪（Sandy）肆虐，警車在曼哈頓的街頭載沉載浮。這是近代襲擊美國東部沿海地區最強的風暴之一（圖 1.12）。即使科學家無法確定這場風暴異常猛烈的強度，是否跟人類造成的氣候變化有關，但他們可以確定，人類造成的氣候變化大大強化了這場風暴的衝擊力道。2012 年，美國東海岸的海平面大約比一個世紀前高了三分之一公尺，這是全球暖化導致海平面上升的結果。海平面升高，加劇了這場風暴帶來的水患。

　　跟氣候有關的災難不只這樁。那年稍早，由於中西部和西部的穀物種植區發生超級旱災和熱浪襲擊，美國的農作物損失很大（圖 1.13）。此後，美國西部有些地區持續苦於乾旱，2014 年加州久旱不雨的情況極其嚴重。

　　同樣在 2012 年，紐約市半個世界外的北京，在強降雨之後經歷特大的水患。曼谷在 2011 年 10 月也曾發生驚人的水災（圖 1.14）。印尼 2014 年初遭到特大洪水肆虐，澳大利亞則遭受另一次破壞性的熱浪。所有這些事件，都導致當地和全球經濟嚴重倒退、生命財產損失不貲，也干擾全球經濟的運行。例如曼谷的水患淹沒了汽車零組件供應商，世界其他地方的組裝線也紛紛停擺。

　　災害雖然各不相同，但是很明顯的，跟氣候有關的災難，不論數量還是嚴重的程度，都與日俱增。這種跟水、氣候有關的災害稱為「水文氣象災害」，包括強降雨、極端風暴、高強度颶風和颱風，以及水淹曼哈頓、北京和曼谷那種與風暴有關的洪水暴漲。大規模的乾旱導致非洲發生奪走人命的饑荒、美國的農作歉收，以及美國、歐洲、俄羅斯、印尼、澳大利亞等地的森林火災激增。和氣候有關的其他災難還包括疾病與蟲害蔓延，危及糧食供應和其他物種的生存。

　　這些威脅發生的頻率和嚴重程度已經大幅上升，還有可能進一步增加。正因為我們如此激烈的重新塑造地球的氣候、化學和生態系統，所以科學家給了我們這個時代一個新的科學名稱：人類世。意指當代人類的經濟成長帶來重大衝擊，嚴重干擾地球的實體和生物系統。

　　以科學家的語言來說，人類製造的改變正在「驅動」（driving）地球的物理和生物變化。「驅動」一詞似乎表示某人正牢牢掌控某件事，事實上科學家的意思是，人類正在造成巨大、嚴重，且極具破壞性的改變，可是大多數人，包括大部分政治領導人，對於眼前的危險理解甚少。

　　永續發展的研究，需要深入理解這些人為的變化。更重要的是我們應當改弦易轍，保護自己和後代。造成變化的主要因素之一，是人類大量使用煤、石油和天然氣等這些初級能源，也就是我們所稱的石化燃料。在燃燒煤、石油和天然氣過程中所產生的二氧化碳，是造成氣候變化的主要原因，但不是唯一。

圖 1.15 敘述了一個驚人的故事。這張圖呈現了過去 80 萬年內，大氣中二氧化碳的波動水準。測量單位是大氣中每百萬顆分子的二氧化碳分子數目。今天，每百萬顆分子有約 400 顆二氧化碳分子，即 400 ppm。看來似乎不大，只有 0.04% 而已，但這種濃度上的小小變化對氣候卻有很大的影響。

從圖的最左邊談起。80 萬年前，二氧化碳濃度約為 190 ppm，然後上升到約 260ppm 的高峰，在約 74 萬年前回跌到約 170ppm。大體而言，二氧化碳像鋸齒般那樣起落。這些波動是自然的，由地球環繞太陽的軌道型態變化造成的。這些變化包括軌道的形狀、地球距離太陽的輕微變化，以及地球的自轉軸相對於軌道平面的傾斜角度的波動，造成季節型態略有變動。當軌道的變動略傾向於使地球變熱，就會啟動一個回饋程序，導致溶於海洋的二氧化碳釋出，然後進入大氣，就像我們把一鍋蘇打水加熱，二氧化碳氣泡就會逸出那樣。大氣中的二氧化碳增加，又使地球變得更熱。我們說，二氧化碳增加是一種「正反饋」（positive feedback）：軌道的變動使地球稍微變暖，導致二氧化碳釋放到大氣中，溫度進一步上升。

科學家已經證明，當大氣中的二氧化碳濃度升高，地球傾向於變暖；當大氣中的二氧化碳重新被吸收到海洋中，濃度降低，地球往往變冷。事實上，地球曾經冷到出現冰河時期，北半球不少地方都覆蓋一層厚冰。科學家研究二氧化碳濃度和地球溫度的關係，發現兩者呈現正相關。

圖 1.15 顯示，地球在過去的 150 年內二氧化碳濃度扶搖直上。這不是因為地球軌道的自然變化所致，而是人類造成的：燃燒石化燃料。人類已經將大氣中的二氧化碳水準推升到 400 ppm，比過去 80 萬年中任何時候都要高。

※ 圖 1.12 超級風暴珊迪襲擊曼哈頓，造成嚴重水患，2012 年 10 月
*Hurricane Sandy Flooding Avenue C 2012," David Shankbone, Wikimedia Commons, CC BY 3.0.*

※ 圖 1.13 愛荷華州乾旱的玉米田，2012 年
*"Iowa County Drought," CindyH Photography, Flickr, CC BY-SA 2.0.*

※ 圖 1.14 曼谷的水災，2011 年
*"USS Mustin provides post-flood relief in Thailand," Jennifer Villalovos, U.S. Navy.*

事實上，上次二氧化碳濃度這麼高已是 300 萬年前的事，根本不在圖上！
300 萬年前二氧化碳這麼高時，地球遠比今天要熱。

　　你可能會想：既然如此，有什麼好擔心的？然而我們所有的文明、城市
的位置、農作物種類，以及讓工業運行的技術都是基於特定的氣候型態，而
那種型態很快就要從地球上消失。地球會比整個人類文明史熱很多；海平面
高出許多，威脅到沿海城市和地勢低窪的國家。由於高溫、新種類的蟲害、
乾旱、洪水、生物多樣性喪失等種種災難，農作物將屢屢嚴重歉收。我們將
仔細探究這些威脅。

　　幾年前一群科學家指出，人類所做的事不只破壞氣候，還破壞地球上的
幾個自然系統。破壞行為包括耗竭淡水來源；大量使用化學肥料造成污染；

海洋的化學性質改變；砍伐森林，以闢建新的牧場和農田；許多工業生產的過程，尤其是和煤的燃燒有關者，造成顆粒物污染。所有這些，深深威脅地球和人類的福祉。科學家認為，由於傷害的程度如此之大，人類正偏離地球的「安全運轉條件」（safe operating conditions）。這好比我們把車開離路面，掉進水溝，或者衝出懸崖邊。

　　科學家認為，我們迫切需要找出地球的安全運轉極限，或者用另一種方式來說，我們必須定義出人類不應冒險超越的「地球限度」。例如，把二氧化碳濃度推向 400 ppm 可能很危險，但把二氧化碳推向 450 ppm 可能是不顧後果的恐怖行為。耗盡一些地下水可能造成不便，但耗盡主要的地下含水層，可能帶來毀滅性的影響。略微提高海洋的酸度，可能不利於貝類生長，但海洋的酸度大幅提高，則可能殺死大量的海洋生物，包括人類的重要食物

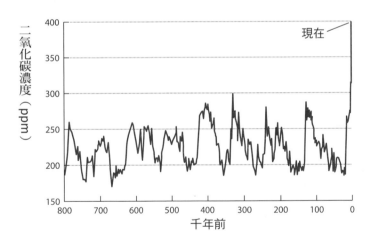

※ 圖 1.15　過去 80 萬年大氣中的二氧化碳濃度
資料來源：*Reprinted by permission from Macmillan Publishers Ltd: Nature, Lüthi, Dieter, Martine Le Floch, Bernhard Bereiter, Thomas Blunier, Jean-Marc Barnola et al. "High-resolution Carbon Dioxide Concentration Record 650,000–800,000 years Before Present," copyright 2008.*
註：冰芯的資料是 1958 年之前；莫納羅亞火山（*Mauna Loa*）的資料是 1958 年後。

供應來源。

　　圖 1.16 提供科學家對這些地球限度的想像。自 12 點鐘開始，順時針方向繞一圈，從氣候變化、海洋酸化起，我們看到人類有超越極限之虞的 10 個主要地球限度。紅色為底的部分標示科學家評估整個世界距超越每條邊界有多接近。以氮通量和生物多樣性喪失來說，整個切塊是紅的，我們已經超越了這些地球限度。至於其他的威脅，儘管我們仍距邊界一段距離，但每一切塊的紅色部分正在迅速增加。在 21 世紀，整個圓可能變為紅色，除非我們從根本改變策略。用另一種方式來說，人類將超越安全運轉上限，除非全世界都採用能夠實現永續發展的策略。

## 永續發展路徑

　　永續發展的分析面，是了解經濟、社會、環境和政治間的相互關聯。永續發展的規範面，則是採取某些行動以因應我們面臨的危險、設定永續發展目標和實現這些目標！最高目標應該是找到一條由地方和國家構成的全球路徑，齊力促進包容性和永續性的經濟發展，結合經濟、社會和環境目標於一體。唯有在政府和企業都能執行良善治理的情形下，才能實現這個最高目標。我要一再強調，良善治理有許多意思。不只政府，企業也是一樣。這意味著公共部門和民間部門的運作必須嚴守法治、負起責任、保持透明、回應利益關係人的需求，同時公眾要積極參與和土地利用、污染、政治與企業實務公平及誠信等有關的重要課題。

　　接下來的章節中，我會思考人類繼續走原路的含意，例如假設世界經濟仍靠石化燃料運行，大氣中的二氧化碳濃度會繼續迅速提升，或者假設農民繼續超抽地下水，導致含水層枯竭，本書稱這些情境為「我行我素」（business as usual）。另一方面則是人類大幅改弦易轍，盡早採用新技術，例如以太陽能發電替代燃煤發電，或者以更高的效率用水避免耗竭含水層，即所謂的「永續發展路徑」（Sustainable Development path），其目標不只在於追求經濟成長，也努力實現社會包容性和環境永續。

　　接著，我會對比前述兩種不同軌跡。如果繼續我行我素，會發生什麼事？世界當然會再進步，科學和技術不會停滯不前，窮人將受益於資訊和通訊技術的進步，例如透過免費的線上學習接受更高等的教育，貧窮將繼續減少。一、二十年內，富人可能更加富有，但最後分配不均日增、環境破壞日益惡化的負面後果，會排山倒海而來，進步終將盛極而衰。二百多年來的繁榮可能窒息而死，甚至毀於戰火之中。

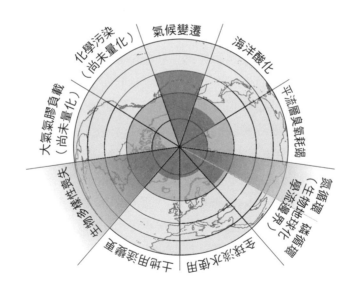

※ 圖 1.16 地球限度

資料來源：*Reprinted by permission from Macmillan Publishers Ltd: Nature, Rockström, Johan, Will Steffen, Kevin Noone, sa Persson, F. Stuart Chapin, Eric F. Lambin, Timothy M. Lenton et al.* "A Safe Operating Space for Humanity," *copyright 2009.*

　　至於永續發展目標呢？我們能找到石化燃料、地下水等的替代品，滿足人類的需求，卻不破壞實體環境嗎？有些關鍵性的解決方案，短期內可能比較昂貴，例如透過更好的特別設計、隔熱、材料和整體的系統策略，使用較少的能源以供應暖氣的建築物，或者電動車的電瓶仍然比一般燃燒汽油的內燃機昂貴。有些人擔心我們負擔不起永續發展的路徑，認為永續發展或許能「拯救」人類，卻以結束經濟進步為代價，因此永續發展目標不切實際，甚至不可能實現。本書的一大任務，正是要探究這樣的說法。事實上，如果我們很聰明且致力於研究並設計新的實務及技術，永續發展不但可行，也負擔得起。反而，我行我素最後會帶來毀滅性的後果。

　　實務上，永續發展本質就是以科學和道德為基礎的問題解決方法。我們真的面臨很多問題：身處富饒之中，卻有危及生命的貧窮；製造了貧富不均，現有的技術也跨越了地球限度。我們需要在相當短的時間內，也就是數十年，而非數個世紀，專心致志，協調各方面的努力，走向永續發展的軌道。為此，每個地方都必須參與解決問題、集思廣益、找出富有創意的新方式，以確保實現兼具包容性和永續性的成長。本書旨在對此做出貢獻。我們將釐清面對的挑戰、找出永續發展目標的最佳選項，並且確定這些目標能夠達成。

# 2 | 貧富不均的世界

## ▌各地所得情況

　　永續發展有三個主要的面向：經濟發展、社會包容和環境的永續，而所有這些都需要良善治理的支持。所謂的經濟發展該如何測量？在當今非常複雜且多元的世界，狀況如何？

　　經濟發展有許多不同的構面，需要許多測量方式來評估一國的發展進程。儘管如此，我們傾向於使用國內生產毛額（GDP）這個量數。GDP 意指發生在一國地理邊界內的總生產，通常以一年為期表示。如果我們只比較各國的總生產，會發現人口眾多的國家，生產比較高，因此為了解一個國家的生活水準，我們會看的是人均 GDP。

　　然而，人均 GDP 並非經濟發展的全面量數，因為它無法精確捕捉其他重要的福祉指標，包括人民的健康和教育。儘管如此，人均 GDP 仍是合理顯示許多面向現狀的第一個指標。事實上，人均 GDP 是世界銀行（World Bank）和其他國際組織用來總結一國當前發展水準的量數。

　　世界銀行根據一國的人均 GDP，將所有國家分為高所得、中所得和低所得三大類。依目前的標準，該國的人均 GDP 低於 1,035 美元，或者每天 3 美元左右，屬低所得國家。中所得國家的每人所得介於 1,035 美元到 12,615 美元之間。高所得國家在每人 12,616 美元的門檻之上。由於中所得國家相當多，再分為高中所得和低中所得，分界點是 4,085 美元。確實的分界點會視全球市場狀況的變化而定期調整。

　　圖 2.1 中，藍色底是高所得國家，包括美國、加拿大、西歐、日本、南韓、澳大利亞、紐西蘭等。地球上約 70 億人，有 10 億左右住在這些國家，占世界人口約 15%。綠色的中所得國家，涵蓋相當廣。事實上，每 7 個人就有 5 人屬中所得類別，共約 25 億人。紅色部分是低所得國家，大約 10 億人。這樣的分類呈現很強的地理型態：低所得國家主要集中在熱帶非洲和南亞，其他則散布在其他地方。請注意，熱帶非洲是指介於北緯 23.45 度的北迴歸線和南緯 23.45 度的南迴歸線之間的非洲部分，不計位於北非和南部非洲的國家。

　　低所得國家中，有一類的處境相當絕望，聯合國已將它們稱為「最低度開發國家」（least-developed countries）。這些國家不只貧窮，疾病、教育和社會處境也其糟無比。許多國家是相對孤立、貧窮的島國經濟體。此外，這類國家非常容易遭遇乾旱、洪水、衝突和暴力。圖 2.2 列出目前清單上的 50 個國家，集中在熱帶非洲和亞洲。

　　這張地圖也透露了一件事。在亞洲，阿富汗、尼泊爾、不丹和寮國都是內陸國。在非洲，低度開發國家包括幾個更內陸的國家，包括布吉納法索、馬利、尼日、查德、中非共和國、烏干達、盧安達、蒲隆地和馬拉威。內陸國家多，並非巧合。經濟發展非常依賴國際貿易，內陸國家相對困難。當然深鎖內陸的國家不必然赤貧，例如瑞士和奧地利，但難免增添發展上的障礙，尤其當內陸國家周圍又是貧窮的靠海經濟體。請注意，低度開發國家也包括許多可能相當脆弱的小型島國經濟體，承受極端的氣候災難，加上人口少、通往大港口的運輸成本高，經常相對孤立。

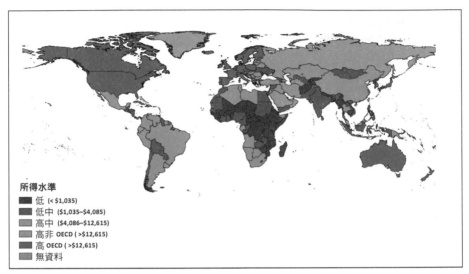

所得水準
■ 低 (< $1,035)
■ 低中 ($1,035–$4,085)
■ 高中 ($4,086–$12,615)
■ 高非 OECD ( >$12,615)
■ 高 OECD ( >$12,615)
■ 無資料

※ 圖 2.1 世界銀行的國家所得分類
資料來源：*World DataBank.*
註：OECD 是指經濟合作暨發展組織（*Organization for Economic Cooperation and Development*）

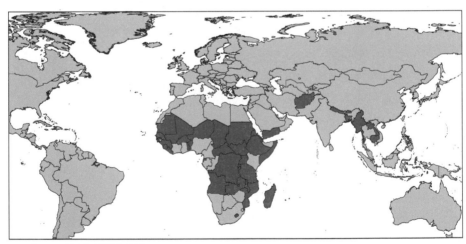

※ 圖 2.2 最低度開發國家
資料來源：*World DataBank.*

　　GDP 這個量數，還有兩個重要的細節要注意。因為各個國家通常使用本國的貨幣，或者歐元等區域性貨幣，所以每個國家的交易都以本國貨幣測量。為了採用共同標準，各國貨幣必須透過匯率轉換成一種共同的貨幣。這個共同的標準通常是美元，並以各國貨幣相對於美元的匯率，把 GDP 轉換為共同的美元基礎。舉例來說，墨西哥 2012 年的人均 GDP 是 13 萬 5 千墨西哥披索，該年的匯率是 1 美元兌 13.2 披索。因此，墨西哥的 GDP 相當於每人 10,200 美元。

　　還有一種轉換，可以進一步調整不同國家間的成本或物價差異。假設一個國家的人均 GDP 是 6,000 美元，第二個國家的人均 GDP 是 3,000 美元。看起來前者比後者富裕兩倍，但若後者的平均物價水準也是前者的一半，那麼兩國實際的生活水準其實不相上下。為了考慮物價水準的差異，人均 GDP 有時會用一個共同的國際價格標準去測量，這個記帳單位稱作「以國際價格測量的人均 GDP」，或者「以購買力平價測量的人均 GDP」，也就是 PPP。

　　再以墨西哥為例來說。2012 年，墨西哥的人均 GDP 約為 10,200 美元，而美國的人均 GDP 大約為 51,000 美元。美國的平均生活水準看來似乎是墨西哥的 5 倍高，可是墨西哥的物價水準低於美國，所以墨西哥的生活水準並沒有落後美國 5 倍之多。根據國際貨幣基金（International Monetary Fund，IMF）使用的一套量數，墨西哥的整體物價水準大約是美國的的三分之二。因此，雖然墨西哥的人均 GDP 是 10,200 美元，以 PPP 測量的墨西哥人均 GDP 約為 15,400 美元，也就是說，美國的人均 GDP 不是墨西哥的 5 倍，而是 3.3 倍，差距沒有那麼大。

　　由於最貧窮國家的貨物和服務價格水準往往最低，因此 PPP 調整幅度最大。舉例來說，在典型的貧窮非洲國家，以 PPP 測量的人均 GDP 往往是 GDP 的 3 到 4 倍。例如貧窮的內陸國家馬拉威，2012 年，IMF 以市場價格記錄它的人均 GDP 為 250 美元，經物價水準差異調整後，PPP 是 848 美元，生活水準仍然很低，但不像以市場價格測量的 GDP 那麼低。

　　經過人口、匯率和物價水準調整後，我們可以用人均 GDP 將各國的經濟發展程度分類，接著便能研究關鍵性的問題：為什麼各國處於不同的經濟發展水準？這些發展水準和健康、福祉、幸福等不能以人均 GDP 測量的概念，有什麼樣的關聯性？低所得國家可以怎麼做，才能用夠快的速度提高生活水準、實現經濟成長，顯著縮短和較富裕國家之間的差距？其中，最後一個問題當然是永續發展的關鍵挑戰之一。

## ▌都市、農村貧富不均

　　我們剛剛談過，如何以人均 GDP 來評估各國的相對經濟發展水準。事實上，一國之內和各國之間一樣，生活水準的差異也很大。了解一國之內生活水準的差異和分配不均，是非常重要的事，尤其是從永續發展致力於社會包容性和廣泛繁榮的觀點來看。一國之內，最鮮明的差異或許存在於農村、城市生活的不同。

　　工業革命之前，幾乎有 90％的人口生活在農村，以小農的身分勉強度日，設法種植夠吃的食物以養活家人，也許能剩一些到市場去賣，至少在收成好的年頭是這樣。每當我們談到工業化前的時代，腦海浮現的景象可能是英國的田園，牧羊人在山坡上放羊，農民在田裡辛苦耕作。這樣的農村景象曾經非常熟悉，尤其是在非洲和亞洲。之後，我們的世界非常迅速的都市化，根本改變了人類的生活方式，也使一國之內出現巨大的差異。除了香港和新加坡等小型城市國家以外，幾乎每個國家都有農村和都市人口，兩者的生活品質及類型往往非常不同。因此，了解農村和都市生活的差異，以及這些差異在福祉、所得水準和經濟活動等方面的意義，就顯得格外重要。

　　首先，我們來澄清「都市」的定義。事實上，關於什麼叫都市地區，國際間並沒有明確的定義。聯合國是依各國的定義為準，而這些定義又因國而異。一般來說，都市地區是指至少要有幾千人住在一個相當密集的地方。有些國家使用的門檻是至少 2,000 人居住在密集的住宅區，也有國家使用 5,000 人為門檻。數千百萬人生活在單一密集的區域，我們稱之為都會區。不論如何，農村和都市間的差異存有一些相當基本的特徵。第一個重要的不同是人們謀生的方式。農業是農村地區的支柱，而工業和服務業是都市地區的支柱。隨著一國都市地區人口百分率升高，意味著工業和服務業的就業勞工百分率升高，而農業的就業勞工百分率則減少。這是人均 GDP 在上升過程中普遍存在的趨勢。

一般來說，都市地區的每人所得往往高於農村，激勵了農村人口流向都市。農村和都市地區的位置通常也不一樣，農村人口落居在良好的糧食生產區，都市地區往往座落在沿海或河岸，方便從事海上貿易。農村和都市的平衡，通常也是一國內陸與沿海地區取向平衡的課題。隨著一國走向都市化，人們往往也更為沿海取向，也就是，住在海邊的人較多。

農村和都市地區的人口密度也存在很大的差異。農村人口密度普遍偏低，每平方公里的人口密度通常低於 100 人。擁擠的亞洲農村比率較高。相形之下，都市地區每平方公里經常擠滿了成千上萬人。這樣的結果，導致公共服務品質也往往不一樣。農村地區的人口相當分散，相對於人口稠密的都市地區，提供電力、自來水和下水道系統要困難得多。這是為什麼都市地區的所得水準、健康標準和整體生活水準通常比較高的原因之一。

另一個相當明顯的差異是，農村和都市地區的生育率也不同。農村地區的生育率通常比較高，家庭人口往往多一些。原因很多，其中一個關鍵原因是：年幼的孩子往往被視為具有生產力的農場勞工，而都市地區的兒童通常被視為「很花錢」，因此當家庭從農村遷移到都市地區後，自然也會選擇少生孩子。其他的原因包括都市家庭的所得水準比較高；都市地區母親的教育

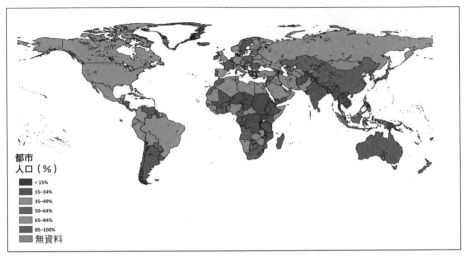

※ 圖 2.3　都市地區人口百分率

資料來源：*United Nations Department of Economic and Social Affairs Population Division (DESA Population Division). 2012. "World Urbanization Prospects: The 2011 Revision."*

程度比較高；都市婦女有更多的管道接觸家庭計畫和現代的避孕藥物；都市地區的兒童存活率較高，因此都市家庭比較不擔心年幼子女早夭。


## 全球的都市化趨勢

　　圖 2.3 顯示每個國家的都市地區人口百分率，看起來有點像是每人所得的地圖。較富裕的地區，通常比較都市化，貧窮的地區往往較多農村。美國是都市化程度很高的社會，有 80％以上的人口住在都市地區。熱帶非洲仍有相當多的農村，只有 25％ -35％的人口住在都市地區。可以確定的是：幾乎每個地方，都市化都在迅速推進。這是經濟發展過程中極其重要的部分。

　　圖 2.4 顯示各國都市地區人口的年成長率。事實上，今天農村人口最多的非洲都市化速度極快，以每年 5％左右的速度成長。這種情況下，都市地

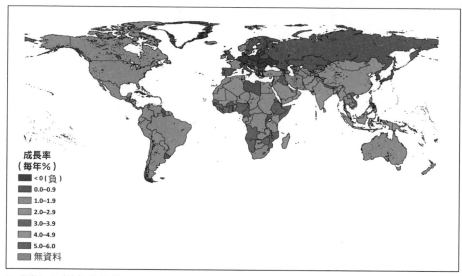

※ 圖 2.4　都市成長率

資料來源：*United Nations Department of Economic and Social Affairs Population Division (DESA Population Division). 2012. "World Urbanization Prospects: The 2011 Revision."*

區的規模大約 14 年就會加倍。因此，今天 500 萬人口的大都會區，只要 14 年，就會成為聚居 1,000 萬人的特大城市。

　　都市化是全球趨勢。我們預期到 2025 年，世界人口將達到 80 億，2040 年會有 90 億。這些增加的人口預料都會住在都市區，因為到 2035 年，全部的農村人口預估仍會大約持穩於 33 億，然後在 2050 年略降為 32 億。這表示將來地球上的人口成長都是都市人口的成長。住在都市地區的人口比率，會從 2013 年的 53％左右上升到 2030 年的 60％，以及 2050 年的 67％。繁榮、健康和富有彈性的都市，將是永續發展的核心挑戰。

　　隨著都市化的進程往前推展，農村也在起變化。例如美國現在農業人口占整個勞動力不到 1％，農村人口只占總人口的 19％，但美國有 95％的土地被歸類為農村。美國一般的農場很大，耕作效率很高。今天，在比較貧窮的農村國家仍有許多小農戶耕種著非常小的田地。隨著人口遷移到都市地區，農場將逐漸合併，每個農戶的耕種田地會變大。

總之，在經濟發展的過程中，從農村到都市的流動力道很強。都市化伴隨著所得提高、公共服務加強、教育提升和生育率降低。我們在許多中低所得地區都看到這種情形。過程中，社會和文化因為城鄉利益、政治與生活方式的不同，而畫出一道很深的切口。

## ▌ 一國之內的貧富差距

一國之內，家庭和個人間的所得差距也很大。我們不只要考慮一國的平均所得水準，也要顧及所得的分配情形。有則老笑話說，有個人雙腳站在火中，頭頂著冰塊，問他：「溫度如何？」他答道：「平均而言不錯。」火和冰分配不均，具有毀滅性的影響，社會的所得、財富和機會分配不均，也是如此。所得平均而言可能不錯，但如果平均所得「還不錯」，是因為少數人富甲一方，其餘的人窮困潦倒，那麼情況根本算不上好。

因此，除了人均GDP，我們也需要測量一國的所得不均程度。這方面有幾個指標可供使用。我們可以觀察所得分配最高層的所得，相對於最低層的所得的比率，有時我們會比較所得前20％家庭和最末20％家庭的平均所得。另一個廣泛使用的實用量數稱作「吉尼係數」（GINI coefficient），從0.0到1.0不等，0.0表示所得完全均等，即每個人或每個家庭擁有相同的所得，1.0表示完全不均，也就是說全部的所得由一人或一個家庭獨得，其他人沒有收入。真實的情況當然介於兩者之間。瑞典、挪威或丹麥等國，被視為分配相當均等、擁有廣大中產階級的社會，吉尼係數約為0.25。相較之下，分配遠為不均的國家，頂層有許多富人，底層也有許多窮人，吉尼係數達0.4或更高。圖2.5以我們所能得到的量數，在世界地圖上畫出各國的吉尼係數。請注意，測量吉尼係數相當困難，因為各國使用不同年度的調查資料，也經常有不同的定義。

　　藍色標示分配不均程度最低的國家，通常位於歐洲的西邊，特別是斯堪地納維亞半島，吉尼係數約為 0.25。美國和斯堪地納維亞半島相較，屬於綠色，因為美國的所得分配相當不均，最近的吉尼係數為 0.45。美國估計有442 名億萬富翁，而且估計有高達 1,300 萬家庭擁有淨資產超過 100 萬美元。然而，美國也有數以千萬計非常貧窮的人，所得非常低，而且幾乎不擁有淨資產，或者背負淨債務。美國的窮人不像低度開發國家那般赤貧，但他們確實是窮，難得找到食物吃。非洲國家的吉尼係數也高，分配相當不均。五十年前，中國的分配相當均等，貧窮無所不在，近年經濟發展快速，富裕的都市和貧窮農村形成巨大差距。中國的分配不均已經上升到類似於美國的水準。

　　觀察高所得國家的吉尼係數，可以看出各國的經濟發展路徑非常不同。一國變得富有，不表示所得必然更為不均，也不保證會更為均等。例如北歐選擇的路，是在社會非常均等的情形下變得富裕；美國走的路則是在所得增加的同時，貧富不均升高，如圖 2.6 所示。

　　我們如何解釋這些差距？基本上，這是複雜、具爭議且經常被討論的話題。分配不均的理由很多，歷史、地理和政府都是關鍵因素。傳統上，當大部分財富都來自農場，持有土地的大小影響就會很大。有些國家，特別是在美洲，巨大的農場和莊園經常被來到美洲的歐洲人奪走，導致原住民流離失所，成為在大農場工作的奴工。美洲的這類不均持續到今天，只是換上比較微妙的方式。

　　如今，工業、服務業遠比從前重要，教育水準的差異也是不均的來源。接受高等教育的年輕人，通常也能擁有較高的所得水準。有些孩子因為貧窮，而不能接受較高的教育，最後只好投入待遇很低的工作。如果只有富貴人家的孩子才能接受高品質教育，那麼教育也會成為分配不均的來源。如上

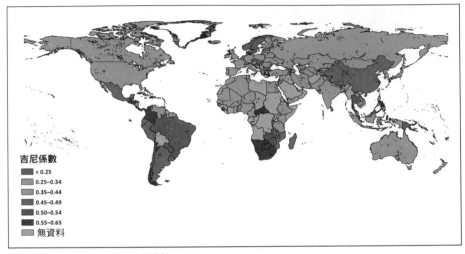

※ 圖 2.5　世界各國的吉尼係數
資料來源：*The World Factbook. CIA.*

所述，城鄉差距是分配不均的另一個關鍵。遷移到都市地區的家庭，經常能
有更好的就業前景、更高的收入，而留在鄉村的小農往往只能勉強餬口。

　　歧視造成的影響仍然很大。婦女在勞動市場上並沒有得到和男人同等的
機會，即使做相同的工作或者做得更好，也沒有獲得同樣的收入。種族、民
族和宗教少數群體往往面臨可怕的狀況，阻礙他們接受教育和在勞動市場投
入高品質的工作，得不到公平對待。

　　政府的政策對於促進分配均等或造成不均，影響很大。腐敗政府拿收入
圖利與政府關係密切的極少數人，加劇分配不均。依賴石油、黃金或鑽石等
礦產資源賺取收入的國家，會因為政府圖利內部成員，造成分配非常不均，
發生所謂的「天然資源詛咒」，也就是天然資源豐富的國家因為大量的腐敗
和不均，而落到貧窮和發展不足之境。天然資源詛咒還有其他的原因，例如
當資源綻現榮景，造成匯率高升，反而傷害農業和工業中那些技術動態較強

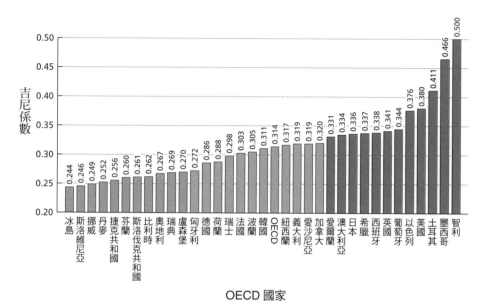

※ 圖 2.6 高所得國家的吉尼係數（2000 年代末）

資料來源：*Organization for Economic Co-operation and Development. 2014. "Income Inequality." In OECD Factbook 2014: Economic, Environmental and Social Statistics. OECD Publishing. doi: 10.1787/factbook-2014-24-en.*

的部門。

　　如果政府能善用收入，確保教育和健康照護普及，讓窮人和富人一樣，也能夠投資於自己終身的生產力，便能縮小所得分配不均的程度，提高整體的經濟效率。在斯堪地納維亞半島，政府會提供貧困家庭財務補助，讓他們的子女也能享有奮鬥成功的機會。結果這些國家的貧窮水準很低、整體欣欣向榮，各家庭間的所得分配不均程度很低。

　　儘管眼前所面對的選擇比以往任何時候都要嚴峻，我們還有很多選擇可做，以促進分配均等。要實踐永續發展，除了需要了解分配不均的性質和原因，也必須在經濟發展中設定高度的社會包容性目標，理解社會內部的所得分配不均，確保所有的兒童都有翻身致富的機會，這是我們必須面對的挑戰。如果找到方法，能像斯堪地納維亞半島那樣，確保龐大的中產階級存在，確保窮人家的孩子也有往上爬的機會，這將會成為實現社會包容的路徑，而社會包容正是永續發展的一個關鍵支柱。

## ▌如何衡量幸福

我們都對自己的生活素質感興趣。生活素質有時稱之為「生活滿意度」、「福祉」或「幸福感」，部分取決於所得，由滿足我們物質需求和想望的能力所決定；部分則取決於政府提供的社會服務。此外，也受到人身安全與否的影響。其中，赤貧狀態值得被列入最高優先處理項目。我們知道，「人不光靠麵包過活」，物質財富並非一切。事實上，其重要性會隨著所得增加而遞減。對有錢人來說，多 1 美元的收入無關福祉，對貧窮家庭來說，收入可能是決定福祉的最重要因素；多 1 美元的收入，差別可能是有飯吃或者沒飯吃。

我們因此知道，人均 GDP 之類的簡單量數只能粗略反映一個人或一個國家的整體福祉水準。就永續發展來說，我們感興趣的是提高人類福祉，而不僅僅是增加收入，更別提已經富有的人瘋狂競相賺取更多財富。因此，除了人均 GDP，還有哪些選項可以真實測量福祉或者生活滿意度？

聯合國開發計畫署（United Nations Development Program，UNDP）在上個世紀最後 25 年內首創的「人類發展指數」（Human Development Index，HDI）便是個重要創新。HDI 將每人所得視為福祉的三個基本構面之一，它不是直接測量平均每人所得，而是使用平均每人所得的對數。因此，所得每高一級，HDI 的增量比較小。HDI 也用到教育程度等指標，例如平均在學年數、預期年數，以及健康指標，尤其是出生時的預期壽命。聯合國開發計畫署以所得、教育和健康的加權平均數計算 HDI。圖 2.7 中的 HDI 地圖，和人均 GDP 地圖類似，但絕不相同。請注意熱帶非洲再度是經濟發展挑戰的震央。正如世界銀行把各國分類為高、中、低所得，聯合國開發計畫署也將各國分類為高、中、低人類發展水準。

　　人均 GDP 和 HDI 互有關係，但兩者不同。有些國家的平均每人所得相當低，HDI 的表現卻相當好，因為預期壽命和教育程度對他們有利；有些國家從人均 GDP 來看非常富有，可是人民卻苦於不良的健康和教育水準。赤道幾內亞正是如此。該國位於西非，在國際石油公司開發大量石油和天然氣資源前，是極其窮困的國家。油氣資源對赤道幾內亞人民大有助益，但截至目前，整體福祉並未因此顯著提升，赤道幾內亞的人均 GDP 遠高於識字能力、預期壽命和生活等面向。按最近的資料來看，赤道幾內亞的每人所得排名高居世界第 41 位，但 HDI 排名卻是第 144。

　　相較之下，某些國家的人類發展排名遠高於平均每人所得。南韓堪稱最出色的發展成功故事之一。過去半個世紀，南韓經濟成長強勁，成為世界上最富有的國家之一。部分要歸功於南韓政府極其專注於提高教育水準，改善人民的健康情況。南韓現在的人均 GDP 大約排名世界第 40，HDI 排名則高居世界第 16。表 2.1 當中有些其他例子，不妨自行推斷發生差異的原因。

## 個人福祉

　　還有另一種非常有趣的方式，可用來評估福祉：直接詢問人們對他們的生活品質看法。這種調查最常使用「坎特里爾階梯量表」（Cantril ladder），請受訪者將他們的生活放在 10 級的階梯上，第 10 級是最好的生活，第 1 級是最糟的。量表是這麼問的：

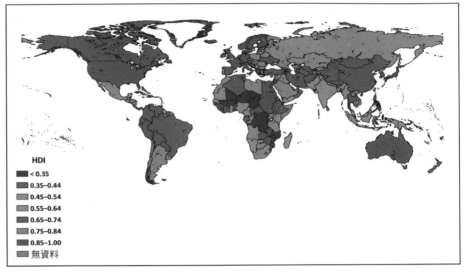

※ 圖 2.7　人類發展指數排序

資料來源：*United Nations Development Programme. 2013.* Human Development Report 2013. *New York: United Nations Development Programme.*

表 2.1　若干國家的人均 GDP 和 HDI 排名，2012 年

| 國家 | 人均 GDP 排名 | HDI 排名 | 差異 |
|---|---|---|---|
| 有些國家的 HDI 高於人均 GDP | | | |
| 澳大利亞 | 23 | 14 | 9 |
| 紐西蘭 | 21 | 7 | 14 |
| 愛爾蘭 | 34 | 25 | 9 |
| 南韓 | 30 | 15 | 15 |
| 有些國家的人均 GDP 高於 HDI | | | |
| 卡達 | 3 | 31 | -28 |
| 科威特 | 17 | 46 | -29 |
| 沙烏地阿拉伯 | 41 | 144 | -103 |
| 加彭 | 60 | 112 | -52 |

資料來源：HDI from UNDP 2014; GDP per capita from IMF (constant USD).

請想像一架梯子，從最低一級編號為 0 到最高一級為 10。梯子的最高一級表示對你來說可能是最好的生活，最低一級表示對你而言可能是最糟的生活。你會說你個人覺得自己目前站在梯子上的哪一級？

近年來，許多組織投入相當努力，以這種直截了當的方式來評估福祉。經濟合作暨發展組織（OECD）和蓋洛普國際公司（Gallup International）走在這股潮流的前端，最近的全球調查結果《世界幸福報告》（*World Happiness Report*）也在線上發表，有興趣的讀者可以免費下載。

心理學家和民調專家設法區分幸福的不同面向。其一是問及個人最近的情緒，例如「昨天過得好嗎？」、「快樂嗎？」、「笑了嗎？」有時這稱做「情緒性或情感性幸福」。另一種方式和坎特里爾階梯量表一樣，詢問人們的整體生活滿意度，例如「你對自己的整體生活滿意嗎？」「你會把自己放在生活階梯的哪裡？」這稱做「評估性幸福」，設法尋找比情緒更永久的某種感受，以評價整體的生活。這兩種量數都很重要，但接下來我們使用評估性幸福來了解一國的生活滿意度。

根據坎特里爾階梯量表，圖 2.8 顯示世界各國的評估性幸福分布情形。這張圖相當有趣：比較富裕的國家確實比較幸福，但有些中所得國家很接近幸福圖表的頂層，也有些富裕國家沒那麼幸福。至於貧窮地區排名普遍偏低，也就不足為奇了。

我們從評估性幸福的角度，研究各國的生活滿意度，可以從中得知什麼？我們發現，每人所得確實重要，卻只是幸福的一個面向。幸福相對於不幸福的第二個主要理由，是「社會資本」或者說社會環境和社區的品質。一個人的人際關係扶持網良好嗎？他們信任社區中的其他人嗎？信任政府誠實嗎？社會生活的品質攸關人們對生活的滿意程度。亞里斯多德兩千多年前就說過：「人生來就是社會動物。」我們的幸福取決於和他人的關係。至於身心健康的重要性更是不言而喻。抑鬱症或焦慮症可能嚴重破壞一個人的生活，導致生活滿意度大幅降低，因此對患有心理疾病的人來說，所處社會有無心理健康服務，是評估生活滿意度的關鍵。

每個人的價值觀，乃至社會大眾的價值觀都和幸福息息相關。一個有強烈物質價值觀取向的人，例如想要賺更多錢，或者累聚更多的消費性產品，其生活滿意度通常比不上物質取向較低的人。佛陀、亞里斯多德等先聖都說過同樣的話，現代心理研究和意見調查也得到證實。一個人如果非常認同志工服務、公益慈善活動等利他行為，比較容易感到幸福。利他行為不只幫助受者，也讓施者受益。這一點，在思考永續發展之路時顯然非常重要。

如果只追求平均的每人所得，並以之為生活目標，最終將失去更多。社會將因此變得高度分配不均；富人會運用他們的政治影響力獲取更多的收入和財富；環境也將承受巨大的威脅……賺取收入的短期欲望，往往壓倒對環境和福祉的長期關注。最後，當社會一面倒由增加所得和消費的目標所驅動，更加不可能實現我們渴望的那種幸福。是的，社會應該關注如何提高每個人的所得，尤其當這些社會仍處於貧窮，但也應該重視健康、包容性、誠實的政府，以及健全的社會網絡。如果我們的社會找到方法，能夠促進慷慨、悲憫和志工服務等價值觀，而非一味追求個人的物質利得，整體社會終將受益。

總之，至高無上的目標不是所得，而是生活滿意和福祉。再一次，我們見識到全方位觀點的重要性。

## 更均等或更不均

研究經濟發展最重要的問題之一是，今天的貧窮國家有沒有機會縮短和高所得國家間的差距？以及，是不是正走在這條路上？如果轉型成功，除了改善每個人的所得，也會改善生活的其他重要面向，例如健康、預期壽命、教育程度和生活滿意度。本書從頭到尾，以及在追求永續發展的整個過程中，我們始終感興趣的是：研判窮國可以如何縮小、終至消除與富國的發展差距。

對此，經濟學家常用以下幾個名詞：收斂（convergence）指的是窮國和富有國家差距比例（proportionate gap）縮小的現象。收斂的相反是發散（divergence），意指和富國比較，貧窮的國家變得更窮。研究各國之間是收斂或發散，可以了解物質生活、預期壽命、健康、教育水準和都市化程度的整體差異正趨於縮小，還是持續擴大。這是非常複雜的問題，沒有放諸四海皆準的劇本。大致而言，從 1750 到 1950 年的現代經濟成長第一階段，主要特點就是發散。20 世紀中葉起，收斂的力量傾向於占得上風。

現代的經濟成長在工業革命之後起飛，約在 1750 到 1850 年。工業革命之前，多數地方都是貧窮農村，富國和窮國的差距相當小。接著，工業革命在少數地區引爆人均 GDP 起飛，從英國開始，逐步擴散到西歐很多國家，接著跨越大西洋到美國、加拿大，再橫越太平洋到大洋洲的澳大利亞和紐西蘭。這些國家因此變得更富有。值此同時，大部分地方的人仍從事農耕，勉強維持生計，蒸汽機、鐵路、電報等進步的新發明，離他們還很遙遠。隨著西歐進行工業化、在軍事上取得優勢，在更多地方取得政治控制力，特別是非洲、亞洲和中東地區。殖民地的人民無法採取攸關經濟發展的關鍵行動，例如改善基礎設施、提高教育水準。帝國之主對於殖民地的整體經濟、社會發展通常不感興趣，而是傾全力奪取那些國家的資源，以利益本國。

第二次世界大戰後的 20 年內，帝國統治結束，對全球經濟發展十分重要。經由一番政治和軍事鬥爭，許多國家迅速在政治上獲得獨立，這有助各國自行推動經濟發展的能力大增。新的獨立國家終能展開建設基礎設施，做為工業發展的基礎，並且開始試著吸引國內外的投資人。和 1950 年代前的數

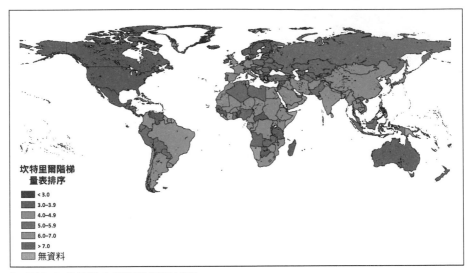

坎特里爾階梯
量表排序
- < 3.0
- 3.0–3.9
- 4.0–4.9
- 5.0–5.9
- 6.0–7.0
- > 7.0
- 無資料

※ 圖 2.8　各國的主觀福祉評估結果

資料來源：*Helliwell, John, Richard Layard, and Jeffrey D. Sachs. 2013.* World Happiness Report. *New York: Sustainable Development Solutions Network.*

十年比起來，貧窮國家的經濟成長較快，運輸改善、通訊變好，加上新的資訊時代等技術發展，窮國能夠加快經濟發展的步伐。過去半世紀，因此呈現收斂的傾向。

　　永續發展的重要目標之一是，當今所有的低所得國家，尤其是低度開發國家，應該收斂到至少躋身中所得的狀態。因此，了解那個過程應該如何運作，解決和克服收斂剩餘的一些障礙，對我們來說極其重要。許多國家曾經貧窮，卻以非常快的速度收斂，中國就是個範例。在做為分水嶺的 1978 年，中國進行許多重要的經濟改革，因而走上收斂性成長之路，在之後的 35 年中，經濟表現極其亮麗。

　　另一方面，我們也看到許多地方仍然深陷貧窮之中。尼日，這個非洲撒哈拉沙漠以南的內陸國家，是世界上最貧窮的國家之一，也在 HDI 排名上墊底。這表示該國不只所得低，健康和教育情況也一樣糟。

　　尼日和中國不同，長期困在貧窮陷阱之中，無法實現經濟收斂。以經過購買力平價調整的人均 GDP 來說，美國 1980 年的平均每人所得約為 12,000 元，中國約為每人 250 美元，尼日則是每人 450 美元。來到 2010 年，中國深圳從村莊成長為現代的大都會，中國經歷了三十多年的兩位數經濟成長，經濟平均每 7 年就加倍，現在每人所得將近 10,000 美元。不幸的是，尼日仍然困在每人 1,000 美元以下，仍是低度開發國家。中國的所得水準雖然還是遠低於美國，差距縮短的速度卻非常快速。反觀尼日，起初是美國平均每人所得水準的 4% 左右，但到 2010 年，竟然低於美國的 2%。換句話說，尼日落後得更遠。

　　接下來幾章的最重要目標之一，將是試圖了解根本原因，好讓今天仍然困在貧窮陷阱中的最貧窮國家能夠走上收斂的軌道，享受物質生活和相關福祉的改善。

# 3 | 經濟發展簡史

## ▌現代經濟成長時代

　　這世界已經一分為三,而且對比如此鮮明,包括了總人數達 13 億的 55 個高所得經濟體、共 49 億人的 103 個中所得國家,以及人口 8 億的 36 個低所得國家。這樣的巨大差異,是怎麼發生的?為什麼會有像美國那樣的國家,每年每人所得超過 50,000 美元,也有像尼日那樣每年每人所得少於 500 美元的國家?如此大的差距,兩個世紀前肯定不存在。

　　在經濟大幅起飛前不久,也就是 1750 年代左右工業革命開始前,全世界的所得水準相當均等。可以說,全世界幾乎一樣窮。每一個地方都是農村,小農戶勉強維持全家的生計,如果收成欠佳,就有饑荒和死亡,即便是今天的歐洲富國也不例外,例如法國大革命便是因為人民飢餓而掀起的。因此分配不均的現象,是從工業革命以來才出現的。這段期間,某些地區的人均 GDP 持續增加了很長的一段時間,進而從農村走向都市、從農民農業走向高產農業,以及從家庭手工業走向現代工業,現在更走向高科技、知識密集型的工業和服務業經濟。就在最近大約 250 年的時間,富人和窮人的所得差距才不斷拉開。

　　這是怎麼發生的？為什麼世界上只有部分地方的經濟起飛得很早？如果所有國家一開始都很窮，為什麼有些地方變得富有，有些地方則被甩到後頭？我們必須了解現代經濟的成長特性，以及為什麼不同地區差異這麼大。由於永續發展也是一套目標，包括終結貧窮在內，所以我們必須考慮可以採取哪些措施，以促使低所得國家的經濟成長。

　　從漫長的人類歷史來看，現代經濟起飛是一個新事件。現代人種稱做「智人」，已經存在 15 萬年，農業則存在了約 1 萬年。這段期間，經濟的變化十分緩慢，除非遭遇戰爭、饑荒之類的天災人禍，否則這個世代的生活似乎和上一代沒有兩樣。經濟持續進步的想法，根本不存在。儘管所有數字都是盡可能估計出來的，從圖 1.4 可以非常清楚看到，西元 1 年起世界經濟的成長情況。在將近 1,800 年的時間內，世界總產出的估計值基本上是平的。1750 年左右，經濟開始起飛，全世界的產出也大幅飆升，看起來幾乎像是陡峭向上的垂直線。今天，世界經濟成長的勁道仍然非常強，只是在不同的地方，速度不一樣。

　　全世界的總產出是指所有國家的 GDP 之和。世界的人均 GDP 乘以世界人口，算出來就是世界總產出。世界經濟在 1750 年左右起飛，究竟是因為平均每人產出增加，還是因為人口增加？事實上，兩個因素都扮演很重要的角色。數千年內，世界人口相當穩定，保持在羅馬帝國時期的 5 億人以下，18 世紀中葉起，世界人口大幅上升，如圖 1.3 所示。在很大的程度上，經濟和技術知識的變化促成了人口成長，特別是人類開始有能力種植糧食，養活更多的全球人口。

　　同樣在這段時間，每人產出也激增。圖 1.2 的平均每人世界產出幾乎持平幾個世紀之久。18 世紀中葉之前，就算平均每人產出有長期上升之勢，幾十年或甚至幾個世紀之內的進步小到難以察覺。18 世紀中葉之後，平均每人產出才開始大幅攀升。

　　這些數字當然是利用各式各樣的證據，以最佳的可能方式重建、粗略估計而得的。1750 年前的世界是貧窮的，卻還是為人類歷史留下了美好的珍寶，例如埃及的金字塔、雅典的衛城、中國的長城、君士坦丁堡的聖索菲亞大教堂、巴黎的聖母院。儘管有這些雄偉的歷史建築，多數人仍過著艱辛的農村生活，總是處在饑荒、疾病和早夭的邊緣。

　　英國的經濟學家凱因斯（John Maynard Keynes）是現代歷史上最偉大的經濟學家之一，對於從羅馬帝國時期到工業革命開始，這段漫長期間的近乎停滯，描述得相當精彩。凱因斯寫道：

　　從人類最早有紀錄起，例如西元前 2000 年，一直到 18 世紀初，生活在地球上文明中心的一般人，生活水準一直沒有很大的變化。

　　進展緩慢，或者缺乏進展，是起於顯著缺乏重要的技術改良，以及無法累積資本這兩個原因。從史前到相當現代的這段時間，缺乏重要的技術發明。現代之初，世界擁有的每一樣東西，人類幾乎早在歷史初露曙光之際就知道。例如語言、火，我們今天飼養的相同家畜、小麥、大麥、葡萄和橄欖、犁、車輪、槳、風帆、皮革、亞麻和布、磚塊和瓶罐、金和銀、銅、錫和鉛、鐵、銀行、經世致用術、數學、天文和宗教。

　　凱因斯這段話的要點是：技術是長期經濟發展的關鍵。在歷史上一段很長的時期內，技術相對沒有變動，以至於羅馬時代的農民和 17 世紀初英國的農民，處境近似：使用相同的技術，過類似的生活。整整 17 個世紀，世界幾無變化。然後，非常戲劇性的，一切都變了。人口、平均每人產出和技術進步的曲線開始一飛沖天。這是我們下一個要了解的主題，也就是工業革命如何開始，以及它如何改變人類的歷史和命運。

# ▋工業革命始於英國

現代經濟成長始於英國。透過觀察，我們將理解這件事是怎麼發生的。這有點像是生物學家有機會觀察生命的開始。我們所知的生命只出現一次，然後從那裡開始演變。現代經濟成長彷彿也有一種 DNA，許多不同的材料聚集在一起，某樣事情便起飛了。這件極不尋常的事情，就發生在 18 世紀中葉的英國，幾股力量因緣際會的滙合在一起，讓英國的經濟起飛，最後擴散到整個世界經濟。

工業革命是什麼？從工業一詞本身，可以看出端倪。人類社會首次從以農業為基礎的經濟，邁向以工業為基礎的經濟。這需要從根本改變知識和技術。就像生命依賴活細胞許多成分間產生複雜的交互作用，現代經濟的生命也需要很多的交互作用。蒸汽機、機械化紡紗和織布、大規模鋼品生產等新技術當然十分重要，但也需要許多複雜的經濟交互作用。農村地區需要提高糧食生產力，好把多餘的食物供應不再自己種植糧食的勞工。經濟上，需要把食物從農場運到工業城鎮，把亞麻織品和衣服等工業製品從工廠運到農村。新的港口和全球性的航運進行貿易活動，把工業製品輸往海外，並輸入工業生產所需的初級商品。全球的供應系統開始成形並生根，這些日益複雜的交易，需要市場、保險、金融、財產權，以及以市場為基礎的其他「軟體」和「硬體」。

因此，現代經濟成長的出現反映了幾個因素形成的獨特集合，而英國正是這些因素首次因緣際會的地方。17 世紀和 18 世紀，英國發生幾件值得注意的事情，包括從荷蘭橫跨北海而輸入的許多社會和技術創新；農業部門的生產力開始上升；都市化程度提高；貿易增多；更複雜的市場經濟開始生根；財產權的複雜性和彈性加深（例如新公司形成，或者新發現取得專利保護）；法治進一步深化。當然，還有 16 世紀和 17 世紀的科學革命奇蹟。伽利略為新物理學鋪路，也為或許是有史以來最偉大的物理學家牛頓令人難以置信的發現開啟大門。牛頓以可發現的永恆自然法則，改變了人類看世界的方式。在牛頓之前，培根曾經預測科學和技術可能大幅改變世界，造福人類。從這一點看，他是歷史上最有先見之明的思想家之一。

1712 年，湯瑪斯・紐科門（Thomas Newcomen）發明的蒸汽機是個重大的技術突破，這項新發明燃燒煤炭以產生動力，可將水從煤礦坑抽出來。後來，一位創意十足且極其專注的曠世奇才發現紐科門犯了幾個設計上的錯誤，詹姆斯・瓦特（James Watt）在蘇格蘭格拉斯哥大學的實驗室改進了紐科門的蒸汽機，瓦特蒸汽機在 1776 年問世。從技術的觀點來看，這是工業時代最重要的突破，也啟動之後大部分的技術創新。現在，我們才有可能以很高的效率和經濟性，利用大量的煤動力能源。瓦特申請了專利，希望將本求利，兼得智慧財產、名與利。也因為英國有商業法律的存在，讓他如願以償，當時其他多數國家並不承認這種財產權。

不過，縱使有紐科門和瓦特的才華，如果英國不產煤和鐵礦砂，也永遠不會有蒸汽機或工業革命！英國由河流、運河和道路構成的運輸條件相當有利，煤和鐵礦砂在運輸上不成問題。地形、河道、運河、港口和礦藏，結合市場的誘因、法治和優秀大學孕育的科學觀，這些正是 18 世紀中葉匯集在英國的特別條件，工業革命因之誕生。

《國富論》（*An Inquiry into the Nature and Causes of The Wealth of Nations*）的作者亞當斯密（Adam Smith）率先描述了這個現象。他被尊稱為「現代經濟學之父」，當之無愧。《國富論》1776 年出版，同年瓦特製造出現代的蒸汽機，美國殖民地宣布獨立，愛德華・吉朋（Edward Gibbon）出版《羅馬帝國衰亡史》（*The History of the Decline and Fall of the Roman Empire*）。真是非常不得了的起飛年！亞當斯密以專業和分工的方式，解釋現代經濟如何運作。他提出了「看不見的手」的觀念，意即個人是出於本身狹隘的私利而行動、在市場上交

易、提升生產力，因而增進「國家的財富」。史密斯在《國富論》中有許多
精闢的見解，其一是：

> 我們能夠吃到晚餐，並不是因為屠夫、釀酒商或麵包師樂於助人，而是
> 源於他們為照顧自身的利益。我們不是靠他們的人性而獲益，而是靠他們愛
> 自己。我們永遠不會和他們談論我們的需求，而是談他們會得到什麼好處。

　　換句話說，透過市場的交易來滿足我們自己的欲求和需求，才產生現代
經濟的分工和運作。如圖 3.1 所示，瓦特蒸汽機所創造出來的早期工業時代
景象：新的工業城大量燃燒煤炭，高聳的新煙囪排出黑煙；不久前還靠人力
或動物的牽引力，或者風力和水力做為動力來源的工廠，可以用強大許多的
蒸汽機來運轉。工業活動規模開始飛升。
　　蒸汽機使得新的運輸形式有可能出現，包括蒸汽動力鐵路、蒸汽動力遠
洋貨輪。遠比從前要大的能量，也使得原料的工業轉型規模遠甚以往。鋼品
產量飆升，又使得城市、工業和各類基礎設施得以大規模擴張。
　　人類生活因此而發生戲劇性的轉變，並且留下創傷。對此批評最烈的人
之一，正是卡爾・馬克思（Karl Marx）。1848 年，馬克思和弗里德里希・恩
格斯（Friedrich Engels）發表《共產黨宣言》（*The Communist Manifesto*），以嘲
諷的語句禮讚新工業經濟的力量和工業技術的突破：

> 現代工業建立起全球市場，而這個全球市場，是由發現美洲鋪路的。由
> 於這個市場，商業、航海和陸路交通有了長足的發展，這個發展又反過來促
> 進工業的擴展。同時，隨著工業、商業、航海和鐵路的擴張，新的資產階級
> 也開始進一步發展，增加本身的資本，並把中世紀遺留下來的一切階級排擠
> 到後頭。

❖ 圖 3.1　工業革命時代的工業城景象
*Karl Eduard Biermann: Borsig-Maschinenbauanstalt zu Berlin. 1847.*

　　另一方面，由於歐洲藉新工業化的力量展開殖民統治，一個新世界確實
已經來到，將超越舊世界並創造新的全球紀元。正如馬克思和恩格斯所說
的：

　　由於所有的生產工具迅速改進，加上交通極其便利，資產階級把一切民
族，即便是最野蠻的民族，都吸引到文明世界來。價格低廉的商品有如重
砲，摧毀一切的萬里長城，降服野蠻人極深的仇外心理。為免亡族之痛，所
有的民族都被迫採用資產階級的生產方式；他們被迫引進資產階級所謂的文
明，就是自己也變成資產階級。可以說：資產階級按照自己的形象塑造出一
個世界。

## ▎ 期待技術變遷的第 6 波

　　19 世紀初，經濟成長的新時代於焉展開，市場和技術的進步推動了這個進程，起初是高度不均的態勢，最後幾乎席捲整個世界，一如馬克思所預見。傑出的諾貝爾獎得主、經濟歷史學家，以及經濟發展概念的建構者西蒙·庫茲涅茨（Simon Kuznets）稱之為「現代成長年代」。

　　我們已經定義，經濟成長為人均 GDP 持續成長。若要計算全球的平均值，需要先把各國的 GDP 加總，得出世界生產毛額（GWP），然後除以世界人口。二百多年來，人均 GWP 持續增加，但分配得很不平均，某些最貧窮的國家尚未達到其他國家早在兩個世紀前就經歷的起飛期。

　　我們需要了解這個成長的進程。為此，我們將從根本區別兩種不同的經濟成長。第一種成長是科技領先國的成長，19 世紀初當然是英國，19 世紀中葉到末是德國和美國，20 世紀後美國是世界上技術動能最強的國家。「技術領先國」的經濟成長非常特別，是由馬不停蹄的技術進步驅動的：某種技術的進步，透過創新和程序的新組合，也刺激其他技術的進展。比方說，瓦特 1776 年發明的改良型蒸汽機後來被用於紡織、礦場、蒸汽動力鐵路、蒸汽動力船舶、鋼品生產等無數領域，每一個都成為技術進步場所，激發進一步的技術突破。

　　經濟學家稱這類成長為「內生型成長」（endogenous growth），意指經濟進步是從內部運作而得，並非外來。用最簡單的方式來說，技術上的突破提高了 GDP，獲得更多的利潤，促進更普遍的創新動機。這些創新能以嶄新的方式組合，孕育出新種類的設備、機械、工業和製造技術。

　　第二種經濟成長是「落後國」的成長。這些國家由於歷史、政治和地理上的種種原因，在技術領先國往前衝刺的時候落後了。例如，19 世紀的中國沒有工業化，在某個時點引進領先國的技術和組織系統，而迎頭趕上。這種成長和內生型非常不同，有時被稱為「追趕型」（catch-up）成長，其推動成長的技術來自外部。這種策略的本質是，從海外引進技術，而非在國內發展技術。不過，即使是進口的技術，也需要適應當地的條件，但不必重新發明、測試。

追趕型成長的速度可能遠比內生型要快。技術領先國平均每年每人所得成長約 1％ -2％，但是像南韓、中國這類速度快的追趕型國家，其人均 GDP每年成長達 5％ -10％。沒有一個技術領先國曾經持續成長這麼快速，也沒有一個落後國在趕上領先國後仍持續那樣成長。超快速的成長是要拉近落後的差距，不是發明全新的經濟體系或技術。

這兩種不同的成長機制，正是全球經濟成長的兩大方式：一是根據不斷的創新，二是藉採用和適應已領先國家的技術以縮短差距。不能認清兩者的根本不同，經濟發展的討論就會產生各式的混淆。比方說，一國若要刺激內生型成長，需要的機制種類通常迥異於促進快速追趕型成長所需的機制。前者要靠創新，後者則要靠快速採用並散播現有的技術。

舉例來說，以追趕型成長而言，強有力的政府，如中國、南韓和新加坡，經常能夠大刀闊斧，強制全國迅速採用海外的先進技術。和盡快發展基礎設施、連結國內外高科技公司相比，創新反倒沒有那麼重要。這些政府可以吸引外國公司投資於追趕型經濟的高科技生產，除了供應成長快速的本國市場，也能以低成本生產貨物，輸往全球市場。這一節，我們專談內生型成長，也就是技術領先國的成長，下一節再談追趕型成長。

經濟學家有時把內生型成長稱為「規模報酬動態遞增」的過程，或者「連鎖反應經濟」。創新會刺激進一步的創新，因此維持成長過程的活力就像核連鎖反應那樣。基本的機制如下所述：新的創新促使 GDP 成長，提高了市場的購買力，能夠進一步創新。其他的潛在發明家，也因此擴大研發努力，追尋有利可圖的創新，有一些獲得成功，使得 GDP 進一步增加，因而刺激更多的研究發展。這個過程持續以創新、經濟成長，然後進一步創新的連鎖反應進行。過程中，受助於各種創新可以相互組合，產生新的創新。舉例來說，工業革命一開始有蒸汽機，然後是鋼品生產上的進步，接著這兩者又引爆其他重型機械的創新，包括鐵路、遠洋輪船，最後是以內燃機為動力的汽車突破。

　　自工業革命以來，出現了好幾波的技術變遷浪潮。由於市場不斷成長提供了誘因，以及組合新技術的研究發展潛力，技術變遷經常捆綁在一起。關於這些技術浪潮也有很多理論提出，俄羅斯經濟學家尼古拉・康德拉捷夫（Nikolai Kondratiev）提出的理論或許是最具影響力的。康德拉捷夫在俄國革命時期從事研究，其巨作《大經濟週期》（*The Major Economic Cycles*）於 1925年出版。康德拉捷夫的主要觀念是：經濟發展是由上溯到工業革命的一波波重大技術變遷浪潮推動的。他認為，技術變動的這些長浪是經濟進步的主要動力，以及，當一個週期的成長動力衰竭，而下一波的技術浪潮還沒有蓄積力道往前衝刺時，也會是經濟危機的來源。康德拉捷夫的追隨者找出約 4 到6 個這種技術變動長波，圖 3.2 畫出其中一種分類，有 5 道這樣的波。由於不同的研究工作者師承康德拉捷夫，界定這些技術浪潮的時間和名稱也因此略有不同。

　　在圖 3.2 的分類中，第 1 個「康德拉捷夫波」從 1780 年到 1830 年，大約從瓦特的發明到其被廣泛應用為止，以蒸汽機為核心。這個區分似乎無懈可擊；蒸汽機真的標記了現代經濟成長的第 1 次突破。

　　第 2 個技術波可以追溯到 1830 年，鐵路、鋼品生產大爆發。這些都是建立在蒸汽機、不斷成長的金屬工業、精密工程發展上的關鍵應用。這些技術大幅降低了運輸成本，從而連結遠地的市場，導致各國經濟和世界經濟轉型。初級商品可以在國際市場上運輸、交易，而獲有利潤。例如煤和礦石蘊藏，或者海外的穀物與木材生產。

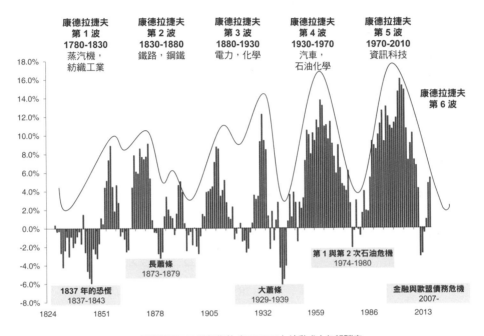

標準普爾 500 股價指數（S&P 500）滾動式十年報酬率

※ 圖 3.2 康德拉捷夫波

資料來源：*Shiller, Robert J. 2005. Irrational Exuberance. Princeton, NJ: Princeton University Press.*

　　第 3 個技術波是電力時代，本身又分成幾個主要的子階段。電力物理學的重大發現可以上溯到 18 世紀末、19 世紀上半葉的班傑明・富蘭克林（Benjamin Franklin）、麥可・法拉第（Michael Faraday），以及電磁力和電磁感應的初步理解。到了 19 世紀末，湯瑪斯・愛迪生（Thomas Edison）、喬治・西屋（George Westinghouse）等人應用電力方面與日俱增的科學知識，給了我們電力照明和城市街道上的白熾燈泡，然後是家裡和工廠的電力。透過燃煤蒸汽渦輪機和水力而發電，產生了新的發電產業。

　　第 4 次科技浪潮是從 1930 到 1970 年的汽車年代，大幅擴增了大眾運輸，促使主要城市成長。化學工業帶來新的材料，包括炸藥、化肥、染料，最後則是塑膠之類的聚合物。20 世紀上半葉的現代航空時代，也可以算進這一波的浪潮中。雖然汽車的基礎技術，包括內燃機，在 19 世紀下半葉就有了，規模大幅增加則是從 20 世紀初開始。亨利‧福特（Henry Ford）先提出了現代組裝線製程創新，才在 1908 年以低成本生產出 T 型車（Model T）。大量生產的汽車和貨車深深改變了我們的生活、居所位置、生產產品的方式，還有我們如何運送和交易產品。

用這種區分方法得出的第 5 波，可以回溯到 1970 年左右，但是根源又要上推到很早之前。由於數位革命，資訊與通訊技術（ICT）波才有可能出現。數位革命是建基於有人發現複雜的資訊可以用 0 和 1 的形式儲存，而且這些資訊位元，能夠透過電晶體與光纖等新發明，以難以想像的速度及準度處理與傳輸。

資訊與通訊技術時代催生了新的「知識經濟」，可以在各地儲存、處理和傳播數量龐大的資料，供經濟中幾乎每一個部門的使用者利用。行動電話，以及現在的智慧型手機和其他的手持式裝置的發明與普及，促成了行動革命，資訊很容易觸及每一個角落。資訊與通訊技術結合太空科學，特別是衛星系統方面的進步，也有助於地理定位、地圖繪製、空間規劃和地理資訊等無數應用的突破。

我們正在經歷的資訊與通訊技術革命波，是建立在一波波科學及技術創新的浪潮上。艾倫‧圖靈（Alan Turin）、約翰‧馮諾曼（John von Neumann）和克勞德‧夏農（Claude Shannon）等高才碩學在 1930 和 1940 年代首創數位資訊和運算的基本概念。第 2 次世界大戰促成不計其數的技術問世，包括半導體、雷達、數位通訊、電腦、編碼和其他技術。1940 年代末電晶體的發明，是資訊與通訊技術革命之後極為重要的下一步，而且它又帶出了 1950 年代末的積體電路概念，進而掀起當代的電腦革命。

　　1950 年代末起，越來越多的電晶體能被塞進一顆積體電路中，新發明的積體電路引發想像得到的技術進步，使得儲存、處理和傳送資訊位元的能力大幅增加。1965 年，英特爾公司（Intel）那時的執行長戈登‧摩爾（Gordon Moore）注意到，積體電路中的電晶體數目大約每隔 18 到 24 個月就增加一倍的現象，自 1950 年代末以來皆然。他預測，倍增的過程會持續到很多年以後。事實上，這個現象延續至今，距摩爾首次提出這個看法已經過了半世紀。這表示，積體電路上的電晶體大約加倍 30 次或者 $2^{30}$，等於 1,073,741,824。也就是說，自 1950 年代中期以來，管理資訊位元的能力增加了約 10 億倍！

　　再加上透過衛星、光纖和微波這些傳輸資訊的能力，我們來到行動資訊革命的時代。1980 年代，幾乎所有的電話都經由固網電話線路傳送，而且多數地區仍然沒有電話。1990 年，約有 5,000 萬名行動電話用戶，而且全在高所得世界。2014 年，全世界有約 70 億名行動用戶，以及大約 10 億名智慧型電話使用者，行動電話進入最偏遠的村落。2020 年，幾乎所有地方都落在無線寬頻的範圍內。網際網路令人驚嘆的技術進步，例如非同步封包交換，以及全球採用相同的協定標準，使得全球幾乎所有地方都能接觸線上資訊，或者至少有此潛力。

　　是不是很快就會出現技術變動的康德拉捷夫第 6 波？現在，我們真正需要的是一波永續技術，找到方法，以生產和運用能源運送我們自己和貨物，緩和人類造成的巨大壓力，以及人為因素破壞地球的生態系統。事實上，我們可以說，促進這個第 6 波，也就是永續技術波，是實現永續發展的核心。我們現在需要促進永續技術的下一個大浪潮。幸好，第 5 波的許多進步和洞見將有助於掀起第 6 波。能源效率、永續材料、奈米技術，以及糧食生產方面的突破，都將因運算科學、資訊科技的進展而向前推進一大步。

## ▎ 經濟成長的擴散

前面談過 18 世紀中葉的英國經濟如何突飛猛進，以及隨後的技術變動浪潮如何維繫內生型經濟成長持續到現在。這個過程把技術領先國如何持續打造新的進步，讓人均 GDP 往上提升兩個世紀，描述得很好。

過去一個世紀，美國是主要技術領先國，而且早在 1820 年左右就站在接近技術前緣的地方。此後，美國經濟平均成長率約 1.7%。這個數字似乎不怎麼驚人，尤其是許多開發中國家每年都有高達 10% 的成長。儘管如此，在長達兩個世紀的時間裡，每年都有 1.7% 的成長，確實是了不起的成就。以 2014 年的美元幣值測量，1820 年美國的人均 GDP 大約為 2,000 美元。從 1820 到 2014 年的 194 年間，每年成長 1.7%，美國經濟累計擴張了 26 倍，人均 GDP 從 1820 年的 2,000 美元成長為 52,000 美元的。（1+ 成長率得 1.017，取它的 194 次方，等於 26.3）

此外，經濟成長還有另一個極重要的面向。由於多數的經濟成長是追趕科技領先國，因此這個第 2 種成長也可稱之為擴散的過程。擴散是指某種東西從一地傳到另一地。不妨設想扔一塊石頭到池塘所產生的漣漪，是以石頭擊中水面之處為中心，往外擴散。如果石頭和池塘的接觸點，是內生型技術成長發生的地方，那麼漣漪便意味著，那些技術及隨之而來的成長擴散到更多地方。

漣漪效應是如何運作的？為什麼某些地方能夠亦步亦趨，相當接近技術領先國，某些地方卻似乎尚未能善用已存在一個多世紀的技術進步？21 世紀也許尚有 10 億人沒電可用，但這種技術早在 19 世紀末就為技術領先國所開發和採用。是什麼因素使得漣漪停止觸及那些地方？長久以來，經濟學家一直在思考這個難題。亞當斯密在《國富論》中談到，擴散會花相當長的時間，以及經濟成長通常始於一國的海岸，並在落後很久之後才向內陸挺進。

為什麼是在海岸？因為貿易、專業分工和市場動態的條件，出現在海岸要容易得多。還有，為什麼擴散到內陸的落後時間要那麼長？亞當斯密指出，因為要把貨物和服務送進一國或一洲內陸的運輸成本很高，除非是在有河流通達或人造運河能到達的地方。亞當斯密在《國富論》第一卷解釋說：

由於水運之便，所以從來各行各業的分工改良，自然而然都始於這種便於為各種勞工生產之物開拓廣大市場之處，然後總是經過許久才普及到一國內地。

在亞當斯密寫下這些文字後兩百多年的今天，玻利維亞、查德、尼日、吉爾吉斯和尼泊爾等內陸國家，仍然面臨運輸費用高昂的劣勢。自亞當斯密的時代以來，當然有許多技術進步，包括鐵路、貨運，以及網際網路服務，就連那些偏遠的角落也更緊密融入全球經濟之中。

有幾個因素有利於那些漣漪從中心擴散到其他地區。首先，比鄰性很重要。19 世紀，西歐國家因為在地理位置上接近英國，意味著更容易接觸先進技術，而且能將產品賣到蓬勃發展中的英國市場。20 世紀，比鄰美國攸關重大。21 世紀初，接近日本、南韓和中國的亞洲窮國，也有利加快追趕型成長的速度。

優良的農業條件有利於接受來自海外的漣漪。土地容易灌溉，或者一年能夠栽種多種作物的國家，農業產量比較有可能迅速提升，進而釋出勞工投入工業和服務業。

擁有能源的地方，不管是煤、石油、天然氣、水力發電，還是太陽能和風能，都在追趕型成長之路上享有巨大優勢。缺乏低成本初級能源的國家，要開啟這個進程通常十分困難。19 世紀，產煤地區享有優勢。20 世紀，擁有石油和天然氣的地區占了上風。21 世紀，擁有巨大低成本太陽能潛力的地方將享有優勢！

對人體健康有益的實體環境，也比較容易接受來自海外的技術漣漪。瘧疾、蛔蟲感染和其他可怕傳染疾病肆虐的地方，會嚴重阻礙經濟成長的擴散。部分熱帶地區，特別是熱帶非洲，「過度的疾病負擔」肯定是妨礙這些地區展開追趕型成長的因素之一。

最後，舉凡政治運轉失靈、殖民勢力主導社會、獨裁者統治國家，或者陷入混亂和暴力之中的社會，要展開追趕型成長無異緣木求魚。在 19 世紀，直到 1960 和 1970 年代，許多國家無法迎頭趕上的原因就是他們仍落在外國統治底下。歐洲帝國據有大多數非洲國家和部分亞洲國家，以至於那些地方經濟停滯不前。帝國主義列強對殖民地的經濟發展不感興趣，在意的是如何剝削那些國家的礦場、油井、森林、農田和漁業出產的初級商品。20 世紀末，政治問題往往起於內部，不是來自國際。暴君和獨裁者經常「運轉」經濟，以圖利個人或部落，而不是著眼於整個國家的經濟成長。

## 追趕型成長的歷史模式

接下來，我們將了解自工業革命以來，散布世界經濟的漣漪是怎麼進行的。我和同事戈登‧麥科德（Gordon McCord）發現一個有趣的問題：世界上每個經濟體各在什麼時候脫離赤貧？

這就像在問，全球經濟成長的漣漪什麼時候第一次抵達每個經濟體的大門。為了這個目的而測量赤貧，我們使用的門檻是以 PPP 價格測量的人均 GDP 2,000 美元。

歷史上達到此門檻的第一個國家是英國，也就是工業革命的發源地。這就是我們所比喻的，石頭在 1820 年左右第一次擊中水面的地方，接著漣漪開始從英國往外擴散，2 個世紀後已經抵達大部分地方。在歐洲內部，越接近

英國的國家，漣漪到達的速度越快。比方說，西歐比東歐國家更早達到 2,000
美元；比利時、法國和荷蘭領先西班牙和斯堪地納維亞半島到達。由於歐洲
是相對緊密的地區，19 世紀的經濟發展擴散就遍布幾乎整個歐洲大陸。

　　至於其他地方，情況顯然大不相同。漣漪必須前進遠得多的距離，面對
遠為複雜的情況，遭遇瘧疾、沙漠、內陸等構成的障礙，延緩追趕型成長的
擴散速度。此外，政治也經常從中作梗。歐洲在 19 世紀征服遠地的殖民地，
使得那些地方的經濟展望倒退，而且經常倒退一個世紀或更久。只有在這些
殖民地取得政治獨立後，各國政府才能開始投資於追趕型成長所需的教育和
基礎設施。

　　圖 3.3 顯示各國經濟起飛的時間。歐洲之外，率先取得重大經濟進步的
地方，發生在英國的殖民地，例如美國和澳大利亞。英國的這些支脈在追趕
型成長方面享有幾項有利的條件：大量的可耕地和能源、便於貿易的良好海
岸線、與英國的工業聯繫強大，以及技術知識。1860 年之前，這些國家實現
了現代的經濟成長。

　　下一組國家則到 1900 年才達到門檻，包括阿根廷、烏拉圭、智利和日
本。這些都是溫帶國家，具備有利的農業條件，日本是取得追趕型成長的第
一個亞洲經濟體。觀察這張地圖可以看出，英國和日本在地理上有很多相似
之處：兩者都是歐亞陸塊外的島嶼，受到海洋的屏障，相對不受來自大陸的
入侵；都與大陸有大量貿易，因為同屬溫帶地區的經濟體，農業產量相當
高；都有相對健康的環境，不致遭受熱帶疾病襲擊。19 世紀，兩者都成為都
市化顯著、識字率高且政治穩定的社會。

　　很多地方在經濟上不像歐洲、美國、加拿大、日本、澳大利亞，以及拉
丁美洲的阿根廷、智利和烏拉圭那麼幸運，必須等到 1950 年之後，經濟成長
的漣漪才抵達。正如我強調過的，不少地方的經濟發展因為被歐洲帝國征服
而受阻，只有少數被做為貿易站的殖民地例外，包括香港和新加坡。19 世紀

末，印度、亞洲許多地方，以及幾乎整個非洲都在歐洲的殖民統治之下（圖
3.4）。多數殖民地區在脫離殖民統治前，不曾經歷現代的經濟成長。

## 全球化的形成

　　20 世紀初，世界經濟可以描述如下。整體上看，這是一個奇蹟般的經濟
時代，在人類漫長歷史上前所未見。技術變動的浪潮，提升了人類生產貨物
和服務的能力、滿足物質需求、延長壽命，解決長期懸而未決的公共衛生問
題。透過電氣化、現代運輸和大規模的工業生產，促使生活品質有所突破，
出現前所未有的進展。然而到了 1900 年，貧富差距也是前所未見的。

　　第一次世界大戰結束時，凱因斯回顧大戰前的那段時期，並在他的名作
《和平的經濟後果》（*The Economic Consequences of The Peace*）中如此描述這個獨
特的全球情況：

　　那個年代，人類的經濟進步是何等不同凡響，卻在 1914 年 8 月因為第 1
次世界大戰戛然而止。倫敦居民本來可以一邊躺在床上啜飲早茶，一邊打電
話訂購貨物，想要多少就訂多少，並且合理預期貨品會盡快送達自家門口。
同時，他可以透過相同管道，投資世界任何角落的天然資源和新事業，不用
出力或甚至不費吹灰之力，就能分享預期的成果和利益。或者，他可以憑自
己的想像或根據資訊，決定自己的財富安全將和誰的誠信相繫。最重要的
是，他視這一切為正常、確定和永久的，並且勢將往進一步改善的方向前
進。任何偏離都是不尋常的、可以避免的。

　　凱因斯當然是以得天獨厚的英國人身分在談這些事情。他就是可以躺在
床上喝茶，訂購世界各地商品的人。在殖民統治下生存的人，顯然不能相提

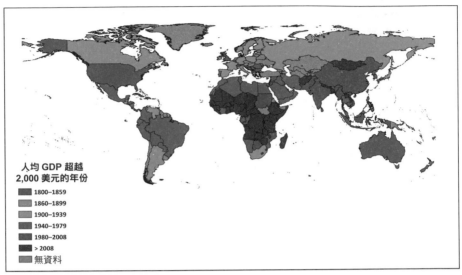

人均 GDP 超越
2,000 美元的年份

■ 1800–1859
■ 1860–1899
■ 1900–1939
■ 1940–1979
■ 1980–2008
■ > 2008
■ 無資料

※ 圖 3.3　人均 GDP 超越 2,000 美元的年份（或估計年份）

資料來源：*McCord, Gordon, and Jeffrey Sachs. 2013. "Development, Structure, and Transformation: Some Evidence on Comparative Economic Growth." NBER Working Paper No. 19512. Washington, DC: National Bureau of Economic Research.*

並論。

　　不過，凱因斯說出了一個時代的獨特性，那就是現代經濟成長已在許多地方生根，創造出一個全球市場經濟（如同我們說過的，馬克思早在 1848 年就預測到了）。1914 年，第 1 次世界大戰莫名其妙爆發，全球經濟毀於戰火與動盪之中，全球陷入混亂，數百萬人死於暴力，另有數百萬人死於 1918 年的流感大流行。最重要的是 1917 年的布爾什維克革命，孕育出蘇聯時代的共產主義。一次大戰釋出龐大的政治和金融危機，引爆 1920 年代的貨幣和金融不穩定，促使 1929 年爆發全球性經濟大蕭條。大蕭條誘發出了政治恐怖形式，包括 1933 年初德國的希特勒掌權，以及 1930 年代日本法西斯主義抬頭。一言以蔽之，一次世界大戰造成 1914 年後大量的死亡、1920 年代的經

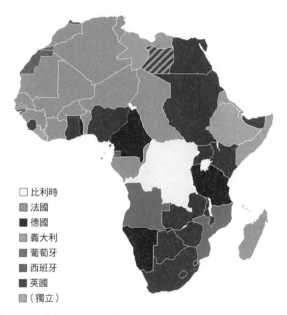

比利時
法國
德國
義大利
葡萄牙
西班牙
英國
（獨立）

※ 圖 3.4　殖民統治下的非洲，1914 年
資料來源：*"Colonial Africa 1914 map,"* *Declangraham et al., Wikimedia Commons, CC BY-SA 3.0,2.5,2.0,1.0.*

濟混亂、1930 年代的大蕭條，以及 1939 年第 2 次世界大戰爆發，戰火延燒全球，直到 1945 年。

　　大戰結束時，雷達、半導體、電腦、太空科學、航空、核能等尖端技術繼續迅速往前推進，但是德國、日本等技術領先國淪為廢墟。美國大致上安然無恙度過戰爭的洗禮，戰後的美國無疑是世界上的領先經濟體，並且保持這個地位直到世紀末。

　　1945 年，世界經濟大致分成三部分。第一部分，又稱為「第 1 世界」，包括美國、西歐和日本，也就是在美國主導下的安全體系中運作，以市場為取向的工業世界。「第 2 世界」包括蘇聯領導的共產國家，1949 年後再加入中國。第三部分則包括大部分剛擺脫殖民統治的國家，有些加入了美國的安全保護傘，有些則加入蘇聯集團，也有許多國家宣布不選邊；構成了新的「第3世界」。1960年代，「第4世界」潛入全球的用語中，指最貧窮的貧窮國家。直到1991年冷戰結束後，上述的劃分法逐漸被棄而不用。

　　世界經濟在這些地緣政治劃割下演進了幾十年。1950年代，第1世界從第2次世界大戰的蹂躪中迅速恢復。高所得國家的內生技術驅動型成長生根茁壯，生活水準攀升。二次戰後的這些國家，經歷了一段短暫的重建期之後，便展開活力充沛的內生型成長時期。第2世界有段工業發展強勁的時期，到了1960年代面臨經濟停滯危機，1970年代共產制度下的經濟發展戛然而止，促使某些國家開始著手改革。中國是共產集團中的第一個大改革者，鄧小平1978年上臺，開放中國接納市場體制、國際貿易與投資，促成中國的追趕型成長，成為歷史上成長最快的主要經濟體。

　　至於共產世界的其他地方，則花了較長的時間才掙脫經濟停滯，因為蘇聯遲遲不願進行類似的改革，直到米哈伊爾·戈巴契夫（Mikhail Gorbachev）1985年上臺、展開市場改革。在那之後，1989年的東歐掀起民主和經濟革命，隨著蘇聯在1991年底崩解，第2世界終於成了世界經濟的一部分。

　　所謂的第3、第4世界，由數十個國家構成，各有自己的政經歷史和策略。少數國家很快就了解經濟漣漪到來，能使他們起而展開非常特別的追趕型工業化進程，於是積極與第一世界經濟體整合。這種新形式的「後進工業化」經濟體，鼓勵本地工廠為跨國公司生產產品，成了全球生產體系的一環。例如南韓或臺灣的企業根據歐美企業提供的技術設計與智慧財產，生產電子產品或成衣。這套追趕型策略的早期採用者被稱為「亞洲4小龍」，包括南韓、臺灣、香港和新加坡。1960年代，這4個經濟體藉由整合新工業基地和第1世界的高科技產業，成長速度極快。其他的開發中國家注意到這個模式，也開始對貿易和外來投資敞開大門，吸引跨國公司前來，努力抓住以技術為基礎的成長漣漪。

　　這是二次大戰後全球化時代一步步形成的過程。對貿易和外來投資開放邊界的國家，以大型跨國公司為中心，形成新的全球生產體系。銷往全球市場的汽車、襯衫、家用電腦的生產鏈日益劃分到許多國家，以利用不同的工資水準、當地人才的技能和運輸條件的優勢。較窮的國若能提供良好的基礎設施、運輸系統和技術熟練的低成本勞工，便有機會加入，成為全球生產體系的一部分。

　　這個新的生產全球化現象，得助於技術和運輸上的許多突破，包括採用標準化的 20 呎貨櫃，簡化貨櫃的卸載成本。其他關鍵技術還包括電腦輔助設計與製造（CAD ／ CAM）、網際網路和行動電話，使企業投入複雜且分散的全球生產體系。這類具有全球性整合能力的企業，可以在一百多個國家、雇用數十萬名員工為其效力。大型跨國公司因此成了讓經濟漣漪持續傳遞，擴散現代經濟成長的主要代理人。

　　這個過程中，日本做為領先國，發展出一個精彩的比喻：雁行模式。意思是大雁列隊飛行時（圖 3.5），一隻雁子飛在最前頭，其他雁子則緊緊跟隨在後。亞洲經濟發展往前推進的方式正是如此。日本先行工業化，南韓、臺灣、香港和新加坡緊跟在後，再後面是印尼、馬來西亞和泰國，之後是中國和越南，現在是束埔寨、寮國和緬甸。

　　圖 3.6 畫出 1999 年各個跨國紡織和成衣生產據點，每個紅點就是一個生產基地。請注意，亞洲的幾乎每一個點都位在沿海，就如 1776 年亞當斯密所預測的那樣。我們再次見到地理與技術如何互動，解釋了全球成長漣漪的擴散情形。

　　圖 3.7 畫出中國在 1978 到 2000 年的大幅成長期間，外來直接投資的地圖。鄧小平於 1978 年向世界開放中國之後，外來投資使得中國成為全球製造業的出口基地。透過跨國公司的外來直接投資，利用海外引進的工業技術和製程，中國搖身成為世界工廠。我們再次看到，浪潮從沿海省分逐步進入內

※ 圖 3.5　飛雁列隊行進
"Canada Goose," Joshua Mayer, Flickr, CC BY-SA 2.0.

**海外關係企業數目**

- 1–4
- 5–11
- 12–18
- 19–30

※ 圖 3.6　全球紡織和成衣生產地點的分布情形，1999 年

資料來源：United Nations Conference on Trade and Development. 2001. World Investment Report 2001:
Promoting Linkages. New York: United Nations.

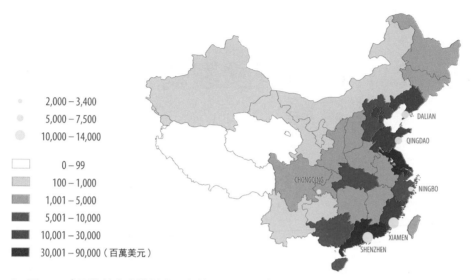

| | |
|---|---|
| ● | 2,000 – 3,400 |
| ● | 5,000 – 7,500 |
| ● | 10,000 – 14,000 |

| | |
|---|---|
| ☐ | 0 – 99 |
| ▨ | 100 – 1,000 |
| ▨ | 1,001 – 5,000 |
| ■ | 5,001 – 10,000 |
| ■ | 10,001 – 30,000 |
| ■ | 30,001 – 90,000（百萬美元） |

※ 圖 3.7 中國的外來直接投資分布情形，1999 年

資料來源：*United Nations Conference on Trade and Development. 2001.* World Investment Report 2001: Promoting Linkages. *New York: United Nations.*

註：黃點代表大城市的外來直接投資存量；各省則依外來直接投資的高低而標色。

地，一如亞當斯密告訴我們的。

　　從英國局部現象的經濟發展，擴延到西歐和其他溫帶國家，最後在 19 世紀末散播到日本，二次大戰後進入後殖民世界。如今，現代經濟成長的漣漪已經抵達幾乎整個地球。然而，仍有一些尚未觸及的地方，通常位處大陸內地、高山之上，或者大洋中的封閉島嶼，處境十分艱困。這些地方承受很多負擔，卻幾無利益可言。

　　接下來的章節中，我們將討論讓經濟發展的益處澤及這些地方。

# 4 為什麼有些國家富裕，有些貧窮

## 臨床經濟學的觀念

　　前面談過，250 年來現代經濟成長如何擴散到全世界。18 世紀中葉的工業革命始於英國，到了 19 世紀中葉，只有少數國家達到平均每人 2,000 美元的水準。1940 年，只有美國、加拿大、歐洲、蘇聯、澳大利亞、紐西蘭、日本和拉丁美洲的阿根廷、智利和烏拉圭達到 2,000 美元的門檻，多數國家仍然沒有。

　　我們已經開始探討，為什麼有些地方的經濟成長發生得比較快，而有些地方幾乎完全沒有成長？19 和 20 世紀初，歐洲內部的工業化大致從西北邊的英國散布到東南邊的巴爾幹。歐洲每個國家達到平均每人 2,000 美元所花的時間，和距離英國的遠近恰成正比。也就是說，越接近英國，越早達到 2,000 美元。因此，荷蘭是最早達到門檻的國家，巴爾幹諸國最晚。

　　此外，溫帶地區通常發展得最早，例如拉丁美洲的阿根廷、智利和烏拉圭。沿海國家先發展，然後通常很久以後才擴及內陸國家，例如阿富汗、玻利維亞和蒙古。地緣政治當然很重要，歐洲或亞洲帝國勢力的統治，導致非洲的迦納和肯亞、南亞的印度、東南亞的馬來西亞，以及東北亞的韓國等國家工業化進程倒退。疾病肆虐也有很大的影響，受疾病襲擊所苦的地區經濟難以發展，並不叫人意外。美國南部容易發生鉤蟲、瘧疾和黃熱病等相關疾病，和這類疾病少見的美國北部相比，落居劣勢。

這方面，有三個要點可以討論。第一，現代經濟成長是個擴散過程，先從英國開始，然後在全球逐步擴散和演變；第二，擴散的型態顯而易見；第三，過去 250 年中有許多不同的因素在發揮影響，而其相對重要性不斷在改變，尤其是因為技術一直在進步。過去，瘧疾是非洲發展上的重大障礙，隨著瘧疾防治技術的進步，這個特別的障礙即將完全消除。

人們似乎一直被誤導，渴望以過度簡單的方式解釋複雜的經濟動態。我們在許多地方會讀到，經濟成長取決於「經濟自由」，或者「良好的政治體制」，或者「控制貪污腐敗」的說法。經濟自由、政治體制和貪污腐敗等因素可能扮演某種角色，但絕非唯一或甚至主要的角色。這些個別的因素，不能解釋跨越全球、隨著時間推移而開展的經濟發展型態，也無法協助我們預測未來。

況且，在經濟轉型的複雜過程中，許多事情可能出錯。不妨把全球經濟體系的複雜程度想像成如人體那般。以前，醫師和精神領袖經常將一個人的疾病歸咎於單一或少數幾個因素，而未能理解人體病理生理過程的複雜性。事實上，在人體這般有機體中，數以千計，甚至數以萬計的事情可能出錯。鐮狀細胞性貧血等可怕的疾病以往被視為絕症，現在的科學解釋則是說是：染色體上某基因的單核苷酸發生變化。人類基因組中大約每 10 億組鹼基對會有 1 組發生變化。許多疾病是由這種所謂的單點多態性造成，另外有些則是由環境因素、病毒等病原體或細菌感染、創傷、不健康的行為等其他可能因素造成的。

現代臨床醫學已不再宣稱疾病是由單一原因造成，或者只開出單一處方、單一指示。我們期望，現代醫師診斷出特定病人所患疾病的具體原因，然後準確針對那位病人的病情和需要開出特定處方。現代的經濟學家在診斷持續存在的貧窮時，也應該做同樣的事。與其提供一個簡單的診斷（「停止貪污腐敗」）、一個處方（「削減政府開支」），或者一個指示（「去國際貨幣基金接受處置」），真正有效益的做法是針對特定國家的處境、歷史、地理、文化和經濟結構，做出精確的診斷。

身為經濟學家，我在研究和思考仔細診斷與開立處方的必要性時，有幸觀察到一位出色的醫療專家如何執行她的工作。那位醫師正是內人索妮亞（Sonia），她是臨床兒科醫師。身體發燒的孩子來看診時，她不會立刻認為自己知道問題何在，斷定所有的發燒原因都相同。她所受的訓練、學到的知識和經驗告訴她，發燒的原因可能有數以千計之多。要有效治療病人，她需要針對特定病人所出現的症狀，來診斷出真正的原因。她一開始是先問問題。一般來說，她的第一個問題是，嬰兒的脖子是否僵硬。如果是，那就有可能是腦膜炎。這是相當罕見卻可能致命的病徵。如果母親回答說嬰兒的脖子僵硬，那麼內人的下一句話是「等一下我們都到急診室」。順著清單上的問題繼續問下去，以便釐清病情為病毒、細菌、環境或其他原因造成的。

醫師這種逐步聚焦、確定疾病真正原因的過程，稱為鑑別診斷。於是我有了一種看法：經濟發展也需要有一種類似鑑別診斷的方法。在我寫的《終結貧窮》（The End of Poverty）一書，便把這種做法稱作「臨床經濟學」（clinical economics）。懂得實務上怎麼做的臨床經濟學家，有如優秀的醫師，扮演的角色就是對眼前的經濟案例執行鑑別診斷。像內人那樣的醫師，會拿起一張井然有序的檢核單，問一些相關的問題，以探查潛在的病因，而且是以特定的順序來問問題。他們會觀察證據和實驗室得到的結果；進行訪談，試著從父母和孩子那裡了解實際上發生了什麼事；然後以廣泛的資訊和證據為基礎，做出診斷和計畫治療的方式。接著，治療可能按照計畫進行，或者也許證明無效，這時就有必要進行另一回合的診斷。

永續發展的實務工作者也需要做這種鑑別診斷。我在《終結貧窮》一書，為持續到 21 世紀還存在的赤貧，擬出了這樣一張檢核單。我想，世界上大部分地方已經擺脫赤貧，卻仍有約 10 億人身陷其中，而且主要集中在熱帶非洲和南亞，其他還有包括海地、阿富汗和寮國等。這張檢核單分成七大類和更多的細類，以下就來談談這張檢核單的七大項目。

第一，一國所處的根本狀況可能是我所說的「困在貧窮陷阱之中」。這些國家太貧窮，無法進行所需的基本投資，以擺脫極端的物質匱乏，進而爬上經濟成長的階梯。

第二，貧窮可能源自不良的經濟政策，如選錯投資策略、在國際貿易對經濟較有助益的時候反而關閉邊界、在實施市場體系更好的時候反而選擇中央計畫等。

第三，貧窮可能也代表政府財政破產。如果一國政府過度支出、過度舉債，它可能落到財政破產的狀態。這個國家的政府積欠債權人許多錢，無法籌錢修建公路、學校、診所，或者聘用醫師、教師和工程師。

第四，貧窮可能是自然地理的某些面向造成的結果。該國也許深鎖內陸，難以和外界貿易；可能位處高山，不能耕種或投入低成本的製造業；可能苦於瘧疾或其他嚴重的疾病肆虐；或者，它可能極易遭受地震、海嘯、颶風和颱風、乾旱、洪水等天然災害。海地、菲律賓等國，便經常慘遭這些天災蹂躪。

第五，有些國家可能受害於治理不善。表面上，經濟政策看起來不錯。但實務上，可能充滿貪瀆腐敗、缺乏效率、無能，或者以上兼而有之。治理不善當然是程度輕重的問題。幾乎每個國家都有貪瀆腐敗，然而貪瀆腐敗水準溫和的許多國家，經濟發展得不錯。儘管貪瀆腐敗在道德上、實務上可能都是問題，卻不致對經濟發展構成很大的障礙。這股歪風如果走到極端，肯定會使經濟成長戛然而止。

　　導致一國赤貧的第六個因素，可能是文化障礙。舉個重要的例子來說，有些社會嚴重歧視婦女和女孩，女孩可能仍然很少或者沒有機會上學，而且社會期望她們早婚和多生子女，即使家裡窮到沒辦法供給孩子適當的健康、營養和教育。這種文化型態不利於經濟的長遠發展。

　　第七個因素是地緣政治，指一國和其鄰國、敵國與盟國的政治及安全關係。地緣政治會造成很大的差異。如果一國在實體上十分安全，不虞遭到外來攻擊，擁有國家主權，而且能與其他國家和平相處、進行貿易，那麼地緣政治將是經濟發展的朋友。反過來說，若一國受制於外國勢力，或者是大國之下的一只棋子，那麼該國可能遭到更大的傷害或蹂躪。阿富汗便是如此。深鎖內陸，加上容易受旱災、水災等異常氣候衝擊，阿富汗在經濟發展上相當困難。1978 年以來，阿富汗更不斷遭受戰爭、侵略、入侵、恐怖組織活動，以及破壞性很強的大國權力干擾，阻礙了阿富汗的經濟發展，難怪一直是世界上最窮的國家之一。

　　這七個因素各有許多子因素，不能一概而論，也無法同等適用於每個國家。赤貧的持續存在，並沒有單一的解釋，該地的處境、歷史和背景都十分重要。

　　在我和各國合作的三十年經驗中發現，不同的地方在不同的時候，有極為不同的狀況要處理，才可望脫貧轉富。自始至終都請同一位醫師開立處方，對病患來說會是一場災難，經濟問題上也是如此。1980 年代中期，我在玻利維亞工作，協助結束惡性通貨膨脹。當時，每年物價上漲數十倍之多。我對玻利維亞做「鑑別診斷」（differential diagnosis），得知政府財政破產，只好靠印製鈔票以支應開銷，導致惡性通貨膨脹，所以該國最需要的是能在短時間內控制預算，以便打破惡性通貨膨脹這種熱病。為了終結龐大的預算赤

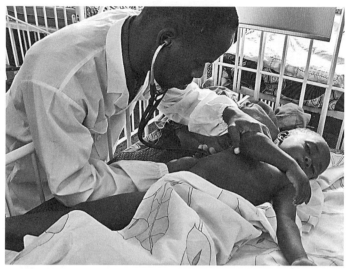

※ 圖 4.1　烏干達魯希拉（Ruhiira）罹患瘧疾的小孩
*Photo courtesy of Kyu-young Lee.*

字，我們採取了幾項行動，包括改變公共部門的價格，例如政府賣給民眾的石油，以及預算支出，並且償還玻利維亞堆積如山的債務給外國債權人。至於終結惡性通貨膨脹，則需要取消約 90％的外債，從而減輕預算中的龐大付息壓力。

　　4 年後，我應邀協助波蘭克服全然不同的危機。1989 年，波蘭從共產主義過渡到市場經濟，也從獨裁轉型到民主制度。波蘭的通貨膨脹嚴重、產出崩潰需要鑑別診斷。依我之見，波蘭最需要的是讓供給和需求能夠運作，因為共產主義時代的中央計畫已經崩垮。因此，在新領導階層的要求之下，我協助發展一套經濟策略，以恢復市場力量、供給與需求、國際貿易和預算平衡。波蘭終結了高通貨膨脹，很快恢復經濟成長。事實上，由於和西歐建立起新的經濟貿易與投資關係，且日益成長，波蘭經濟成長得相當快。

　　1990 年代中期，我開始在熱帶非洲工作，先是在尚比亞，然後在非洲其

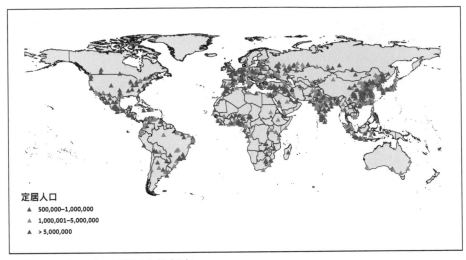

※ 圖 4.2　人口達 50 萬以上的都市

資料來源：*CIESIN–Columbia University, International Food Policy Research Institute –(IFPRI), the World Bank, and Centro Internacional de Agricultura Tropical–CIAT. 2011. "Global Rural-Urban Mapping Project, Version 1 (GRUMPv1): Settlement Points." Palisades, NY: NASA Socioeconomic Data and Applications Center (SEDAC). http://dx.doi.org/10.7927/H4M906KR.*

他許多地方，發現那裡貧窮的根本狀況和原因完全不同於波蘭或玻利維亞，或者其他地方。非洲的獨特之處在於愛滋病橫行，也苦於瘧疾死灰復燃，重新肆虐。許多地方十分貧窮，連最基本的基礎設施付之闕如。我發現，國際貨幣基金、世界銀行等國際機構所開出的處方，正是他們之前在波蘭所開的。他們要求這些非洲國家縮減預算、將保健服務改制民營。對疾病盛行的貧困地區而言，這些是既荒謬且具破壞性的處方。非洲需要為其量身訂製的診斷和處方，而非從他處移植過來，更別提是來自華盛頓特區。

　　就大多數的非洲熱帶地區而言，檢核單上的「貧窮陷阱」是最準確的診斷。非洲各國政府知道自己該做的事，例如擴大健康保險的範疇；改善教育；興建道路、港口和電力網；確保窮人獲得安全用水和衛生設施等。甚至

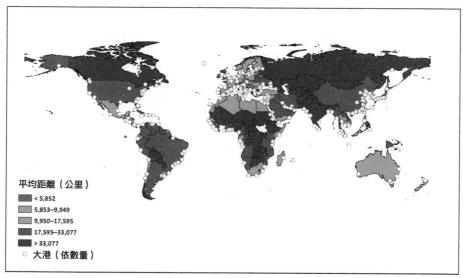

※ 圖 4.3　各國距大港的平均距離

資料來源：*McCord, Gordon, and Jeffrey Sachs. 2013. "Development, Structure, and Transformation: Some Evidence on Comparative Economic Growth." NBER Working Paper No. 19512. Washington, DC: National Bureau of Economic Research.*

為此訂有投資計畫，卻缺乏財政資源來執行。也許，健康保險計畫需要每位公民、每年為公共衛生的運作支出 60 美元。這筆金額對富國來說沒什麼，最貧窮的國家卻因財政困窘，無力負擔。這就是貧窮陷阱。有兩個方法可以打破這種貧窮陷阱：其一是由政府借進公共投資所需的資金，然後仰賴未來的經濟成長，充實國庫，以償還借款。其二是由外國政府、企業、基金會和國際機構提供臨時援助，以資金挹注迫切的需要。經濟成長之後，援助規模可以逐步降低，最後完全叫停。這種援助又稱為「發展援助」（Development Assistance），條件優於以市場為基礎的資金借貸。如果是由他國政府和官方機構提供協助，則稱之為「政府開發援助」（official development assistance，ODA）。若由非政府組織（non-government organizations，NGO）和民間基金會提供協助，則稱之為「民間發展援助」。

2000年之後，為了對抗貧窮，全球採行了聯合國的千年發展目標，設立幾個特別的機構，將政府開發援助引導到有效的用途上。對抗愛滋病、結核與瘧疾的全球基金（Global Fund to Fight AIDS, Tuberculosis and Malaria，GFATM）便是其中最受矚目的一個。全球基金的資金來自於捐助國政府、民間慈善基金會和企業，再將資金分配給苦於這三種疾病的窮國。這項計畫卓然有成，三種疾病都已受到控制。即便如此，民眾和專業人士抗拒政府開發援助的阻力仍強，部分原因是有些經濟學家仍相信貧窮是由單一因素造成的，例如貪瀆腐敗或缺乏經濟自由。在某些地方這種說法可能言之成理，但熱帶非洲似乎不是如此。

## ▌進一步檢視地理位置

即使外部因素是經濟發展的主要障礙，窮國和窮人還是常被指為咎由自取。人們可以輕而易舉便說，窮國仍然貧窮是因為貪瀆腐敗、文化不良，或者缺乏方向。然而真實經驗告訴我們，現實情況並非如此。

自然地理是貧窮診斷檢核單上的第四個項目。奇怪的是，研究者往往忽視這個最基本的現實對貧窮造成的影響。我可以說是從親身的體驗了解自然地理的重要性，而不是在課堂上學的。比方說，我在玻利維亞、蒙古、烏干達、盧安達、吉爾吉斯、布吉納法索、馬利、塔吉克、尚比亞、馬拉威等地工作的經驗，讓我深切了解一個經濟體深鎖內陸，在經濟上面臨的額外挑戰，以及座落於內陸高山上所面臨的更多困難。從玻利維亞阿爾蒂普拉諾（Altiplano）高原地區遠眺，景色優美，放眼所及是藍色的天空、白雪皚皚的群山、乾燥矮樹叢連綿起伏的丘陵。要在那裡運轉一座工廠，困難的程度同樣叫人咋舌，因為通往太平洋港口的運輸成本是世界上最高者之一。

　　第 2 章已經指出，人均 GDP 具有很強的地域關聯性（圖 2.1），熱帶國家一般比溫帶國家貧窮。疾病肆虐和作物的生產力不同，可能有助於解釋這種差異。內陸國家通常比海洋國家貧窮，加勒比海和亞洲太平洋上，經常遭遇地震和颱風災害的國家便因為這種脆弱性而付出長期的代價。

　　地理力量十分強大的另一個線索見於圖 4.2。這張地圖畫出了全球各地的大都市地區。大部分國家都有大都市，然而大都市位於沿海的比例卻很高。至於內陸的大都市，往往沿著主要河流興起，例如中國長江上的重慶，所以能夠進行水上貿易。位於海岸、臨近港口，或者接近大河，長久以來就是充滿經濟活力的關鍵。如此一來，複雜的專業分工的生產力得以提升，也能提高全球貿易、經濟成長的程度。位在容易進行海洋貿易的地方，對其以具有競爭力的成本輸出貨物到世界市場有幫助，同時也能以低成本從其他地方輸入原物料來加工，或者在當地生產和消費。

　　圖 4.3 將各國依其距最接近海港的平均距離標色。西歐、英國和阿拉伯半島等國，非常靠近港口，所以會因為運輸成本低廉而得天獨厚。英國在 18 世紀經濟起飛時，因為是海洋國家，擁有很多良好的港口而占有巨大的優勢；倫敦是泰晤士河上的城市，也能從事大量的國際貿易。此外，英國的地形有利於以很低的成本，在河流沒有到達的地方興建運河。這些運河有助於煤的開採，運送到英國的各個工業城市。

　　俄羅斯等大型大陸國家有個很大的缺點：該國多數的城市和工業區，都遠處內地，貨物輸往海港，或者進口國際原物料到各個工廠，都會面對艱巨的陸上運輸考驗。熱帶非洲有許多地方深鎖內陸；事實上，非洲有 16 個內陸國家，包括波札那、布吉納法索、蒲隆地、中非共和國、查德、衣索比亞、賴索托、馬拉威、馬利、尼日、盧安達、南蘇丹、史瓦濟蘭、烏干達、尚比亞和辛巴威，是世界上內陸國家數目最多的。這 16 個國家的人口既因實體因素，也因政治因素，而遠離港口。貨物不只需要輸往內陸，也必須通過政治

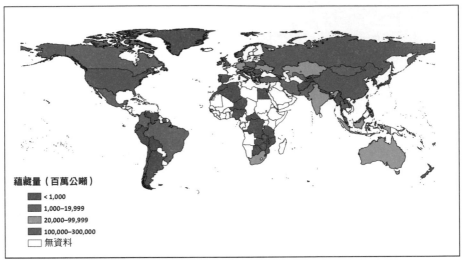

※ 圖 4.4　全球煤蘊藏量
資料來源：*U.S. Energy Information Administration.*

邊界。海洋國家很容易進行國際貿易，傾向於成長得更好、更快和起飛得更早。內陸國家不只深鎖內陸，且大部分人口和經濟活動都遠離海港，在經濟發展的過程中傾向於落後他國。但有一些重要的例外。

　　圖 4.4 的地圖顯示實體地理的另一個重要面向：煤蘊藏量。能源是經濟活動的核心，無論農業、工業、服務或運輸都是如此。前文曾詳細說明，蒸汽機如何因為大幅擴大人類集中能源於經濟活動的能力，而帶來現代的經濟成長。煤、石油和天然氣，給了全球經濟發展至關重要和不可或缺的動力。石化燃料資源富饒的國家，從而更容易實現經濟成長。缺乏這些石化燃料的國家，仍然可以藉出口貨物和服務取得收入，以進口能源，或者利用水力發電等其他能源而實現經濟成長。儘管如此，和一開始就擁有能源的地方比起來，初級能源必須依賴進口的國家，發展會困難許多。

　　石化燃料地質分布差異極大，有些地方邀天之幸，擁有龐大的石化燃料蘊藏，有些地方可能幾乎一無所有。19 世紀，燃煤稱王，特別是用做蒸汽機的動力。圖 4.4 清楚顯示英國、西歐和美國有大量的煤，熱帶非洲幾乎為零！這不是政治、帝國主義或文化造成的結果，而是地質的問題。所在位置有可開採的煤，對經濟起飛極為有利，尤其是在 19 世紀。

　　圖 4.5 是另一張石化燃料地圖，這張畫的是石油。當然這不是我們熟知的地球形狀，而是將每個國家的大小依其石油蘊藏量多寡畫出來。沙烏地阿拉伯擁有龐大的石油蘊藏，位於地圖中央，伊拉克、科威特、伊朗和委內瑞拉等國也很大。地圖上幾乎沒有非洲的影子，因為只有少數幾個地方擁有石油。如果測量石油蘊藏量相對於國家人口的數量，那麼各國擁有石油的差異甚至更具戲劇性。奈及利亞和科威特每天都出口 200 萬到 300 萬桶石油。然

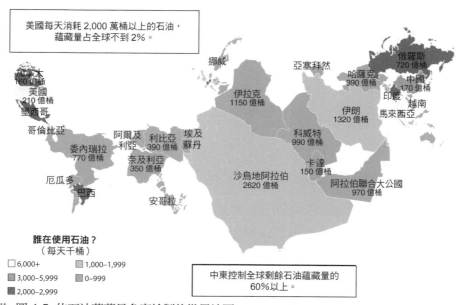

※ 圖 4.5　依石油蘊藏量多寡繪製的世界地圖
資料來源：Environmental Action.

而奈及利亞有 1.6 億人，科威特卻只有約 100 萬人。

　　尤其是熱帶非洲，缺乏石化燃料不必然會使這些國家在 21 世紀失去發展機會。結合現代技術和明媚的陽光，這些國家擁有很大的成長潛力！1977 年以來，太陽光電系統的成本下降了大約 100 倍，加上其他形式的太陽能發電，可望讓非洲取得能源大突破。

　　結束討論能源之前，我要補充說明：擁有初級能源有利於經濟的長期發展，然而有個重要例外稱之為「資源詛咒」。資源富饒的國家，通常是石油蘊藏量多，由於資源財富的管理嚴重不良，以至於這個天然財富反而被視為詛咒，而非恩賜。舉例來說，出售石油帶進的大筆現金流量，經常導致貪瀆腐敗歪風橫行，或者引發敵對的派系競奪石油收入，造成不安。奈及利亞政府數十年來濫用石油收入，加上生產公司長期漏油造成環境嚴重退化卻不必負擔法律責任，可能是世界上資源詛咒最惡名昭彰的例子。

　　此外，氣候的重要性也十分明顯：全人類都需要食物、淡水和其他生態系統服務才能生存。氣候對作物的生產力、疾病、缺水或多水，以及是否容易遭遇天災傷害，影響巨大。圖 4.6 是用柯本－蓋革（Köppen-Geiger）的氣候分類系統畫出的地圖，為地理學者廣泛使用。圖中的粉紅色、紅色區域是熱帶，全年溫熱。在糧食生產和疾病負擔方面，熱帶地區面對非常獨特的挑戰，瘧疾等疾病都是在這個生態環境中滋長。

　　米色地區屬旱地，總降雨量少，作物的生長能力低或完全無法生長。此區以養殖駱駝、牛、山羊和綿羊等牲畜的畜牧業為主，並且仍然過著遊牧生活，在不同的季節從一地移往另一地，逐水草而放牧動物。由於旱地很難種植糧食，這些地區特別容易赤貧，一點也不令人意外。世界上有幾個富裕的乾旱地區，坐擁龐大的礦物財富，例如波扎那卡拉哈里沙漠（Kalahari Desert）的鑽石，以及阿拉伯半島的碳氫化合物礦產資源。

　　淺綠色和深綠色部分是溫帶地區，四季分明，全年雨水豐沛。淺綠色地帶位於主要陸塊的西側：歐亞、北美、南美、澳大利亞、南非的開普敦附近。這種氣候稱為「地中海型氣候」，因為常見於南歐、北非和地中海東邊的黎凡特（Levant）。地中海地區的特色是潮濕，冬天溫和，夏天則溫熱、陽光充足、乾燥。沒錯，這裡正是種植葡萄美酒的絕佳環境。

　　深綠色區域，例如我的家鄉紐約市及大多數西歐國家、中國的某些地方、日本、澳大利亞、紐西蘭、阿根廷和烏拉圭，都是潮濕的溫帶地區，這裡正是穀物生產的絕佳地點。除了坐擁礦物或碳氫化合物的富裕地區之外，深綠色部分無疑是平均所得最高的地方。溫帶的確氣候溫和，不太熱也不太冷，作物生長期長，幾乎不受瘧疾、黃熱病、登革熱等熱帶傳染病侵擾。

　　現代經濟成長始於深綠色溫帶氣候的英國，迅速擴散到北美、澳大利亞、紐西蘭和拉丁美洲南邊的類似地點。這些地方都有生產力很高的農業、混合式穀物栽種和畜牧、強大的林業部門，提供豐富的木材和其他的森林服務，以及有益人體健康的環境，尤其是對歐洲的移民來說。我們見到現代經濟成長的擴散，不只是根據地理上的比鄰性，例如距離倫敦的遠近，也跟「氣候比鄰性」有關，這裡指的是和英國緯度差不多。

　　淺紫色和深紫色區域是寒冷地區。靠近北極圈的地方不可能從事農作，只有一小群人以狩獵、捕魚，或放牧馴鹿為生。遠北地區當然還有採礦活動，但是居民很少，需要很高的資本密集作業。

　　這裡先來談談影響最大的一種氣候性疾病：瘧疾。瘧疾是由蚊子傳播的疾病，病原體是稱作瘧原蟲的單細胞有機體。蚊子為了吸血而叮咬罹患瘧疾的人類，結果不只吸到血，還吸食到宿主血液中的瘧原蟲。兩個星期後，當蚊子再次為了吸血，叮咬其他人，就會造成傳染。瘧疾只會經由瘧蚊屬的蚊子，在氣溫高於約攝氏 18 度的情況下散播出去。溫暖的環境有助於蚊子在第二次叮咬時成為感染源，將疾病傳出去。低於攝氏 18 度的環境中，活在蚊子體內的瘧原蟲無法在蚊子的腸道走完本身的生命週期，傳染性就不存在了。

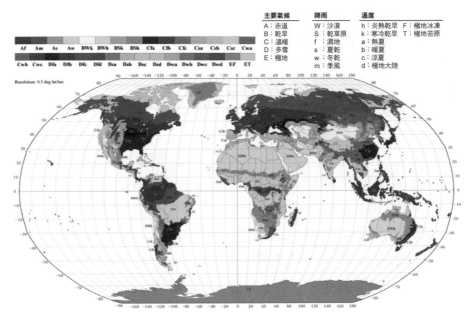

| 主要氣候 | 降雨 | 溫度 |
|---|---|---|
| A：赤道 | W：沙漠 | h：炎熱乾旱　F：極地冰凍 |
| B：乾旱 | S：乾草原 | k：寒冷乾旱　T：極地苔原 |
| C：溫暖 | f：濕地 | a：熱夏 |
| D：多雪 | s：夏乾 | b：暖夏 |
| E：極地 | w：冬乾 | c：涼夏 |
|  | m：季風 | d：極地大陸 |

※ 圖 4.6　柯本－蓋革的全球氣候分類

資料來源：*Kottek, M., J. Grieser, C. Beck, B. Rudolf, and F. Rubel. 2006. "World Map of the Koppen-Geiger Climate Classification Updated." Meteorol. Z. 15(3): 259–263. doi: 10.1127/0941-2948/2006/0130.*

　　因此，比較涼爽的氣候就不會傳播瘧疾，像熱帶非洲這樣四季溫暖的地方，瘧疾一年到頭在散播。非洲似乎獨一無二的背負了三項重擔：全年高溫；整年降雨夠多，有地方滋生瘧蚊；以及有一種最致命的岡比亞瘧蚊，只愛咬人，不愛咬牛和其他動物，使得非洲人置身於瘧疾的「火線」之中。

　　圖 4.7 是大約 10 年前，我和同事結合溫度、濕度、瘧蚊種類三個關鍵因素，所繪製出來的世界地圖，以測量哪些地區最容易傳播、感染和死於瘧疾。從圖中一眼可見，非洲真的是世界上最脆弱的地方。這裡滙集了全年無休、密集傳播瘧疾的每一個生態條件。因此，今天世界上因瘧疾而死亡的案例，幾乎有 90% 發生在熱帶非洲。

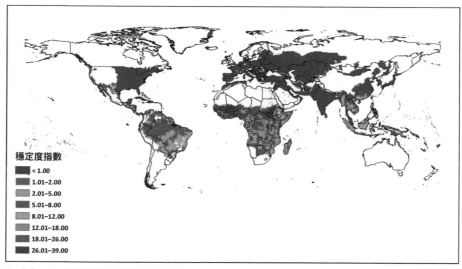

穢定度指數

< 1.00
1.01–2.00
2.01–5.00
5.01–8.00
8.01–12.00
12.01–18.00
18.01–26.00
26.01–39.00

※ 圖 4.7　全球瘧疾傳播的穩定度

資料來源：*Kiszewski, Anthony, Andrew Mellinger, Andrew Spielman, Pia Malaney, Sonia Ehrlich Sachs, and Jeffrey Sachs. 2004. "A Global Index Representing the Stability of Malaria Transmission."* American Journal of Tropical Medicine and Hygiene *70(5): 486–498.*

　　一再爆發的瘧疾不只每年奪走數十萬為數眾多的非洲人命，也削弱了非洲的社會和經濟。孩子們經常無法到校上課，完成不了學業；很多孩子不幸早死，即使長大成人，身體和認知上也有困難。因為擔心子女早夭，當地人只好多生孩子，導致扶養的子女人數多於他們能夠供給適當的營養、健康照護和教育。所以說，瘧疾以微妙且有害的方式造成整體經濟發展遲滯不前。雖然瘧疾的負擔取決於氣候，瘧疾橫行的地方卻不必逆來順受，地理不必然決定一切。一個國家所處的地理位置告訴我們應該採取哪些措施，以扭轉或抵消實體環境所造成的負擔。瘧疾負擔沉重的非洲國家，現在可以採用先進的防治方法，以減少感染、大幅降低死亡人數。

　　以上所說是要指出，地理環境惡劣不必然阻礙經濟發展，卻能發出訊

表 4.1　地理狀況與政策含意

| 地理狀況 | 公共政策上的含意 |
| --- | --- |
| 內陸 | 建設良好的道路、鐵路，通往港口；和靠海的鄰國保持良好的關係；強調以網際網路為基礎的出口活動，「戰勝」位置上的劣勢。 |
| 缺水 | 重視灌溉。例如鼓勵小農戶使用新的太陽能灌溉幫浦；種植不需要大量用水的作物。 |
| 疾病橫行 | 擴大公共衛生干預措施，以控制和氣候有關的疾病。 |
| 天然災害 | 了解洪水、乾旱、旋風、極端風暴等天災的發生機率，提高公眾防災意識，加強相關基礎設施，做好防備。 |
| 缺乏石化燃料 | 檢視並發展國內的各種能源，如地熱、水能、風能和太陽能發電的備選方案；強調能源效率。 |

號，告訴我們需要做哪類投資，以克服地理所造成的障礙。表 4.1 是舉例說明用的一張清單。

地理位置固然有其影響，但不能就此聽天由命。如果基本的地理條件令一國處境艱困，務必設法找出有效的替代方案。

## ▎文化扮演的角色

在「為什麼有些地方的經濟成長領先、其他地方卻落後」的鑑別診斷中，人們經常先把答案指向清單上的第六類：文化。有錢人傾向將自己的富有歸因於擁有優越的文化，例如信奉正確的宗教。他們很難理解天然的優勢可能有助於整體經濟發展往前邁進。總之，富人喜歡表示窮人都是咎由自取，因為懶惰或者錯誤的宗教信仰等因素而窮困。

　　實際的情況通常比較好笑。當一個地方貧窮，人們會說那是懶惰造成的，等到人家富起來，說法就變了。19 世紀末的日本就是這樣。日本在 1870年左右仍處貧窮，歐洲的觀察家便指責日本人懶惰。經濟蓬勃發展後，歐洲人、美國人又抱怨日本的文化使得日本人工作過於勤奮。這種轉變可能意味著，文化不是造成貧窮、富有的關鍵原因，一定有其他的影響因素存在。

　　文化也不是固定不移的巨石，永遠不變。文化態度和經濟結構一樣，會與時俱變。舉例來說，婦女、非裔美國人、猶太人、愛爾蘭人和其他的族群曾在美國遭遇可怕的歧視，但人們的態度不斷在變。經過多年的奮鬥，態度和法律變了，文化也變了。今天，美國的年輕人對於種族、宗教、少數群體、性別角色等文化面向，態度明顯的不同於以往。毋庸置疑，文化對經濟發展的確很重要，但是和地理一樣，文化不是宿命。態度會改變，而且能以支持永續發展的方式演變。

　　談到影響永續發展的最重要文化信念，我們應該把注意力轉向人們對家庭人口多寡、教育程度和婦女扮演的角色等態度上。

　　觀察人口方面的挑戰時，一個好起點是圖 4.8 所示的世界生育率地圖。一個國家的總生育率測量的是，社會中的女人在其一生中生下子女的平均數目。這張世界地圖顯示，我們今天的世界總生育率存在巨大差異。許多地方，尤其是高所得國家，總生育率低於 2。這表示平均而言，每個女人生育不到兩個孩子，也就是說，每位母親並未在下一代有一個女兒來接替自己，長期而言，人口會越來越少。當總生育率高於 2，人口才會長期增加。一些最貧窮的國家，尤其是在熱帶非洲和南亞部分地方，總生育率仍然高於 4，某些低所得熱帶非洲的鄉村地區，總生育率高於 6。這表示每個女人生育 3個或更多的女兒。由此可見，短短幾十年內整體人口大幅上升的潛力有多大。

　　生育率高對經濟發展的影響很大，因為幼童人數多，食指浩繁，貧困家庭很難滿足所有子女的最基本需求。也許只有長子能夠上學，較小的女孩年

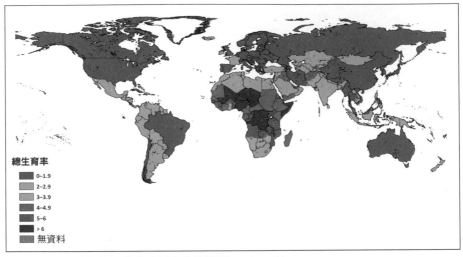

※ 圖 4.8　全球每位婦女生育子女人數地圖，2011 年
資料來源：*World Bank. 2014. "World Development Indicators."*

紀輕輕就嫁作人婦，沒有機會接受適當教育。那些年輕女孩長大成人後不識
字，也缺乏協助改善生活所需的技能，他們的子女也可能在貧困中長大。從
高生育率走向低生育率的國家，往往在經濟發展上占得優勢；生育率很高的
國家，經濟成長通常低得多。

　　隨著時間的推移，生育率會形塑人口的動態：總人口是增加或減少，以
及人口的年齡結構。人口的年齡分布可用所謂的「年齡─人口金字塔」（age-
population pyramid）來描述。圖 4.9 是日本變化中的年齡，金字塔顯示不同年
齡的男孩和女孩，或者男人和女人的數目。1950 年代，日本的總生育率高於
更替率（replacement rate），1950 至 1955 年的總生育率大約是 3，結果孩童人
數多於父母，父母又多於祖父母。年齡─人口的結構形狀看起來像是金字
塔，底部寬、中段的父母人數較少，頭部的祖父母人數很少。到了 2005 年，
年齡─人口結構形狀發生很大的變化。日本的生育率已經下降，部分原因是

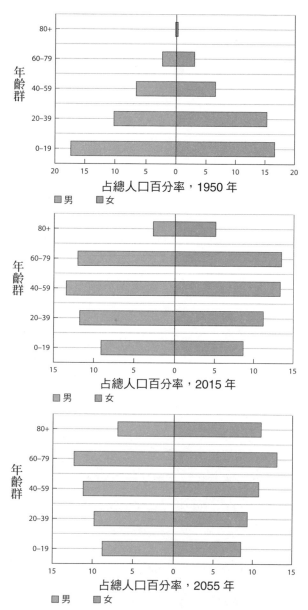

※ 圖 4.9 日本的人口金字塔，1950 年、2015 年、2055 年

資料來源：*United Nations Department of Economic and Social Affairs Population Division (DESA Population Division). 2013. "World Population Prospects: The 2012 Revision." New York.*

文化改變，部分則是因為經濟發展、公共政策使然，以及現代避孕藥具問世。子女人數實際上遠少於父母人數，總生育率下降到1.3。預測到2055年，也就是本世紀中葉，總生育率持續偏低，將導致年齡一人口結構成為倒金字塔，每一代的人數都會少於父母那一代，情況逆轉之勢令人吃驚。

上述例子把總生育率和人口的年齡結構間的關係，闡述得非常好。總生育率高，則人口年輕；總生育率落在2左右的水準時，人口大致屬中年；總生育率非常低，也就是遠低於2時，人口正在老化。

今天多數非常貧窮的國家仍然有金字塔的形狀，總生育率高，底部有為數眾多的年輕人，表示人口繼續飆升，每個新世代的人數都比父母輩多出許多。撒哈拉沙漠以南的非洲，如果生育率只緩緩下降，2100年前人口將達到接近40億，遠高於今天的9.5億左右。依據聯合國的資料，非洲人口會從1950年的約1.8億增為本世紀末的38億。150年內增加超過20倍，是前所未見的增幅。由於農場面積縮小、氣候改變，加上能源耗竭等種種困難，這種史無前例的人口大幅增長，幾乎肯定難以實現經濟繁榮。

個別家庭中，問題一樣嚴重。如果貧窮父母得撫養6到8個孩子，如何期望供給每個孩子所需的健康、營養和教育資本？推而廣之，如果人口繼續激增，社會能夠如何期望迎頭趕上其他國家？成功將取決於，今天的高生育率國家透過公共政策、文化態度的轉變，自發性的降低生育率。最重要的一步，似乎是協助年輕女孩進入學校修完學業。這一來，她們會較晚結婚、生育較少的孩子，而且更想投入勞動行列。

此外，社會對教育持有的態度也受政治和經濟影響。有些社會，即使處於非常貧窮的狀態，政府和家庭也集中大量的精力和注意力，致力掃除文盲、教育下一代。南韓就是如此。舉國致力於教育，有助於南韓寫下最快速、最成功的經濟發展故事之一，社會普遍欣欣向榮。韓國驚人的經濟進步，有一大部分歸功於深耕基礎廣泛、高品質的全民教育。圖4.10是2012

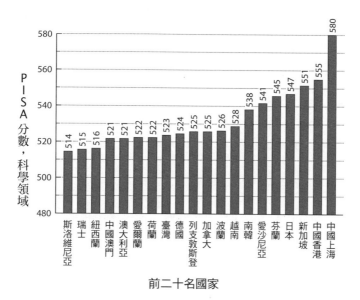

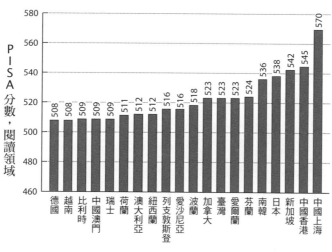

※ 圖 4.10 PISA 教育排名，2012 年

資料來源：*Organization for Economic Co-operation and Development. 2014.* PISA 2012 Results: What Students Know and Can Do—Student Performance in Mathematics, Reading and Science *(1). PISA: OECD Publishing.* http://dx.doi.org/10.1787/9789264201118-en.

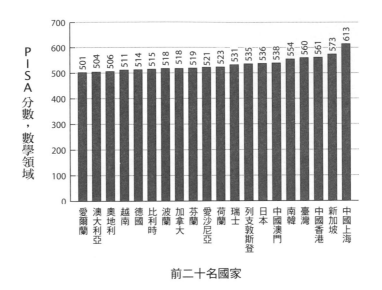

前二十名國家

※ 圖 4.10（續）

年國際學生能力評量計畫（PISA）的數學、科學和閱讀能力國際排名，韓國
在全部三類幾乎都排在前頭。如此令人刮目相看的表現，不只反映了公共教
育投資高，也反映了韓國父母強烈支持子女接受更多的教育。請注意這些圖
上，東亞地區的表現十分突出，反映了普遍重視教育的文化。

　　性別的差異也深深影響經濟發展的模式。婦女有法律權利嗎？能夠平等
參與勞動嗎？面臨很大的歧視嗎？兩性平等當然也包括政治面向，例如婦女
的投票權被剝奪，但文化起著非常重要的作用。世界上可能找不到一個社
會，婦女完全沒有受到歧視。這需要政治上格外努力、社會動員，以及婦女
鼓起很大的勇氣，才能打破歧視，即使在接近兩性平等的地方也是如此。世
界上仍有許多地方，對於有意參與政治和經濟的婦女設下巨大障礙。最顯而
易見的後果是，一個社會如果只依賴一半的腦力和人才來運轉，剝奪另一半

※ 圖 4.11　盧安達國會的女性議員和總統保羅・卡加梅（Paul Kagame）合影
*Parliament of Rwanda.*

人口的權利，勢必將落後人民那些不分男女、一律授權賦能的國家。

　　過去 30 年，已有重大的正面改變，只是各地的進展不一。舉例來說，盧安達的國會議員 64％是女性，是各國國會中最高的。除了盧安達，其他地方也在逐步提高。盧安達不只婦女活躍於政治圈，在降低兒童死亡率、改善教育與社會情況的進展驚人。僅僅 10 年內，5 歲以下兒童的死亡率下降約一半，從 2000-2005 年的每千名新生兒死亡 145 名，降為 2010-2015 年的每千名新生兒死亡 74 名。雖然有許多因素幫助盧安達持續擺脫貧窮陷阱，我相信婦女在政治上扮演重要的角色，發揮很大的影響。盧安達的成功，對仍然落後的國家發出非常強大的訊息：想在 21 世紀成功，不能只依賴一半的公民，必須動員所有公民共同努力。

## ▌政治扮演的角色

　　除了地理、貧困陷阱和文化，我們必須把政治及更廣泛的治理納入貧窮檢核單中。政治運轉失靈可能有多種方式，包括政策不良、財政破產、治理不善，以及地緣政治不利。

　　我們都知道，政府在經濟發展中扮演至關重要的角色。任何經濟發展所需的基礎設施，包括道路、鐵路、電力傳輸、港口服務、連接、供水、排污，政府都責無旁貸。此外，政府在發展人力資本方面，尤其是兒童的健康、教育和營養，更是不可或缺。如果政府執行不力，將帶來難以控制、彌補的損失。要確保所有的人都能享有經濟機會，一個有效的政府絕對不可或缺。赤貧家庭的孩子，除非政府能助以一臂之力，否則將無法獲得適當的保健、營養、教育和發展工作技能的能力。因此，政府必須協助貧窮孩子在人生之初踏出有效的一步，接受高品質的教育，提高他們的跨世代流動性，才有脫貧轉富機會。

　　政府在維持法治上同樣至關重要。沒了政府，就會陷入暴力橫行的狀態。倘若政府本身貪腐成風，銀行部門等機構會在無法無天的環境中營運，注定失敗，無法貢獻於基礎廣泛的經濟發展。如果契約不能執行、法院無法運轉，誰能做生意？當我們看到一國落入危機之中，除了文化、貧窮、地理位置等因素，也需要觀察跨越幾個構面的政治情況。

　　舉個簡單的例子來說明。設想要在一國之內興建有效的道路系統，是成或敗取決於有效的政策，例如設計道路系統，以及尋求民間公司來執行。其次，需要有充足的公共財政，能從預算或者倚靠發行債券籌集所需的資金，或者採取公民合營的方式。再者，需要政府官員廉潔奉公，許多道路興建計畫因為貪污舞弊，永遠造不出一條路來。同時，也需要良好的地緣政治，一國必須處於和平狀態，需要一或多個國際夥伴，才能得遂所願。良善治理如何需要政策、政治、財政和外交事務配合，興建道路系統顯然只是其中一例，教育、健康照護和其他經濟部門也是一樣。

中國是成長最快的經濟體之一，各級政府都積極推展大型基礎設施。快速城際鐵道現在成了龐大的國家運輸系統，大城市有都會地鐵系統，大規模電氣化有助於快速工業化……政府在促進經濟成長方面，發揮了關鍵作用。另一方面，許多貧窮國家的政府還沒有能力、專注或興趣，有效的發展所需的大型基礎設施投資。

政府也需要監管十分重要的經濟部門。不受監管的銀行體系，往往會陷入危機之中。2008 年，全世界經歷了金融危機，因為位居世界金融體系中心的華爾街解除管制，掀起巨大的金融危機，擴散到國際金融的所有動脈和靜脈。這件事的起因是，金融業在華盛頓展開強大的遊說活動，成功促使華爾街解除管制，以至於政府未能善盡監管之責。最終，華爾街獲得巨大利潤，社會的其餘部分卻蒙受重大損失。當政府垮臺或者允許銀行體系中的不法或欺詐行為時，金融恐慌往往接踵而至。

企業的遊說活動可能帶來大量的貪瀆舞弊，以及監管程序嚴重失靈。貪腐當然很難測量，因為貪腐的公司和政府一定想方設法不留下蛛絲馬跡！知名的非政府機構國際透明組織（Transparency International）發布的「貪腐認知指數」（Corruption Perceptions Index），利用專家的意見，測量各國公共部門腐化的認知水準，是個實用的公共服務指標。2013 年國際透明組織的調查結果如圖 4.12 所示。深藍色國家被認為是貪腐水準最低的國家，包括加拿大和斯堪地納維亞半島國家，紅色國家則代表高度貪腐。

在確保貧窮家庭的孩子也有機會享有社會和經濟流動性上，政府扮演十分重要的角色。這需要公共機構協助貧困家庭獲得高品質的日間托兒、學前

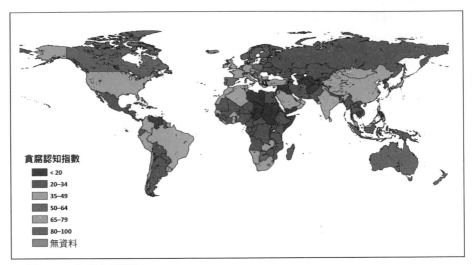

※ 圖 4.12　全球貪腐認知
資料來源：*Transparency International. 2013. "Corruption Perceptions Index 2013."*

教育、營養、健康照護和安全的環境。對貧窮孩子所做的這種投資，已經一
而再、再而三證明具有強大的力量，能夠幫助孩子獲得必要的一把助力，有
機會脫貧轉富。

　　各國政府在協助貧困家庭孩子、努力消除貧窮方面，所持意願和做好的
準備，可說天差地遠。經濟合作暨發展組織（OECD）的高所得國家中，各
國政府在投資社會領域，例如消除貧窮和提供社會服務方面，差異極大。圖
4.13 顯示經合組織國家的公共社會支出占國民所得的百分率。斯堪地納維亞
的社會民主國家在這方面的投資名列前茅，另一端則包括美國、日本和愛爾
蘭等國，公共機構對貧窮家庭和孩子的協助很少。結果是，這些國家的孩子
在貧困環境中長大的風險高出許多，成人後非常有可能窮苦終生。

　　社會支出最高的斯堪地納維亞社會民主國家，兒童貧窮率最低，一點不
叫人意外。社會計畫投資占國民所得相對低的美國、墨西哥、義大利和土耳

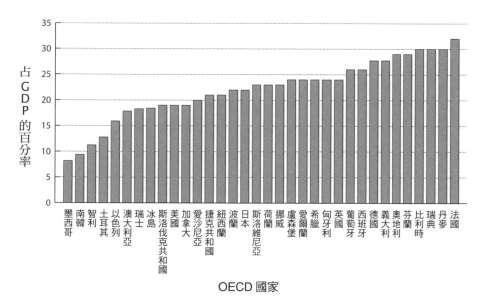

※ 圖 4.13 公共社會支出占 GDP 的百分率

資料來源：*Organization for Economic Co-operation and Development. 2013. "Government Social Spending." PISA: OECD Publishing. http://dx.doi.org/10.1787/socxp-gov-table-2013-1-en.*

其等國，兒童貧窮率最高。圖 4.14 畫出社會支出占國民生產毛額的百分率相較於兒童貧窮率的情形。即使在高所得的市場經濟國家，也存在巨大的差異。一些國家會照顧窮人的需求，並且為社會和經濟的高流動性創造條件。反之，包括美國在內的其他國家或多或少置窮人於不顧，缺乏跨世代的流動性，導致代代貧窮。

　　為了提撥更多資金，以更高水準的社會支出來減低兒童的貧窮率，各國政府必須課更多的稅，並向國民解釋得更清楚，說明稅款將如何運用。如圖 4.15 的稅收占 GDP 百分率所示，斯堪地納維亞國家再次表現願意繳更多的稅以減低兒童貧窮率，創造更普遍的社會平等條件。美國等另一端的國家，稅收相對於國民所得的比率偏低，因此國民所得投資於社會領域的比率低得

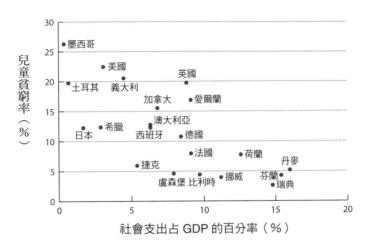

※ 圖 4.14 社會支出相對於兒童貧窮

資料來源：*UNICEF Innocenti Research Centre. 2000. "A League Table of Child Poverty in Rich Nations."* Innocenti Report Card *No. 1, June 2000. Florence: Italy.*

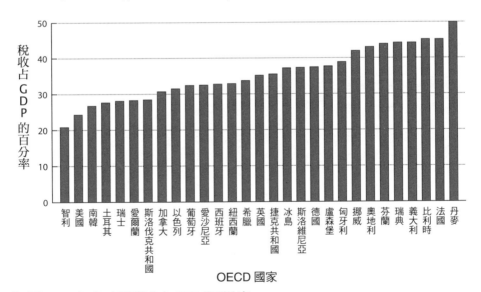

※ 圖 4.15 OECD 國家稅收占 GDP 的百分率

資料來源：*Organization for Economic Co-operation and Development. 2014. "Total Tax Revenue." Taxation: Key Tables from OECD, No. 2. PISA: OECD Publishing. http://dx.doi.org/10.1787/taxrev-table-2013-1-en.*

多，結果是所得分配不均程度高很多、兒童貧窮率高很多，跨世代的社會和所得流動性低很多。雖然美國長久以來視自己為機會和社會流動性的樂土，遺憾的是，情況已不再如此。

貧富高度不均是一種禍害。高度分配不均的社會既不公平，效率也低落。因為未能協助窮人投資於技能和健康，實現一生的高生產力，因而浪費窮人的潛力。結果，經濟之餅不但比較小，劃分也不公平。社會包容性是永續發展的構面之一，即便是出生在貧困家庭的兒童，每個人都應該有機會。為了實現社會包容性，我們需要強調政府扮演積極主動的正面角色。一旦政府執行好這個角色，對永續發展將是一大助力。

## 哪些國家仍然深陷貧窮？

前面我們設法理解永續發展和各國的經濟發展，把重點放在現代的經濟成長時代，運用鑑別診斷，以了解經濟發展往外擴散的漣漪，為何已經到達世界上的一些地方，卻未能到達其他地方。現在，我們可以將焦點放在仍然陷於自我維持成長門檻以下的地區，並將一些事情拼湊起來。圖 3.3 的全球發展地圖以每年每人 2,000 美元的門檻為指標，紅色國家今天仍然低於起飛的水準，主要在熱帶非洲。毫無疑問的，我們必須視撒哈拉沙漠以南的非洲為最大的發展挑戰，因為它仍是世界上貧窮率最高的地區，滿足基本需求的挑戰也最高。

好消息是，近年來撒哈拉沙漠以南非洲的經濟成長已經轉為上揚。疾病防治的若干關鍵領域、接受教育的更好管道，以及興建基礎設施方面，都已取得重大進展，但還沒有看到自我維持、快速且活力十足的成長。所幸，這樣的前景現在感覺唾手可得。我們可以對撒哈拉以南的非洲做鑑別診斷，從多個構面去觀察這個區域，然後問問我們在永續發展上學到了什麼。

　　非洲熱帶地區有許多特徵都和經濟發展有關。瘧疾、登革熱等病媒傳播的疾病集中在熱帶地區，蠕蟲感染盛行。由於氣溫偏高，經常缺水，容易乾旱，加上降雨十分不穩，農耕可能非常困難。熱帶地區的土壤養分流失很快，可能為害極大。面對這些挑戰，沒有什麼是不可能的，像瘧疾這種疾病完全可以控制，只需要有人去做。這些都是頗嚴重的問題，尤其在這樣的地理區域，負擔最大，必須特別注意這類挑戰。

　　非洲的特色之一，便是內陸國家居各洲之冠。非洲有 49 個國家，其中 16 國深鎖內陸，大約占三分之一。這是個大問題，但值得先問何以如此。一個關鍵原因是，這是殖民時期遺留下來的影響。大自然不會畫分國界；政治人物才會。當政治人物瓜分非洲，特別是在 1884-1885 年的柏林會議上，他們將它分成好幾個小塊，而且經常切過自然生態區、以人為的力量分裂族群。結果，留下如此困難的處境，許多人難以到達海岸。居民遠離港口也可能和另一段歷史有關，有些歷史學家認為，為防奴隸貿易，有些非洲人遷離海岸，深入內陸，免遭白人追捕。

　　此外，還有實體地理層面上的因素。非洲許多地方沿海環境相當惡劣，東非的索馬利亞和肯亞附近，海岸往往十分乾燥。東風帶來的雨水沒有降到海岸，而是落到內陸的高地。這表示東非的高人口密度並非在海岸，而是在盧安達或烏干達等內陸國家，因為那裡的雨水遠多於乾燥許多的肯亞蒙巴薩（Mombasa）港口地區。

　　歐洲列強殖民也產生另一種不利的影響。1950 年代末和 1960 年代之後非洲國家獨立時，極少非洲人受過高等教育。剛果民主共和國在 1960 年獨立前夕，1,300 萬人口只有不到 20 名大學畢業生。非洲各國獨立時，許多國家只有一小部分人口有中學學歷，更不用說受過大學教育。歐洲殖民列強並沒有教育原住民，他們認為這帶有政治風險。

　　歐洲列強留下的實體基礎設施也不足。圖 4.16 比較了今天的非洲鐵道系

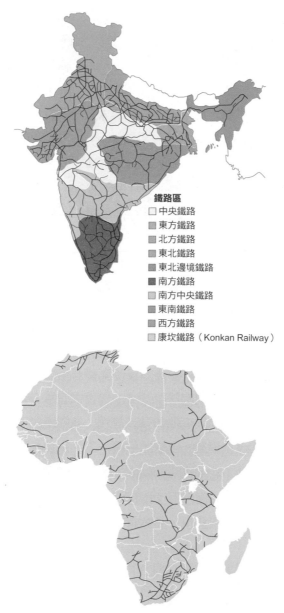

鐵路區
☐ 中央鐵路
■ 東方鐵路
■ 北方鐵路
■ 東北鐵路
■ 東北邊境鐵路
■ 南方鐵路
☐ 南方中央鐵路
■ 東南鐵路
■ 西方鐵路
■ 康坎鐵路（Konkan Railway）

※ 圖 4.16 印度的鐵路相對於非洲的鐵路

資料來源：*India's railroads: Copyright © Compare Infobase Ltd. Africa's Railroads: African Studies Center.*
*"Africa's Railroads." Michigan State University. http://exploringafrica.matrix.msu.edu.*

統和 1947 年英國殖民時期興建的印度鐵道系統。印度擁有完整的鐵路網，是因為唯一統治印度的殖民勢力英國興建了統一的基礎設施，部分原因是為了利於搾取印度的天然資源，例如輸運印度的棉花，供應英國的棉紡織廠。非洲的地形和地理條件比較困難，而且政治瓜分多，歐洲殖民列強並沒有坐下來共商構建一套完整的鐵路網。每個帝國勢力通常自行興建自己想要的鐵道，也許從某個港口通往礦場或者農場。殖民勢力留下的鐵路系統沒有形成一張大網，只有單獨的線路，從港口通往對殖民勢力來說重要的內地。1960年代印度掀起農業綠色革命時，鐵路就發揮了重要作用，便於將肥料帶進內地，再將穀物從農業區運往城市。在非洲，鐵道不能滿足那個目的，因為根本不存在。即使在 21 世紀，非洲的鐵路網仍然有待建設。

總之，非洲遭受殖民統治的遺害極大。但這一切並非單一因素能解釋。鑑別診斷不一定帶出簡單的答案，我們不需要更多的簡單答案，我們需要的是準確的答案。鑑別診斷藉由找出需要解決的挑戰，在準確度方面可助一臂之力。

儘管如此，仍不必感到悲觀。歷史或地理負擔不是宿命，更不是必然的命運，而是我們採取行動的理由。赤貧問題可以解決，在教育、健康照護、農業、電力、運輸、金融等領域中，解決這些問題的工具比以往更強而有力。我們已有證明可行的公共政策方法，能夠擴大這些解決方案的效果。接下來各章，我們將探討其中許多實用的解決方案。

# 5 | 終結赤貧

## ▎赤貧可望終結的理由

　　我們研究過現代經濟成長的過程，見到不少地方的人均 GDP 持續上升，這股趨勢擴散到幾乎全世界，但就是有些地區遲遲沒有起飛。

　　經濟有成長的地方，赤貧人口已經下降，而且往往降到微不足道的水準。我們有理由相信，持續性的經濟成長可以傳播到其他地區，尤其是熱帶非洲，從而消除剩餘的赤貧地帶。儘管如此，基於接下來我將討論的種種原因，沒有人能保證一定會有這麼美好的遠景。這件事不會自己發生，需要各地、各國和全球共同努力，才會實現。

　　我們將分析未來 15 到 20 年，終結赤貧的可能路徑。可是要做到這一點，首先需要對赤貧下個定義。最多人使用的，當然是世界銀行的貧窮線。世界銀行將赤貧定義為「依 2005 年的國際美元價格測量，每日所得低於 1.25 美元的貧窮線」。依據這個量數，我們能夠取得最新資料的 2010 年，估計有 12 億人的所得低於這條赤貧線。

　　世界銀行的定義當然太過狹義。最好的做法是，根據個人滿足基本物質需求的能力來定義赤貧線。物質需求包括飲食、清潔用水、衛生、住宅、衣服、取得健康照護，以及接受基礎教育和獲得基本的服務，如運輸、能源和聯結。這些基本的需求，是人類維護生存和尊嚴最起碼需要有的東西。我們可以定義生活貧窮的個人，是因為缺乏家庭所得或公共服務，所以無法滿足他們的基本需求。根據這個較廣義的意思，生活貧窮的人數不但超過 10 億，更可能有 20 億之多。遺憾的是，到目前為止，關於這個比較廣義的赤貧，並沒有全球性的研究資料。我們因此傾向，依據世界銀行現有的定義來討論。也許，到了實現永續發展目標的時候，一個更廣泛、更完善的定義將切實可行，並可在全球各地測量。

世界銀行也測量其他門檻線。另一條常見的線也是以 2005 年的國際價格為準，畫在每天 2 美元。數值拉高，全球落在每天 2 美元大關以下的人口自然增多，2010 年估計有 24 億人。

人口貧窮率（headcount poverty rate）測量的是低於某條貧窮線的人口百分率。1981 到 2010 年的最近趨勢如圖 5.1 所示。請注意下降之勢有多麼陡

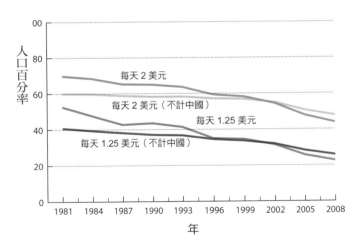

※ 圖 5.1 開發中國家的貧窮率，1981–2008 年
資料來源：*PovcalNet/World Bank.*

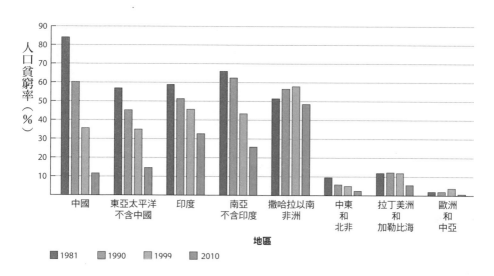

※ 圖 5.2　各地區的赤貧率，1981–2010 年
資料來源：*PovcalNet/World Bank.*

峭：從 1981 年占開發中世界人口的 52％，降為 1990 年的 43％、1999 年的 34％、2010 年的 21％。1990 到 2010 年間，貧窮率已經下降一半。也就是說，如果我們將開發中國家視為單一實體，第一個千年發展目標已經達成（1990 到 2015 年間，每天所得低於 1.25 美元的人口百分率減半）。這給了我們希望，相信那些貧窮率仍高的地方，特別是撒哈拉以南的非洲，赤貧人口可望減低。

　　1981 年、1990 年、1999 年和 2010 年各主要地區的人口貧窮率如圖 5.2 所示。我們見到中國在消除貧窮方面，寫下歷史上最驚人的故事，赤貧人口從 1981 年的 84％，下降到 2010 年的僅僅 12％。這個驚人的進展，當然伴隨著同樣驚人的經濟成長率，30 年內大約每年為 10％。撒哈拉以南的非洲則截然不同。貧窮率從 1981 年的 51％上升為 1999 年的 58％。只有在 2000 年採取千年發展目標的行動之後，赤貧率才開始下降。南亞介於兩者之間。印度的貧窮率從 1981 年的 60%，下降為 2010 年的 33%。同時間，南亞其他地區的貧窮率從 66% 降為 26%。

採用鑑別診斷的方法，我們可以協助仍舊深陷貧窮的地區克服經濟成長的低迷不振。在整個現代史上，貧窮率始終居高不下。事實上，今天的高貧窮地區如果採取良好健全的政策，我們是可以合理務實的預見在我們這一代，或許 2030 年或 2035 年之前，可以終結地球上的赤貧。終有一天，人類真的能將赤貧這個古老的天譴拋諸腦後，一想起來便令人激奮不已。這聽起來也許有如異想天開或空想，實際上是切實可行的。近年來，我們有強而有力的證據和經驗做為基礎。

世界上仍然深陷赤貧、難以脫困的地方，如果採行的政策旨在克服當前阻礙自身邁前的特定成長障礙，就有希望擺脫貧窮陷阱。事實上，撒哈拉以南非洲已經展開行動，經濟成長率最近上揚到每年 6% 左右。其實還可以成長得更快，只不過若想要成功，不只需要良好健全的國內政策，也需要和世界其他地方締結夥伴關係。

我們的工作是了解如何終結貧窮，然後付諸行動，實現目標。注意且理解已有的進展格外重要，而且務必體認：設定全球性的目標，以終結赤貧，本身便是我們擁有的最重要工具之一。

早在 1930 年，偉大的英國經濟學家凱因斯就提出終結貧窮的觀念，然而當時他當然是指工業化國家如何終結貧窮，不是針對整個世界。凱因斯在著名的文章〈後世子孫的經濟可能性〉（Economic possibilities for Our Grandchildren）中，開宗明義指出，從羅馬帝國到 18 世紀初，技術進步的速度十分遲緩。凱因斯說，速度遲緩到把羅馬帝國的農民放到 1700 年代初的英國鄉村，他們一定覺得相當熟悉。凱因斯接著描述工業革命開始的技術爆炸性進步，並且從中汲取教訓，認為不久之後，生產力將上升到促使英國和其

他高所得國家的貧窮率等於零的地步。他是這麼說的:

> 我預測 100 年後,進步國家的生活水準會是今天的 4 到 8 倍之高。即使根據我們目前的知識這麼說,並沒什麼好驚訝的。就算預期進步可能遠比這要大,也不算蠢……
>
> 我得出的結論是:假設沒有重大的戰爭爆發,而且人口沒有大幅增長,經濟問題可望在 100 年內得到解決,或者至少解決在望。這表示,如果我們放眼未來,經濟問題不是人類永久的問題。

當凱因斯談到「經濟問題」,他指的是貧窮;因此,他的意思是說,一個世紀之內,也就是 2030 年之前,貧窮可能成為過去之事。事實上,凱因斯在他撰文之後大約半個世紀,已經證明所言不虛。1980 年左右,高所得國家的赤貧已經成為過去,扔進了「歷史的垃圾堆」。

有趣的是,凱因斯的百年預測,可能對整個世界來說是正確的,不限於「進步國家」,也就是他所說的當時的工業化國家。或許更驚人的是,凱因斯發表預測時,世界人口只有 20 億,現在已經增為 72 億,而且到本世紀中葉,人口可能超過 90 億。凱因斯也加進另一個條件,說不再有世界大戰。然而,後來還是發生了第 2 次世界大戰。儘管有這兩件事,也就是世界人口大增和持續發生戰爭的悲劇和破壞,凱因斯認為「技術進步可以終結貧窮」的基本洞見,仍然真實且具先見之明。

## 千年發展目標

我們將不遺餘力,讓人類不分男女老幼,都能擺脫赤貧的悲慘和毫無尊嚴的狀況。目前有超過 10 億人處於這種慘境。我們承諾要讓每個人擁有發展

的權利,使全人類免於匱乏。我們因此決心在國家和全球的層級,創造一個
有利於發展和消除貧窮的環境。

　　　　　　　　　　　　　　　　——聯合國大會《聯合國千年宣言》

　　2000 年 9 月,一件了不起的事情發生了。一百六十多個國家和政府元首
齊聚聯合國,揭露並傳達全球對新千年的希望。當時的聯合國秘書長科菲‧
安南(Kofi Annan)提交世界各國領袖一份開創性的《千年宣言》。這份文件
呼籲全世界承諾努力實現偉大的全球目標,以榮耀新的千年。這些目標是:
普世人權、和平與安全、經濟發展、環境永續,以及大幅減少赤貧。世界各
國領袖根據《千年宣言》,採納 8 個具體的發展目標。很快便成為圖 5.3 所示
的千年發展目標。

　　為什麼要把每一項目標都畫成可愛的插圖?這些目標都是為了升斗小民
而努力的,不是給深奧的理論家看的;當中的遣詞用字,是給村民、貧民、
為了求生而生活和工作的窮人看的。這些目標有助於引導全人類,以一個巨
大的道德挑戰為中心而奮鬥:改善地球上最易受傷害的人的生活條件。因
此,這些可愛標語、插圖的存在是為了刺激整個社會、各國政府、企業、社
區、家庭、信仰團體、學者和個人起而行動。它們的目的是激起廣泛的社會
改變,不只是在技術上做一些東修西補的動作。

　　目標一呼籲消除赤貧和飢餓。目標二是普遍實施小學教育。目標三是促
進兩性平等,主張婦女擁有和男人一樣的權利。目標四是大幅降低兒童死亡
率。目標五是大幅降低孕產婦死亡率,確保分娩過程中母子均安。目標六是
防治愛滋病、瘧疾和其他大規模殺手型的流行性疾病肆虐。目標七是增進環
境永續性。最後的目標八則是促進全球的夥伴關係,鼓勵富國協助窮國實現
上述目標。

　　這些一般性的描述之下,尚可化為一些具體的量化標的和數十個指標;

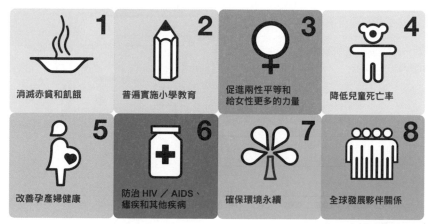

1 消滅赤貧和飢餓
2 普遍實施小學教育
3 促進兩性平等和給女性更多的力量
4 降低兒童死亡率
5 改善孕產婦健康
6 防治 HIV／AIDS、瘧疾和其他疾病
7 確保環境永續
8 全球發展夥伴關係

※ 圖 5.3　8 項千年發展目標
資料來源：*UNDP Brazil.*

千年發展目標一的例子如表 5.1 所示。8 項千年發展目標共有 21 個具體的量化標的，以及約 60 個詳細的指標，以測量進展情況。我很榮幸能應邀擔任聯合國祕書長的千年發展目標特別顧問，先是 2001 至 2006 年的安南任內，接著是 2007 年至今的潘基文任內。我的工作是協助分析、設計策略，支持各國實現千年發展目標，並與聯合國各機構和捐助國政府合作，協助執行那些永續策略。

看到千年發展目標的設定如何激起公民社會的活力，並有助於原本忽略赤貧挑戰的政府改弦易轍，是個奇妙的過程。千年發展目標已經吸引全球注意窮人的困境，也有助於激勵各國起而解決問題，以克服剩餘的赤貧。當然，正如經濟史告訴我們的，也如同凱因斯所強調的，降低貧窮的長期基本力量是技術。然而千年發展目標十分重要，可以鼓勵各國政府、專家和民間社會採行鑑別診斷，而這正是克服剩餘障礙所必須做的。

這方面的進展相當顯著，而且在世界上一些最貧窮的國家和地區已有突

表 5.1　千年發展目標一的各種標的和指標

| 目標一：消滅赤貧和飢餓 | |
|---|---|
| 標的 1A：1990 年到 2015 年，將每日所得低於 1 美元的人口百分率減半 | 1.1 每日所得低於 1 美元（PPP）的人口百分率<br>1.2 貧窮差距比<br>1.3 最貧窮的五分之一人口占國民消費的百分率 |
| 標的 1B：包括婦女和年輕人在內，實現所有的人都能發揮生產力充分就業和從事體面的工作 | 1.4 平均每位受雇者的 GDP 成長率<br>1.5 就業者對人口比<br>1.6 受雇者每日可用生活費用低於 1 美元（PPP）的百分率<br>1.7 自雇和貢獻於家庭的勞動者占總就業人口的百分率 |
| 標的 1C：1990 年到 2015 年，為飢餓所苦的人口百分率減半 | 1.8 5 歲以下兒童體重不足的百分率<br>1.9 攝取食物能量低於最低水準的人口百分率 |

資料來源：United Nations Statistics Division 2008.

破。正如我們所說的，整體赤貧率已經大幅下降：自 1990 年以來減低一半以上。千年發展目標當然不是中國成功脫貧的主要因素，然而在非洲，千年發展目標發揮了遠為重要的角色，協助結束長期以來的停滯和貧窮加劇問題，並且開啟一段貧窮率下降、公共衛生改善，以及經濟成長加快的時期。

　　不只在減少貧窮的目標取得進展，對其他千年發展目標來說也大有助益。以防治疾病為例，圖 5.4 的藍色曲線顯示，因服用抗逆轉錄病毒藥物（antiretroviral medicines，ARVs）而成功對抗人類免疫缺乏病毒（HIV）感染的人數迅速增加。若非這種藥物的控制，HIV 病毒會引起愛滋病，而且幾乎必死。現在，在千年發展目標的鞭策之下，加上這些國家提倡的健康計畫奏效，數以百萬計免費取得 ARVs 的人現在還活著。

圖 5.5 展示另一項公共衛生上的勝利，也就是減少瘧疾負擔和瘧疾死亡人數。我將之歸因於，千年發展目標提升了公眾意識、促進解決問題的能力。請注意，非洲的瘧疾死亡人數在 2005 年左右停止增加，隨後開始明顯下滑。這是許多尖端技術，包括長效驅蟲蚊帳、新一代的瘧疾防治藥物，以及快速診斷檢驗等瘧疾控制計畫的成就。千年發展目標鼓勵實施幾個防治瘧疾的特別計畫，而這些計畫到目前為止使得瘧疾罹患率和死亡人數顯著下降，尤其是在撒哈拉以南非洲。

技術變遷繼續快速推進，加上良好的鑑別診斷，有助於找出每個低所得地區的優先需求，以便將投資導入報酬高的反貧窮計畫。不管是投入公路、鐵路、電力、聯結、港口等基礎設施；健康照護；安全用水和衛生設施；還是改善接受教育的管道。正如擴大防治愛滋病和瘧疾的計畫，改善了公共衛生，其他的領域也能取得類似的突破：農業生產力提高；新的工業發展；教育程度大幅改善。

## ▍終結赤貧的策略

終結赤貧的理想指日可待。正如前面說過的，大約 12 億人仍然活在世界銀行每人每日 1.25 美元的貧窮線以下，跟 1990 年的 19 億人相比已大幅減少。那麼，仍然赤貧的地區在哪裡？

世界上有兩大區域仍然困在貧窮陷阱之中。最貧窮的地區是撒哈拉以南的熱帶非洲。2010 年，估計撒哈拉以南熱帶非洲有 48.5％的人口仍然低於貧窮線。幸好貧窮率一直在下降之中。有些人估計，今天的貧窮率甚至更低，但那些資料引起的爭論頗多。另一個有大量赤貧人口的地方在南亞，2010 年的貧窮率估計占人口的 31％。就人數來說，2010 年，撒哈拉以南熱帶非洲大

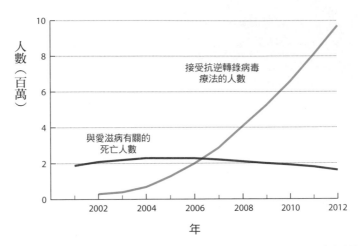

※ 圖 5.4 接受愛滋病治療的人數（2002 年 –2010 年）和愛滋病相關死亡人數
（2000 年 –2010 年）

資料來源：*Joint United Nations Programme on HIV/AIDS (UNAIDS).*

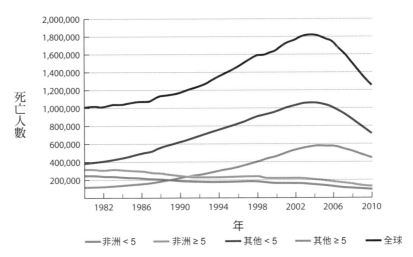

※ 圖 5.5 依年齡和地區區分的瘧疾死亡人數，1980–2010 年

資料來源：*Murray, Christopher J. L. et al. 2012. "Global Malaria Mortality Between 1980 and 2010: A Systematic Analysis." The Lancet 379: 413–431.*

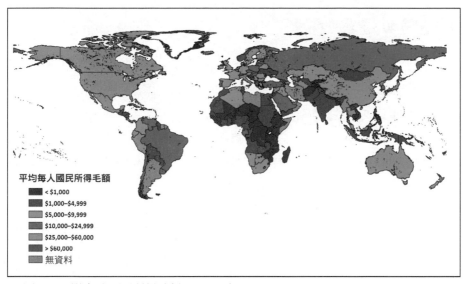

平均每人國民所得毛額
■ < $1,000
■ $1,000–$4,999
■ $5,000–$9,999
■ $10,000–$24,999
■ $25,000–$60,000
■ > $60,000
■ 無資料

※ 圖 5.6　平均每人國民所得毛額，2011 年
資料來源：*World Bank. 2014. "World Development Indicators."*

約有 4.13 億人活在赤貧中，南亞有 5.07 億人赤貧。單單這兩個地區，就占全球總赤貧人口的 76％左右。

即使東亞的赤貧率下降速度迄今高居各地之冠，而且經濟成長率高得驚人，東亞人口卻有 20％左右，或者 2.5 億人仍然一貧如洗。中東和北非的總人口約有 10％生活在赤貧之中，合 1 億人左右。全球其餘 1 億左右的窮人，散布在開發中世界的其他地區，包括拉丁美洲、加勒比海、歐洲、中亞、小島國等地。

因此，撒哈拉以南非洲和南亞是將來需要突破的兩大地區。我們先來對撒哈拉以南的非洲做鑑別診斷，看看可以做些什麼，以加速非洲的經濟成長、減少貧窮。接著會轉而探討南亞。

## 消除撒哈拉以南非洲的赤貧

非洲已經有好消息傳出。圖 5.7 顯示世界經濟和撒哈拉以南非洲的每年成長率。2000 年之後，撒哈拉以南非洲的平均成長率顯著上揚。事實上，撒哈拉以南非洲成長得比全球經濟平均值要快，每年約為 5%，有些年度甚至更快。2014 年，IMF 預測年成長率約為 6%。這個成長率代表經濟倍增時間約為 12 年（= 70/6），但是每年人口成長約 2.5%，所以人均 GDP 成長率相當低，約為每年 3.5%，因此倍增時間為 20 年左右（= 70/3.5）。

顯然有些事情已經開始步上正軌，撒哈拉以南非洲有可能展現更快的進步。對非洲的問題進行鑑別診斷，幾乎每一個類別都存有重大挑戰：貧窮陷阱、經濟政策框架、財政框架、自然地理、治理型態和失靈、文化障礙、地

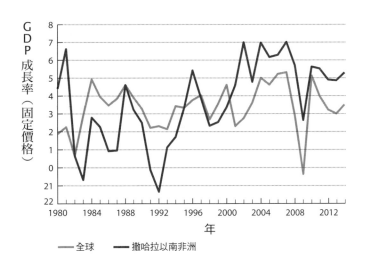

※ 圖 5.7 GDP 成長率年度變化，1990-2012 年

資料來源：*International Monetary Fund. 2014. World Economic Outlook Database.*

緣政治。為了井井有條的討論這些複雜的問題，我將重點放在非洲可以快速突破的幾個領域，分別是農業生產力、城市生產力、國家基礎設施和人力資本投資。

圖 5.8 顯示世界不同地方的農作物產量。在這張地圖中，非洲是一大片藍色，表示農業產量很低。平均來看，撒哈拉以南非洲小農戶每公頃生產的穀物在 0.5 到 1 噸之間，和其他國家相較顯得很差，其他開發中國家的產量達 4 或 5 倍高。世界上生產力最高的穀物帶，例如美國、西歐和日本，產量經常高達非洲的 10 倍。

非洲的農業產量低，原因何在？事實上，非洲的農場遭遇許多障礙。一個關鍵挑戰是土壤養分耗竭。非洲農民一般都窮到沒辦法補充農場土壤的氮、鉀和磷，而這是作物要有適當的產量所必需。就像營養不良的人一樣，養分不足的農作物也難成長和壯大。在非洲，由於農民無力施肥以補充土壤的養分，所以農田用盡了高產量所需的養分。圖 5.9 畫出了細節。

世界上幾乎所有地方的農民都大量使用有機和化學肥料，以補充隨著每次收成而流失的主要養分。農作物收割時，氮和其他養分也會隨著離開土壤。那些養分必須設法重回土壤，無論是透過綠肥、磷酸二銨和尿素等化肥，還是長期休耕，好讓氮經由自然程序補充。

可是非洲大部分的農民一直很窮，無力增添養分，收成因而偏低，使得農民深困在貧窮陷阱中脫身不得。年復一年，收成量都很低。由於農民太窮，買不起肥料，所以土壤中的關鍵養分持續耗竭，收成低迷不振，以至於農民每年的收入非常微薄，無助於家人掙扎求生，擺脫飢餓。

除了肥料，還需要其他的投入因素才有高收成，例如實施良好的水管理和灌溉。這通常需要水井和水泵。此外，也需要良好的種子品種，才有助於高收成。然而所有這些投入因素的改善，超出了非洲農民的能力所及。和缺乏補充土壤養分的手段一樣，他們也缺乏投資於灌溉和高產量種子的手段。

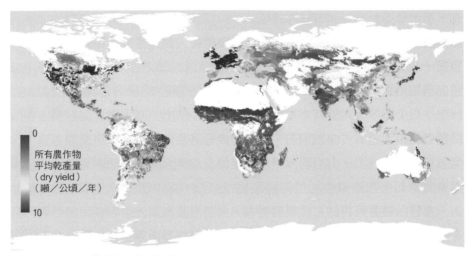

※ 圖 5.8 全球農作物平均產量

資料來源：*West, Paul C., Holly K. Gibbs, Chad Monfreda, John Wagner, Carol C. Barford, Stephen R. Carpenter, and Jonathan A. Foley.* "*Trading Carbon for Food: Global Comparison of Carbon Stocks vs. Crop Yields on Agricultural Land.*" Proceedings of the National Academy of Sciences. *November 1, 2010. doi:10.1073/pnas.1011078107.*

　　種種問題合起來，便成了農業貧窮陷阱。非洲的高度優先要務是投資於小農戶。政府實施的計畫無論是提供貸款，還是捐贈，都應該讓最貧窮的農民也能取得需要的投入因素，以提高農作物的產量、所得，從而有餘力自行投資於這些關鍵性的投入因素。隨著時間的推移，這些農戶將累積起自身的資本和信用，起初用來協助他們而存在的政府計畫可以逐步撤銷，由銀行接替政府的援助。

　　要終結非洲的赤貧，也需要大規模建設基礎設施，包括公路、鐵路、電力、港口和通訊網。和其他許多領域一樣，非洲的殖民統治者離開新獨立的非洲國家時，留下的基礎設施慘不忍睹。如圖 4.16 所示，比較印度的鐵路網和非洲的鐵路網，可以看出這一點。印度只有一個帝國統治者英國，英國興

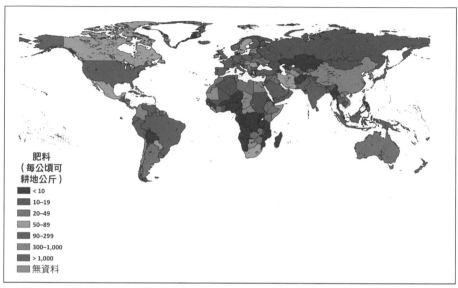

肥料
（每公頃可
耕地公斤）

■ < 10
■ 10–19
■ 20–49
□ 50–89
■ 90–299
■ 300–1,000
■ > 1,000
■ 無資料

※ 圖 5.9　全球肥料使用量

資料來源：*AAAS Atlas of Population and Environment.*

建了完整的鐵路網，部分原因是為了能將印度的棉花等經濟作物運送到海港。相形之下，非洲被幾個歐洲帝國勢力瓜分，沒有把各自的投資連接起來，而且的確從未努力建設鐵路系統。非洲的鐵路系統主要是單一的線路，從港口通往某座礦場和農場。直到今天，非洲還是面臨極高的陸路運輸成本，部分原因是鐵路網薄弱，加上公路系統非常不足。直到現在，非洲大陸有 54 個國家，撒哈拉以南則有 49 國，要在非洲建立四通八達的現代運輸網仍是難以克服的挑戰。

　　21 世紀，基礎設施的其他面向也格外重要。少了大規模的電氣化，經濟發展便難以為繼。圖 5.10 是一張非常有名的地球夜間衛星照片，顯示夜間有電可照明的地方。美國東半部、歐洲、中國沿海地區、日本、南美洲沿海、印度、東南亞和阿拉伯半島都有明亮的燈光，撒哈拉以南的非洲夜晚一片漆黑。直到今天，很大一部分的非洲農村仍然缺乏電力。除了晚上沒電可以在家活動，也嚴重缺乏電力抽水灌溉、冷藏、保存農業產品，進行食品、紡織和服飾的製造加工等各種工業活動。

　　缺乏電力是非洲經濟發展的重大障礙，也是非洲困在貧窮陷阱的另一個原因。少了電力，生產力就低落。低生產力意味著每人的產出很少，而這又表示所得偏低，人民貧窮。貧窮代表政府稅收少，所以無力投資於促使人民擺脫貧窮所需的電力。我們再次見到貧窮的惡性循環。非洲各國政府非常清楚需要建立發電能力，可是缺乏稅收來做這件事，也無處借款。他們束手無策，難以自拔，需要外界捐贈和低息貸款，給他們暫時的一把助力，走出一貧如洗的困境。

　　21 世紀的基礎設施另一個極其重要的構面是資訊技術。好消息是，由於這些技術的力量十分強大，而且成本下降很多，非洲已經開始大規模建置行動電話網，連最偏遠的村落也能觸及。民間投資人已經鋪設或者即將鋪設海底光纖纜線，進一步降低網際網路價格，促進整個大陸的寬頻上網趨於普及。由於這些投資都由民間部門在做，獲利展望良好，而且固定成本低於發電，網際網路和行動電話正日益普及，不需公共資金或外國援助介入。資訊與通訊技術給非洲的經濟發展一大推力，未來幾年，當行動寬頻大幅改善健康照護、教育、銀行和其他服務的取得，這把推力會更大。

　　這個故事的寓意是：非洲和世界其他地方一樣，需要有所突破。如果能在農業生產力、健康照護，以及整個基礎設施方面展開有針對性的投資。在我看來，雖然到目前為止，非洲的長期經濟成長仍然可望不可及，但相信能取得突破性的發展。

　　在此之前，非洲必須克服一個最後的挑戰。非洲的生育率仍然很高，表示平均家庭人口很多，而且人口成長的速度驚人。2010 到 2015 年的生育率估計為 5.1 個子女，也就是說，每個婦女的下一代平均有兩個以上的女兒更替她的位置。難怪人口會迅速增長。

　　請注意圖 5.12 中，1950 年，撒哈拉以南非洲的人口只有 1.8 億。短短 60 年後，撒哈拉以南非洲的人口現在大約 9 億，增幅達 5 倍。聯合國預估，21 世紀人口會進一步迅速增長，除非非洲能夠改變，將生育率成長速度降到低於當前的趨勢。根據聯合國所說的中等生育率版本來計算，到 2100 年，非洲的人口預計將達驚人的 38 億，大約是現在的 4 倍。如果生育率下降的速度比中等版本慢，估計非洲的人口會更多，約為 53 億人。如果生育率下降得比聯合國現在估計的可能狀況要快，那麼 2100 年低生育率版本的人口將為 26 億人，比中等生育率版本低 10 億人以上。

　　非洲如果將人口抑制在低生育率版本，必將在經濟發展上獲得許多好處。首先，人口會比較少，每個人會有更多的土地、石油、木材、水和其他自然資源可用。其次，家庭人口減少，每個家庭會在子女身上投資更多的教育、健康和營養。再者，人口平均年齡會提高。最後，人口不會成長得那麼迅速，更多的儲蓄和投資可用於提高供給每個人的資本數量，例如道路、基礎設施、車輛和機械。總之，非洲如果透過自願的手段，促使生育率降低，從而加快經濟發展，會有很多好處。

　　我們有必要強調，非洲人的生育率一旦降低，可能隨之而來的教育程度提升幅度會很大。由於子女人數減少，每個家庭將能確保每個孩子的健康、教育和營養無缺。貧窮家庭現在是在子女之間做選擇，也許只讓長子接受教育，其餘則無法上學。子女人數減少之後，所有的孩子也許都能接受教育。此外，政府不必和時間及不斷增長的人口進行無止盡的競賽，一直需要耗費龐大的成本，興建更多的學校、訓練更多的教師，卻無法改善教育，因為所做的一切，可能頂多只趕得上不斷成長的人口。

　　總之，除了農業、健康、教育、實體基礎設施、光纖和電氣化等領域的

※ 圖 5.10 地球夜間的燈光

資料來源：*Data courtesy Marc Imhoff of NASA Satellite GSFC and Christopher Elvidge of NOAA NGDC. Image by Craig Mayhew and Robert Simmon, NASA GSFC.*

※ 圖 5.11 非洲海底纜線，2013 年

資料來源：*Map courtesy of Steve Song (http://manypossiblities.net).*

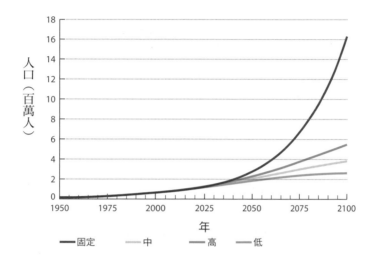

※ 圖 5.12　撒哈拉以南非洲人口的預估成長情形，1950-2100 年

資料來源：*United Nations Department of Economic and Social Affairs Population Division (DESA Population Division). 2013. "World Population Prospects: The 2012 Revision." New York.*

重要投資，非洲應當在降低高生育率方面做更多的投資。政府如何「投資」於自願減少生育？首先，政府要確保女孩留在學校，至少取得中學學歷，以阻止童婚。其次，政府應該投資於兒童的生存，說服每個家庭少生子女是「安全」的做法，因為孩子雖少，但最後都能存活。家庭不需要只為了確保少數幾個孩子能夠生存，就生養很多。最後，政府應確保自願決定降低生育率的家庭，能夠免費或者低成本實施家庭計畫生育、取得現代的避孕方法。

## ▍ 南亞，糧食供應的持續挑戰

　　前面談過，世界上有兩大地區仍有廣泛的赤貧存在：撒哈拉以南非洲和南亞。非洲做了必要的投資之後，可望擺脫赤貧，所以包括印度、孟加拉、不丹、印度、尼泊爾和巴基斯坦在內的南亞也行。南亞在降低貧窮方面，已經取得顯著的進展，但這個地區大約 16 億的總人口，仍有約 5 億窮人。南亞的農村和城市地區，依舊面臨重大的貧窮挑戰。

南亞和其他地區有什麼不同？除了有美不勝收的文化、傳統，以及實體環境上許多驚人的面向。但我們要強調很特別的一個面向是：南亞的人口密度極高。

印度有 12 億人，大約相當於世界人口的 16%，可是印度的土地面積只占全世界的 2.5%，而且，很多地方非常乾燥，甚至是沙漠。圖 5.13 依人口密度的多寡，將各國標色。印度和鄰國孟加拉是世界上人口最密集的兩個國家。從數字來看，確實相當驚人。孟加拉平均每平方公里住 1,200 人，印度每平方公里約為 410 人，但不要忘了它有很多地方是幾乎空無一人的沙漠地區，所以人口稠密的地區更加擁擠。相形之下，美國每平方公里約 32 人，印度的人口密度是美國的 10 倍以上。

整個印度歷史上，人口密度很高，有其不利的含意。印度的農場都很小，而且農民一向只能種植少量的糧食。城市非常擁擠，近幾十年來印度和南亞其他地區的城市人口大幅增加。

1950 和 1960 年代，很多觀察者認為南亞的情況令人絕望。他們相信，人口那麼多加上增長如此迅速，印度和鄰國養不活自己，會有無數人死於饑荒。1970 年代初，孟加拉從巴基斯坦獨立出來時，亨利・季辛吉（Henry Kissinger）稱之為「廢國」（basket case），這句話舉世皆知。幸好大規模饑荒的預測證明錯誤。事實上，過去二十年，印度不只避開了饑荒，經濟更成長得相當迅速。它在使用資訊科技於經濟發展時，巧妙運用了卓越的工程技術和創新手法，因而躋身全球資訊科技革命的領導國之一。印度頂尖的工程師開發出來深具創意的程式設計和資訊科技系統，透過資訊科技融入世界經濟，經常踏進尖端的產業。

　　印度是如何避開世人普遍預測會落入的命運？印度的成功自然而然始於農業，因為社會絕大多數是小農戶，糧食的不安全感一直是極大的挑戰。1950 和 1960 年代，農業技術的重大突破有助於印度克服過去的長期饑荒，一躍而進入歷久不衰的經濟成長。這場農業技術突破就是有名的「綠色革命」。

　　綠色革命是指什麼？這一切始於諾曼‧博洛格（Norman Borlaug）。博洛格是術業有專攻的農學家，1940 和 1950 年代在墨西哥工作時，發揮聰明才智和決心，開發出小麥的高產量種子品種，後來因為這些成就而榮獲諾貝爾和平獎。1960 年代初，博洛格應邀到印度，研究他的高產量種子品種能否協助印度提高農業的產量。和他搭檔的是另一位出色的農學家，也就是圖 5.14 中的史瓦米納坦（M.S.Swaminathan）。

　　博洛格和史瓦米納坦兩人合作，將博洛格針對墨西哥的條件而開發的特殊種子，移植到印度。一開始成效不彰。他們再次研究，改採不同的方法。隔年，證明博洛格針對墨西哥的條件而開發的品種，如果以正確的方式栽種，在印度的條件中也能收到不錯的成果。博洛格和史瓦米納坦很快就知道，印度的綠色革命在技術上唾手可得。為了實現這件事，他們必須再加進一位夥伴，以形成具有歷史意義的三人組。他就是圖 5.14 下方，1960 年代初到中期，精力旺盛的印度農業部長奇丹巴拉姆‧蘇布拉馬尼亞姆（Chidambaram Subramaniam）。新綠色革命的核心理念是培育博洛格的墨西哥種子，種在印度，然後添加肥料、灌溉和運輸便利化，以啟動農作物產量的大躍進。

　　結果大受矚目。印度的農作物收成激增，高產量品種的概念接著開始傳遍世界各地。1960 年代末，一場真正的綠色革命開始在全球展開。圖 5.15 顯示全部開發中國家的農作物收成受到的衝擊。到 1960 年代中期，平均每公頃可耕地的收成仍然低於 1,000 公斤，也就是每公頃低於 1 公噸。但是接下來

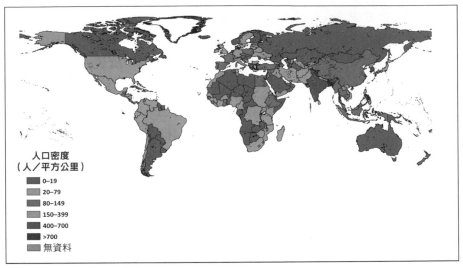

※ 圖 5.13 世界人口密度，2013 年
資料來源：*World Bank. 2014. "World Development Indicators."*

由於種子品種改良和增加使用肥料與灌溉，收成開始大幅上升。到 1980 年，
平均每公頃的收成為 1.5 公噸。到 2000 年，每公頃已經高於 2.5 公噸。開發
中世界的許多地方，每公頃的收成經常超過 3 公噸，例如圖 5.16 所示的墨西
哥小麥收成量。印度和巴基斯坦還沒有達到墨西哥的生產力水準，但自 1960
年代中期以來，收成已經增加 3 到 4 倍。

　　然而，還是有個問題存在：1965 年之後，印度的人口成長速度仍然很
快，雖然並沒有快到吃掉穀物收成的全部增幅，但是依平均每人計算，卻還
是足以使不少農業增幅最後消失於無形，而且現在更在印度和南亞的部分地
方製造新的糧食危機。

　　圖 5.17 顯示印度的人口成長情形。1950 年，印度人口大約是 4 億，已經
是個巨大、人口稠密的國家。然而到了 2014 年，人口增為 3 倍左右。所以雖

※ 圖 5.14（左上）諾曼‧博洛格（Norman Borlaug）
　　　　　（右上）史瓦米納坦（M.S. Swaminathan）
　　　　　（下）奇丹巴拉姆‧蘇布拉馬尼亞姆（Chidambaram Subramaniam）

資料來源：*Photo courtesy of the Norman Borlaug Institute for International Agriculture at Texas A&M University.* "*Monkombu Sambasivan Swaminathan—Kolkata 2013-01-07.*" *Biswarup Ganguly, Wikimedia Commons, CC BY 3.0 Age Fotostock/DINODIA*

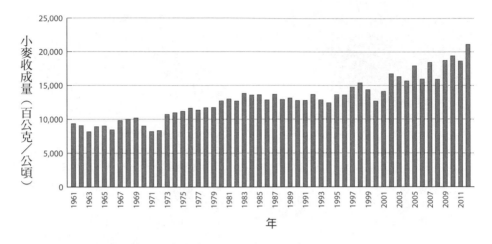

※ 圖 5.15 開發中國家的小麥收成量，1961–2012 年

資料來源：*Food and Agriculture Organization of the United Nations. 2014. "Crops." Latest update: 7/18/2014. http://faostat3.fao.org/faostat-gateway/go/to/download/Q/QC/E.*

然穀物產量大約增為 4 倍，人口卻增為 3 倍，平均每人穀物產量的增幅因此大打折扣。

　　圖 5.18 顯示 1950 年代到今天，平均每人糧食穀物的產量。1990 年左右之前，曲線呈現相當顯著的漲勢。忽起忽落，是因為有些年頭的季風有利，其他年頭的季風則不利，強烈影響穀物的收成。從 1990 年代初起，印度的人口持續增加，意味著每位印度人的穀物產量增加之勢基本上已經停頓，現在的平均每人糧食穀物產量少於二十年前。

　　平均每人穀物產出停滯，甚至下滑，在印度農村製造了新一回合令人不安的飢餓問題和壓力。印度近來經濟快速發展，卻仍然承受農村飢餓和貧窮問題的負擔。兒童發育遲緩這個嚴酷的狀況，正是上述問題的例證。兒童發育遲緩顯示小孩長期營養不良。當年幼的孩子得不到需要的營養，身高就達不到應有的水準。發育遲緩是指身高顯著低於同齡可以達到的水準。圖 5.19

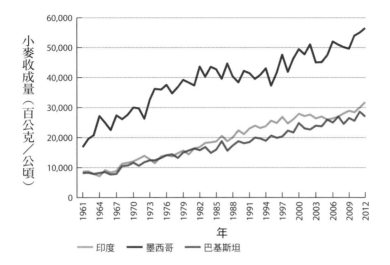

※ 圖 5.16 墨西哥、印度、巴基斯坦的小麥收成量，1961–2012 年

資料來源：*Food and Agriculture Organization of the United Nations. 2014. "Crops." Latest update: 7/18/2014. http://faostat3.fao.org/faostat-gateway/go/to/download/Q/QC/E.*

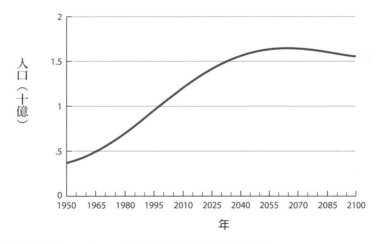

※ 圖 5.17 印度的人口（2010 年以後是採溫和增幅計算）

資料來源：*United Nations Department of Economic and Social Affairs Population Division (DESA Population Division). 2013. "World Population Prospects: The 2012 Revision." New York.*

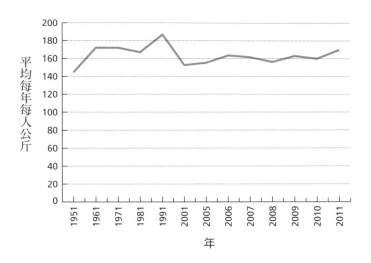

※ 圖 5.18 印度的平均每人總糧食穀物產量，1951–2011 年

資料來源：*Food and Agriculture Organization of the United Nations. 2014. "Crops." Latest update: 7/18/2014. http://faostat3.fao.org/faostat-gateway/go/to/download/Q/QC/E.*

畫出今天世界上兒童發育遲緩最嚴重的地方。和赤貧一樣，發育遲緩最嚴重的地方在熱帶非洲和南亞。印度發育遲緩的兒童人數最多。雖然印度的經濟發展有許多令人驚嘆之處，例如資訊技術和製造業快速成長、在全球工程居於領先地位，以及未來的成長潛力不可限量，然而糧食安全和適當的營養卻還是令人憂慮，尤其對貧窮農民來說。

　　正如史瓦米納坦數十年來一再強調的，印度的確需要再一次綠色革命（second Green Revolution），或者是如他所說的所謂「常綠革命」（Evergreen Revolution）。這次的綠色革命不會完全像前次。鑒於印度和全球都正面臨不斷上升的環境威脅，新的綠色革命不只必須強調作物的收成，也要提高農耕的效率，減少用水、肥料和其他的投入因素。前次綠色革命大量抽取地下水，但是許多地方的地下水已接近枯竭；前次綠色革命需要大幅增加使用肥

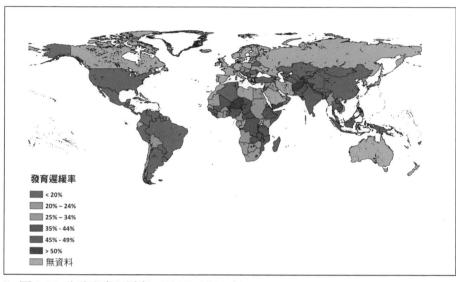

※ 圖 5.19 全球發育遲緩率，2007–2011 年
資料來源：*UN data.*

料，而其中一些已經污染印度的河川和海岸；前次綠色革命並沒有注意到長期的氣候變化，因為當時不認識這一點。這次的綠色革命將需要開發能抗熱浪、乾旱、洪水，以及因為人類引起的氣候變化、將來能因應各種可能衝擊的作物品種。

　　印度和南亞也面臨千年發展目標中有關兩性平等的挑戰。在南亞，許多傳統的文化中，婦女面臨巨大的負擔。許多人不得投入勞動行列，也不得擁有或繼承財產，不被允許管理錢財。女孩經常營養和健康照護不足，甚至無法接受基礎教育。兩性不平等的宿命，從母親傳給女兒。最近的突破之一，是給婦女和女孩更多力量，儘管如此，仍有重大的歧視領域有待克服。

　　近幾十年來，農村婦女獲得更大力量的重要途徑之一，是透過微信貸機構。這是小額貸款的一種新方法，非常適合貧窮農村婦女的需求。這方面的關鍵創新，是由孟加拉兩個非政府組織首創。現在，在全球享有盛譽的這兩個機構，分別是由諾貝爾和平獎得主穆罕默德・尤努斯（Muhammad Yunus）創立的葛拉敏銀行（Grameen Bank），以及由社會企業家和創新家法佐・哈桑・阿比德（Fazle Hasan Abed）爵士成立的孟加拉農村發展委員會（BRAC）。

這兩個非政府組織率先在各個村莊透過自助團體，給予婦女更大的力量，並且經由集體貸款程序，大規模擴張微信貸。如圖 5.20 所示，集體貸款是指由一群婦女共同保證某個團體成員會履行償還貸款的責任，從而降低違約的風險，並且因此辦成貸款。借到錢的成員接著將資金分配給其他團體成員，同時管理貸款的償還事宜。每位借款人每月可能獲得幾十元的營運資金，例如小型零售商店用於購買存貨，或者麵包店買進原物料。葛拉敏銀行、孟加拉農村發展委員會和其他這類微信貸供應者的償還率一般都很高，除非全國經濟遭遇宏觀層次的衝擊。由於管理小額貸款和給予農村婦女更多力量兩方面的成效很好，微信貸已經傳遍世界各地，成為壯大草根力量、促進兩性平均和創造所得的有力工具。

給予女性力量（有時是透過自助團體為之）的特徵之一，是給了年輕女性晚婚的誘因，進而降低她們的總生育率。投入職場賺取收入的母親，透過本身的經驗和同事分享的知識，曉得少生子女不只能使她投入更多的時間在工作上，賺取更高的所得，也有助於家庭投資更多在每個子女身上，好讓他們有機會過更好的生活。

如圖 5.21 所示，孟加拉的生育率已經顯著下降。1971 年孟加拉獨立時，總生育率約為 7，也就是每千名婦女有 7,000 名子女，其中 3,500 名是女孩。因此，在一個世代，每千名母親撫養 3,500 名未來的母親，這表示從一代到下一代，人口會大幅擴增。

透過給婦女更多力量的運動，不論是微信貸、教育機會擴大，以及婦女面對的文化和法律障礙減輕支持之下，總生育率開始在自願的情形下非常迅

※ 圖 5.20　向葛拉敏銀行借款的婦女所組成的微信貸團體
資料來源：*Grameen Foundation.*

速的降低。到目前為止，生育率處於所謂的更替水準 2。每名婦女平均生育 2
個孩子，因此每位婦女的下一代平均有 1 個女兒來更替自己。隨著時間的推
移，人口將趨於穩定，從而改善經濟發展的整體展望。

　　南亞的貧窮，另一個特色是兒童長期營養不良，這又阻礙了他們的生
存、健康和學習能力。

　　南亞幼童發育遲緩的百分率高得令人憂心。造成發育遲緩的因素至少
有：食物攝取不足、長期蟯蟲和其他致病原感染，以及缺乏安全的用水和公
共廁所，以防每次病後迅速再次感染。結果是兒童吃得太少，以及因為寄生
蟲和經常生病，失去許多營養。提供更好的飲食、驅蟲和其他的疾病防治，
以及供應安全的用水和衛生設施，三管齊下，可以克服發育遲緩的問題。

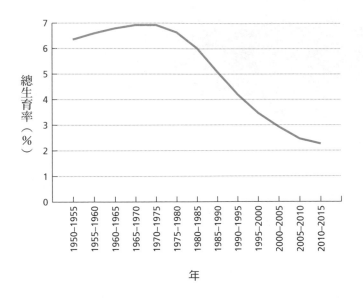

※ 圖 5.21　孟加拉的總生育率，1950-2015 年
資料來源：*UN data.*

　　克服發育遲緩的問題之後，南亞也會在小學教育方面邁出更大的步伐。南亞國家的教育體系當然會受益於更多的預算、引進 21 世紀的創新方法，例如在教室和在家自修時，有效運用新的資訊科技。

　　和撒哈拉以南的非洲一樣，南亞終結赤貧在望。但是南亞需要大費周章，實現另一次綠色革命，重點投資於基礎設施，以及給予女孩和婦女更多的力量，以完成人口結構的轉型，同時提高人口的技能水準。印度因為擁有資訊科技的卓越技能和高科技知識，特別被看好能夠實現永續發展，只差優秀的領導和良善的治理，就能取得成功。

## 細說政府開發援助

　　我們前面對撒哈拉以南非洲和南亞所做的鑑別診斷顯示，若在農業、健康、教育、基礎設施、給予婦女更多的力量等領域，進行針對性的投資，可以有效協助這些地區從赤貧的古老折磨中解放出來。我經常把這些有針對性的投資，說成是踏上「發展階梯的第一級」。我的意思是說，基本教育、健康、基礎設施和農業等領域的關鍵投資，可以使貧窮家庭或者一個貧窮地區，賺取夠多的額外收入、累積足夠的財富，而能有資金展開下一個發展階段。一個家庭或地區登上了第一級階梯，便有機會爬升到第二級，然後第三級，依此類推，從而享有自我維持的經濟成長，最後則是終結赤貧。

　　然而，貧窮陷阱的問題在於一國可能太過貧窮，單憑一己之力，爬不上梯子。國家領導人可能深懷遠見，有極好的構想，知道如何執行所需的投資，可是根本欠缺這麼做的現金流量，不論是來自政府的稅收，或者新的借款。簡言之，貧窮國家及當中的貧窮家庭，需要「助以一臂之力」，才能爬上發展階梯。這是提供外國發展援助的主要論點。

　　由各國政府或國際機構提供發展援助的政府開發援助觀念，始於第 2 次世界大戰之後不久。當時，美國推展著名的「馬歇爾計畫」（Marshall Plan），協助戰後的歐洲從戰爭的破壞後復原過來。馬歇爾計畫注入臨時資金，主要是做為捐贈，不是貸款，協助歐洲重啟經濟生活和自我維持的成長。馬歇爾計畫從 1948 年到 1952 年，持續了大約 4 年，在協助西歐重新站穩腳跟方面，成效卓著。它為日益增多的捐贈和低利貸款系統揭開序幕，而且不只用於戰後重建，也用於啟動長期的經濟成長，例如在新獨立的非洲和亞洲貧窮國家這麼做。

　　有一點很重要，務必了解，那就是剛開始的時候，支持政府開發援助長期運作的人少之又少。包括我在內的外國援助支持者相信，援助只是暫時性的措施，目的是協助貧窮國家做必要且關鍵的早期投資，好讓經濟能夠很快就靠自己的力量站起來，並且開始攀登發展階梯。援助不該是長期的需要或解決方案。接受援助的國家可望透過經濟成長，達到某個所得水準，很快就能「畢業」，完全不再需要援助。例如，中國和韓國貧窮的時候依賴援助，接著從援助名單畢業，近來更成為重要的捐助國。大體而言，一國從低所得過渡到中所得狀態時，便從援助名單畢業。通常是每年人均 GDP 約為 1,200美元，或者當 GDP 是以購買力平價測量，大約每年每人 3,000 美元時。

　　1970 年左右，政府開發援助成為全球社區的基本支柱。由加拿大前總理和諾貝爾和平獎得主萊斯特‧皮爾遜（Lester Pearson）領導的一個國際發展委員會建議全球努力推動政府開發援助。該委員會發表的報告《發展夥伴》（*Partners in Development*）呼籲高所得國家捐助貧窮國家，建議高所得國家捐出GDP 的 1%左右協助低所得國家克服貧窮。這 1%的國民所得中，約有 0.7%應該來自官方管道，主要是政府對政府的捐助和低利貸款。其餘的 0.3%應該透過民間捐款，主要來自企業、基金會、個人慈善家和慈善組織。根據該委員會的報告，聯合國大會在 1970 年正式通過「高所得國家應該捐出國民所得的 0.7%於政府開發援助計畫」的目標。

　　以美國為例來說，現在是 16 兆美元的經濟體。依 GDP 的 0.7%標準，每年的政府開發援助應該是 1,120 億美元。可是美國並沒有接近這個標準，每年實際提供的政府開發援助計畫大約是 300 億美元，比較接近美國 1%國民所得的 0.18%，低於國際標準的三分之一。

　　圖 5.22 顯示高所得國家提供的政府開發援助。只有瑞典、挪威、丹麥、盧森堡和荷蘭經常達到國民所得 0.7%的目標門檻，瑞典和盧森堡其實捐出國民所得的 1%。另一端是捐款占國民所得百分率相當低的國家，包括美國。由於美國是個大型經濟體，所以就絕對值來看，捐款金額還是很大，更是單一最大的捐助國。捐助國的所得一年合計有 40 兆美元左右。以官方援助目標

水準占國民所得的 0.7％計算，捐助國每年對貧窮國家的總援助金額應該是
2,800 億美元左右。但每年的實際援助金額只有 1,200 億美元左右，或者只占
國民所得毛額的 0.3％。

　　政府開發援助支持把錢花在什麼地方？首先，這筆錢必須提供給貧窮國
家。其次，這筆錢必須由捐助國的官方機構提供。最後，這筆錢必須用於受
援國的經濟發展，不能用於武器銷售，或者支援部隊、運動或文化活動。

　　各類援助之間，還有另一個重要的區別。緊急紓困的援助，例如饑荒時
提供糧食援助，稱為人道救濟。同樣的，天災發生後的緊急協助也算是援
助，但這通常是為了拯救人命，無關促進長期的發展。這跟幫助一國有所突
破、擺脫貧困的那種發展援助，是相當不同的東西。最有效的發展援助是建
立資本，例如鋪設道路、擴張電力網、設立更多的診所和學校，或者培養能
力，例如訓練和聘請教師與健康工作者，提供健康照護等社會投資。

　　關於援助是否有效，見仁見智，因為不是所有的援助都相同。如果捐助
機構相當諷刺的搬了幾箱現金給某個國家的軍閥，因為他們相信這種賄賂對
戰爭結果有利，或者因為貪腐的理由，把錢交給某些國家的政府，例如用於
確保武器交易，那麼這種「捐贈」或許可稱為援助，但對促進經濟發展無濟
於事。適合長期經濟發展和減低貧窮的那種政府開發援助，是用於支持我在
本章討論過的關鍵領域的投資。提供那種援助，能夠產生重大的影響，證據
非常明顯。援助如果引導到不良的方向或者運用不當，絕對是一種浪費。針
對迫切的需求而提供援助，協助一些國家實現千年發展目標，爬上經濟發展
階梯，確實至關重要。

　　在千年發展目標期間，加強政府開發援助，效果最顯著的領域是在公共
衛生上。2000 年之後，用於改善健康的政府開發援助大幅增加。援助增多，
對於協助貧窮國家控制愛滋病、瘧疾和結核病，發揮巨大的作用，也有助於
確保母親安全分娩、降低新生兒死亡率。這種援助可以確保幼童獲得足夠的

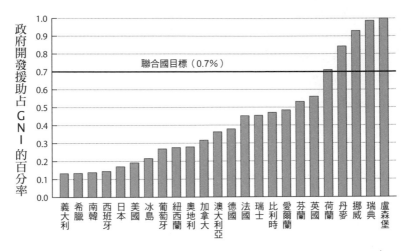

※ 圖 5.22(A) 政府開發援助占 GNI 的百分率，2012 年

資料來源：*Organization for Economic Co-operation and Development. 2013. "Compare your country—Official Development Assistance 2013." Paris: OECD. http://www.oecd.org/statistics/datalab/oda2012.htm.*

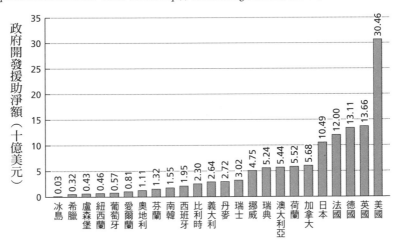

※ 圖 5.22(B) 政府開發援助淨額，2012 年

資料來源：*Organization for Economic Co-operation and Development. 2013. "Compare your country—Official Development Assistance 2013." Paris: OECD. http://www.oecd.org/statistics/datalab/oda2012.htm.*

營養和疫苗保護，免受幼年容易罹患的疾病之苦。此外，這種援助可以確保兒童能夠上學，進而發揮個人的全部潛能。我們已經談過，2000 年以來，兒童和母親懷孕與分娩死亡率等方面的重大突破。我們也指出，防治愛滋病和瘧疾有了大幅斬獲。我們見到撒哈拉以南非洲的經濟逐步成長。政府開發援助和其他因素，在這些地方都發揮了正面的作用。

換句話說，政府開發援助如果真正投入經濟發展的目的，並由專業人士針對低所得國家的需求做出準確的鑑別診斷，是可以發揮巨大的作用。貧窮國家能夠成功掙脫貧窮陷阱，政府開發援助攸關重大。它的成本非常低，占捐助國國民所得的不到 1％。如果富裕國家肯做這方面的努力，加上資金運用得當，的確有助於確保我們這一代終結赤貧。

## ▎設計實務上的干預措施

在發展專家做了正確的鑑別診斷、動員富國提供發展援助、了解窮國的基本需求、展開有針對性的投資這個概念之後，實務上如何執行發展計畫，便成了關鍵。實際執行有針對性的投資，是個重大的作業挑戰。千年發展目標首次揭櫫後，我應當時的聯合國祕書長安南之邀，就如何實現千年發展目標，對聯合國提供建言。當時，我依聯合國千年專案（UN Millennium Project）的 4 年計畫（2002 年 -2006 年），徵詢世界各地的同行和專業人士的意見，請他們就執行所需的投資最有效的方法，提出建議。

專家來自許多不同的學門：農學、教育、公共衛生、城市和農村工程，以及社區發展等。2005 年，聯合國千年專案向聯合國會員國發表一份很長的綜合報告，以及許多附屬的詳細資訊。2005 年秋，聯合國大會特別會議就如何以務實的方式推進以實現千年發展目標，採納許多關鍵觀念。

我和同事接著在非洲的農村地區幾個選定的地方，執行這些觀念，以了解我們的建議以什麼方式付諸實施，效果可能最好。10 年期的千年村莊專案（Millennium Villages Project，MVP）因此展開。我們以聯合國千年專案的各項建議，做為撒哈拉以南非洲國村級工作的基礎，目標是展示實現千年發展目標的路徑。

圖 5.24 的地圖顯示這些村莊的位置，根據非洲獨特的農業系統用鮮豔的色彩標示。例如，非洲東岸的黃色區域是玉米產區，涵蓋肯亞、坦尚尼亞和馬拉威的一些地方。衣索比亞北部的米色地區是高地，主要的糧食作物是畫眉草（苔麩），可以製作衣索比亞傳統的美味麵包，但在世界其他地方相當少見。從西非的東部延伸到西部的棕色區域，是在乾燥的地區種植穀物，上方的橙色區域稱為薩赫爾（Sahel），更為乾燥，採農牧混合管理的方式。

我們想要了解，每個獨特的「農業生態區」如何實現千年發展目標，因為每個生態區都面對特定的挑戰。農民可以用什麼方法，把每種類型的作物栽種得最好？牧民可以如何把牲口管理得最好，尤其是面對一再發生的旱災？這些生態區的疾病負擔也相當不同。例如在高地，瘧疾不是沉重的問題，而在熱帶低地，瘧疾是全流行性地方病，也就是除非控制疫情，否則一年到頭感染幾乎所有的人。2005 至 2006 年，在地主國政府的協助之下，千年村莊專案選定 10 個非常貧窮的農村，做為展開專案的基地。每個村莊起初都是「飢餓熱點」，意思是說至少 20％的人口長期營養不良。換句話說，這些村莊不只位於貧窮國家，更是那些貧窮國家中十分貧窮的地方。我們的想法是，以全部 8 個千年發展目標為指導原則，促進這些村莊的長遠發展。

執行千年發展目標的意思，是指設計一些計畫以實現 8 個千年發展目標。採取這種全方位方法的原因在於：每個千年發展目標本身都有其價值，以及這些目標能夠產生綜效。提供安全用水給某個社區，不只可以使該社區擺脫一部分的疾病負擔，也能協助孩子健康上學。同樣的，防治瘧疾不只能保護社區的人命，也有助於保護它的生產力。瘧疾防治有助於確保人們不在作物種植或收穫季節裡生病，以及孩子不致病得無法上學。我們不只因為 8 個千年發展目標都很重要而想要實現它們，也因為實現每個千年發展目標有助於實現其他目標。

專案的前 5 年內，也就是 2006 至 2010 年，運用每年每人 60 美元的發展援助。由地方政府和當地的非政府組織夥伴對等提供約 60 美元。因此，總支出是每個村民每年約 120 美元，以因應千年發展目標的挑戰。由於這種發展援助，才得以興建學校、診所、供水點、道路、電力網等基礎設施。這項專案顯示，即使非常少量的金錢，如果導向正確的地方，並且根據適當的鑑別診斷，也能在改善健康、教育和基礎設施方面產生很大的影響。這種全方位方法似乎收到效果，但是專案的最後評估將等到 2015、2016 年千年發展目標結束時才進行。

最令人振奮的發展之一，是地方健康系統的發展。我們目睹公共衛生有了重大的改善，包括大幅降低兒童和孕產婦的死亡率。這個專案刺激了健康照護方面的創新，例如給了社區護理人員更大的力量，即使村內最貧窮的家庭，他們也接觸得到。

這個新的社區護理系統，是我最喜歡的專案發展項目之一。來自貧窮社區的人，成了本身健康的有效監護者。工作人員通常是社區中的年輕女性，可能總共上過 10 到 12 年的學校課程，並沒有醫學學位或護理學位，可是只要在幾個月內提供一些訓練，這些人背起背包，裡面置放適當的醫療用品，就可以改造、改善和拯救社區中的人命。

每個社區護理人員攜帶的背包中，備有瘧疾防治工具。首先，他們會用很快的速度進行診斷檢驗，只要從孩子身上取得一滴血，就能檢查是不是罹患瘧疾，不再需要將血液送到好幾公里外的診所實驗室。如果診斷檢驗結果呈陽性，他們攜有必要的瘧疾防治藥物，不必等待父母抱著重病發燒的孩子一路奔波到診所，社區護理人員能讓他們在自己家裡，有效的得到治療。此

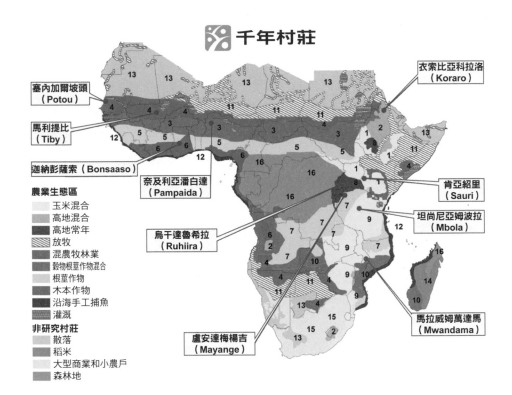

※ 圖 5.23 千年村莊和非洲的農業生態區
資料來源：*From the Millennium Villages Project.*

※ 圖 5.24　社區衛生工作者的背包中裝有必要的健康照護用品
資料來源：*Yombo Tankoano.*

外，社區護理人員隨身攜帶行動電話，可以呼叫救護車，或者打電話到診
所，請值班護士或醫生提供指示。越來越多這些智慧型電話也裝設專家資訊
系統，能夠透過電話，自動接收必要的指示和資訊，追蹤病人的資訊。

　　我樂於指出，千年村莊專案已經激勵許多國家政府擴大瘧疾防治、愛滋
病治療、協助小農戶，以及離網太陽能系統電力普及的大型國家計畫。其他
許多創新也在千年村莊測試、展示和率先執行，成功的專案正擴散到其他地
方。這項專案始於 10 個國家，現已擴大到 20 國以上。本來在個別村莊中測
試的許多觀念，現在推廣到全國各地。看到實務上的這種進展，令人振奮異

常。特別叫人興奮的是看到我們可以透過技術的改良，做到以前做不到的事，包括資訊系統以非常低的成本改善健康、教育和基礎設施的利用。這些技術和系統進展，鼓舞了我們預見這一代就能終結赤貧。

# 6 地球限度

　　長達幾個世紀的長期經濟成長，似乎是個謎。如果地球本身是有限的，世界經濟和人口如何能夠繼續擴增？成長有極限嗎？我們已經衝撞到了極限嗎？地球是否仍有「餘裕」，讓窮國提高生活水準？地球是否擁有足夠的水、土地、空氣和生態系統的服務，讓森林和漁業的採收維繫不斷成長的世界經濟？簡單的說，經濟成長能和環境永續並存嗎？

　　這些問題把我們帶到永續發展的核心。我們的目標是建立一個繁榮、具有社會包容性和環境永續的世界。可是這些目標真能達成嗎？18 世紀末以來，偉大的思想家一直在思索這個問題。他們想知道：如果整個世界用盡了初級資源，生活水準的升高是否將證明只是一場空。長遠來看，資源的匱乏是否會使人類注定貧窮？生活水準上升只是一時衝過頭，人類得到的報應是將來的環境危機？隨著氣候變化、土地退化、水資源短缺，以及生物多樣性的喪失繼續深化等種種危機紛至沓來。我們越來越常聽到這些憂慮。

　　然而，我要指出，用非常審慎的態度、以科學方法為基礎，去關注真實且日益加劇的環境威脅，我們確實能夠找到方法，調和經濟成長和環境永續。這種信念其實是將永續發展視為規範性觀念的核心所在。如能採取預防措施、尊重資源受到的限制、認清我們正在大肆破壞環境而引起危險，以及立即改弦易轍，人類是有所選擇的，能夠消除貧窮、提高生活水準、確保社會包容，以及為我們自己、其他物種和未來的世代保護環境。要做到這一點，我們需要先了解身為這個星球的負責任管理人，必須遵守的真實自然極限，也就是地球限度。

## 人類正在超越地球限度

經濟成長相當複雜，永續發展又更加複雜。要實現永續發展，各國需要同時實現經濟成長、基礎廣泛的社會包容和環境永續這三個目標。雖然許多國家已經「解決」成長的難題，卻極少國家成功實現永續發展的所有面向。

事實上，我們可以做到更進一步。由於許多環境上的挑戰都是全球規模的危機，例如氣候變化、海洋酸化和物種滅絕，而且由於所有的國家都感受到這些危機的影響，我們可以說，沒有一國真正走在永續發展的路上。如果沒有採取適當的行動以防範環境災難發生，即使個別國家盡了最大努力，處境仍然岌岌可危。

問題越來越棘手，而不是變得更容易。主要的問題在於規模。相對於有限的地球資源，世界經濟已經非常龐大，而人類正在衝撞環境的極限。以世界頂尖生態學家的話來說，人類正在幾個關鍵領域超越地球限度。

我們來非常簡單扼要地回顧全球的情況。早在 1798 年，托馬斯·羅伯·馬爾薩斯（Thomas Robert Malthus）就發表開創性的著作《人口論》（*An Essay on the Principle of Population*），警告全人類說，人口的壓力傾向於破壞生活水準的提高。馬爾薩斯寫道，如果人類能夠提高生活水準，人口就會擴增，直到人口的增加引發糧食供給的緊張，從而導致生活水準止漲回跌。就永續發展的遠景來說，馬爾薩斯的看法絕對是悲觀的！

　　我們現在知道，馬爾薩斯太快假設人口的壓力，會使經濟發展上升之勢自動反轉。馬爾薩斯當然不知道，在他發表著作之後，以科學為基礎的技術進步衝力十足；他也無法預見綠色革命會急劇擴張人類種植更多糧食的能力，進而養活更多的全球人口；馬爾薩斯不可能預見人口結構轉型之後，比較富裕的家庭會選擇少生子女，以至於世界上最富有的一些地方，人口已經趨於穩定或甚至下滑。

　　不過，馬爾薩斯說對了很多事情。他的著作發表時，世界人口大約 9 億，此後增加了 7 倍以上。人口的確隨著生產力的長期上升而急劇增加。事實上，人口還會增加更多，2100 年也許會有 109 億人（根據聯合國人口司的中等生育率版本估計）。

　　要衡量人類的活動衝擊環境到什麼程度，也就是人類對地球的生態系統製造什麼樣的壓力。我們需要把人類的絕對數量和平均每個人增加使用的資源合起來觀察。為了做到這一點，我們可以看看平均每人世界產出的粗略估計值。1800 年，以 2013 年的價格計算，平均每人世界生產總值（GWP）約為 330 美元，現在約為人均 12,600 美元，這表示人均所得已經增加約 38 倍。

由於 GWP 是人口和人均 GWP 的乘積，所以我們發現世界總產值已經增加約 275 倍，大約從 1800 年的全球 3,300 億美元，增為約 91 兆美元。這些當然是非常粗略的估計值，但確實讓我們對全球產值的增長倍數有個概念。那樣的產值，也化為人類對自然環境造成更多的不利衝擊。

人類變得那麼多，而且生產力那麼高，我們可以說自己成了本身星球的「入侵者」。我的意思是，我們正跨越地球承載能力的極限，從而威脅到大自然，甚至危及我們自己將來的生存。地球限度的概念非常有用。世界領先的環境科學家約翰・羅克斯特倫（Johan Rockström）找來其他頂尖的地球系統科學家齊聚一堂時，他們問：人類對實體環境造成前所未有的衝擊，面臨的主要挑戰是什麼？我們可以量化嗎？我們可以確定人類活動的安全運轉上限在哪裡，好讓我們緊急開始重新設計技術和經濟成長動力，在這顆星球的極限內實現經濟發展？他們列出了跨越 9 個領域的地球限度清單，如圖 1.16 所示所示。

第 1 個也是最重要的地球限度，和人類引起的氣候變化有關。我們會在第 12 章詳細探討人類引起的氣候變化。這裡只指出，人類引起的氣候變化，是大氣中溫室氣體（greenhouse gases，GHGs）含量上升的結果。溫室氣體包括二氧化碳、甲烷、一氧化二氮等其他一些工業化學物質。溫室氣體有個共同的特質：它們使地球變熱。大氣中的溫室氣體越濃、地球的平均溫度越高。由於工業活動增多，本世紀以來的溫室氣體濃度急劇上升，和工業革命前的溫度相比，地球已經增熱大約攝氏 0.9 度。依目前的趨勢持續下去，地球的溫度將在 21 世紀末上升攝氏數度之多。

　　溫室氣體允許以紫外線輻射形式進入的太陽輻射，穿透大氣到地球，從而使得地球升溫；地球反過來以紅外線輻射的形式，把熱散發出去。地球升溫到射入的紫外線輻射完全被射出的紅外線輻射抵消為止。但是，溫室氣體會捕捉一些射出的紅外線輻射，結果地球比沒有大氣時要熱。如果大氣中沒有溫室氣體，地球會像月亮那樣寒冷許多。到目前為止，一切都還好。問題是，隨著溫室氣體的濃度上升，地球變得比工業化開始之前熱。不斷上升的氣溫，正將地球推向新的氣候型態，和整個文明期間一直支持人類生活的那種氣候不同。這種氣候上的變化，深深威脅我們，稍後會更詳細說明。氣候變遷不僅威脅全球的糧食供應，也威脅其他物種的生存，導致遠比以前強烈的風暴產生，海平面可能顯著上升，擾亂世界許多地方的生活。

　　最重要的溫室氣體是二氧化碳。人類製造的二氧化碳，主要來源是燃燒煤、石油和天然氣。我們會探討的另一個主要來源是土地用途的變更，例如砍伐森林。燃燒這些能源中的碳，才會釋放石化燃料中的能量。碳原子結合氧，釋出能量與二氧化碳，因此二氧化碳是燃燒石化燃料的必然副產品。石化燃料創造了現代經濟，沒有它們，世界會是貧窮的，正如工業革命前的幾千年。然而現在，從石化燃料排放的二氧化碳構成前所未有的威脅。我們需要找到生產和使用能源的新方法，才能享受現代經濟的利益，卻不致帶來氣候變化造成的嚴峻威脅。

　　第 2 個地球限度是海洋酸化，和第 1 個地球限度密切相關。隨著大氣中二氧化碳濃度上升，海洋變得更酸。大氣中的二氧化碳會溶於海洋，產生碳酸（$H_2CO_3$）。碳酸會離解成氫（$H+$）和碳酸氫鹽（$HCO_3-$）。$H+$ 增加，表示海洋的酸度升高。酸度上升，威脅到各種海洋生物，包括珊瑚、貝類、龍蝦和非常小的浮游生物，因為這些物種會難以形成保護殼。

　　海洋的酸鹼值已經下降 0.1 個酸鹼值單位，從 0（酸性最強）到 14（酸性最低）不等。海洋的 pH 值變化 0.1，看起來似乎不大，但酸鹼值的標度是

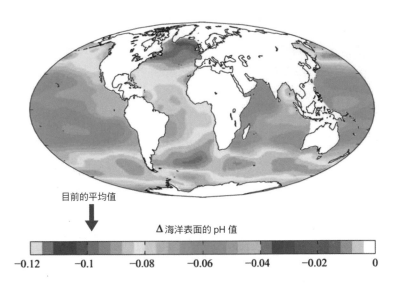

目前的平均值

Δ 海洋表面的 pH 值

-0.12　　　-0.1　　　-0.08　　　-0.06　　　-0.04　　　-0.02　　　0

‧⋗ 圖 6.2 海洋的 pH 值變化

資料來源：*"Estimated change in annual mean sea surface pH between the pre-industrial period (1700s) and the present day (1990s)." Plumbago. Wikimedia Commons, CC BY-SA 3.0.*

以對數為底，所以下降 0.1 表示海洋中的質子增加 10 的 0.1 次方，或者約為 0.26（=$10^{0.1}$），海洋的酸性增加 26％。隨著大氣中的二氧化碳濃度繼續上升，酸性還會增加許多。圖 6.2 的海洋圖顯示世界不同的地方已經呈現酸鹼值的變化。海洋並不是一起變得更酸，各地的效應取決於海洋的動態和區域性的經濟活動。然而圖 6.2 的 pH 值地圖告訴我們，我們已置身於海洋酸性上升的危險處境中。

　　第 3 個地球限度是臭氧耗竭。1970 年代末的傑出大氣科學家發現，當時主要用於致冷和氣溶膠的氟氯化碳（CFCs）這種特殊的工業化學物質，往往會上升到大氣上層，然後離解，也就是分裂成比較小的分子。氟氯化碳中的氯脫離其他的分子後，會攻擊大氣平流層的臭氧（O3）。美國國家航空太空

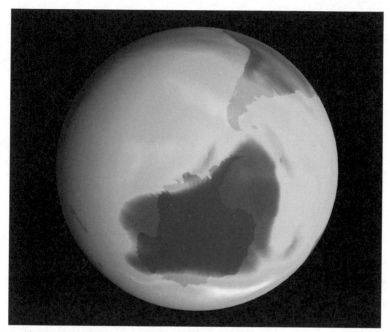

※ 圖 6.3　美國國家航空太空總署的臭氧層照片，1985 年
資料來源：*NASA/Goddard Space Flight Center Scientific Visualization Studio.*

總署的一枚新衛星從太空拍攝臭氧層的照片，令人震驚的是，1980 年代中期
拍的照片，如圖 6.3 所示，意外顯示南極上空的臭氧層有個大洞，正是臭氧
耗竭的位置。

　　這是重大的發現。大氣上層的臭氧水準保護人類不致受到從太陽而來的
太多紫外線輻射，臭氧耗竭嚴重威脅到人類的生存，皮膚癌和其他的疾病會
激增。

　　幸好由於偉大的科學和技術進步，人類能夠倖免最糟的狀況。民眾在千
鈞一髮之際，得知被視為無害的工業化學品，實際上嚴重威脅人體的健康。
氟氯化碳必須消除，以免釀成災難。好消息是，全世界在這件事上，已經採

取行動，締結了新的條約，從工業系統逐步淘汰氟氯化碳，並以更安全的化學品取代氟氯化碳。這樣的做法正一步步實現。如果沒有科學發現、技術洞見和全球性的協定，臭氧耗竭會嚴重威脅人類。然而，我們還沒有完全度過威脅，需要完全消除氟氯化碳，並且確保替代化學品確實安全無虞。

　　如圖 1.16（依順時針方向）所示的下一個地球限度，是氮和磷流量過度造成的污染，尤其是因為世界各地的農民大量使用化學肥料。同樣的情況，化學肥料大大有利於人類，卻隱藏著嚴重的危險。農民必須將氮、磷和其他的養分置入農地，才能確保農作物的收成令人滿意。不用肥料，每公頃的收成仍然會有大約 500 公斤到 1 公噸，而不是農民可以實現的 3 到 5 公噸，甚至更多的穀物產量。不用化學肥料，不可能養活全球 72 億人口。據估計，今天也許有 40 億人是因為使用化學肥料才得以填飽肚子。

　　問題是，不少氮和磷沒有被農作物吸收，而是回到空氣，並且順風而下，飄落其他地方。許多氮和磷進入地下水和河川，在河川匯入大海的河口，氮和磷的濃度很高。氮和磷大量流入，導致河口的生態環境起了危險的變化。這些養分促成「藻華」產生，也就是河口的氮和磷養分多，導致藻類大增。當這些藻類死亡，它們會被細菌吃掉，使得水中的氧氣耗竭，形成缺氧或低氧的死區，導致魚類和其他的海洋生物死亡。世界各地已有超過一百個河口出現這種「優養化」過程。圖 6.4 中，有個小男孩在中國山東海岸外的藻華中游泳。

　　第 5 個地球限度源於過度使用淡水資源。人類和其他的物種每天都需要淡水，才能活下去。人類使用的淡水總量中，約 70％用於農業生產、20％用於工業、其餘的 10％是家用，也就是用於烹飪、衛生和其他家庭用途。人類現在使用很多水，尤其是用於生產糧食，結果全球許多地方最重要的淡水來源正趨於枯竭。各地農民都在取用地下含水層，速度高於降雨所補充的水量，使得含水層日益枯竭。一旦枯竭，依賴地下水的農民，生產就會蒙受巨大的損失，導致糧食短缺。地下水枯竭是世界性的現象，包括美國中西部、中國北方、印度北方，以及巴基斯坦的恆河平原。

　　淡水短缺會因為其他不計其數的問題而加劇，包括日益成長的人口、採礦和發電的工業用水。由於人類引起的氣候變化導致降雨和土壤溼度條件改變，冰川也因全球暖化而瀕臨消失，以致冰川融水減少。總之，淡水的短缺會在幾十年內成為許多地區的一大危機。

　　第 6 個地球限度是土地利用。人類使用大量的土地種植糧食、放牧動物、生產木材和其他的林木產品，如棕櫚油，以及供應我們不斷擴大的城市人口居住。數千年來，人類一直將森林等自然土地改造為農田和牧場，許多地區曾是茂密的森林，現在則是農田或城市。砍伐森林將使植物和樹木中的碳回到大氣，增加二氧化碳到大氣中的數量，使得人為的氣候變化變本加厲，也破壞了其他物種的棲息地。人類改變土地的用途，不管是做為農場、牧場，還是城市，都等於在大規模破壞生態系統和物種的生存。

　　第 7 個地球限度是生物多樣性。地球上生命的進化創造出驚人的多樣生命，共有 1 千萬到 1 億種不同的物種，其中大部分尚未收錄歸類。這種生物多樣性不只定義了地球上的生命，也從根本有助於生態系統的運作、農作物的生產力，以及最後人類的健康與生存。我們的食物供應、面對海水倒灌之類的天然災害、得到安全保護、無數的建築和工業原料、淡水、抵禦害蟲和病菌的能力，在在有賴於生物的多樣性。一旦生物多樣性遭到破壞，生態系統的運作便顯著改變，而且通常變得不利，例如農作物的生產力下降。

　　人類正大規模破壞生物多樣性。我們以數不清的各種方式做這件事，包括經由污染、砍伐森林等土地用途的變更，人類引起的氣候變化、淡水枯竭、海洋酸化，以及氮、磷通量過多，造成許多物種的數量、基因多樣性和適應力下降。圖 6.5 讓我們大致了解主要物種集群數量的下降趨勢。事實上，無數的物種面臨滅絕的危機，現時的科學界認為，人類正在製造地球的

※ 圖 6.4　中國山東海岸外小男孩在藻華中游泳
資料來源：*Reuters/China Daily.*

第 6 次生物大滅絕。表 6.1 彙總了地球歷史上由於自然的過程而發生的另 5 次滅絕事件，例如火山爆發、隕石撞擊，以及地球本身的內在動態。第 6 次生物大滅絕不是自然造成的，而是源於人類嚴重破壞地球，置數以百萬計或甚至數以千萬計的其他物種於險境之中。由於人類依賴其他物種，當然也嚴重危害人類本身。

第 8 個地球限度稱為懸浮微粒負載（aerosol loading）。當我們燃燒煤、生質物、柴油燃料和其他的污染來源，稱做懸浮微粒的細微顆粒就會進入空氣。大量的空氣污染因此造成，對肺的傷害很大，每年奪走許多人的生命，並對變化中的氣候動態產生重大影響。直徑小於 2.5 微米的極細顆粒，可能引起危及生命的肺部及心血管疾病。中國各大城市的懸浮微粒污染水準已經到了災難性的地步，導致城市的霾害嚴重，有些日子連外出都很危險。

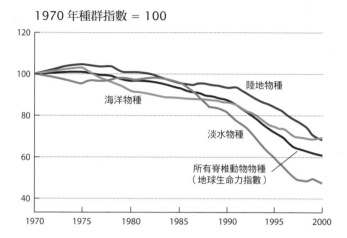

※ 圖 6.5　生物多樣性的地球生命力指數，1970-2000 年

資料來源：*World Wildlife Fund. 2012. "Living Planet Report 2012." Gland, Switzerland: WWF International.*

表 6.1　前五次生物大滅絕

| | |
|---|---|
| 1. 奧陶紀結束，4.4 億年前 | 巨大的冰河化與海平面降低；60％的物種消失。 |
| 2. 泥盆紀結束，3.65 億年前 | 冰河化與海平面下降；可能是隕石撞擊造成的；70％的物種滅絕。 |
| 3. 二疊紀結束，2.25 億年前 | 巨大的火山爆發；地球進入嚴冬；90-95％的物種滅絕。 |
| 4. 三疊紀結束，2.1 億年前 | 可能是彗星雨造成的；大多數海洋爬行動物滅絕；許多兩棲動物滅絕。 |
| 5. 白堊紀結束，6 千 5 百萬年前 | 隕石撞擊地球；恐龍、海洋爬行動物、菊石，以及許多種植物消失；哺乳動物、早期鳥類、海龜、鱷魚和兩棲動物受影響比較小。 |

　　另一個是化學污染。石油化工、鋼鐵生產和採礦等行業，在加工的過程中，不只使用大量的土地和水，還釋放了數量龐大的污染物回到環境中，其中許多日積月累，對人類和其他物種造成致命的危害。30年來經濟成長獨步全球的中國，由於工業加工活動量龐大，大都市水域污染也領先世界，這是中國無可迴避的重大環境課題。

　　當人類侵犯這些地球限度，意味著人類對環境施加的壓力，大於地球吸收這些壓力的能力，結果，地球生態系統的運作發生重大變化，這些變化再反過來威脅人類福祉。

　　當衝擊發生在人口非常貧窮、沒有財富和基礎設施做為緩衝的地方，甚至會危及人類的生存。當漁場枯竭，漁村就跟著一起衰亡；當地下水耗盡，農業便崩潰；當氣候發生變化，有些地區就會陷入動亂，甚至爆發戰爭，正如非洲、中東和西亞的乾旱地區越來越常見的情形。

　　人類引起的氣候變化，已經在世界許多地方產生可怕的影響，最直接的結果就是溫度上升，如圖6.6美國國家航空太空總署繪製的世界地圖，比較地球每一地方2013年的平均溫度，以及1951至1980年的平均溫度。我們看到，幾乎全世界2013年的溫度都高於基期。只有海洋中幾個非常小的點，例如祕魯海岸外，平均溫度低於基期。這同樣適用於近年來任何期間：暖化無所不在，涵蓋世界上幾乎所有的陸地和海洋表面。

　　隨著全球的平均氣溫上升，極端熱浪來襲也日漸頻繁。世界頂尖的氣候科學家詹姆斯・韓森（James Hansen）分析了1950年代到現在，地球上的極端高溫事件，結果如圖6.7所示，世界地圖上的紅點指出極端熱浪襲擊的地方。請注意9張地圖始於1955年，止於2011年。我們清楚看到，1955到2011年間，地圖上的紅色斑點表示發生極端熱浪，數目急劇增加。事實上，1950年代每1,000天只發生1、2次的事件，現在每1,000天發生次數多達50至100次。

## ▌成長動態

　　人類已經在衝撞地球的地球限度上限，這是個驚人的現實。環境的壓力可能有增無減，因為世界人口和人均 GDP 雙雙繼續成長。事實上，我們感興趣的是窮國能不能成功提高生活水準。我們因此面臨永續發展的最重要挑戰：如何調和世界經濟的持續成長，以及地球生態系統和生物多樣性的永續？

　　這個挑戰極為重大，而且極富挑戰性。我們希望經濟能夠發展，也需要環境永續。這兩個目標看似矛盾，但我要指出，如果我們採行明智的政策，兩者其實是相容的。儘管如此，經濟成長和環境永續要相容，絕非易事。用另一種方式來說，我們需要學習如何在地球限度內實現經濟成長。

　　為了對這個挑戰的程度有個數量上的概念，我們先來談談現在世界經濟體系中的「積壓的成長」（pent-up growth）。所謂積壓的成長意思是：即使比較富裕的國家將來經濟沒有快速成長，比較貧窮的國家在追趕時，我們可以期望的經濟成長數量。

　　依購買力平價來衡量，我們的世界現在一年的規模是 91 兆美元左右。世界人口 72 億，人均產出約 1.2 萬美元。高所得國家的平均所得約為世界平均值的 3 倍，也就是高所得國家的人均年所得約達 3.6 萬美元。低所得和中所得國家的平均所得大約是 7,000 美元。假設貧窮國家成功趕上富裕國家，那種追趕的過程將提高開發中國家的所得到 3.6 萬美元，並且也將提高世界的平均所得到那個水準。由於平均所得會上升為 3 倍，世界的總產出同樣會增為 3 倍，從大約 91 兆美元增為大約 275 兆美元。

　　對於已經侵犯主要地球限度的世界經濟來說，這樣的成長十分驚人。可是我們低估了潛在的衝擊，因為 3 倍的增幅是以今天的世界人口為準。現在來考慮將來的人口成長。當今世界 72 億的人口，預計到本世紀中葉將增至約

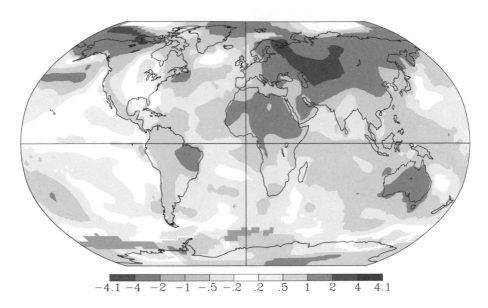

$$-4.1 \quad -4 \quad -2 \quad -1 \quad -.5 \quad -.2 \quad \quad .2 \quad .5 \quad 1 \quad 2 \quad 4 \quad 4.1$$

※ 圖 6.6 2013 年的地球表面溫度與 1951–1980 年比較

資料來源：*Calculated at http://data.giss.nasa.gov/cgi-bin/gistemp/nmaps.cgi?sat=4&sst=3&type=anoms&m ean_ gen=0112&year1=2013&year2=2013&base1=1951&base2=1980&radius=1200&pol=rob.*

96 億，世紀末約為 108 億。單單到 2050 年，增幅就達 33％。如果經濟完全追趕上來，世界經濟將因此成長到 96 億人、每人為 3.6 萬美元，或者世界總所得為 346 兆美元，因此 GWP 成長為將近 4 倍。

　　2050 年之前，所得水準確實不可能收斂。今天的開發中國家和高所得國家的人均年所得差距，到本世紀中葉不可能完全消失，然而我們的計算是假定富裕國家會停留在 3.6 萬美元不變，但是他們的經濟都有可能繼續成長。所以我們的計算必須調整兩個因素：不完全迎頭趕上，以及高所得國家的經濟持續成長。我們需要一個未來成長的統計模型，才能對可能的結果做出有依據的評估。

　　用個簡單的經驗法則來說。比較美國和人均所得較低國家的成長率，一

6-7-8 月的熱區和冷區

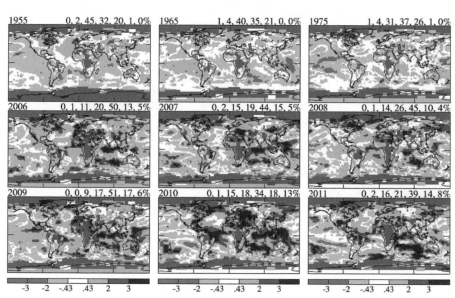

※ 圖 6.7 全球極端氣溫的變化，1955–2011 年

資料來源：*From Hansen, James, Makiko Sato, and Reto Ruedy. 2012. "Perception of Climate Change."* Proceedings of the National Academy of Sciences *109(37): E2415–E2423.*

一般來說，一個國家的人均所得如為美國的一半，即平均每人 2.5 萬美元，每年人均 GDP 成長率傾向於比美國高約 1.4 個百分點。如果美國的人均 GDP 每年成長 1％，那麼人均 GDP 為 2.5 萬美元的國家，傾向於每年成長約 2.4％。如果又有一國的所得水準為 2.5 萬美元的一半，即平均每人 1.25 萬美元，那麼該國傾向於每年又多成長 1.4％，或者每年 3.8％（＝ 1％ + 1.4％ + 1.4％）。我們利用這個原則，列出表 6.2 所示的典型成長率。

　　假設沒有貧窮陷阱或對經濟成長構成障礙的因素存在，一個國家的起點越窮，快速追趕的空間也會越大。隨著時間流逝，比較窮的國家會因為成長

表 6.2

| 國家 | 人均所得（美元） | 成長率（每年%） |
| --- | --- | --- |
| 低度開發 | 1,613 | 8.0 |
| 低所得 | 3,125 | 6.6 |
| 低中所得 | 6,250 | 5.2 |
| 高中所得 | 12,500 | 3.8 |
| 低高所得 | 25,000 | 2.4(=1+1.4) |
| 美國 | 50,000 | 1 |

得比較快，而縮短與較富裕國家之間的差距。隨著所得差距縮小，較窮國家的成長速度也會減慢。幾十年內，生活水準逐漸收斂，成長率也會收斂到技術「領先國」的長期成長率。就我們的例子來說，是指收斂到美國的 1% 成長率。貧窮國家一開始成長非常快，然後隨著它變得更富有、更接近技術領先國，成長率也會慢下來，最後逐漸收斂到與技術領先國相近。

　　這個收斂理論有助於我們理解，為什麼開發中國家的經濟成長得比高所得國家快。如果我們從 2010 年，追溯到未來 40 年，也就是到本世紀中葉，假設高所得國家平均每年成長 1%，而且較貧窮地區沿著收斂公式的曲線，逐步趕上高所得地區，結果就會像圖 6.8 那樣。雖然一開始高所得國家和開發中國家相差很遠，基本上高所得國家占有 5 倍的優勢，但是到本世紀中葉，這兩類國家的差距顯著縮小到高所得國家只及開發中國家的 2 倍，而不是 5 倍。

　　這種逐步收斂，對全世界的生產和由此產生的星球壓力，帶有什麼含意？要回答這個問題，我們現在需要也加進人口的動態。正如前面指出的，今天的 72 億人口，會在 2024 年左右達到 80 億，2040 年左右成為 90 億。依聯合國的中等生育率版本，到 21 世紀末，世界將有約 110 億人。以上所說，

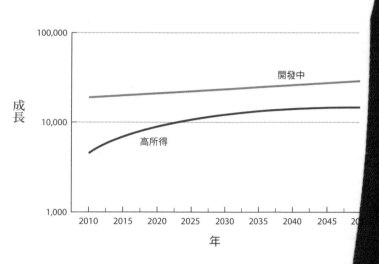

成
長

100,000

開發中

10,000

高所得

1,000

2010　2015　2020　2025　2030　2035　2040　2045　20

年

※ 圖 6.8 高所得和開發中國家的經濟成長收斂，2010-2050 年

如圖 6.9 所示，縱軸再次使用對數標度，曲線的斜率表示世界　　的成長率。當我們看到本世紀末曲線走平，表示世界人口的成長率放　　數字。到了本世紀末，如曲線轉而走平所示，人口預估將趨於穩定　　人口的預測和收斂理論，假設人類能夠因應地球限度的挑戰規模，收　　長得以持續，那麼世界經濟將從 2010 年的約 82 兆美元，上升為本　　葉 272 兆美元左右，增為 3 倍以上，但略低於我們先前　據開發中　　收斂所做的計算。

　　我們生活其中的世界裂縫已經爆開，　　正在衝　　球限度。我們生活其中的世界，開發中國家也在尋求縮短與　　國家　　所得差距，而且擁有技術手段，能夠隨著時間的推移做到這件　　然而　　果我們使用今天的技術和商業模式，去追求這種持續性的經濟　　，　　將完全衝破地球限度，蹂躪氣候系統、淡水的供給、海洋的酸性　其他　　重的生存。為了調和我們希望見到的成長和地球上的生態現實，我　　需　　界經濟以根本上不同的方

187

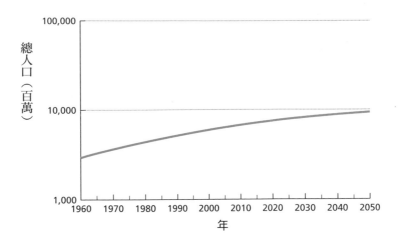

※ 圖 6.9 以半對數標度呈現的全球人口，1960-2050 年

資料來源：*United Nations Department of Economic and Social Affairs Population Division (DESA Population Division). 2013. "World Population Prospects: The 2012 Revision." New York.*

式發展。

## ▎以能源為例

　　協調經濟成長與地球限度的所有問題中，大概沒有比世界能源系統的挑戰更為緊迫、更加複雜的。世界經濟是靠石化燃料而發展起來的，首先是 18 世紀的蒸汽機、然後是 19 世紀的內燃機，接著是 20 世紀的氣渦輪機。事實上，直到 1776 年瓦特發明改良型蒸汽機之前，並沒有切實可行的方法，可以實現持續性的經濟進步。石化燃料讓人類能夠突破，進入到現代經濟成長的時代，然而，21 世紀要擺脫石化燃料，是十分艱巨的挑戰。做為全球經濟發展核心的能源，因為會排放二氧化碳，現在顯然對世界構成危險。

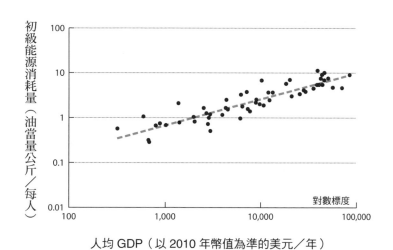

初級能源消耗量（油當量公斤／每人）

對數標度

100    1,000    10,000    100,000

人均 GDP（以 2010 年幣值為準的美元／年）

※ 圖 6.10 能源消耗量和人均 GDP

資料來源：*U.S. Energy Information Administration, the World Bank.*

　　一個簡單的解決方案，就是單純的少用能源。但這實際上沒有那麼簡單，因為有能源，才能工作。一個經濟體中，任何有用的工作都有賴於高品質的能源。沒錯，能源效率顯然必須是任何永續發展解決方案的一部分。曾經我們浪費了大量的能源，例如開不必要的大車、在隔熱欠佳的建築物中生活和工作等。然而，即使效率大幅升高，世界還是需要能源，而且隨著全球經濟成長，能源的使用總量可能會增加，將來我們只會需要更多的能源。然而，傳統的石化燃料能源形式會使氣候變化變本加厲，並不適用。

　　圖 6.10 以對數標度，顯示不同國家的所得，以及和各國初級能源使用量之間的關係。能源使用總量包括石化燃料、燃燒木材、水力發電、地熱能、風力和太陽能發電、核電和木材除外的生物燃料。這張圖比較了總產值與總初級能源的使用量。一個經濟體的人均 GDP 相對於能源消耗量，在圖形上接

近一條直線,這表示經濟規模加倍,通常伴隨著初級能源的使用量也增加一倍。儘管節能效率與時俱進,但隨著經濟的成長,能源的使用量傾向於隨之增加。

將我們使用多少能源、排放多少二氧化碳到大氣中的資料量化,會很有幫助,可據以了解這在我們製造多大的氣候變化上具有什麼樣的含意。平均而言,經濟體每 1,000 美元的總生產,會使用 0.19 公噸的油當量能源。1 公噸合 1,000 公斤,所以 0.19 公噸等於 190 公斤;因此,我們每生產 1,000 美元,就會用掉約 190 公斤的石油或相當的能源成分。

每使用 1 公噸的油當量能源,會排放 2.4 公噸的二氧化碳。確實的二氧化碳數量取決於所用的能源。例如,核能不是石化燃料,本身並沒有製造二氧化碳排放量。另一方面,煤幾乎都是碳,所以在所有的燃料中,每單位能源製造最多的二氧化碳排放量,相當於 1 公噸石油能源單位的煤數量,會產生約 4 公噸的二氧化碳;1 公噸石油製造約 3.1 公噸的二氧化碳排放量;相當於 1 公噸石油的天然氣,可製造約 2.4 公噸的二氧化碳。水力發電、太陽能發電和風力發電都不會釋出二氧化碳,從避免導致氣候變化的觀點來看,顯然是非常理想的能源。

現在,我們把各個部分拼起來。以 2005 年的幣值衡量,2010 年的世界經濟約為 68 兆美元。將 68 兆美元乘以每 1,000 美元 0.19 公噸油當量,再乘以每 1 公噸油當量能源 2.4 公噸的二氧化碳,結果是 2010 年全球排進大氣的二氧化碳為 310 億公噸。人類也以其他方式排放二氧化碳到大氣中,例如砍伐樹木,釋出原本封存在生物體中的碳。釋出的每 1 公噸二氧化碳,約有 46%留在空氣中,另外 54%通常儲存在所謂的「天然槽」中,也就是海洋、土地和植物。這表示,如果我們一年將 310 億公噸的二氧化碳排放到空氣中,其中略多於 140 億公噸會留在空氣中。

現在到了下一個問題。140 億公噸的二氧化碳和整個大氣相比是有多少？要回答這個問題，我們可以來看看大氣的總體積，以及那 140 億公噸中有多少二氧化碳分子。做了一些計算後，我們發現，每釋放 78 億公噸的二氧化碳到大氣中，大氣中每百萬個分子會多 1 個二氧化碳分子。換句話說，大氣中每 78 億公噸的二氧化碳，會使二氧化碳的濃度在每百萬個分子中增多 1 個分子。科學家以「每百萬分率」（parts per million，ppm）一詞，取代每百萬個分子，並且使用縮寫 ppm。因此，2010 年大氣中的 140 億公噸二氧化碳，使得二氧化碳濃度升高約 1.8 ppm。

　　一年之中，這樣的增幅大嗎？大。我們應該害怕嗎？應該。圖 1.15 顯示數十萬年內，大氣中測得的二氧化碳濃度。由於正常的地球運轉過程，如地球軌道週期的變化，二氧化碳濃度隨著地質時期而波動。這張圖顯示 80 萬年來，直到最近 200 年之前，地球的地質史中，二氧化碳的升降主要是由地球軌道週期的自然變化所驅動的。

　　以圖 1.15 來看，最右邊是現代。過去 200 年來，尤其是近 100 年，二氧化碳濃度扶搖直上，打破過去 80 萬年的自然區間。這是人類發現如何大量使用石化燃料的結果。80 萬年內，二氧化碳濃度的波動範圍在 150 到 280 ppm 之間，然後突然在地質時期的一瞬間，人類造成二氧化碳濃度飆升到遠高於 280 ppm。才短短 150 年內，二氧化碳濃度已從 280 ppm 激增到 400 ppm。大氣中的二氧化碳水準是過去 300 萬年未曾見過的！

　　氣候科學家告訴我們，這種變化和地球氣溫顯著上升一致。事實上，如果我們達到 450 至 500 ppm 的二氧化碳濃度，地球平均溫度將可能比工業革命前高攝氏 2 度。全球平均溫度上升攝氏 2 度，聽起來好像不多，但這意味著中高緯度地方的溫度會上升更多，地球的氣候系統也會起巨大變化，包括降雨、乾旱、洪水和極端風暴的型態。此外，海平面將明顯上升，也許本世紀會升高 1 公尺，運氣糟的話，例如部分南極洲或格陵蘭島的冰原崩解，上升幅度將遠遠超過 1 公尺。我們所談的二氧化碳濃度變化，轉換成氣候變化和更廣的環境變化，在人類歷史上是前所未有的，而現在就發生了。

這些變化發生得有多快？如果我們今天是 400 ppm，而二氧化碳濃度每年增加約 2 ppm，那麼從現在起只要 25 年，就會達到 450 ppm，50 年內達到 500 ppm。如果經濟成長導致二氧化碳的變化速度加快，我們可能更快達到 450 至 500 ppm 的範圍。事實上，如果世界經濟增為 3 倍，能源使用量也增為 3 倍，那麼二氧化碳每年會增加約 6 ppm，而不是 2 ppm。

換句話說，如果我們不快速改弦易轍，就等於任由自己走在一條極其危險的路上。由於我們對石化燃料的依賴，在韓森教授的地圖上已經很明顯的看到熱浪頻率大增，見圖 6.7。我們很可能見到特大乾旱、特大洪水、更多的極端風暴、更多物種滅絕、更多的農作物歉收、海平面大幅上升，以及因為二氧化碳溶於海洋，產生碳酸，使得海洋嚴重酸化。有些地區將比其他地方脆弱。不是每個地方都會經歷每一種破壞，但是在溫度比現在高出攝氏 3 度或更多的世界中，破壞將普遍存在。根據已有的最佳證據顯示，21 世紀末之前，地球溫度很可能升高攝氏 4 度或甚至更高。

我們稍後會探討的解決方案，包括能源系統的「深度脫碳」（deep decarbonization），意思是生產和使用能源的方式其所排放的二氧化碳遠低於現在。深度脫碳有至少三個主要的「支柱」，包括提高能源效率，每單位 GDP 使用的能源遠低於現在；其次是低碳電力，意味著我們用風能、太陽能、核能，或者碳捕獲與儲存技術，生產電力，使得每百萬瓦電力排放的二氧化碳大幅減少；最後要從燃燒石化燃料改為使用低碳來源產生的電力，這個過程稱為「燃料轉換」或「電氣化」。例如汽車可以從石油驅動的內燃機，改用以低碳電力充電的電瓶驅動的電動馬達，例如太陽能發電網。住家不用燃油爐取暖，改用電暖器，以低碳能源產生的電力運轉。全世界每個地方都需要加入這套三管齊下的策略。

我們在能源上確實必須改弦易轍，而且必須快馬加鞭。好消息是，太陽

能發電、風力發電、節能、電動車等各方面已有強大的低碳技術可用,而且
價格急劇下滑。這些技術將是低碳未來的關鍵。

## 以糧食為例

直觀來看,使用石化燃料和隨之而來的採礦,似乎是人類衝擊實體地球
的最主要方式。到處都在使用能源、運輸系統、發電、工業、辦公室和家
庭,到處都在用。然而實際上有個經濟部門,對環境造成的衝擊,和能源部
門相較,有過之而無不及,就是農業。

也許這並不全然令人驚訝。農業當然攸關我們的生存,我們必須吃才能
活。自有文明以來,大部分的人就以務農為生。即使在 21 世紀初的現在,世
界一半的人口也居住在農村地區,而且和農業有某種直接的關聯。然而,農
業對環境的衝擊程度,比表面上看到的要大。就地球限度來看,幾乎每一個
都和農業有關。我們從農業的觀點,依序探討每一個地球限度。

　•**氣候變化**。開墾土地做為農地和牧場,因此產生的二氧化碳排放量導
致氣候變化。農場上,運輸和準備糧食也需要使用能源;種植水稻和牲畜會
排出甲烷,有一部分是因為氮基化學肥料揮發而產生的一氧化二氮。

　•**海洋酸化**。農業會排放二氧化碳,進而成為海洋酸化的禍首。

　•**臭氧耗竭**。食品生產和儲存使用的氟氯化碳,正是臭氧耗竭的驅動因
素。

　•**氮和磷的通量**。使用化學肥料是人為氮和磷通量的主要來源。

　•**淡水消耗**。農業是迄今淡水資源的最大使用者,因此造成淡水損耗。

　•**生物多樣性**。農業的偉大傳統很遺憾是「簡化」某塊地表的生物多樣
性。複雜的自然生態,被人類管理的生態取而代之,而且往往只有水稻、小
麥或玉米等單一作物。單一栽培的農作方式可能導致生物多樣性急劇下降,

最後是生態系統運作減緩，農作物的生產力也會降低。農業會以其他的方式減少生物多樣性，例如施用殺蟲劑和除草劑，最終毒害當地的環境，或者引進非本土的物種，而破壞當地的生態系統。

•**懸浮微粒**。農業可以經由許多途徑製造懸浮微粒，包括灰塵、燃燒作物、燃燒柴油等其他的石化燃料等。

•**化學污染**。高所得地區的農業往往化學密集度很高，包括使用化學肥料、農藥、除草劑和其他的土壤處理方式。食品加工、廢棄物管理、動物飼料使用抗生素等，也可能製造污染。

除了跨越這些地球限度，全球農業系統也有其他重要的不利影響。一個問題是食物系統也衍生出新的病原體。例如，工業化家禽育種導致細菌和病毒的基因重組。當牲畜和家禽混合野生物種，會有進一步的病毒重新組合。食品工業與野生型病原體的相互作用，可能已經產生幾種新型的傳染病，而且非常可能包括發生在 2003 年令人聞之色變的嚴重急性呼吸道症候群（SARS）病毒。

所有這些巨大、無法永續的環境後果，極具諷刺意味。讓我們想起馬爾薩斯關於在地球上種植糧食會遭遇實體限制的警告。馬爾薩斯指出，人口傾向於以幾何級數增加，但他相信，種植糧食的能力只能以算數級數提升，也就是，每年以一定的數量增加，而不是以一定的成長率增加。他指出，幾何成長必然勝過算術成長，所以人口的成長一定會超越種植糧食的能力。馬爾薩斯警告，將來某個時點，人口會多到必然吃不飽，造成破壞性的回饋，例如戰爭、饑荒、疾病和其他的禍害，導致人口回落。馬爾薩斯認為，長遠而言，人類種植糧食的能力無法掙脫實體上受到的限制。

馬爾薩斯沒有料到，19 世紀、20 世紀科學技術的進步，也沒有料到 1840 年德國偉大科學家尤斯圖斯·馮·李比希（Justus Von Liebig）開創土壤養分科學，更不可能想到現代遺傳學使得種子培育成為可能，而現代遺傳學的根源是西里西亞僧侶格雷戈爾・孟德爾（Gregor Mendel）在 1860 年代的發現。他沒有料到 20 世紀初的哈伯—博施法（Haber-Bosch process）發明了人造氮肥。他沒有料到 1950 到 1980 年代的綠色革命中，這些進展結合在一起而有了令人歎為觀止的成果。由於這些原因，大多數經濟學家和其他人長期鄙視馬爾薩斯。拜現代科學之賜，糧食生產確實呈現幾何級數的成長，與世界人口的幾何級數增加亦步亦趨。

　　但是我要用一個不同的觀點來說。馬爾薩斯所說的其實比我們認為的要有道理，我們應該更由衷感謝馬爾薩斯指出、一直持續到今天的一個難解問題。首先，當馬爾薩斯寫下那本名著時，世界人口是現在的八分之一，馬爾薩斯憂慮得有道理。

　　其次，當經濟學家宣稱馬爾薩斯忽視了技術進步的潛力，我們也可以說，經濟學家忽視了現代農業造成的環境傷害。是的，全球農業系統養活了地球上的人口（雖然不是做得很好，稍後我會強調這一點），但它沒有以環境永續的方式做這件事。在全球農業本身成為永續性的活動之前，我們不應該過快將馬爾薩斯拋諸腦後。我們不希望「最後笑的人」是馬爾薩斯，因為這對人類肯定是一場悲劇，但我們想在農業系統對全球環境造成不可逆的損害之前矯正它。

　　正如我們需要找到一條新的能源路徑，以能源效率、低碳能源供應為基礎，我們也將需要找到新的農業系統，能夠適應當地的生態條件，而且造成的生態破壞低得多。世界上幾乎所有的主要農業地區，共同之處是仍然無法永續。我們還沒有證明馬爾薩斯是錯的！在世界人口趨於穩定或者下降，以及我們的生產方法無害於環境之前，他的預言揮之不去且隱隱在望。永續性的全球糧食供應這個挑戰，正是 21 世紀實現永續發展的大政方針中，缺之不可的根本部分。

## ▎人口動態與永續發展

　　我們能否達成永續發展，有一大部分將仰賴世界人口的未來動態。地球上的人越多，我們越難在地球限度內調和提升每個人生活水準的經濟目標。某個特定國家的人口增加越快，該國在結合經濟成長、社會包容、環境永續性上就會越困難。

　　擁有高生育率（每個女人生 3 個小孩，有些國家達到每個女人生 6 個小孩）的貧窮國家通常會陷入「人口分布陷阱」（demographic trap）。因為家計貧困，使他們擁有許多孩子，然而每個孩子長大後很可能繼續貧困。社會於是陷入一種惡性循環，高生育率與貧窮相互不斷的強化。

　　面對生育率及伴隨而來的人口快速成長，因而成為突破貧窮的重大關鍵。當貧窮家庭擁有大量數目的孩子時，他們無法對每個孩子的人力資本提供足夠的投資，包括健康、營養、教育、工作技能，使每個孩子能獲得所需的健康與成年後具有的生產力。此外，這些政府無法跟上成長人口的需要，打造基礎建設，例如道路、電力、港口。同時，該國固定的自然資本（例如土地）及會耗竭的自然資本（例如碳水化合物）必須分配給不斷成長的人口。自願降低生育率，尊重人權與家庭願望，成為永續發展與終結貧窮不可缺少的一環。世界各國政府將尊重性權利與生殖權利做為女性的核心人權，然而因為一些國家過於貧困而無法執行安全的避孕措施與家庭計畫，雖然他們曾經承諾要提供，使得這種人權無法實現。

　　世界人口分布的未來仍在未定之天，端視各個家庭，特別是低所得家庭，未來的生育選擇，以及支持這些選擇的公共衛生計畫。圖 6.11 顯示聯合國於 2012 年做成的四種生育情景。在 1950 至 2100 年間的單條線顯示全球人口從 25 億人增至目前 72 億人的實際改變。在 2010 年以後，根據不同的生育率假設，全球人口從 2010 到 2100 年將有 4 種不同的情景。

　　淺灰色線條顯示的是中度生育率版本（medium-fertility variant），在 2100 年將使全球人口達到 108 億人。這代表從現在到 2100 年，全球人口將再顯著增加 36 億人，相當於目前全球人口的一半。中度生育率是聯合國視為目前趨勢最合理的持續。

　　最上面的黑線顯示某種不可思議的情況，但是很有意思。這條線代表生育率從目前水準完全不變。每個國家的每個年齡層，其生育率都將維持目前水準。只要根據目前生育率將時鐘快轉，至 2100 年全球人口將達到 286 億人，比目前水準高 4 倍！地球將無法支撐此種情況，因此將不會發生。然而，這種情景並未告訴我們生育率必須從目前水準往下降。

　　深灰色線條被稱為高生育率版本。這種生育率比固定生育率版本的情況來得真實，不過仍然十分嚇人。這種情況是說，每位女性平均只比中度生育率版本多生 0.5 個孩子，統計上的平均是每 10 個女性多生 5 個孩子，這個世界將在 2100 年達到 166 億人。生育率的小幅改變，會使全球人口在 2100 年前多增加近 60 億人。生育率的確有很大的關係！

　　低生育率版本是比另外三條都低的灰色線條。從永續發展的角度而言，這種情景比另外 3 種好得多。在這種生育率版本之下，每位女性要比中度生育率版本少生 0.5 個孩子，換句話說是每 10 個女性比中度生育率版本少生 5 個孩子，全球人口將在 2050 年見到 83 億人的最高點，然後逐步下降至 2100 年的 68 億人，比中度生育率版本的結果少 40 億人！此種結果將使這個世紀結束時的人口比現在還少，更容易迎合社會、經濟環境需要與人類的目標。

　　這些情景顯示，生育率的小幅改變將對結果產生重大影響。這代表如果我們採取一些步驟，協助目前高生育率地區的人口以較快的速度降低生育率，例如協助女孩待在學校讀書到 18 歲，而非年紀輕輕就結婚，從個別家庭的正面影響擴大到整個星球的效果可能十分巨大。

　　圖 6.12 顯示全球各個國家群體人口，以中度生育率情景計算的年增率。

黑色線條是全球平均，中途顯示全球人口成長率在 1970 年代見到 2％的高峰。當時全球人口約有 40 億人，每年 2％的成長代表每年增加 8 千萬人。至 2010 年，人口成長率下降至 1.1 至 1.2％，因此仍然如同 40 年前，每年增加 8 千萬人。這也是說人口的成比例成長率（proportionate growth rate）已經放慢，算術增加幅度維持在每年 7,500 萬人至 8,000 萬人之間。

在中度生育率版本的情況中，全球人口成長率傾向於在本世紀結束時，下降至幾乎為零的水準，因為生育率基本上已經降至替代（replacement）的水準。替代生育率（replacement fertility rate）代表每位母親有 2 個孩子，1 個女兒與 1 個兒子，因此每位母親以一個女兒替代自己，而這位女兒將成為下一代的母親，使得人口在長期之下會趨於穩定。替代率，就技術性而言會略高於 2.0，因為要計入未達成年的幼年兒童死亡率。

圖 6.12 清楚顯示最低度發展國家擁有最高的人口成長率。在最貧窮的地方，有許多地區沒有使用家庭計畫；女孩很年輕就退出學校；女性面對嚴重歧視而不在勞動市場內工作。在這些情況下，生育率通常會非常高，例如每個女人生 6 個以上的孩子。這些國家最迫切需要的是迅速且自願性的轉向替代率。

圖 6.13 顯示在 1950 至 2010 年間實際的生育率，以及聯合國估算至 2100 年的中度生育率版本預測。在 2010 年，較發達國家已經低於替代率。如果在未來數十年中他們的生育率持續維持偏低水準，這些國家的人口將會下降。最高的一條線是最低度發展國家。對於開發中國家而言，如以全球平均估算，生育率略高於替代率，仍低於最低度發展國家。

在目前高生育率的地區，要如何以較快的速度轉換至替代生育率？決定生育率的因素有很多，結婚年齡是個關鍵。在傳統的社會中，女孩不是不上學就是很早離開學校，有時甚至只有 12 歲，或許是基於文化或經濟因素。接著是很快的懷孕，同時這些年輕女孩仍然沒有經濟、政治、社會的授予權

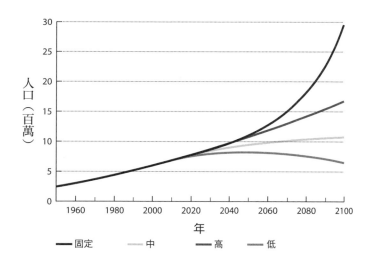

※ 圖 6.11　四種生育率情景，全球人口預測，1950-2100 年

資料來源：*United Nations Department of Economic and Social Affairs Population Division ¡]DESA Population Division*）.2013. *"World Population Prospects: The 2012 Revision." New York.*

利，最後通常會生 6 到 8 個孩子或甚至更多的孩子。

　　生育率的第二個因素是，能否使用現代化的避孕與家庭計畫服務。在避孕較廣泛提供、診所服務正常運作，以及文化上對家庭諮詢較為尊重的地區，通常擁有較低的生育率。在低所得國家中，文化上尊重家庭計畫與計畫有效運作的地區，可以在完全自願的基礎下大幅降低生育率。總和生育率（total fertility rate）的第三個決定因素是，女性在勞動隊伍中的角色。在一些國家裡，女性不得工作或受限在家工作或受限僅能從事少數職業，這些地區的生育率通常偏高。當女性在家撫養許多孩子時，會放棄所得的直接機會成本（opportunity cost）。

　　另一個可能因素是家庭位於都市或相對鄉村的地點。在鄉村的家庭中，父母通常將子女視為農場資產。兒童負責農場工作，例如擠牛奶、打柴、取

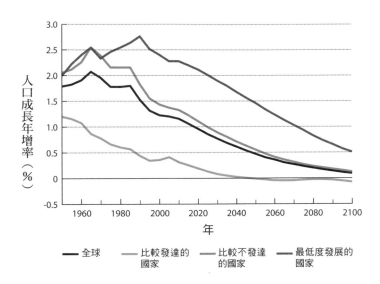

人口成長年增率（%）

年

全球　　　比較發達的國家　　　比較不發達的國家　　　最低度發展的國家

※ 圖 6.12　各個區域的人口變動年增率（中度生育率情景），1950–2100 年

資料來源：*United Nations Department of Economic and Social Affairs Population Division (DESA Population Division). 2013. "World Population Prospects: The 2012 Revision." New York.*

水。相反的，在都市的孩子較可能進學校讀書或以非正式的方式工作（不過當然也有可怕的例外情況）。這代表就平均而言，都市地區的家庭認為撫養孩子的淨成本較鄉村地區的家庭來得高。當家庭從鄉村移居都市時，他們的生育率通常會下降。

　　兒童存活率是生育率高低的另一項關鍵因素。如果大多數兒童都能長大成人，家庭會選擇少生幾個孩子；如果雙親擔心多數孩子會夭折，為了確保部分孩子會長大，許多家庭會選擇多生幾個孩子。要迅速自願性降低生育率的關鍵就是要降低兒童的死亡率，給予雙親較高的信心而少生幾個孩子。墮胎的合法化也會起重要作用。不同的社會對於墮胎擁有廣泛分歧的看法，但是資料顯示，墮胎合法化的國家生育率通常比墮胎仍屬非法的國家來的低。

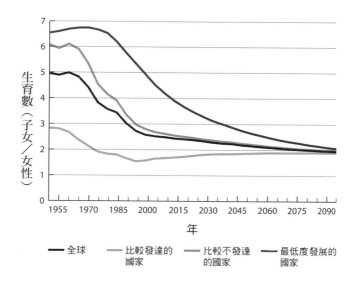

※ 圖 6.13 各個區域總和生育率軌道（中度生育率情景），1950-2100 年

資料來源：*United Nations Department of Economic and Social Affairs Population Division*（*DESA Population Division*）. 2013. "*World Population Prospects: The 2012 Revision.*" *New York.*

　　公眾領導力也會起重大作用，因為家庭規模大小的選擇會受到社會規範的影響。在傳統的社會中，文化標準是盡量擁有最多的孩子。但是當經濟、社會、醫療狀況改變時，生育率也會隨著改變。同時公眾政策能加快或減慢改變的腳步，通常，由社會或政府的領袖發出的訊息會產生重大影響。社會榜樣也會影響生育率。社會學家已經發現，當電視轉播可以抵達貧窮地區時，生育率通常會下降，而且是快速下降。有一種假設是，當人們看到電視上的社會榜樣是屬於小家庭時，人們會模仿這些榜樣。

　　人口動態對於永續發展非常重要。如果全球人口在本世紀達到 108 億人，或是在 2050 年見高點，然後在 2100 年降至 68 億人，永續發展的機會將迥然不同。後者的軌道從達成較高的生活水準、較大量的減少貧窮、較高的人均所得、環境永續性等觀點而言，將容易許多。對於大多數家庭而言，如果他們能享有負擔得起與使用方便的家庭計畫；女兒們接受教育；兒童存活率高；像樣的工作與沒有對女性歧視，我們有很好的理由相信，較低的生育率會是多數家庭真正偏好的選擇。當這些情況存在時，很可能多數的家庭會自願大幅降低生育率。如此一來，將大大有助於世界走上永續發展的軌道，一方面尊重這個星球的極限，同時也可以提高生活水準。

## 在地球限度內的經濟成長

　　許多環保人士警告，由於人類非法入侵地球的極限，加上進一步的經濟成長與尊重地球限度，基本上存有矛盾關係，使他們斷定現在就必須終結經濟成長。他們甚至建議，富裕國家應該顯著降低消費水準，以騰出空間提高貧窮國家的生活水準。這種態度是可以理解的：在全球頂尖科學家數十年來提出警告之後，地球面臨極限的危機十分迫切，而且尚未加以妥善處理。或許經濟的主宰力量本身是無法駕馭的，因此必須在半路上加以阻止，迫切的焦點在於重分配而非發展。

　　我的主張與他們不一樣。最重要的是選擇正確的科技，不但能持續經濟發展也能尊重地球限度。再度想想能源的案例。我們的能源危機不在於過度使用能源本身，而是因為透過燃燒石化燃料、釋放二氧化碳，又缺乏封存的科技。透過太陽能與風力，舉例而言，我們是有擴展能源使用的可能，進而支持更多的經濟活動，同時避免危險的溫室氣體排放。同樣的，透過較佳的農業技術，我們可以用更少的水、更少的肥料種植更多的農作物。持續的經濟成長是正當的目標，特別是在低所得與中度所得國家，這些國家的經濟成長代表更多的健康醫療、較佳的教育、更多旅行與休閒的使用權，以及追求福祉而免於各種威脅的較高安全性。高所得國家只要不要侵犯地球的限度，或是擠壓貧窮國家迎頭趕上生活水準的空間，對這些高所得國家而言，追求經濟成長甚至也是正當的。

　　為什麼市場本身不能確保經濟成長是可以永續的？有二個主要原因。首先這個星球的傷害大多屬於某種外部性（externalities）的形式，意思是那些造成傷害的人不支付傷害的成本。他們會施加對別人的損失，是因為此等損失沒有透過市場的誘因控制。當一家工廠燃燒煤而造成污染與氣候改變時，煤的價格並未說服使用者轉換至另一種較安全的燃料，例如太陽能或風力。當農人使用的肥料流出農場，造成下游的優養化時，農人沒有負擔罰金，肥料價格也不包括對別人施加的成本。結果是過度使用肥料，就如同過度燃燒石化燃料。

　　其次是橫越世代的問題，現今的世代對未來世代施加成本。那些現今活著的世代掠奪環境，卻不必對未來的世代負責。此時就是政府與我們傳統的道德標準起作用的時候，例如許多宗教以許多種信念教導人們尊重宇宙的創造，這點指引我們為未來世代擔任好的管家。這不是說現今的世代必須擔負所有環境永續性的成本，乾淨環境的一些支出可以透過公共債務的形式，而由未來的世代支付。不過即使是這種情況，目前的世代必須事先思考，不論在道德上與實際上，以確保尚未誕生的世代未來的福祉。

　　大部分環境經濟學研究的問題是如何運用各種誘因以降低外部性，不論是以市場為基礎或是以社會為基礎。當此種誘因遭到忽略時，外部性就會十分猖獗。我們引用生態學家加勒特 · 哈定（Garrett Hardin）著名的「公地悲劇」（tragedy of the commons）說明，就是海洋、河流、大氣層等公共使用的資源遭到過度使用與過度污染的掠奪。這種公地悲劇可以透過各種經濟工具或政策工具加以控制，其中包括：

　　1. 糾正性租稅（corrective taxation）。對污染物制定一種價格，造成企業或個人使用較少的污染性科技。例如相當流行的一種理念是課徵碳稅，對排放至大氣的每 1 噸二氧化碳進行課徵，以創造轉向低碳能源的誘因。

2. 許可證制度。限制污染活動的整體數量，例如排放二氧化碳的許可證。這些許可證可以在公開市場上交易，此時稱為「可交易的排放權」，許可證價格與糾正性租稅類似。透過較少的污染，企業可將其排放許可證賣給別人，因而獲得市場利潤。

3. 責任準則。允許那些遭到污染傷害的人，例如下游優養化，可以控告那些在上游造成傷害的人。此舉將導致潛在的污染者減少污染行為。

4. 從事利社會行為（prosocial practice）的社會制度。例如保護稀少的土地、稀少的林產、瀕危物種、受威脅的魚存量。諾貝爾獎得主伊莉諾 ‧ 歐斯壯（Elinor Ostrom）強調，以社會的力量將外部性予以內部化（internalize），也就是透過某種社會制度，以社會的層次促進合作性的行為，阻止外部性造成的傷害。

5. 公共財源。透過指導性的研究發展，針對特定的突破，以公共財源找出更能永續的科技。儘管仍嫌不足，目前已有相當多的公共財源支持像是太陽光電系統、先進的合成燃料、較安全的核能電廠、碳封存，以及其他科技將能源系統脫碳。

在運用這些有利的政策工具時，目標應該是消除外部性，達成橫越世代間的公平性。簡單的說，就是在地球限度內達成經濟成長。如果成功的話，將能使經濟成長、基本資源、生態體系危險的過度使用脫鉤。脫鉤的意思是，經濟成長能持續下去，同時對水、空氣、土地、其他物種的棲息地等關鍵資源的壓力與污染，能顯著下降，而非增加。此種脫鉤在科技上是可行的，但是當然需要達成這個目標的正確政策與誘因。

此種脫鉤在全球人口穩定或溫和下降的世界中，將比人口仍然迅速增加的世界中來得容易。記住，在一個地球限度已經遭到侵犯的世界裡，如果人口數量終於穩定下來，而不是持續快速成長，目前相當於每年淨增加 7,500

至 8,000 萬人口，要達成每個人較高的產出會容易得多。因此，如果全球人口驚人的增加情形在本世紀能獲得控制，透過生育率自願性的降低，達到替代率或甚至低於替代率，全球人口總數將在 21 世紀見高後逐步下降，每個人物質福祉（material wellbeing）的成長就因而能獲得最佳的保障。

# 7 | 社會包容

## ▌財富、貧窮與不平等

　　永續發展鎖定三個廣泛的社會目標：經濟發展、社會包容、環境永續，幾乎每個國家都在為這三個目標奮鬥。即使高所得國家，赤貧早已消除，仍得為所得、財富與權力增加中的高度不平等奮鬥。當然，在超越地球限度的情況下，所有國家都會受到傷害，即便那些「傾盡全力」保護環境的國家，也難倖免。

　　社會包容的美好目標對多數地區來說，都是一項尚未完成的志業。性別平等仍是一道巨大的陰影，尚未克服；原住民向來得面對令人震驚的歧視，有時甚至接近被滅種的邊緣。美國、加拿大、澳洲、紐西蘭、馬來西亞、印度⋯⋯都有土著地位低落、嚴重的貧窮，以及遭受排斥等問題。歧視經常來自於族群、宗教、種族、性別、種姓制度或性傾向。

　　在現代經濟中，階級是有關社會包容的另一個可能的障礙。有很多原因會讓在貧窮家庭長大的兒童發現自己被困在貧窮裡，陷入世代間的貧窮陷阱。克服貧窮需要教育、資金、醫療，以及社會網絡，生在貧窮家庭的人都不容易獲得。

## 平等與權利的道德標準

當我們在思考社會排除（social exclusion）時，面對的是道德與倫理的多重抉擇。透過政府與社會機構，整個社會是否應該致力縮小財富差距？所得重分配與經濟成長間是否有替代關係？例如，如果政府對富人提高租稅，以便對窮人提供社會福利，這種租稅與重分配政策是否會拉低經濟成長？

其次是經濟歧視（economic discrimination）的問題，透過法律與文化的管道。許多地方的法律持續歧視女性、少數宗教、土著、非異性戀等群體。20世紀前的大部分人類歷史、法律架構甚至允許奴隸制度。美國經過浴血的南北戰爭後，才掙脫奴隸制度的束縛；南非的種族隔離直到南北戰爭結束的130年後才告結束。在某些地方，人口販賣持續至今，只是隱藏在看不見之處。

社會包容的第三個層面牽涉到文化的標準。儘管有些做法並不非法，卻在文化與社會的態度下被延續，例如對少數群體的歧視。有什麼是我們能做與該做的？我們應該如何思考道德標準、文化與法律之間的關係？為了促進社會包容，有許多不同的價值觀點、價值體系有待探討。首先，讓我們先來了解六大思想學派，及其對於社會包容所抱持的觀點。

第一種是德行倫理學（virtue ethics），釋迦牟尼、孔子、亞里斯多德是此派的典範。釋迦牟尼的影響力延伸至整個南亞與東亞；孔子的道德標準今天仍對中國、東北亞的部分地區有持續的影響力；亞里斯多德奠基了西方的思想，包括基督教、猶太教、伊斯蘭教。

這些聖人的思想呼籲，每個人都應培養一套適合社會生活、促進福祉的態度與行為。對於亞里斯多德而言，美德是幸福（eudaimonia）的關鍵，這個字通常被翻譯成「一個美好的生活」（a flourishing life）。亞里斯多德說，人是社會動物，因此在城邦裡必須培養成為良好公民所需的品德、態度、習慣與行為（亞里斯多德認為城邦是政治組織的理想形式）。這種美德需要中庸（moderation）對待所有的事物。不需要排斥世俗財物，也不應該覬覦；個人應該採取中庸之道，在其他價值觀也是如此。例如，行事應介於懦弱與魯莽之間。

與亞里斯多德一樣，孔子認為個人應該從事於品德的自我修養。一個穩定的社會仰賴的是成員的美德，包括利他主義、對別人仁慈，以及適當的行為舉止。家庭在孔子思想扮演核心角色，對父母孝順是最崇高的品德之一。

對釋迦牟尼而言，生命的目標是透過掃除心中的幻覺而脫離苦海。釋迦牟尼警告，個人應提防對感官快樂與擁有物質的渴望，這些虛華都將成為失望的陷阱。真正的快樂是，訓練心智拒絕此種渴望，以其他方式尋求快樂，特別是透過對別人的慈悲、冥想與正念。如同孔子與亞里斯多德，對釋迦牟尼而言，物質欲望對長期的快樂來說，是個貧乏的指引。慈悲、中庸、正念才是達成長期福祉的正確道路。

德行倫理學是通往社會包容的重要途徑。人類因擁有對其他人的責任，必須培養自身的態度與德行，以履行這些責任。慈悲是這些哲學的共同思路：一個人必須較不注意自身的欲望，多注意對別人的責任。透過這種方式，不但將使社會繁榮興旺，深具慈悲心的個人也同蒙其利。

第二種哲學觀點來自偉大的宗教。事實上，宗教傳統也是來自哲學傳統。猶太教、基督教、伊斯蘭教全都擁護「幾所不欲，勿施於人」的黃金律。這也是儒家思想的基本原則。這項教義的基礎是平等的原則，也就是說，在上帝面前，人類是被一視同仁的子民。這些宗教教導我們，在上帝面前要謙卑，個人對別人的行為要合乎正義，如此才符合上帝的旨意。與世俗倫理不同，宗教倫理通常以永恆的快樂與救贖的承諾，換取在地球上良好的行為。

主要的宗教傳統吩咐我們，要對窮人特別照顧，包括要解放窮人的債

※ 圖 7.1（左）釋迦牟尼（中）亞里斯多德（右）孔子

*Seated Buddha from Gandhara, Mike Peel, Wikimedia Commons, CC BY-SA 4.0.*
*Bust of Aristotle, Marie-Lan Nguyen, Wikimedia Commons.*
*Confucius circa 1770.*

務、釋放那些受羈押的債奴。例如，耶穌便要我們餵飽飢餓的人、為赤裸者穿衣，照料生病者就是在侍奉上帝：「我告訴你們，不論你為我的這些兄弟姊妹之一做任何事，你們就是為我做的。」在伊斯蘭教中，信仰的五大支柱之一就是對貧窮者的施捨。

　　第三種詮釋道德標準的方法被稱為義務倫理學（deontological ethics 或 duty ethics），源自於偉大的哲學家康德（Immanuel Kant）。康德認為，倫理學代表採納一種一體適用的行為標準，其中最著名的描述是「無上命令」（categorical imperative）：個人應該根據準則行事，此等準則可以做為普遍適用的法律。這是黃金律的世俗版本，卻更為廣泛，也就是個人應該遵循可以廣泛適用的原則行事。

　　哲學家約翰‧羅爾斯（John Rawls）在深具影響力的《正義論》（*A Theory of Justice*）一書中，為康德的無上命令提供現代版本。羅爾斯指出，假定別人請你設計社會的基本原則，例如自由意志的資本主義（libertarian capitalism）

或是租稅與移轉支出的資本主義（tax-and-transfer capitalism），但是必須在「無知之幕」（veil of ignorance）的背後這麼做，這代表你並不知道自己在這個社會中將扮演何種角色，可能是億萬富翁，也或許正飢寒交迫？根據羅爾斯，透過確保社會的每一位成員都有像樣的生活，你可以選擇兩面押注。羅爾斯更進一步宣稱，如此一來可將社會最不富裕的成員福祉最大化，因為你也有可能居於最不幸的地位。其他哲學家則駁斥羅爾斯的結論，認為人們將不會只考慮做為社會中最不幸運的成員狀況。

　　第四種詮釋道德標準的方式是功利主義（utilitarianism），這是世俗而非宗教的詮釋。功利主義出現在 18 世紀末期，直到今天對政策思想都有持續的影響力。功利主義的發起人是英國的政治積極分子兼哲學家邊沁（Jeremy Bentham）。邊沁認為，社會的目標是幸福（happiness），這也是倫理體制、道德哲學的目標。同時，真正實用的政治應該追求最多人的最大幸福。邊沁認為，社會應該將人民的福祉最大化。在功利主義的教條中，立法者應該調查政策對人民的心理產生何種影響，然後採納那些能使最多人獲得最大幸福的政策。

　　功利主義的基礎是一些評估測量以支持將橫跨社會成員的幸福重分配。功利主義是建立在「所得的邊際效用遞減」（diminishing marginal utility of income）的理念，主張每增加窮人所得 100 美元，其所獲得的幸福非常高，但是對富人來說，這樣的變化是完全無感的。因此，從一位億萬富翁身上課徵 100 美元，然後將這 100 美元給一位飢餓與貧困的人，只會降低億萬富翁少許的福祉（如果有的話），卻能大幅提高飢餓者的幸福感。功利主義的目標便是將社會的整體福祉最大化，因此追隨功利主義的人士普遍贊同從富人到窮人的所得重分配。

　　經濟學家過去爭論的是，這種功利主義的所得重分配將犧牲經濟效率。如我先前提過，主流思想的觀點主張，重分配可能會將一個大餅分配得較為公平，代價卻是讓整個大餅變小。例如，重分配的行動可能會造成社會資源的扭曲、無效率、浪費，導致人們較不努力工作，或者以較不具生產力的方式配置資本。然而，我也強調過這種觀點過於悲觀。重分配的許多方式實際上對窮人的健康、工作技能、生產力都是高效率的投資。這些高報酬率的投資，是窮人自己就想要急切進行的。可以說，功利主義強調的所得重分配不但公平，也有效率。

第五種詮釋社會道德標準的哲學，與功利主義大約相同時期也在英國興起，被稱為「自由意志主義」（Libertarianism），一開始便深受英美的右派所偏好。自由意志主義的立場主張，最偉大的道德箴言是自由，生命的意義在於選擇自己生命路線的自由。因此，最大的傷害是國家剝奪人民的這種自由。有限度的政府只負責保衛國土疆界，以及提供內部法律規定，這才是最佳的政府型式，意即「管得最少的，是管得最好的」（He who governs least governs best）。

自由意志主義全然否定功利主義「透過租稅重分配」的理念。對億萬富翁課稅以提供貧苦者，就自由意志主義的思想而言，是對億萬富翁的自由做出不正當的侵入。自由意志主義者可能會鼓勵億萬富翁拿出 100 美元做為慈善捐款，但也保障億萬富翁捐或不捐的權利。自由意志主義視大部分租稅，除了國防與司法體系以外，都是對納稅人自由的一種侵入。

第六種哲學理念是目前全球文化的主要部分，稱為人權哲學。人權哲學為社會包容提供另一種正當性。人權的理念也是奠基於宗教傳統，主張每個人都有基本的人類權利，包括政治、公民、經濟、社會、文化權利，必須受到保障。基本理念是，凡人皆有與生俱來的權利，與生在何處、居住何地沒有關係。不僅是政治與公民權利，也有經濟上的權利。為實現這些權利，社會必須動員起來保衛個人，不論是透過租稅與移轉支出系統或其他工具。自由意志主義者認為，政府唯一的責任是創造一種法律、秩序、安全的架構，

※ 圖 7.2 邊沁
*Jeremy Bentham by Joseph Wright.*

不應該為窮人的利益重新分配所得或財產。反之,人權理念主張窮人擁有接受醫療、教育,得到謀生工具的基本權利,社會必須組織起來,透過租稅、提供公共服務,以協助實踐這些基本權利。

　　我相信,簡單的概論有助於區別這六種不同的道德標準。在人類歷史中,道德標準議題曾經用不同的方式考慮過:偉大的聖人認為,我們的責任是高道德標準;各個宗教呼籲我們尊崇黃金律;康德教我們透過理性思考得出道德義務;羅爾斯以康德為基礎,要求我們在「無知之幕」的背後設計社會制度;功利主義敦促我們將社會的幸福最大化;自由意志主義強調,過度伸張的政府是很危險的;最後是人權模式強調,國際組織與國際法需要為地球上每個人追求基本的權利,不論這個人身處哪個政治或社會體制之下。

　　人權方式或許是目前最具有支配性的架構。這是聯合國成員國家簽署的公約之一,很有力量,也深具吸引力。這種方式表明,我們應該盡一切努力迎合所有人的基本需求。若因受限於科技或其他資源，也應該朝「漸進性實現」的目標前進。也就是說，即便受限，各國政府仍應該持續採取迎合所有人權的步驟。

經濟學家稱基本需求為「殊價財」（merit goods），是每個人都能使用的商品與財貨，不論其種族、性別、階級、宗教、族群……例如醫療、教育。每個人都需要醫療與教育，兩者的一體涵蓋將有利於整個社會。亞當斯密通常被認定是自由市場派的經濟學家，他注意到教育是殊價財，因為全面性的教育產生的社會效益高於只有少數人接受教育。亞當斯密在《國富論》第五冊中寫道：

人民獲得的教育越多，對宗教狂熱與迷信的妄想就越少，這些正是無知的國度最常出現的情況，也是最可怕的失序狀況……教育相關的費用，對整個社會都有益處，應該由整個社會的總體支出來支付。

亞當斯密說的是，當人民都能接受適當教育，社會的整體也將得到好處。大眾追隨迷信的傾向將會減少，社會也能更加穩定。基於這個理由，全面性的教育應由整個社會支付，確認每個孩子都能接受教育，即使是非常貧窮家庭的孩子。這是為大眾普及教育最早、最具影響力的辯護。此外，醫療保健也被廣泛認為是一種殊價財，因為多數人都相信個人有醫療的基本權利，而幫助個人維持健康也等於幫助其他人維持健康。否則，傳染性疾病可能迅速傳播到整個社會，甚至整個世界。大多數觀察家因此同意，政府應該確保全面性的醫療涵蓋，例如疫苗的接種，以便控制傳染性疾病散播。

透過人權與功利主義的概念，便能證明符合全人類基本需求的正當性。如果「教育不普及的社會將導致妄想的氾濫」，或是「醫療品質低落造成疾病蔓延」的這類說法正確，那麼邊沁將會說，教育與醫療事關功利主義的計算，是確保最多人獲得最大幸福的方式。不論哪一種最強而有力，能確定的是，道德思想對良好的公共政策十分重要。因此，我們需要更多的討論、更多的大眾覺醒，因為永續發展將仰賴我們採納的道德立場。

## ▎聯合國宣言、公約及千年發展目標

聯合國成立後，最偉大的行動之一就是 1948 年由會員國通過的〈世界人權宣言〉。這是一份引人注目的文件，目的是希望世人記住戰爭帶來的蹂躪。世界人權宣言的普遍理念是，透過迎合所有人的基本權利，確保人類的尊嚴、改善人類的經濟福祉，避免另一次全球戰爭。本質上，〈世界人權宣言〉是聯合國的道德憲章，也是聯合國的道德心靈，超過半個世紀以來，持續對全世界提供激勵與指引。在 1948 年，世界各國政府同意以下的〈世界人權宣言〉：

聯合國大會發布〈世界人權宣言〉，做為所有人類和國家努力實現的共同標準，以期每一個人和組織經常銘念本宣言，努力通過教誨和教育，促進對權利和自由的尊重，並通過國家的和國際的漸進措施，使這些權利和自由在各會員國本身人民及在其管轄下領土的人民中，得到普遍和有效的承認與遵行。

這段文字說的是，所有會員國應該努力教誨、教育、尊重，以及漸進達成宣言本身所有的權利。文件中的許多權利都值得深入研究，其中有幾項需要強調。例如第 22 條要求社會保障，換句話說，要保證所得基礎足以維持人類尊嚴，包括飲水、住屋，穿衣等最基本的人類需求。第 24 條是有關休息和閒暇的權利，雇主不得要求長時間超時工作或壓垮人的工作條件。第 25 條要求享受為維持本人和家屬的健康和福利所需的生活水準，包括食物、衣著、住房、醫療和必要的社會服務，在遭到失業、疾病、殘廢、守寡、衰老等喪失謀生能力時，有權享受保障。此外，母親和兒童有權享受特別照顧和協助。第26條要求人人都有受教育的權利，教育應當免費，至少在基本階段應當如此。初級教育應屬義務性質，是一種殊價財，適用世界上每一個人。

　　第28條主張，「人人有權要求一種社會的和國際的秩序，在這種秩序中，本宣言所載的權利和自由能獲得充分實現」。換句話說，世界人權宣言不僅是希望的陳述，同時也要求文件中列舉的權利能漸進實現，而非紙上談兵，其效果已經十分強大。

　　從〈世界人權宣言〉衍生出更詳細的國際公約，也有助於該宣言的執行，分別是〈公民及政治權利國際公約〉（International Covenant on Civil and Political Rights，ICCPR），以及〈經濟社會文化權利國際公約〉（International Covenant on Economic, Social and Cultural Rights，ICESCR）。這二項於1966年通過的公約，涵蓋了5個主要的人權領域。前者專注在公民的權利，預防國家權力的濫用。例如第6條認為法律保障生命權，政府不得任意剝奪任何人的生命。當然，在許多國家死刑是非法的，已經遭到廢除，然而仍有不少政府以野蠻與非法的方式持續殺害自己的人民。第7條主張任何人均不得被加以酷刑。儘管如此，各國政府似乎依然故我。美國就在911事件攻擊後執行水刑。第8條認為，任何人不得使為奴隸，各國政府有責任對抗這種行為，並且將被強制拘禁的人民解放。第9條承認人身自由和安全，各國政府不得違反。第16條承認公民的權利，人人有權被承認在法律前的人格。第24條強調兒童的保護。第26條則是人人受法律的平等保護，無所歧視。

　　這些權利實現儘管仍未達理想，但已成為被廣泛接受的原則，受到各地人權擁護者的支持。這是完全實現這些權利的起點。

　　另一方面，〈經濟社會文化權利國際公約〉第6條承認工作權。第7條承認人人有權享受公正和良好的工作條件、像樣的報酬，以及安全的工作條件。第8條宣布人人有權組織工會、參加工會，這是個明顯的權利，但許多國家的勞工仍然未被賦予。第9條要求社會保障的權利。第11條要求獲得相當的生活水準的權利，以迎合基本需求。第12條對於千年發展目標與永續發展目標來說，很有意義也很重要。這一條承認「人人有權享有能達到的最高身心健康的標準」。我們不能賦予個人健康的權利，因為有的人可能受制於無法預防、無法治療，但是我們能承認這樣的權利。第13條要求受教育的權利。第15條要求參加文化生活的權利。

如同〈世界人權宣言〉，〈經濟社會文化權利國際公約〉體認經濟的、社會的、文化的權利只能在一段時期後實現。標準不在於立即實現所有權利，而是朝實現逐步邁進。即使一時不能達成，這些權利仍將做為一盞明燈、一個鼓勵、一項標準、一個目標。

大多數政府都簽署了這二項公約，然而美國卻未簽署〈經濟社會文化權利國際公約〉。注意美國為何不簽署是很有意義的，雖然許多美國人都同意這份公約，然而自由意志主義者卻壓過美國民意，不接受國家在符合經濟目標中扮演的角色。自由意志主義者主張，政府應該讓市場與個人自由交易，政府的角色不是執行超越保護個人與私有財產以外的道德標準架構。當然，多數其他的道德標準反對自由意志主義者的觀點，而自由意志主義是美國與幾個盎格魯撒克遜國家的哲學傳統，包括英國、加拿大、澳洲、紐西蘭。

除了〈經濟社會文化權利國際公約〉以外，聯合國也通過了許多更特定的目標，其中最重要的便是千年發展目標，於2000年9月通過。千年發展目標從〈世界人權宣言〉與幾項國際公約獲得鼓勵，因為千年發展目標的目標是執行在所有層面，包括所得、糧食、教育、工作機會、健康、安全居住環境，以符合基本需求的人權。當千年發展目標於2000年9月做為聯合國〈千年宣言〉的部分發起內容時，聯合國會員國政府同意「我們將不遺餘力幫助

10 億多男女老少同胞擺脫赤貧狀況」。承諾使每一個人實現發展權，全人類都能免於匱乏。人權因而成為千年發展目標議題的核心，並且仍然是聯合國與永續發展目標新時代的焦點。

## ▌分裂的社會

　　社會包容的目標包括消除歧視、在法律之下平等、使人人的基本需求都能滿足、社會維持高度流動性。當然，齊頭式平等絕非我們想要的。人們因為運氣、品味、努力的不同，所得、財富、工作地位等經濟成果也各不相同。人們預期，這些差異應該在合理的程度之內，但是社會造成經濟成果的差異往往遠超過自然形成的差異。當人們無法在自然差異的狀況下照顧自己時，我們也希望能透過社會的幫助，讓這些人能以有尊嚴的方式滿足自己的需求。為此我們轉向吉尼係數，這是一種所得不平等的統計測量評估，數值介於 0 與 1 之間。當吉尼係數是 0 時，代表整個社會每個人的所得完全相同；當吉尼係數是 1 時，代表有一個人掌控整個社會全部的所得，也就是完全的不平等。圖 2.5 顯示全球各地區的不平等程度整體而言，除了加拿大以外，美洲是所得相當不平等的地區，吉尼係數頗高。西歐的所得分配則相當平等，吉尼係數低。北歐，特別是挪威、瑞典、芬蘭、丹麥、冰島等國，是最平等的社會。

　　不平等來自悠久的歷史與後遺症。加拿大除外，以美洲為例，直到哥倫布於 1492 年透過貿易、移民將歐洲與美洲相連以前，美洲與舊世界人口是處於隔離狀態。美洲印第安人約在 15,000 年前的冰河期通過連接亞洲與美洲的白令陸橋，抵達美洲。當時，海平面比現在低得多，因為大量的水分被儲藏在覆蓋北半球的冰河裡。當冰河期結束、海平面上升，這些印地安人才發現自己與舊世界的通路被切斷，直到哥倫布的旅程後才又相連。其間只有萊夫‧艾瑞克森（Leif Eriksson）於西元 1000 年前後在加拿大海岸短期逗留。

　　哥倫布及 15 世紀末期後蜂擁而來的歐洲人擁有兩大優勢。歐洲人的武器威力較為強大，並且攜帶來自舊世界的病源體，橫掃缺乏抵抗力的美洲土著人口，導致大量死亡。美洲因而成為「征服的社會」（conquest societies）。自 16 世紀開始，歐洲人從西非載運非洲奴工到美洲的熱帶與亞熱帶地區，例如加勒比海、美國南部及巴西東北部。沒有奴工問題的加拿大，社會不平等的情況也較為和緩。美洲因而成為一個非常複雜的社會，一小群具有優勢的歐洲人，以武力與帝國勢力掌控當地的原住民與奴隸人口，經過長時間，歐洲人、原住民的印地安人、非洲奴隸這三種社會群體，混合成為更複雜的社會。

　　16 世紀開始，這些群體面臨完全不同的狀況，美洲發展成一個財富與權力巨大不平等的地區。少數歐洲人擁有最好的土地，原住民被趕到較小的地方。原住民祖先傳承的土地所有權遭到剝奪，且通常是透過殘忍與陰險的手段，因為以歐洲為基礎的法律不承認傳承的土地所有權。

　　這種不平等的後遺症，其實一直持續到今天。奴隸的後代面對的是大量的貧窮、健康不佳、欠缺各種權利，以及普遍的社會歧視與暴力。

　　在吉尼係數地圖中（圖 2.5）暗紅色反映的是，歐洲人征服美洲後帶來的社會後遺症，這是了解世界各地現存不平等的必要條件。在許多地方，先前幾個世紀創造的不平等塑造了一種陰影：前一個世代的貧窮導致下一個世代的貧窮；即使奴隸制度已經結束，後遺症仍然持續下去。即使對原住民的大量野蠻行為已經被法律終結，但是貧窮、健康不佳，財產權持有的歧視等後遺症仍然存在。社會歧視、種族歧視、民族歧視伴隨著性別歧視。區域性的差異也還在，有時是因為氣候、距離、運輸成本等地理原因，有時也跟社會後遺症有關。

　　原住民面臨荒唐的歧視，通常是奠基於過去殘酷的土地沒收與對待。全球各地原住民持有的土地，遭到後來者的覬覦，這類驅逐行動受到法律、勢力、政治,以及服務自己的刻板印象(通常是認為原住民不如人)的支持。
最後,原住民通常被迫移居在邊陲地帶,例如森林、高山或沙漠地區。一般
人誤以為原住民本來就選擇住在這些地方,是文化傳統的緣故。事實上,這
些部落是從較理想的土地被迫搬遷,通常是好幾代以前的事了。因為不曾被
正視或討論,多數人已經遺忘。原住民是被迫搬到邊陲土地上的。

另一方面,原住民的貧窮率非常高,接近的估計大約是 3.7 億人,占全
球總人口的 6%,且大多活在赤貧與悲慘的情況中。圖 7.3 顯示美洲一些相當
貧窮的國家,包括玻利維亞、厄瓜多爾、瓜地馬拉、墨西哥、祕魯的貧窮
率。在每一種情況中,原住民的貧窮率(在圖中上半顯示)都高於非原住民
(在圖中下半顯示)。同樣的,美國的非裔美國人貧窮率也比白人貧窮率高出
許多。美國的原住民長期面對政治、軍事、文化歧視與暴力等後遺症的挑戰。

圖 7.4 強調另一個重點:民族多樣性(ethnic diversity)的程度有顯著差
異,有時是隨著語言線劃分。像這樣的地圖,被稱為「民族語言分化」
(ethnolinguistic fractionalization),當這種分化很高時,通常也會有高度的不平
等,代表有一部分群體在政治上、經濟上占有相當優勢。

除了群體間的不平等,還有個人間的不平等。每個人的努力、能力、運
氣都各不相同,在社會裡造成所得不平等,必須仰賴公共政策來消滅當中的
差距。國家是否幫助每個家庭滿足基本需求?國家是否確保每個兒童都接受
教育,即便是那些來自非常貧窮的家庭?窮人能使用的教育品質是否夠高,
足以做為社會流動的基礎?答案將依據各個社會而不同。

這種討論強調的是,我們必須處理幾個層次的社會不平等與人權挑戰。
種族、族群、公權力、征服,以及個人特質,都是不平等的決定因素。政治
回應也是,端視公權力是被用來降低不平等的程度,例如透過租稅與移轉支
出的政策,還是被用來加劇不平等的程度,例如透過將原住民從傳承的土地
趕走。

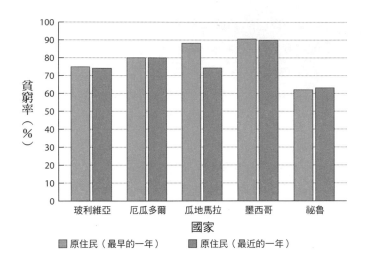

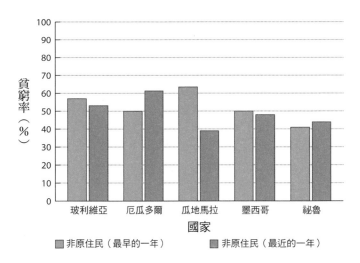

※ 圖 7.3 拉丁美洲原住民與非原住民人口的貧窮率，1980 年代至 2000 年代

資料來源：*Patrinos, Harry Anthony, and Emmanuel Skoufias. 2007.* "*Economic Opportunities for Indigenous Peoples in Latin America: Conference Edition.*" *Washington, DC: World Bank. https://openknowledge. worldbank.org/ handle/10986/8019. License: CC BY 3.0 unported.*

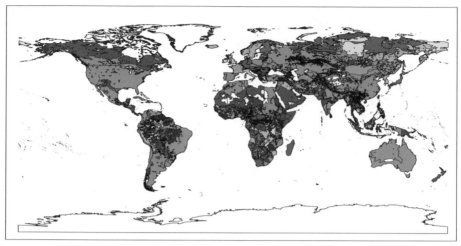

※ 圖 7.4 民族語言分化的全球地圖

資料來源：*Weidmann, Nils B., Jan Ketil Rod, and Lars-Erik Cederman. 2010. "Representing Groups in Space: A New Dataset."* Journal of Peace Research 47(4): 491–499.

## ▍擴大不平等的力量

　　過去 20 年來，美國與其他國家的所得不平等大幅增加。人均所得雖然持續上升，但增加的部分都歸於所得分配中最高的一群人。1970 至 2013 年間，美國的吉尼係數從 0.4 上升至 0.48，增幅十分巨大。

　　至少有三種力量在擴大經濟不平等的過程中起主要作用。第一是高技能與低技能勞工之間所得差距的擴大。教育的報酬率顯著增加，造成教育程度較低的勞工所得落後。教育的所得溢價（premium，額外的所得）上升，很可能反映了全球化與科技改變的雙重影響力，二者對教育程度較低的勞工都是不利因素。第二個現象是機器人、先進資料管理系統，以及其他科技使用的增加，似乎都將所得從勞工身上移轉至資本。因為資本所有權高度集中在富

221

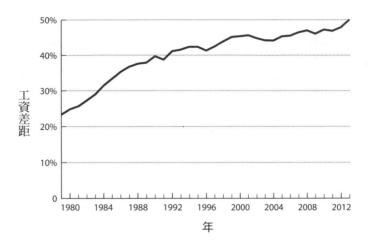

※ 圖 7.5　大學畢業生相對高中畢業生的工資溢價，1979–2013 年
資料來源：*Economic Policy Institute Briefing Paper No. 378.*

裕家庭，從勞工身上移轉至資本的所得也擴大各個家庭所得間的不平等。第三是政治體系，美國的政治體系在市場力量的引導下擴大所得的不平等，例如富裕的競選捐獻者運用政治影響力獲得租稅優惠、補貼特權等其他有利的法規修訂。

　　圖 7.5 顯示美國大學畢業生相對高中畢業生的所得溢價。1973 年，大學畢業生的所得比高中畢業生高出 30％，這項差距在 1970 年代之間曾經下降至 25％以下。不過自 1979 年開始，大學畢業生的所得溢價大幅上升，目前已經提高至 45％。很有意思的是，這個起點是 1979 年，這個階段也是許多高所得國家與新興市場經濟體力量連結的全球化階段。

　　1970 年代末期開始的全球化與經濟整合，促成生產體系的全球化。企業紛紛將製造工作移向海外的中國、墨西哥等低工資國家。過去由教育程度較低的勞工擁有的工作，輕易被移向海外，美國製造業勞工隊伍明顯縮小。當工作機會消失時，嚴重打擊低技能勞工，只有透過降低工資才能保住工作。

　　美國製造業部門的就業人數在 1979 年達到 1,900 萬人的高點，自 1979 年開始，人數明顯下降。反之，許多低工資的經濟，特別是中國，就帶來龐大效益。中國經濟快速成長的原因之一，就是來自美國與歐洲工作機會。對美國勞工而言，這代表痛苦與裁員，如今美國製造業部門的勞工人數只剩下 1,200 萬人左右。

　　此外，資訊革命及生產程序的自動化是另一種提高生產力的力量，也導致傳統製造業部門工作機會的減少。科技進步大幅改變了主要製造業部門的廠房，機器人是最明顯的例子，說明了近年來驚人的資訊科技與電腦化革命。機器人也能大幅提高生產力、降低勞務成本；正如工作機會移向海外，機器人也讓勞工付出代價，因為他們的工作已被自動化取代。

　　第三個主要因素是政治。當市場不平等開始增加時，政治力量會介入。在部分的政治體系中，政府力量抵抗這種不平等的擴大，例如透過對低技能勞工提供額外的協助、在職訓練、租稅減免，以便提高家庭福利。這些國家也呼籲技能較高的勞工多承擔一些社會責任，例如提高稅負，將之移轉給所得較低的家庭。這些政府說是「逆風而行」，試圖縮小因市場力量造成的不平等。然而在某些地方，包括美國在內，政治力量不但沒有對抗市場力量，反而加速擴大。在美國，錯誤的政治做法發生於 1980 年代。雷根總統於 1981 年 1 月在自由派的支持下入主白宮，鼓勵刪減聯邦政府服務、降低聯邦租稅，並且將企業部門大幅自由化，包括華爾街在內。證據顯示，美國的不平等從這段時期開始顯著增加，直到今天。

　　在自由化的支持下，特別在金融業，美國各企業的執行長開始對支付自己巨額薪水。通常會由企業董事會成員組成的「薪資報酬委員會」宣布加薪，這些成員通常是由執行長親自挑選，再由他們決定執行長薪水。結果，如圖 7.6 顯示，美國執行長相對一般勞工的薪水，在 1970 年代中是 20 倍的差距，接著執行長薪水爆炸性成長，差距拉大到幾百倍。

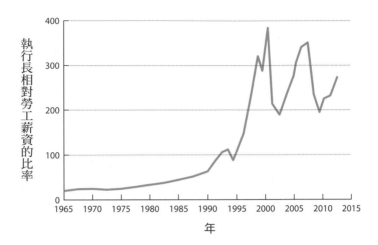

※ 圖 7.6　執行長相對一般勞工薪資的比率，1965–2012 年
資料來源：*Economic Policy Institute Briefing Paper No. 367.*

　　這種扭曲的薪資報酬造成的後果見於圖 7.7，圖中顯示美國最富裕家庭的前 1％的所得比重。圖表顯示自 1929 年的 1 個世紀以來，正值經濟大恐慌開始的時候，這項所得比重為 15％至 20％。接著，是經濟大恐慌與新政（New Deal），政府制裁許多金融業的弊端，使得前 1％富人的所得比重大幅度下降，高所得者的稅率大幅上升，阻攔執行長追求巨額的薪資報酬。1940 到 1970 年代，前 1％富人的所得比重約占家庭所得總額的 10％，隨後開始大幅上升。

　　原因並不完全來自市場力量，因為美國這種增幅與其他高所得國家並不相符。政治加上市場力量，才是導致這種不平等擴大的主因。更引人注目的是，美國最富裕家庭的前 0.01％占全美家庭所得的 5％，較 1970 年代呈現巨幅成長。

　　在所得不平等擴大的情況下，社會流動也跟著下降。貧窮的孩子長大後變成貧窮的父母，無法突破貧窮陷阱。許多孩子提早退學，很少人有能力完

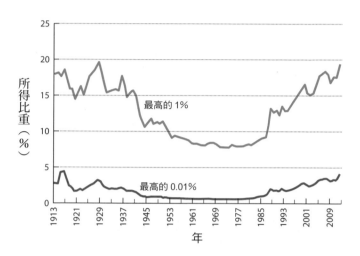

※ 圖 7.7　美國前 1%與前 0.01%的富人所得比重
資料來源：*Alvaredo, Facundo, Anthony B. Atkinson, Thomas Piketty, and Emmanuel Saez. 20/05/2014. "The World Top Incomes Database." http://topincomes.g-mond.parisschoolofeconomics.eu/.*

成大學教育。

　　有很多政策可以重建社會流動與社會包容，但是需要政治體制的有效配合，包括提高最富裕家庭的租稅；對低所得家庭提供較多的社會支援；為窮人增加就業訓練與教育機會；對執行長的薪資設立較嚴格的法規規範；制裁各種租稅優惠與海外避稅天堂。到目前為止，美國政治體制對這些政策不但無動於衷，還持續迎合最富裕家庭與企業的利益。

## ▍性別不平等

　　性別不平等問題由來已久。男性一向是主要的勞動力量，女性則執行農場勞力與以家為基礎的生產，同時養育子女。法律與社會習慣支持這種傳統的分工，使得女性幾乎不可能擁有事業，支配本身的所得。

所幸，長期以來的性別不平等現象正在快速減退。即使在鄉村地區，越來越多女孩留在學校念書，畢業後從事專業工作。這些身為開路先鋒的年輕女性漸漸改變當地人的心態，並成為其他年輕女孩的榜樣。

我們身處一個不斷變動的時代，許多傳統歧視、陋習正在改變、經濟需求也在改變。透過法律與行政的提升，永續發展能協助賦予女性更大的自主權。隨著女性在學校書讀的越久，以較高的技能進入就業市場，很快就可以看到其他效益與發展：生育率大幅下降；子女數目減少；每個子女獲得較多的教育、醫療與營養的投資；更多女孩投入生產隊伍。

聯合國的千年發展目標積極呼籲各個社會促進性別平等、賦予女性更多權力。第三個千年發展目標便敦促各國在 2015 年以前消除註冊率、畢業率的性別差距。當各國完成目標時，將達成許多社會效益。其中包括女性在平等與經濟機會的人權。在〈世界人權宣言〉中，女性權利的保障與男性相同。

這在經濟上的效益十分龐大。直接受益的是在勞工隊伍中將出現更多受過教育的女性，間接受益者則是這些女性的子女，他們可能成長得更健康、營養更好，在學校有較多的機會成功。有助打破世代間的貧窮陷阱。

2010 年，聯合國開發計畫署推出一項「性別不平等指數」（Gender Inequality Index，GII），如圖 7.8 顯示。熱帶非洲與南亞的性別不平等情況特別嚴重，兩地的女性仍然欠缺政治權力與社會地位。

性別不平等指數結合了幾個加權過的指標，提供每個國家性別不平等的量化評估。包括生殖健康，如產孕婦死亡率，以及青春期生育率，後者是女孩被迫中斷學業而進入婚姻與家庭的比率。其次是女性被賦予權力的情形，以國會席次中女性比例及女性在高等教育的註冊率來評估。最後是女性勞動參與率。圖 7.9 顯示在勞動隊伍中男女的比率，北非、中東、南亞的女性就業率特別低，因為當地文化陋習嚴重妨礙女性就業。

即使是高所得國家，女性勞動參與率在最近 30 年來顯著增加，但是男性

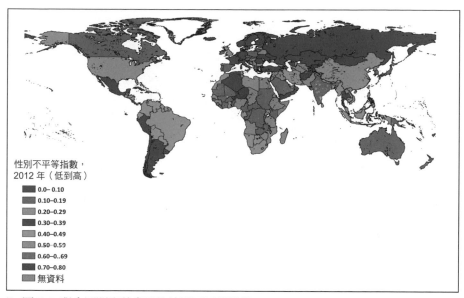

性別不平等指數，
2012 年（低到高）

- ■ 0.0– 0.10
- ■ 0.10–0.19
- ■ 0.20–0.29
- ■ 0.30–0.39
- ■ 0.40–0.49
- ■ 0.50–0.59
- ■ 0.60–0..69
- ■ 0.70–0.80
- ■ 無資料

※ 圖 7.8 聯合國開發計畫署的性別不平等指數

資料來源：*United Nations Development Programme. 2013. Human Development Report 2013. New York: United Nations Development Programme.*

與女性的所得仍有極大差距。如圖 7.10 顯示。女性可能需要從勞動市場抽時間照顧年幼兒童，導致所得損失。企業可能歧視或不對女性的技能給予支援，因為他們認為女性終將為撫養子女而離開公司。此外，社會規範也有一定的影響。當然，限制女性往上晉升的「玻璃天花板效應」（glass ceiling）仍然存在；即使法律障礙已被消除，社會中不少舊習陋規仍然嚴重歧視女性。

即便在最貧窮的國家，性別不平等的改善仍獲重要進展。聯合國的千年發展目標已經協助縮小性別差距，特別是教育方面。以小學生來說，男孩與女孩的註冊率缺口已經幾乎弭平，如圖 7.11 所見，在某些地區，女孩在中等與高等教育的註冊率甚至超過男孩。

應該怎麼做才能弭平剩下的差距？很明確的答案是，應該多管齊下。剩

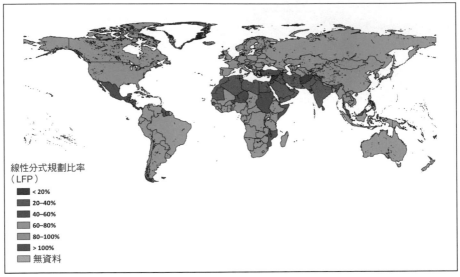

※ 圖 7.9 勞動隊伍中女性對男性的比率，2012 年
資料來源：*World Bank. 2014. "World Development Indicators."*
註：LFP 即 *Linear-fractional programming*

下的懸而未決的問題多半是法律，以及傳統與慣性的問題。法律改革通常是應該優先解決的。女性能不能擁有並運作一家企業？她們能不能擁有與繼承財產？在公共服務方面，女性是否能得到她們需要的服務？即使是今天，仍有些地方的答案是「不行」。

　　至於女性在政治方面的代表性，有些社會增加了一些配額，規定政黨提名的一定比例必須保留給女性。當女性進入國會與政府，對某些理念、標準及政策可能具有強大的影響力量。政府對育嬰假、兒童保健的財務協助，對勞動婦女來說，絕對是重要的支柱。斯堪地那維亞的國家在這個方面一直是最成功、最有創意的地區，堪稱他國典範。此外，幼兒發展計畫（early childhood development，ECD）計畫也將大幅提升性別平等與幼兒及母親的福

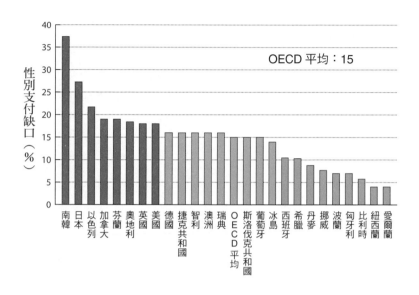

※ 圖 7.10 OECD 國家男女所得差距，2011 年

資料來源：*OECD (2014), OECD Family Database, OECD, Paris. http://www.oecd.org/social/family/database.*

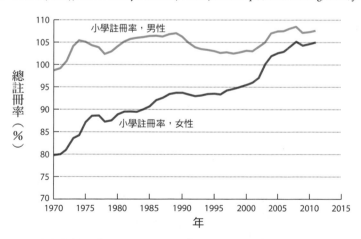

※ 圖 7.11 全球小學註冊率，1970–2011 年

資料來源：*World Bank. 2014. "World Development Indicators."*

祉，包括高品質的兒童保健、學齡前教育、醫療保健，以及幼兒的營養計畫。

最後要談的是，加諸於女性身上的暴力行為，不論是強暴、丈夫毆打妻子或是其他暴力行為。聯合國兒童基金會等機構已經採取重要措施，針對這類型暴力喚起公眾意識，要求更佳的執法、法律、公眾意識。在許多社會中，女性被視為是丈夫的財產之一，這是否認人權的做法，應該迅速終結。

# 8 教育普及

## 從生命週期來看人類發展

經濟發展是以投資為基礎，各國達成經濟發展是因為道路、港口、鐵路、光纖網路與發電廠提供了發展工業與擴張經濟的基礎。所有這些基礎建設與工業的投資都很重要。另外一種很重要的投資是，各國對自己國民，特別是兒童的投資。當談到教育、醫療保健營養與其他投入，以達成健康而有生產力的人生時，經濟學家用的是投資術語。經濟學家談論「人力資本」（human capital）的方式，就像是道路與橋梁的實體資本投資。正如一家公司或一個國家能累積實體資本，個人或社會也能累積人力資本，代表了更多的教育、工作技能、健康改善等。

人類發展（human development）有以下二個主要概念：首先，個人的能力與健康有賴健全的醫療保健體制、住在安全的環境、教育、擁有工作技能、工作經驗的累積過程。證據顯示，當個人累積更多的教育、更多的在職訓練、更多的工作經驗，他們在勞動隊伍裡的生產力也會提高，大多會從所得中反應出來。類似情況也發生在有關醫療的投資。對兒童健康的投資等於為成人健康打好基礎。在這個累積人力資本的過程中，幼童時期是特別重要的。這段期間正是大腦發育的關鍵期，許多社交模式與技能也都在這段時期發展。

其次，我們應該從整個預期生命周期（life cycle）來思考個人。一個人在生命周期不同階段的能力、健康、生產力，仰賴的是在較早階段所做的選擇。也就是說，每一個階段都為往後的階段設定了條件。例如，父母在懷孕前的健康對寶寶也很重要。健康不佳與營養貧乏是能橫跨世代遺傳的，這種現象被稱為「表徵遺傳學」（epigenetics）。母親在懷孕期的安全、健康的分娩、嬰兒的良好健康、適當營養與除蟲，對幼童是必要的。童年期的健康不但對個人生存十分重要，也影響了成年以後的生產力。

兒童的認知發展從小就開始了。嬰兒期的大腦發展仰賴的是充滿愛心與安穩放鬆的環境，以及與照顧者的聯繫、經常聽到照顧者的聲音話語。越來越多的國家正在為幼兒引進學齡前教育，做為支援早期學習與健康的大腦發展的方式。為所有兒童提供基本教育，已是公認的兒童基本需求與基本權利，並且記載在聯合國的第二個千年發展目標。然而，當前的世界經濟體系中，基本教育絕對不夠，所有兒童也需要中等教育及往後的某種職業訓練，甚至高等教育。科技時代的年輕人，需要比他們的父母具備更多的技能與相關訓練。

中等教育之後，有許多進一步接受工作技能與訓練的選擇，包括在職業學校學習某種特定技能，或是在二年制或四年制的學校獲得更高教育。在美國，前者稱為「副學士學位」（associate's degree），後者稱為「學士」（bachelor's degree）的形式。線上教育時代來臨後，有更多的訓練可來自網路下載、免費取得的課程，很可能促進成人階段的持續教育，成為終生學習的策略。

近年來，在要求各國提供基本教育上，成效顯著。圖 8.1 顯示，至 2010 年基本教育的總註冊率已經超過 100％。總註冊率超過 100％代表什麼意義？

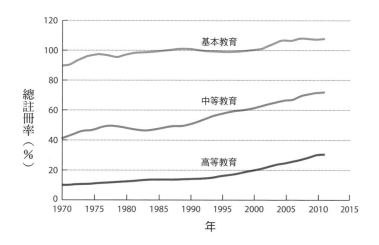

※ 圖 8.1　全球學校註冊率，1970 至 2011 年
資料來源：*World Bank. 2014. "World Development Indicators."*

總註冊率是將任何年紀參與小學教育的人數除以基本教育年齡的兒童總人口。有些兒童錯過的入學時間，在年齡較大後才註冊入學，因此在小學註冊的兒童數目高於該年度適齡入學的人數。1970 年，總註冊率約為 85％；在第二個千年發展目標的積極推動下，比率已超過 100％。

　　聯合國第三個千年發展目標要求教育的性別平等。目前全球處於適齡的女孩大體上都有入小學。如圖 8.2 所見，1990 年的女孩總註冊率在 60％左右，男孩則是 90％。2010 年，這樣的差距基本上已經拉平。

　　儘管基本教育已有大幅進展，中等以上教育的註冊率、參與率就低了許多。圖 8.3 為全球中等教育率的地圖。全球大部分地區目前都有相當高的中等教育註冊率，然而熱帶非洲與亞洲部分地區仍持續赤貧，中等教育水準不足。2015 至 2030 年，永續發展目標應該專注於確保全球中等教育以上人口獲得工作技能訓練。

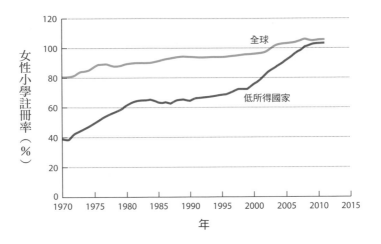

※ 圖 8.2　女性小學註冊率，1970-2011 年
資料來源：*World Bank. 2014. "World Development Indicators."*

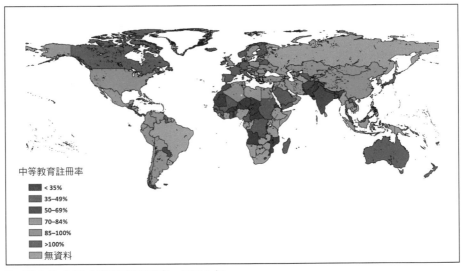

※ 圖 8.3　全球中等教育註冊率，2011 年
資料來源：*World Bank. 2014. "World Development Indicators."*

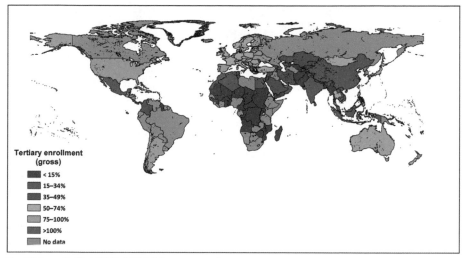

※ 圖 8.4　全球高等教育註冊率，2011 年
資料來源：*World Bank. 2014. "World Development Indicators."*

　　至於高等教育的情況，各國差異更大，如圖 8.4 顯示。偏低的高等教育
註冊率是低所得國家經濟進展的主要障礙。此刻的全球經濟發展，不論富裕
或貧窮國家，都需要一群大學畢業生。高等教育機構必須確保有合格教師、
足夠的技術人員，以及一整個經過公共政策、永續觀念訓練的年輕世代。

## 幼兒期發展

　　30 年前，多數人專注的是公共教育體系，很少人了解學齡前環境的重要
性，包括 0 到 6 歲兒童的健康、營養、身體安全及學齡前的準備。過去 20 年
的研究顯示，幼兒期相當關鍵。如果 3 歲前受到過度的環境壓力，例如身處
暴力、噪音或缺乏安全感為主的家庭環境、重複的生病或營養不足，或是缺
乏足夠的認知刺激與教育準備，這名兒童很可能發生終生難以克服的障礙。

　　為了兒童往後的發展，投資幼兒的早期健康、福祉、安全環境與認知發展是很重要的。在這個領域中，累積投資（cumulative investment）的觀念不可或缺。科學家研究發現，幼兒面對的壓力將塑造其認知與身體發展，壓力累積過度會改變身體生物物理學的路徑（biophysical pathway），導致終生的身體與心理障礙。圖 8.5 是哈佛大學發展中兒童中心（Center on the Developing Child）的圖表，其中強調在生物學研究中，健康是經過時間的累積，經歷了每一個非常敏感的階段，特別是在大腦形成的時期。

　　2011 年，《刺胳針》（*The Lancet*）期刊刊登了一份重要研究報告，強調兒童曝露於生物與社會心理的風險。例如處於某種暴力或噪音環境，將影響大腦發展，危害兒童往後認知與身體的發育。童年發展的影響始於非常小的年齡，到了 6、7 歲，在不安全環境中成長的兒童已形成巨大的身心障礙。

　　也就是說，為幼兒提供安全環境、適當的營養與醫療保健，乃至學齡前

**各種強化幼兒期健康的政策與計畫**

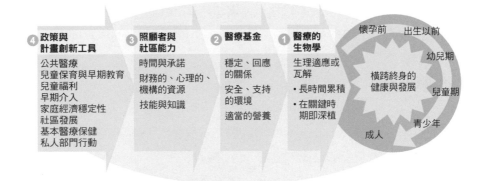

※ 圖 8.5　橫跨一生的健康與發展
資料來源：*Center on the Developing Child at Harvard University.*

認知發展的學習，需要整體且非常早期的介入，以降低兒童之間的不平等。如果等到兒童已經 5、6 歲才開始，將不易執行或效果很差。兒童在成長初期若遭到抑制，其負面影響將延續至個人的一生，甚至下一代。

　　這類投資的進行需要政府領導，對社會有不同層面的回饋，包括提高國民所得。著名的經濟學家與諾貝爾獎得主詹姆士・赫克曼（James Heckman）致力於研究人力資本的投資，他製作了圖 8.6，橫軸是年齡，縱軸是人力資本的投資報酬率。在學齡前的報酬率絕對是最高的，隨著年齡增加，人力資本投資能達成的報酬率遞減。兒童在 2 歲時錯過的投資，無法在 6 歲時以同樣的投資彌補。這種初期投資的效益是往後無法取代或彌補的。

　　較富裕家庭，在家中幼兒學齡前就會開始進行相關投資。他們負擔得起，本身就受過較多的教育，了解學齡前教育的好處；家裡可能有較多的書，甚至使用的詞彙也比較多。兒童不但受益於外部的教育機構，也能從家中高度支持學習的環境中得到幫助。貧窮家庭的兒童則經常得面對學齡前教育不足的負面後果，包括父母無法負擔學齡前教育的成本，對於在家以外的學習，這些兒童的家庭所做的準備通常比較不足。

　　這個模式顯示，貧窮會重演，從一代傳到下一代。低所得父母通常對孩子的投資不足，以至於這些孩子長大後成為低所得的父母。反之，高所得父母能大量投資在孩子身上，這些孩子就有更多機會成為經濟成功的父母。

　　在此，政府能起一種至關重要的作用。利用各種計畫、財務補助，幫助窮困家庭的孩子也擁有像樣的起點。對貧窮家庭的移轉支出（transfer），例如在斯堪地那維亞半島就很普遍，能確保窮人家庭跟較富裕家庭一樣，提供幼兒足夠的醫療保健、營養、環境安全性，以及豐富的認知環境，例如學習用的書籍與玩具。政府的介入，能確保貧窮家庭獲得原本負擔不起的學齡前教育計畫。此外，政府也能為這類家庭提供更多支持，包括訓練父母養育技能，以提高幼童的福祉。對本身受教不多的父母來說，他們也需要指引與支

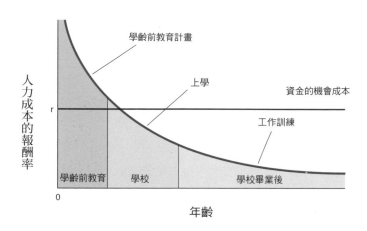

※ 圖 8.6　人力資本投資的報酬率

資料來源：*Heckman, James J. 2006. "Skill Formation and the Economics of Investing in Disadvantaged Children." Science 312(5782): 1900–1902. Reprinted with permission from AAAS.*

持，為孩子創造一個正面的學習環境。研究後發現，良好的養育技能在兒童的認知發展上扮演著重要角色。

　　有充足經費投資於學齡前教育的社會，有助於更多貧窮小孩向上移動，因而成為更有包容、更具生產力的社會。反之，社會的階級流動將持續低迷，不同所得家庭出生的孩子將有截然不同的命運，社會階級難以翻轉，以致貧窮從一代傳至下一代。

　　圖 8.7 顯示二個變數間的關係。橫軸是學齡前教育幼兒的比例，縱軸是15 至 19 歲間的年輕人，分別成長在最富裕家庭的前 20％、最貧窮家庭的前20％的教育程度差距。在縱軸上的高點，代表富裕年輕人與貧窮年輕人之間教育程度有大幅差距。圖中向下傾斜的曲線，代表參與學齡前教育的人越多，貧富之間教育程度差距越小。正如我們所預期，學齡前教育為貧窮兒童提供了向上流動的機會，使他們的教育程度更接近富裕兒童。投資於學齡前

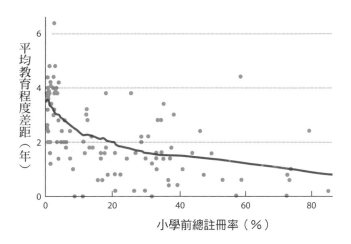

※ **圖 8.7** 學齡前教育註冊率與教育程度差距
資料來源：*Engle, Patrice L., et al. 2011. "Strategies for Reducing Inequalities and Improving Developmental Outcomes for Young Children in Low-Income and Middle-Income Countries." The Lancet. 378(9799): 1339–1353.*

教育，有助降低不平等的程度，而且是以正確的方式，將整體往上提升。

　　表 8.1 提供美國一項特定學齡前教育計畫的經濟效益評估，名為「貝利學齡前教育計畫」（Perry Preschool Program），針對貧窮兒童提供廣泛的協助。經過仔細評估，顯示這項計畫的報酬率非常高。根據資料顯示，該計畫每名兒童的成本是 16,514 美元，終身的回報總額是 127,831 美元，成本效益比率估計是 8.74，代表這項計畫的社會效益十分龐大。具體效益之一是較高的未來所得，估計約為 40,000 美元，另一方面，相關的犯罪防治成本下降，高達 94,065 美元，甚至比未來所得增加的還高。此外，毅力、原動力、學習習慣、社交能力等持續性的效益，也同樣呈現正面的進展。

　　在美國，一個經過偏差的司法系統，加上長期對兒童的投資不足，導致入監服刑人數眾多，大約有 240 萬人。其中許多是來自貧窮家庭的年輕人，他們接受的教育普遍不足，在巨大壓力下成長，支持力量很小，學習的鼓勵

表 8.1　貝利學齡前教育計畫的經濟效益與成本

| | |
|---|---|
| 兒童保育 | $986 |
| 所得 | $40,537 |
| 國民教育 | $9184 |
| 大學／成人 | $-782 |
| 犯罪 | $94,065 |
| 福利 | $355 |
| 虐待／忽視 | $0 |
| 總效益 | $144,345 |
| 總成本 | $16,514 |
| 淨現值 | $127,831 |
| 成本效益比率 | 8.74 |

資料來源：*Heckman, James J. "Skill Formation and the Economics of Investing in Disadvantaged Children." Science 312(5782): 1900–1902. Reprinted with permission from AAAS.*

也很少。貧窮不但因此一代傳一代，還透過大量的悲劇與社會成本來傳遞，包括犯罪與坐牢。

如果美國將監禁年輕人的成本拿去教育年輕人，社會的公平、生產力與福祉都將大幅增加。過度監禁的成本每年是以百億美元來計。

全球各個社會終於明白，根據橫跨小兒科、心理學、生理學、經濟學的強烈證據顯示，有關幼兒發展計畫的投資是最好的選擇。不僅能帶來高經濟效益，也有助於社會公平與包容。兒童也因此得到較高的認知發展，以及社交技能。

投資於幼兒發展計畫，將使所有的兒童，不分貧富，都能擁有成為具有生產力公民的機會。

## ▌教育的報酬率持續上升

　　做為 2015 至 2030 年永續發展目標的一部分，所有跟教育有關的差距都應該被消除。在起跑線有良好開始的兒童，完成大學學業後，所獲得的報酬率也較高。在圖 7.5 中，我們看到美國大學畢業生工資比高中畢業生高出的幅度，從 1979 年的 25％提高至 2010 年的 45％。

　　大學畢業生所得相對增加的現象，對於尚在大學在學中與取得學位的孩子來說，這無疑是個正面激勵的訊號。有太多年輕人在唸完高中時並沒有準備好上大學，因為他們缺少了家庭環境帶來的效益，沒有機會享有學齡前教育及品質夠高的中小學教育。這些準備不足的年輕人進入大學後，背負著財務負擔支付學費，最後仍以退學告終。

　　當市場發送某項活動具有高報酬率時，我們預期人們會追求該項活動，因此我們相信有更多的美國人會完成大學學位。當這種情況是以很低的程度發生時，有些奇怪的現象也告出現。圖 8.8 顯示了美國的成人完成高中及大學學位的百分比。一條線代表 25 至 29 歲，另一條是超過 25 歲。完成高中的比率長時間以來向上激增，目前已經達到 90％左右。完成大學的曲線長時間以來也向上攀升，但是攀升幅度不如前者。從 1940 至 1975 年左右，25 至 29 歲完成大學的比率從 5％增加至 20％左右，1975 年以後走平。雖然進大學的報酬率激增，但在 1975 年擁有大學學位的比率略超過 20％，2009 至 2010 年這個比率只有 30％左右。究竟發生了什麼事，讓這些數字停止增加，不如預期？

　　圖 8.9 提供了一些線索。答案就是學費實在太高且持續上升。社會應該幫助年輕人、投資高等教育。逐年攀升的學費對教育的普及與提升形成重大阻礙。

　　綜上所述，即便在美國這樣富裕的國家，大部分的年輕人仍無法享受完

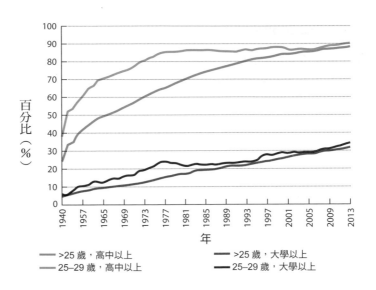

※ 圖 8.8 美國 25 歲以上完成高中或大學的百分比，1940-2013 年
資料來源：.S. Census Bureau Current Population Survey.

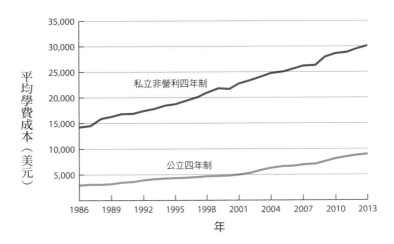

※ 圖 8.9 上升中的美國學費成本，1986-2013 年
資料來源：Baum, Sandy, and Jennifer Ma. 2013. "Trends in College Pricing 2013." New York: The College Board.

成高等教育的好處。學費成本是個巨大障礙，不但比過去增加許多，也比其他國家高。其次，美國的大學教育不但未能縮短所得分配上的差距，反而讓不平等的情況更加惡化，窮人家的孩子沒辦法上大學。

這項差距不但以所得劃分，也以膚色與種族劃分。2012 年，美國擁有大學學位的非西裔白人是 35％，非洲裔美國人是 21％，西班牙裔只有 14.5％。窮人家孩子，特別是非白人的孩子上不了大學，原因包括在成長過程中較不支持的家庭環境，例如教育程度與收入較低的家庭，以及部分經濟負擔重的單親家庭，以及學齡前教育不夠普及，中小學教育品質較差，欠缺支付高等教育昂貴學費的能力。

至今美國並未採取社會政策，以解決這些巨大的社會不平等，例如全面性的學齡前教育或免費的高等教育，教育程度的投資不足已經達到危險的地步。憑藉自由意志主義的傳統，美國通常傾向「靠自己」（self-help）的市場解決方案。年輕人經常被告知得借錢上大學，因此政府已經創造一個迅速增加與即將出現問題的學生債務，目前已經達到 1 兆美元左右。諷刺的是，借錢的永遠是窮人家的孩子，因為有錢人家的小孩都是父母在付學費。

圖 8.10 顯示學生債務的成長速度有多快。從 2003 年的 2,500 億美元，2013 年已經成長 4 倍。如我先前指出，無法完成四年學位的年輕人將負擔這項債務的大部分，也因此無法賺更多的收入來償還借貸。

美國因此面臨三項挑戰：接受高等教育的機會不平等；自 1970 年代起大學畢業的比率緩慢成長；學生債務大幅增加。解決方案正是降低學費。另一項重要的創新是線上教育，本文就是透過線上教學為基礎的例證。我們預見了未來接受高等教育的重大突破、全新的學習方式，以及結合線上學習與實體的大學校園。科技進展將提供我們一些希望，使年輕人獲得高等教育的比例能很快的大幅提高。

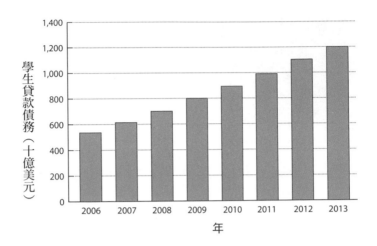

※ 圖 8.10　美國學生債務的上升
資料來源：*Federal Reserve of Economic Data.*

## ▌社會流動

　　教育是增進生產力的一條途徑，但也可能是社會不平等的擴大器。如果高等教育太過昂貴，只有富裕家庭的孩子能念，加上較高學位本身的報酬率很高，那麼教育就會變成窮人的瓶頸，擴大不平等的幫兇。這似乎就是美國的現況。這個國家曾以「機會的土地」為傲，現在變成一個高度不平等、低度社會流動的國家。

　　從圖 8.11 可以看出。這張圖表依據的是 1988 年八年級兒童的樣本。當年，依家庭所得高低將全部兒童區分為三類：最低的四分之一家庭；中間的二分之一；以及最高的四分之一。經過 12 年以後的 2000 年，再檢視這些兒童的教育程度。結果相當驚人。在 25% 最貧窮家庭的兒童中，48% 沒有受過高中以上教育，另外 45% 沒有大學學位，只有 7% 獲得學士學位，沒有人念

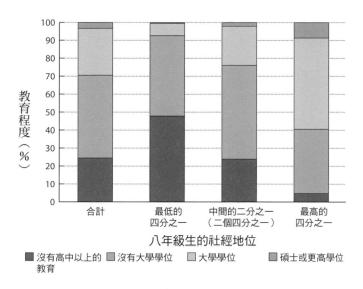

※　圖 8.11　1998 年不同社經地位的八年級生，在 2000 年取得的教育程度
資料來源：*National Center for Education Statistics.*

到碩士以上。將這些兒童與 25％最富裕家庭的兒童相比，只有 4％沒有高中以上的教育，36％有受過高中教育，51％有大學學位，9％有碩士以上學位。這些青少年在八年級面對的不平等的情況，成年後將再被複製。事實上，高所得家庭兒童因著較有利的條件，獲得較高的教育程度；較貧窮的兒童則因為缺乏有利條件，教育程度明顯低了許多。

　　圖 8.12 顯示非常重要而發人深省的現象。橫軸顯示 13 個高所得國家的吉尼係數；吉尼係數越高，不平等的程度越高。圖中不平等的程度最低的國家正是斯堪地那維亞的國家，最不平等的是美國，英國其次。縱軸顯示社會流動的指標，每個國家的勞工所得與父母的所得呈正相關。相關性高，代表貧窮的兒童長大後通常會成為貧窮的父母。在這種情況下，社會流動是低的。如果父母與子女的所得相關性很低，也就是說貧窮兒童有機會成為富裕

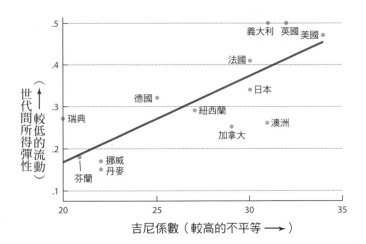

※ 圖 8.12 蓋茨比曲線（Great Gatsby Curve）：不平等與世代間所得流動性
資料來源：*Corak, Miles. 2013. "Income Inequality, Equality of Opportunity, and Intergenerational Mobility."*
Journal of Economic Perspectives 27(3): 79–102. Used with permission.

的成人，那麼社會流動就是高的。

我們看到圖中強大的向上關係。所得分配相當平等的國家，擁有高度的社會流動；所得分配高度不平等的國家，社會流動通常是低的，從父母的所得可以預測子女未來所得。

還有二個圖表有助於揭示相同的論點。圖 8.13a 顯示美國與加拿大的一項比較。圖表中可以看出，當父親所得是最低的 10％，其兒子日後在所得分配的位置。結果顯示，生在美國低所得父親家庭的兒子們，有 22％也位居最低的 10 個百分點，另有 18％位居次低的 10 個百分點。也就是說，有 40％生於最貧窮家庭的兒子們，長大後位於所得分配中最低的 20 個百分點。加拿大的社會流動性較高，只有 15％的兒子位居最低的 10 個百分點、13％的兒子位居次低的 10 個百分點，因此共有 28％位居所得最低的五分之一。加拿大的社會流動性比美國高很多。

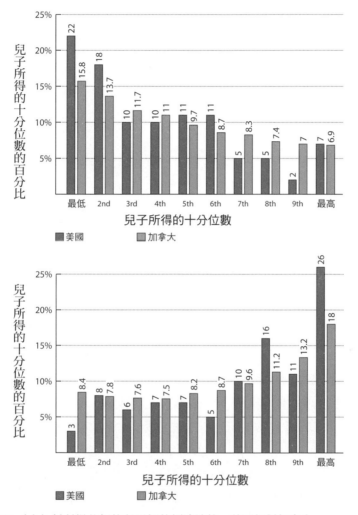

※ 圖 8.13A（上）低所得父親的兒子們的經濟地位，美國相對加拿大

※ 圖 8.13B（下）高所得父親的兒子們的經濟地位，美國相對加拿大

資料來源：*Corak, Miles. 2009.* Chasing the Same Dream, Climbing Different Ladders: Economic Mobility in the United States and Canada. *Washington, DC: Pew Charitable Trusts Economic Mobility Project. c 2010 The Pew Charitable Trusts.*

　　圖 8.13b 顯示生在美國富裕家庭的兒子未來的所得情況。父親所得是最高的 10％時，有 26％的兒子也是所得最高的 10 個百分點、11％的兒子居於次高的 10 個百分點，共有 37％居於所得的前五分之一。與加拿大相比，只有 18％位居最高的 10 個百分點與 13％位居次高的 10 個百分點，合計是 31％居於所得的前五分之一。這項差距不如貧窮家庭的結果那麼明顯，但傾向是相同的：加拿大的社會流動性高於美國。

　　在較為平等的國家中，政府在提供幼兒發展計畫與所有層級的高品質教育時，扮演重要角色，促成了較大的世代流動（intergenerational mobility）。斯堪地那維亞國家的社會民主主義在社會包容上有出色的成果，促進普遍的繁榮，跨世代社會流動的程度也達到最高。

## 科技時代高等教育的角色

　　高等教育在前面討論過的內生型成長、追趕型成長中，扮演關鍵角色。內生型成長是以科技突破為基礎的經濟成長，例如資訊與通訊科技的持續革命。這些科技突破通常是由擁有高等學位的科學家、工程師密集研究發展的結果。正如瓦特在格拉斯哥大學工作時發明蒸汽機，現今的發明家可能由各大學聘僱、在與大學銜接的新公司工作，或是在科學與工程學術機構合作的高科技公司工作。過去 50 年，最重大的科技進展都是由各領域高等學位的專業人才在各大學、國際性研究機構與高科技公司發展出來的成果，包括電腦科學及其應用、網際網路、光纖、基因組學、先進材料科學、固態物理、太空科學等。

　　圖 8.14 顯示各國將國民所得投入研究發展的比例。我們看到，研究發展高度集中於高所得國家，基本上自工業革命以後就是如此。這些創新中有絕大部分來自一小群國家，包括美國、加拿大、西歐、日本，以及近年加入的

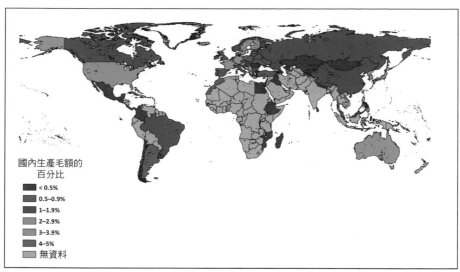

※ 圖 8.14　全球研發支出占國內生產毛額（GDP）百分比，2010 年
資料來源：*World Bank. 2014. "World Development Indicators."*

南韓、新加坡、以色列。這些國家占有科技突破與專利智慧財產權的絕大部分，進而鞏固內生型成長的基礎。中國近年也增加了研究發展的投資，冀望加入高度創新國家之林。

　　研究發展不是以大學之類的單一機構為基礎，而是靠著一整群機構的網絡建構而成，包括多所大學、國家實驗室、高科技企業。這些機構複雜交織產生的科技進步被稱為一個國家的「國家創新系統」（National Innovation System，NIS）。有許多工具被用來打造強大的國家創新系統，包括政府出資的科學研究、對新的創新發明的租稅誘因、提供獎金鼓勵科學家與工程師、設立國家級實驗室、政府與民間對大學及創新研究活動提供基金。可以說，所有機構的基礎，都在於由科學、工程、公共政策各領域高等教育人力組成的強大體系。

追趕型成長是採用來自外國的科技，有時這些科技不需要進口國的本土技能。畢竟只有非常少數的行動電話用戶了解電話裡的先進科技，只有少數病人了解藥品裡的生物化學機制，也只有少數農人了解高產出種子裡的基因組成。然而，這些科技產品都創造了奇蹟。

有些科技不能只靠「撿現成的」，必須經過適應後由本土採用。例如有些種子必須適應本土的害蟲、病原體，以及本土的氣候狀況。進口機器雖然不需要原發明人的先進專業能力，但還是需要高技能的人員來操作這些機器。從外國移轉來的科技，進口國至少需要一批具有高度技能的專業人員。就這點來說，大學的角色至關重要，將訓練為數眾多的學生準備好使用來自外國的新科技。

此外，大學也有責任協助社會找出並解決永續發展的本土問題。貧窮、疾病、氣候改變、新資訊科技等，都需要一套為本土量身打造的解決方案，通常是以複雜的管理體系為基礎。假定一個國家必須從傳統的發電廠轉換成低碳的替代方式，該國發展風力或太陽能發電的潛力如何？核能電力是否安全？地熱能源如何？這個國家是否應採用電動車輛？這些問題或許遠超過政府機構的能力所及，因此各大學就是關鍵的合作對象。

長期以來美國就倡導由各大學來解決這類問題。1862 年，美國國會通過並由林肯總統簽署立法了「土地撥贈法案」（Morrill Act）。這項立法創造了「贈地大學」（land-grant universities）的傳統，由聯邦政府對每個州贈與土地、資金，建立一所高等學府，以推動農業與工程研究。該法案宣示，聯邦政府的支持將能：

捐贈，支持與維護至少一所大學，其主要目標（不排除其他科學與傳統研究，包括軍事戰術在內）是教導農業與機械各相關領域的學習，內容根據各州立法機構分別規定，以促進各產業類別自由與實際的教育及人生的幾項追求目標與專業能力。

　　這些為高等教育設立的新學府不只為了訓練學生，也讓自身與當地社區合作解決當地各種問題，並且發展技術能力。這類大學建立農業田野工作站，成立由大學科學家為基礎的擴大服務計畫，幫助各地農人消滅害蟲，提升作物生產力、土壤營養，處理各種氣候、機械創新的問題，致力提高農業生產力。這些大學創造的成果、林肯總統的睿智，以及美國國會的一致支持，充分反應了打造強大、以實務為導向的高等教育的重要。

　　聯合國祕書長潘基文邀請我，協助他處理有關全球領導挑戰的工作，包括敦促各國政府協助各大學建立新知識網絡，使這些大學在其所屬的都市、國家、地區扮演有效的解決問題者。這個新的「永續發展解決方案網絡」（Sustainable Development Solutions Network，SDSN）是在聯合國祕書長支持下的擴大服務機構，目標是將全球的各大學、企業，以及其他知識機構連結，共同找出永續發展的解決方案。目前各國都在形成永續發展解決方案網絡的分支，並與全球網絡串結。

　　我們期盼，永續發展解決方案網絡將有效支援全球各大學為當地問題提供解決方案，正如當年美國土地撥贈法案有效解決全美國的問題一樣。

# 9 全民健康

## 全球醫療概況

良好的健康是永續發展的核心、人類福祉的根源，也是我們擁有所有美好事物的前提。良好的健康不但幫助兒童抵抗疾病，也有助於他們透過學校成長、學習，長大成人後加入勞動隊伍。良好的健康也使勞動力人口更具生產力，提升人力資本承擔經濟活動與吸引投資的能力。

長期以來，健康被視為人類的基本需求與基本人權。最高目標是「使身心健康可以達到的最高標準」。為什麼是「可以達到的最高」標準？每個人都要面對疾病與死亡，所以沒有所謂「完美的標準」，「可以達到的最高健康」是指在現有的知識與科技之下，能做到的最好的健康照護。然而，全球距離這個標準還遠得很。目前，每年有 600 萬個兒童在滿 5 歲前死亡，幾乎全在開發中國家，而且幾乎都是那些可預防、可治療的疾病造成。換句話說，較佳的健康是可以達到的。

聯合國成立後，健康的優先性一向十分明確。1948 年的〈世界人權宣言〉明確宣示，健康是人類的權利與基本需求；即使不能立即達成，也應該積極實現。然而時光飛逝，至今我們仍然沒有更快的進展。當世界衛生組織

（World Health Organization，WHO）於 1948 年成立時，就在其憲章宣稱可以達到的最高健康標準是基本人權，「不論種族、宗教、政治信仰、經濟或社會條件」。只不過我們還是沒達到。

1978 年，世界衛生官員在哈薩克阿拉木圖（Alma-Ata, 現稱 Almaty）集會，發表了重要的阿拉木圖宣言（Alma-Ata Declaration），要求各國在 2000 年達成全球健康的目標，可惜未果。其中愛滋病十分猖獗，估計有 3610 萬人遭到愛滋病感染。瘧疾感染與死亡人數也大幅增加，因為第一線用藥品氯喹（Chloroquine）失去功效。對於對抗瘧疾和結核來說，2000 年也是黯淡的一年，瘧疾致死的人數大增，高達 98 萬 5 千人。結核病也是可怕的災禍，每年奪走數以百萬計算的生命。結核大增的原因部分來自愛滋病的流行，免疫力低下的愛滋病患者很容易就因為結核死亡。此外，結核也出現抗藥性的危機，新型而致命的各種耐藥結核細菌對各種傳統藥品產生抗藥性，就連威力最強的藥品也失去效用。

為此，2000 年宣示的千年發展目標，便將對抗這些致命疾病列為核心挑戰。從當時迄今，我們已獲得驚人進展，重新點燃 1978 年的希望。

在千年發展目標中，終結赤貧是核心目標，其中降低兒童死亡率是第四項目標，第五項目標則是降低產婦死亡率，第六項目標就是控制愛滋病與瘧疾等流行病。不論終結貧窮與飢餓、讓兒童上學、性別平等，健康在這些目標上都扮演了重要角色，不但是決定因素，也是主要目標。

2000 年以來，人類健康已有顯著進展，特別是 2005 年以後。公共衛生的落實、現代醫學的發展，以及糧食生產與基礎建設等領域的突破，居功厥偉。不過，眼前仍有許多重大挑戰。前面指出，每年有數百萬名兒童因可預防與可治療的疾病而死亡，特別是在最貧窮的國家，這些生命原本都可以拯救。目前正步向死亡或終生殘疾的兒童，如果有適當的因應，也有機會擁有快樂、安全的生活。

目前，多數人仍將健康（health）視為殊價財。沒有得到治療的疾病，對社會來說是一種威脅，會外溢到其他人口。試想一種具高度傳染性的疾病蔓延一國或一洲造成的危害，以及對整個社會生命與財務產生的龐大成本，例如愛滋病。政府必須確保醫療保健（health care）系統的廣泛涵蓋、有效率運作，以及方向正確。

公共衛生的大幅進展，如同經濟發展，都是現代人類的偉大成就。在工業革命時期，全球的出生時預期壽命（life expectancy at birth，LEB）大約是 35 歲。由於兒童在 5 歲以前容易死亡，如果個別人口能活到 20 歲，便很有機會活到 50 歲以上。出生時的平均預期壽命成為只在出生時使用的測量評估，活過童年的個別人口的預期壽命會高出許多。

1950 年，二次大戰剛剛結束，全球平均出生時預期壽命比工業革命前略有進展。聯合國估計，從 1950 到 1955 年的 5 年當中，全球的出生時預期壽命約為 46、47 歲。圖 9.1 顯示從當時迄今各國的出生時預期壽命趨勢。

如我們在圖中所見，全球 1950 到 1955 年的出生時預期壽命為 47 歲。其中，在已開發區域，出生時預期壽命已達 65 歲，最低度開發國家的出生時預期壽命只有 40 歲左右，與工業革命前差距不大。地處內陸的開發中國家，出生時預期壽命甚至更低，只有約 36 歲，反映了這類內陸國的貧窮與孤立。自 2010 到 2015 年期間，全球預期壽命已經提高至 70 歲，相當於工業革命前的雙倍。這是現代人類現代最偉大的成就之一。

雖然如此，已開發與開發中國家仍然存在巨大差距。在已開發國家，預期壽命已經接近 80 歲，而最低度開發國家的出生時預期壽命只有 60 歲，不少國家還遠低於這個年齡。換句話說，最富裕、最貧窮的國家預期壽命相差 20 年，顯示改善最貧窮國家的公共衛生，還有許多工作要做。

在公共衛生領域，通常以 80 歲為完整的生命期，並且定義超額死亡（excess mortality）為在 80 歲以下死亡。當一個人於 X 歲（例如 30 歲）死

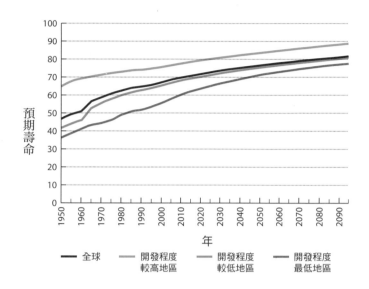

※　圖 9.1　預期壽命，按全球不同區域劃分，1950-2095 年

資料來源：*United Nations Department of Economic and Social Affairs Population Division (DESA Population Division). 2013. "World Population Prospects: The 2012 Revision." New York.*

亡，我們說損失的壽命是以 80 – X（=50 年）來測量估計。最低度開發國家大多數早死，跟貧窮有直接或間接的關係。從醫學或公共衛生觀點，大多數超額死亡是可避免的。因此，讓公共衛生的改善遍及全球並非奢言，就如同經濟發展一般。

　　圖 9.2 顯示各國人均收入與其出生時預期壽命間的關係。每個國家的人均 GDP 以橫軸代表，出生時預期壽命以縱軸代表。圖中上升的曲線，顯示這二個變數的最佳關係，而且較富裕的國家預期壽命比貧窮的國家高。要注意的是，曲線在高所得到達後走平，代表當一國到達一定的開發程度後，出生時預期壽命不會再隨人均 GDP 的增加而繼續上升，那個門檻似乎落在 2 萬美元左右。

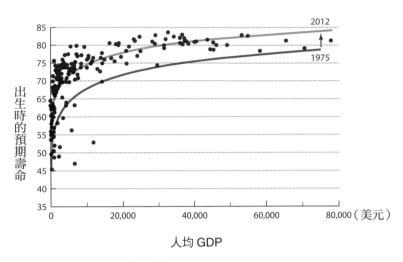

出生時的預期壽命

人均 GDP

※ 圖 9.2　平均每人國內生產毛額與預期壽命
資料來源：*World Bank. 2014. "World Development Indicators."*

　　圖中藍色實線與分散的點是 2012 年的資料，紅色實線是 1975 年的資料。整條曲線是往上移動的，代表過去 30 年左右的時間，在任何一個所得水準，人們都活得比以前久，主要原因是公共衛生的改善，例如診斷、醫學、外科手術的進步；以及人們的生活型態越來越健康，例如抽菸的人變少了。當然，社會整體的進步也扮演重要角色，例如人們可以在必要的時候以行動電話呼叫緊急服務。此外，識字率提升與大眾對衛生觀念的覺醒也促使活得更久、更健康。

　　圖中還有一個重點，是非常低所得的曲線十分陡峭，也就是圖形最左邊部分。對一些非常貧窮的國家來說，即使所得是小幅的增加，也可以使得預期壽命以非常陡峭的方式增加。例如，當所得從 1,000 美元增加至 3,000 美元時，預期壽命增加大約 10 年，從 45 歲變成 55 歲。然而，當所得從 31,000 美元增加至 33,000 美元時，預期壽命增加的幅度還不到一年。既然如此，有些人可能認為，圖 9.2 的結果代表了「在獲得富裕的同時，也獲得健康」，事實上貧窮國家的所得小幅增加、健康卻大幅改善的另一種更好的解釋是：若能對貧窮國家的公共衛生給予適度且明確的投資，就能大幅改善人民的健康。

　　通常，貧窮國家會課徵稅收，當中有 15％會花在醫療保健，其餘 85％花在教育、道路、電力、供水、公共行政、公共債務的利息等需求上。試想，當所得從 1,000 美元增加至 3,000 美元時會發生什麼事？總稅收會從人均 200 美元增加至 600 美元，公共衛生的支出因而從人均 30 美元增加至 90 美元（總稅收的 15％）。在公共衛生上，若能多支出 60 美元，就能產生重大差異，有較多經費執行各項衛生保健措施，例如兒童疫苗注射、安全分娩、瘧疾控制、愛滋病治療。

　　圖 9.2 暗示，即使是金額的小幅增加，也能大幅提升公共衛生，這是正確的。問題是，貧窮國家可能連這小幅的支出也負擔不起。若是經由外國的資金來源，例如對抗愛滋病、結核與瘧疾的全球基金，來負擔這額外的成本呢？影響可能相當重大：拯救數以百萬計的生命，經濟體有機會快速成長。一旦該國達到較高的人均 GDP，就能自行承擔衛生費用。這就是我們想要協助某些國家衛生發展的初衷，本章稍後將再進一步詳述。

　　圖 9.3 在地圖上標示出 5 歲以下死亡率，亦即每 1,000 人中有多少兒童活不到 5 歲。據世界銀行估計，2010 至 2015 年間，全球平均每千人有 52 人，其中已開發國家是每千人有 7 人，發展中國家則是每千人有 57 人，最低度開發國家則是每千人有 99 人。全球各區域中，以撒哈拉以南非洲的每千人有 110 人居冠，其次是南亞的每千人有 55 人，可見這二個地區正是面對赤貧與衛生挑戰的震央。

　　圖 9.4 統計了公共衛生的另一個非常關鍵的層面：產婦死亡人數。這個數字是以每 10 萬次活產的死亡人數計算。與懷孕相關的死亡，在各國之間差異極大，因為富裕國家的相關死亡人數很少，約為每 10 萬人中有 16 人；撒

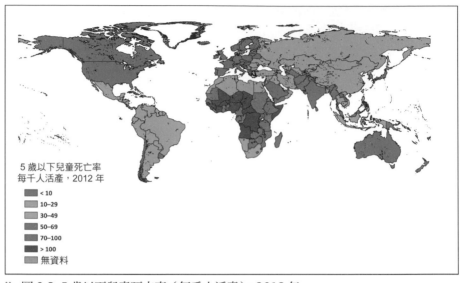

5 歲以下兒童死亡率
每千人活產，2012 年

- < 10
- 10–29
- 30–49
- 50–69
- 70–100
- > 100
- 無資料

※ 圖 9.3　5 歲以下兒童死亡率（每千人活產），2012 年
資料來源：*World Bank. 2014. "World Development Indicators."*

哈拉以南的非洲地區就很高，每 10 萬次活產有 500 個產婦死亡。所幸，低所得國家的產婦死亡率（maternal mortality rate，MMR）正在大幅下降。1990年，每 10 萬次活產約 900 人死亡，2013 年死亡人數降至 450 人，不啻為一項重大的成就。

　　大體上，富裕與貧窮國家的死亡原因不同。貧窮國家的許多常見死因，在富裕國家並不多見，特別是傳染病，例如麻疹、瘧疾或感染。通常，營養不足會導致免疫系統低下，無力對抗感染，通稱為免疫抑制（immunosuppression）。因此，非常貧窮的國家兒童常常營養不足，容易死於腹瀉性疾病或上呼吸道感染，同樣的情況並不會導致較富裕國家的兒童死亡。

　　富裕與貧窮國家間的差異，也適用於種族群體之間或一國之內。先前提過，美國在高所得國家中是所得最不均的，預期壽命也有顯著的差異。圖 9.5

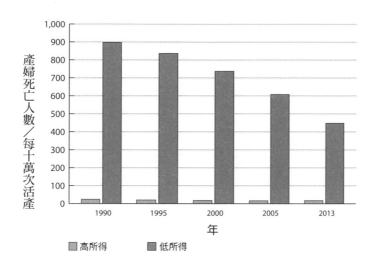

※ 圖 9.4 高所得與低所得國家產婦死亡人數，1990–2013 年
資料來源：*World Bank. 2014. "World Development Indicators."*

顯示美國各地女性的預期壽命。包括波士頓、紐約市在內的美國東北岸地區擁有高的預期壽命，不過在美國最南部的阿拉巴馬或喬治亞州，女性預期壽命就少好幾年；非裔美國人的預期壽命明顯比白人或非西裔美國人少好幾年。

　　各種統計數字被用來評估測量衛生的結果。出生時預期壽命、5 歲以下死亡率、產婦死亡率是最重要的三種統計數字。另一個很重要的指標是「失能校正人年」（disability-adjusted lifeyears，DALY）。稍早談到的壽命損失的概念，正常的壽命是 80 年，如果一個成人死於 60 歲，損失的是 20 年的人生。人生中 1 年的殘疾被算成 1 年壽命的部分損失，程度視嚴重性而定。因此，若患有半身不遂、精神分裂或失明之類殘疾 1 年，就被算成是 1 年壽命損失，或許最高到每年以 0.9 年來計的損失。

　　一個國家人口的失能校正人年，是將壽命損失總數加上因殘疾損失的數量，將總數除以人口數，就能算出人均失能校正人年（DALYs per capita，即

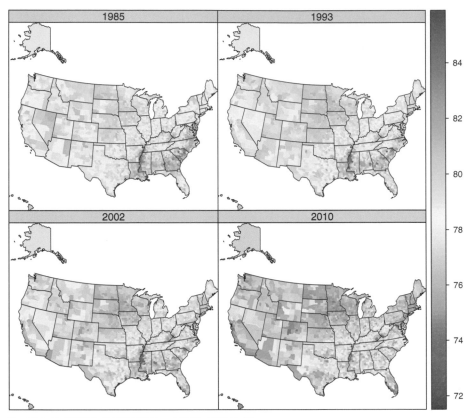

※ 圖 9.5　美國女性預期壽命，1985–2010 年
資料來源：© 2013 Wang et al.; licensee BioMed Central Ltd.

人均 DALY），如同我們將 GDP 除以人口數得出人均 GDP。人均 DALY 被用
來了解各國的疾病負擔，如圖 9.6 顯示。長條上每一塊彩色的片段代表一種
特定疾病的人均 DALY。最上面是高所得國家的疾病項目，其他的長條代表
開發中國家的各個區域。一根很長的長條代表人均 DALY 非常高，也就是
說，有相當多的夭折與殘疾。結果，撒哈拉以南非洲擁有最高的疾病負擔；

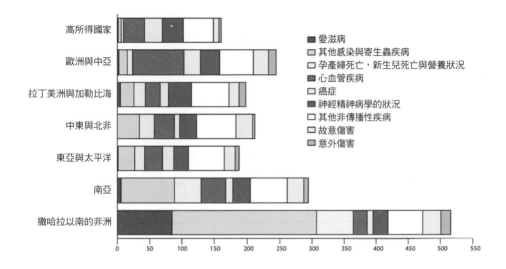

※ 圖 9.6 各地區每千人失能校正人年（DALY）

資料來源：*Alan D. Lopez, et al. 2006. "Global and Regional Burden of Disease and Risk Factors, 2001: Systematic Analysis of Population Health Data." The Lancet. 367(9524): 1747–1757. doi:10.1016/S0140-6736(06)68770-9. With permission from Elsevier.*

高所得國家的疾病負擔最低。

　　這些長條以很有意思的方式分隔，代表各種疾病項目。例如，長條最左邊的深藍色區域，代表撒哈拉以南的非洲擁有最高的愛滋病負擔。愛滋病項目右邊的淺藍色部分顯示了感染與寄生蟲疾病造成的 DALY。在此，撒哈拉以南的非洲的人均 DALY 仍是「破表」。

　　將撒哈拉以南的非洲的長條與高所得國家的長條相比。最上面的長條是一條愛滋病的深藍色地帶，這不代表高所得世界沒有愛滋病的侵擾，只是與撒哈拉以南的非洲的重大負擔相比，每人的愛滋病負擔較輕。在高所得國家中，可傳播的與寄生蟲疾病幾乎感受不到，許多可傳播的疾病不是完全消失，例如瘧疾，就是因為適當的公共衛生措施而免疫，例如麻疹。其他可傳播的疾病，包括痢疾、上呼吸道感染，透過抗生素治療，在高所得國家很難致命。如今，在公共衛生的領域中，已經有各種工具在運作，以縮小撒哈拉以南非洲的藍色長條。

在傳染性疾病右邊非常淺藍的項目是「孕產婦死亡、新生兒死亡與營養狀況」。這個項目結合了產婦與新生兒的死亡，以及由嚴重的營養不足所導致的死亡。再一次，我們看到非洲在這個項目擁有非常高的疾病負擔，較其他地區都高出許多。只有南亞與非洲相同，在孕產婦與營養相關也有很高的疾病負擔。

在比較各個項目與地區人均 DALY 時，撒哈拉以南非洲的沉重疾病負擔主要集中在愛滋病、其他可傳播的疾病，以及孕婦與營養相關的狀況。至於心血管與癌症，非洲的人均 DALY 與其他地區並無不同之處。關鍵點是，非洲的高疾病負擔是一種特定現象，原因指向包括愛滋在內的感染性疾病、懷孕生產，以及營養。透過專注於這些狀況，有可能使非洲的公共衛生大幅改善。

其他只有一個地區的情況較為不同，即盛行於東歐與中亞地區的心血管疾病，如圖中紅色項目所顯示。我們知道，俄羅斯與前蘇聯國家的中年男性罹患心血管疾病的人數相當多。我們沒有單一解釋，不過很可能跟生活型態有關。包括菸酒不忌、拚酒文化、很少運動，以及高脂肪飲食。

## ▎貧窮與疾病

健康是所有社會的共同挑戰。在富裕的世界裡，衛生條件比貧窮國家好得多，高昂與持續上升的醫療保健成本是政治與經濟議題的焦點。在最貧窮的國家中，挑戰也是來自財務，不過更重要的問題是疾病的負擔與生命的悲劇損失。

　　貧窮與健康不佳互為因果。要解決貧窮國家沉重的疾病負擔挑戰，必須了解兩者的關聯性，找出突破貧窮陷阱的工具。兩者之所以互為因果，是因為貧窮導致罹患疾病，而罹患疾病也帶來貧窮。一個罹患疾病的人往往不能全力工作，而因此損失收入。一個擁有沉重疾病負擔的社會或國家，通常缺乏生產力，醫療保健的高成本也會讓經濟狀況雪上加霜。

　　疾病透過許多管道影響人的一生。首先，年幼兒童的疾病會對其整個生命周期的發展造成負面影響，包括上學準備能力、學習能力，甚至成年後仍然易於罹患疾病。例如，成人的心血管疾病可能因為年幼時的營養不良而惡化。人類在整個生命周期的發展，深受年幼時期的健康與疾病影響。

　　長期而言，兒童的高死亡率會對人口分布造成負面影響。試想，當每千名新生兒童有 200 名無法長大成人，會發生什麼結果？父母了解兒童死亡的高風險，因應方式便是擁有數目眾多的孩子。例如，如果低所得父母希望確定能養大 1 個孩子，不論是基於文化的還是經濟的理由，他們可能選擇擁有很多兒子，以確保至少有 1 個存活。許多文化仍然偏好男孩，特別是在非洲與亞洲的低所得國家。也就是說，若希望能擁有 3 個以上的兒子，可能意味著總共要生 6 個以上，這導致人口急速增加、在每個孩子身上投資非常少的健康、營養與教育。

　　高度的疾病負擔也會對當地或全國經濟產生強大的負面效果，整個社區被瘧疾摧毀並不罕見。這種流行病對於貧窮的人造成非常嚴重的傷害後果。健康不佳的另一個經濟後果是，增加醫療保健方面的直接成本，在治療疾病上的花費對一個已經捉襟見肘的家庭來說，無異雪上加霜。在我們看來不過幾美元的花費，卻可能剝奪赤貧家庭的生存機會。

　　最後，投資人不會對有瘧疾、愛滋病肆虐的地區感興趣。如果潛在的投資人知道員工很可能會生病，需要另外安排人手替代缺席員工或是為瀕危的員工支付醫療保健費用，投資的意願便會大幅下降。對觀光也來說也是如此，如果感染登革熱的風險相當高，也不容易受到青睞。

這種因果關係正是多數人會想到的：貧窮導致疾病。貧窮有許多方式造成疾病或夭折，最明顯的是窮人無力負擔看醫生的費用，即使病得十分嚴重。此外，還有許多較不明顯的方式，會讓貧窮加劇疾病的發生或惡化，例如前面提過的免疫抑制。吃得不好的兒童缺乏基本營養素，造成免疫系統退化，最後無法抵禦疾病，通常在感染後死亡，這類感染對於平常吃得好的兒童來說，可能只有稍許的刺激性。

貧窮地區通常缺乏可靠的安全飲水，以及衛生設施，代表許多疾病會透過在戶外如廁時傳染。像霍亂之類的疾病便是透過這種方式蔓延。貧窮社區的自來水、下水道、電力基礎建設不良，住家的實體結構也危機四伏。許多窮人住在土坯房屋，屋頂用茅草覆蓋，各種攜帶疾病的昆蟲與其他動物能輕易穿過茅草與牆壁間的縫隙，進入屋內。

鉤蟲、鞭蟲、蛔蟲造成的寄生蟲感染，也容易出現在溫暖潮濕的熱帶氣候，使得住在這些地區的窮人特別容易被寄生蟲感染。瘧疾也是熱帶疾病，因為瘧疾只在攝氏 18 度以上的溫暖環境中傳播。結果，住在熱帶的人們擁有更多的疾病負擔。你可以說，瘧疾是貧窮條件所造成，其實真正的原因是在那些地理條件中有許多窮人居住。我應該強調的是，非洲的瘧疾負擔特別致命，據估計撒哈拉以南的非洲占全球瘧疾死亡人數的 90％以上。主要原因包括非常溫暖的氣溫、非洲本土的特定蚊子物種，以及足夠的雨水支持這些蚊子繁殖。

貧窮也伴隨著文盲與對科學的無知，很難了解如何按處方配藥或追隨藥物療程。追求健康的行為，對所有人都非常重要，但缺乏正式教育的窮人比較難找到正確的建議與協助。因此，當地訓練有素的衛生人員，例如社區護理人員，主要工作就在協助窮人了解如何保障自身安全，以及在緊急情況或特別需求發生時如何求助於衛生體系。

　　窮人也很容易被推向危險的工作,例如年輕女性因為貧窮而被勸誘或強迫從事性工作,成為愛滋病或其他性病的高危險群,或者容易長期遭受暴力的威脅。

　　因此,這種因果關係是雙向的:健康不佳導致貧窮,貧窮導致健康不佳。不論哪個方向,出現惡性循環的機會非常大。一個家庭可能因為陷入貧窮而向疾病屈服,賺錢能力因而更低,家庭陷入負債與貧窮。

　　惡性循環出現的同時,良性循環也有可能發生。疾病控制能提高家庭與社區的收入,有助健康狀況進一步獲得改善,結果就促成了健康與財富的良性循環。公共衛生政策的部分工作,就是打破貧窮與疾病之間的惡性循環,創造健康與發展的良性循環。

## 打破赤貧與疾病的惡性循環

　　要阻止惡性循環、促成良性循環的最佳方法何在?第一件要做的是執行1978 年阿拉木圖各國衛生部長的共同目標:建立完善的衛生體系。其次則是協助貧窮社區改善營養,一方面可以透過飲食改善與補充或是衛教工作,協助社區居民建立健康的飲食習慣;另一方面則是透過改善農業部門,由較具生產力的農人生產較多的糧食以支持較為健康的飲食,例如供應學校午餐計畫。這種做法不但有助改善農業、提高家庭收入,也能降低整體的負擔,再一次說明了永續發展的整合效果。

　　此外,基礎建設的加強也是有助於提升公共衛生的投資,諸如飲水安全、衛生設備、電力、道路、通訊等。以確保診所冰箱能維持疫苗冷卻,或是產婦生產時供電不虞匱乏;農業有穩定便利的灌溉用水可取;有便捷的道路可以往返醫療機構;需要時,電話與網際網路也能輕鬆傳遞分享訊息。儘管這些不是對公共衛生的直接投資,卻能讓社區居民因此獲致較佳的健康。

　　如今，在低所得國家擴展基本醫療體系上，已有重要進展。表 9.1 顯示 5
歲以下兒童死亡率。1990 年，有 1,200 萬名 5 歲以下兒童死亡，至 2010 年，
降至 760 萬人，2012 年為 660 萬人。這個數字的下降代表了公共衛生的一大

表 9.1　5 歲以下兒童死亡人數（千人），1990–2010 年

| 區域 | 1990 | 1995 | 2000 | 2005 | 2009 | 2010 | 下降（％）<br>1990–2010 | 全球占比<br>（％）<br>2010 |
|---|---|---|---|---|---|---|---|---|
| 已開發地區 | 227 | 151 | 129 | 112 | 102 | 99 | 56 | 1.3 |
| 開發中地區 | 11,782 | 10,550 | 9,446 | 8,355 | 7,654 | 7,515 | 36 | 98.7 |
| 北非 | 304 | 210 | 153 | 121 | 100 | 95 | 69 | 1.2 |
| 撒哈拉以南的非洲 | 3,734 | 3,977 | 4,006 | 3,956 | 3,752 | 3,709 | 1 | 48.7 |
| 拉丁美洲與加勒比海 | 623 | 511 | 397 | 305 | 237 | 249 | 60 | 3.3 |
| 高加索與中亞 | 155 | 119 | 86 | 80 | 79 | 78 | 50 | 1.0 |
| 東亞 | 1,308 | 845 | 704 | 423 | 349 | 331 | 75 | 4.3 |
| 中國除外 | 29 | 46 | 30 | 16 | 17 | 17 | 41 | 0.2 |
| 南亞 | 4,521 | 3,930 | 3,354 | 2,829 | 2,588 | 2,526 | 44 | 33.2 |
| 印度除外 | 1,443 | 1,233 | 1,060 | 875 | 837 | 830 | 42 | 10.9 |
| 東南亞 | 853 | 696 | 530 | 453 | 368 | 349 | 59 | 4.6 |
| 西亞 | 270 | 247 | 201 | 173 | 167 | 165 | 39 | 2.2 |
| 大洋洲 | 14 | 15 | 15 | 14 | 14 | 14 | 0 | 0.2 |
| 全球 | 12,010 | 10,702 | 9,575 | 8,467 | 7,756 | 7,614 | 37 | 100.0 |

資料來源：United Nations Children's Fund. 2013. *Levels and Trends in Child Mortality Report 2013*. New York: United Nations Children's Fund.

勝利,但是660萬人還是太多,因為這些死亡的原因都是可預防、可治療的。

在表 9.2 中,同樣的死亡率是以每千人活產的死亡人數(5 歲以下死亡率),而不是總數。1990 年,全球每千名兒童有 88 名活不到 5 歲,2010 年比率下降至每千名兒童有 57 名。數字仍然很高,應該且能夠再被顯著降下來。儘管如此,5 歲以下死亡率的確已大幅下降。

在 2010 年死亡的 760 萬名兒童中,有 600 萬名是來自撒哈拉以南的非洲與南亞這兩個地區。這兩個地方整體貧窮、疾病負擔高。圖 9.7 統計全球 5 歲以下兒童死亡的主因,顯示傳染病仍然佔非常高的比例,包括腹瀉、肺炎、麻疹、瘧疾等。另一個是分娩死亡,包括胎兒產時窒息、外傷、早產、嚴重的新生兒感染。這些情況都跟缺乏衛生的分娩環境,或是簡單的設備來幫助新生兒呼吸。

就了解應該怎麼做而言,流行病學的探討是個好的開始。在貧窮、疾病惡性循環的這個陷阱中,一方面貧窮助長疾病,另一方面疾病也助長貧窮。這種情況大半集中在撒哈拉以南的非洲與南亞。解決此問題的有效起點,就是建立一個基本的衛生體系。

## 基本的衛生體系與資金

當我們提到醫學時,通常想到的是醫治個人的醫生與護士。公共衛生領域處理的是所有人的健康問題,而非針對個人,部分工作是透過醫生與護士,部分則是透過其他工具,例如飲水安全、社區使用防瘧疾蚊帳,以及疫苗的廣泛施打等。公共衛生的解決方案得視地點與所得水準而因地制宜,因為這些解決方案根據的是任何地點的特定疾病負擔。

公共衛生是門高度專業的科目,在實務上也很有系統,處理方式始於疾病的流行病學,例如我們剛剛完成 5 歲以下兒童的死亡率。公衛領域的專家

表 9.2　5 歲以下死亡率的水準與趨勢，1990–2010 年（每千人活產死亡人數）

| Region | 1990 | 1995 | 2000 | 2005 | 2009 | 2010 | 千年發展目標 2015 年標的 | 下降（％）1990–2010 | 平均下降年增率（％）1990–2010 | 成效 |
|---|---|---|---|---|---|---|---|---|---|---|
| 已開發地區 | 15 | 11 | 10 | 8 | 7 | 7 | 5 | 53 | 3.8 | 合乎預期 |
| 開發中地區 | 97 | 90 | 80 | 71 | 64 | 63 | 32 | 35 | 2.2 | 進展不足 |
| 北非 | 82 | 62 | 47 | 35 | 28 | 27 | 27 | 67 | 5.6 | 合乎預期 |
| 撒哈拉以南的非洲 | 174 | 168 | 154 | 138 | 124 | 121 | 58 | 30 | 1.8 | 進展不足 |
| 拉丁美洲與加勒比海 | 54 | 44 | 35 | 27 | 22 | 23 | 18 | 57 | 4.3 | 合乎預期 |
| 高加索與中亞 | 77 | 71 | 62 | 53 | 47 | 45 | 26 | 42 | 2.7 | 進展不足 |
| 東亞 | 48 | 42 | 33 | 25 | 19 | 18 | 16 | 63 | 4.9 | 合乎預期 |
| 中國除外 | 28 | 36 | 30 | 19 | 18 | 17 | 9 | 39 | 2.5 | 合乎預期 |
| 南亞 | 117 | 102 | 87 | 75 | 67 | 66 | 39 | 44 | 2.9 | 進展不足 |
| 印度除外 | 123 | 107 | 91 | 80 | 73 | 72 | 41 | 41 | 2.7 | 進展不足 |
| 東南亞 | 71 | 58 | 48 | 39 | 34 | 32 | 24 | 55 | 4.0 | 合乎預期 |
| 西亞 | 67 | 57 | 45 | 38 | 33 | 32 | 22 | 52 | 3.7 | 合乎預期 |
| 大洋洲 | 75 | 68 | 63 | 57 | 53 | 52 | 25 | 31 | 1.8 | 進展不足 |
| 全球 | 88 | 82 | 73 | 65 | 58 | 57 | 29 | 35 | 2.2 | 進展不足 |

資料來源：United Nations Children's Fund. 2013. *Levels and Trends in Child Mortality Report 2013*. New York: United Nations Children's Fund.

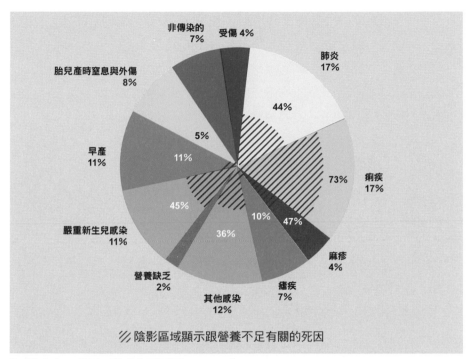

※ 圖 9.7　5 歲以下兒童主要死因，2004 年

資料來源：*Reproduced, with the permission of the publisher, from* "*Global Health Risks: Mortality and Burden of Disease Attributable to Selected Major Risks.*" *Geneva, World Health Organization, 2009 (Fig. 8, Page 14 http://www .who.int/healthinfo/global_burden_disease/GlobalHealthRisks_report_part2.pdf, accessed 01 July 2014).*

必須了解特定人口的疾病負擔，包括每一種疾病的失能校正人年（DALY）的數字是多少？這種疾病在人口中的普及性有多高？在一段時期內的發病率是多少？流行病學以系統化的方式評估疾病負擔，也專注於傳染機制的研究。某種疾病是否在人與人之間傳染？某種昆蟲病媒是否將感染從一人傳播到另一人，如蚊子與瘧疾的案例？流行病學家需要了解疾病的各種面向，以及如何傳播。

　　接下來，良好的公共衛生部門必須檢視各種可行性與理想的「干預」（intervention）程度，包括衛生部門內部與相關的營養、農業、基礎建設部門。什麼事是我們確切能做且應該做的？我們可以將這些視為公共衛生的「應用軟體」（apps）。干預是系統化的整套工作，從診斷、治療到後續處理特定問題，例如瘧疾或新生兒高級救命術（neonatal resuscitation）。

　　最後，公共衛生也跟「系統設計」（systems design）有關。假定你已訂出工作的計畫，例如每一名兒童都需要提升免疫力，每一個家庭應該有蚊帳，每一位母親應該有完整的產前檢查。接著，就是透過系統設計創造一種適當、有效的方式，以執行相關的干預。誰應該負責施打免疫疫苗，是醫生、護士、診所工作人員，還是社區護理人員？應該如何配送蚊帳，確保各個家庭知道如何使用？哪個組織或機構應該確保藥品的供應鏈？誰負責管理人員的能力、誠實與勤快？

　　這些挑戰與企業面對組織的運作一樣，公共衛生體系的運作更為不易。在一個非常貧窮的地區，從無到有建立一個體系是極端困難的，重要的工作包括訓練、招募、指派任務等，有許多的事要做：可能需要投資一間新的手術室，供緊急產科護理；設立一間檢查室；為飲水安全鑽一口深井。或者，你可能必須訓練一批當地的公共衛生人力，從幾位少得可憐的人員開始。公共衛生體系的中心涉及社區裡的個人，他們對醫療保健有重要需求，對社區護理人員有一定的信任與信心。每個家庭都了解健康的風險，以及一旦疾病來臨時應當尋求專業的醫療。此外，人員的監督也是不可或缺的，如同其他組織。身為公共衛生官員，你要如何確認工作實際完成，預算的資金有被適當使用？如何確認疾病負擔正如預期，使相關的干預鎖定正確目標？

　　一個良好的體系不僅為了管理、監控結果，也能評估並判定衛生體系的表現。此外，衛生體系也應該能運用及時資訊，來檢核自身的表現。例如，若資料顯示一位母親死於分娩，相關的衛生人員應該調查死因，判斷情況是否可以預防，如果是的話，再進一步了解何種調整是必要的。這類回饋系統絕對不可或缺。

再來是錢的問題。在低所得地區，醫療保健相關資金籌措絕對是個大問題。這些地方正是因為普遍缺錢，疾病才得以持續蔓延。即便擁有高效率的公共衛生體系設計、有智慧的流行病學知識、具成本效益的干預措施，一個貧窮社區仍然需要資金上的援助，才能負擔得起相關疾病的處理開支。

有些可行的干預是根據當地的流行病原理而進行的。例如，有一種蚊子從人到人傳播單細胞的瘧原蟲病原體，衛生體系如何以最佳方式來防治？做法一是透過藥物殺死人體內的病原體；做法二是在瘧蚊幼蟲長大成為傳播瘧疾的蚊子前，使用殺蟲劑殺死瘧蚊幼蟲；做法三是大量配送防瘧疾蚊帳阻絕蚊子叮咬，或在屋內噴灑藥劑殺死蚊子。事實上，目前的有效做法是併用上述幾種策略，而非單獨使用一種。

有很多例子證明，若能具備完善充足的流行病原理，加上一套符合效益的低成本干預措施，結果將非常驚人與正面。以 2013 年的美元來計算，在一個社區解決先前描述的疾病，所需成本不超過每人每年 60 至 90 美元。諷刺的是，這對非常貧窮的國家而言，即便 60 美元還是太高。身在富裕國家的人很難理解，以為問題一定出在當地政府沒有盡全力處理。事實上，這種推斷非常不正確。即便是這類國家的模範政府，也需要外界的財務協助。

貧窮國家的財務處境通常是很困難的。像是馬拉威之類的國家，以目前匯率計算，人均所得為 400 美元左右。先前提過，像是馬拉威之類的國家通常會課徵國民所得的 20％為稅收，400 美元的 20％，相當於政府國內稅收是每人每年 80 美元。這筆收入將用於政府所有支出，包括國防、警察、道路、環境保育，還有公共衛生體系。預算專家建議，低所得國家將總預算的 15％投入衛生部門，以人均 80 美元計算，15％相當於每年人均 12 美元。在歐洲與美洲，公共衛生預算分別是每人每年 3,000 美元、4,000 美元。表 9.3 說明低所得、中所得、高所得國家的人均國民生產毛額（GNP）、衛生支出、衛生成果（透過 5 歲以下兒童死亡率）的個別水準。

　　即使盡全力運用本身的收入，貧窮國家也達不到每人每年 60 至 90 美元的水平。如我先前強調過，這就是為什麼政府開發援助對公共衛生如此重要。此種政府開發援助應該審慎、科學、專業鎖定改善窮人的健康與衛生體系。當我在 2000、2001 年擔任世界衛生組織總體經濟與衛生委員會主席時，就致力於這種發展援助；擔任聯合國前祕書長安南與現任祕書長潘基文特別顧問的十餘年間，也始終捍衛這種援助。

　　一個有效援助的執行案例是對抗愛滋病、結核與瘧疾的全球基金（GFATM）。自從全球基金設立以來，貧窮國家在前述三種疾病的控制上，都獲得重大改善。全球疫苗和免疫接種聯盟（Global Alliance for Vaccines and Immunization，GAVI）是另一個偉大的計畫，為需要的國家提供相關財源。

表 9.3　貧窮，預算與衛生部門

| 國家 | GNP<br>（現值美元） | 政府衛生支出<br>（現值美元） | 衛生支出占 GDP<br>百分比（%） | 5 歲以下兒童<br>死亡率（%） |
|---|---|---|---|---|
| 衣索匹亞 | 380 | 18 | 3.8 | 68 |
| 尼日 | 390 | 25 | 7.2 | 114 |
| 莫三鼻給 | 510 | 37 | 6.4 | 90 |
| 瑞典 | 56,120 | 5,319 | 9.6 | 3 |
| 美國 | 52,340 | 8,895 | 17.9 | 7 |
| 巴西 | 11,630 | 1,056 | 9.3 | 14 |
| 墨西哥 | 9,640 | 618 | 6.1 | 16 |
| 泰國 | 5,210 | 215 | 3.9 | 13 |
| 法國 | 41,850 | 4,690 | 11.7 | 4 |

資料來源：*UN data.*

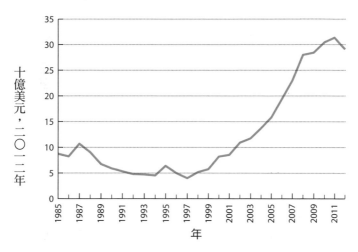

※ 圖 9.8　全球為衛生與人口投注的政府開發援助，1985-2012 年
資料來源：*World Bank. 2014. "World Development Indicators."*

美國總統防治愛滋病的緊急救援計畫（U.S. President's Emergency Plan for AIDS
Relief，PEPFAR）與美國總統防治瘧疾行動計畫（U.S. President's Malaria
Initiative，PMI）在改善貧窮與疾病猖獗的國家衛生工作上，都獲得相當成功
的成果。

　　這些目標明確與專注的計畫在政府開發援助的支持下，都非常有效與成
功，因為這些基金在每個步驟都經過審慎的監控、評估與評價。圖 9.8 顯
示，一旦政府開發援助金額起飛，瘧疾正在往下減少，愛滋病負擔也在下
降，對結核的治療正在擴大，5 歲以下死亡率與產婦死亡率也大幅下降。這
些證明了政府開發援助運作非常成功，然而，最貧窮的國家仍然沒有完全獲
得需要的資金。雖然隨著政府開發援助的逐步增加，資金缺口已有部分獲得
填補，但是國家預算仍然相當不足，可能只有人均 20、30 美元。

　　多年來，我建議富裕國家應該為受援國提供每人 40 美元的援助，或許已

經達到目標的一半或稍多一些。這種援助已經產生重大差異，但仍有一個資金缺口待填補，以達成全民健康的長期目標。

## ▎給最貧窮國家的健康十建議

　　自 2000 年推動千年發展目標期間，對於公共衛生而言，是個令人興奮的階段。瘧疾在許多地區是一種全面流行的疾病，尤其在非洲，造成當地許多人死亡。控制瘧疾是一項偉大功績，目前撒哈拉以南的非洲正在控制當中，這些全拜「美國總統防治愛滋病緊急救援計畫」（PEPFAR）與「美國總統防治瘧疾行動計畫」（PMI）等組織的努力。此外，也要感謝公共衛生與新科技的重大進展，例如經過殺蟲劑處裡的蚊帳；直接進入社區的社區護理人員，減少病患來回奔波的辛苦；以及新的診斷測試。以往，需要用顯微鏡查看血中是否含有瘧原蟲病原體，現在社區護理人員只要用針刺一下手指，幾分鐘內就知道是否染上瘧疾。新藥青篙素（artemisinin）已經取代藥效不佳的氯喹。所有因素加總在一起，自 2000 年迄今，5 歲以下兒童的瘧疾死亡率下降了約 50%。

　　到目前為止，貧窮國家已經將其基本衛生體系完成一半以上。近來，衛生工作的成功更加激勵我們往前邁進。未來 10 年，為達成更全面的突破，尚需關照以下十個基本建議。

　　第一，是跟財務有關的議題。為了健康目的，政府開發援助每年經費為 400 億美元，相當於需要協助的 10 億人，每人可分得 40 美元。富裕國家的人口數也是 10 億左右，因此我們需要富裕國家每人每年捐助 40 美元，以拯救貧窮國家。對富裕國來說，每人每年出 40 美元是九牛一毛，相當於富裕國家每賺 100 美元中的 0.1 美元。

　　**建議一：富裕國應將國民生產毛額的 0.1% 提供給貧窮國，做為衛生援助**

之用，以弭平目前衛生體系的財務缺口。

第二，將資金交給有執行效率的機構。我個人的建議是，將一向表現良好、專門對抗愛滋病、結核與瘧疾的全球基金轉型成為更廣泛的「全球衛生基金」（global health fund），將每年 400 億美元中的 200 億美元透過全球衛生基金運用。這個擴大的基金將協助貧窮國家建立基本衛生體系，內容稍早已經提過。

**建議二：全球基金轉型為全球衛生基金，將一半的經費交由全球衛生基金運用。**

第三，低所得國家將其總預算的 15％做為衛生改善資金。15％的目標又通稱為「阿布加目標」（Abuja target）。

**建議三：低所得國家應該履行「阿布加目標」，將國內稅收至少 15％配置給衛生部門。綜合國內與外部資金，每人每年至少有 60 美元可用於衛生保健，以確保基本福祉。**

第四，完成全面控制瘧疾。瘧疾是一種致命疾病、一個殺手，社會發展的負擔，我們距離全面控制這種疾病只差最後一哩，各國應該採納全面控制瘧疾的計畫。這項計畫每年將花費 30 至 40 億美元，就能讓貧窮國家有足夠的經費與設備，迅速診斷測試、供應有效藥品，有效終結瘧疾。

**建議四：各國應採納全面控制瘧疾的計畫，2015 年不再有人死於瘧疾。估計每年花費 30 至 40 億美元。**

第五，主要捐款國應該履行承諾，提供抗病毒藥物給愛滋病患使用。這種藥物是有效的，能拯救窮人的生命。更多的治療，能讓患者體內病毒濃度迅速下降，有效減少傳播的機會。

**建議五：八大工業國應履行全球使用抗愛滋病毒藥物的承諾。**

第六，主要捐款國應該履行承諾，與貧窮國家合作，提供阻止結核的全球計畫資金。這項計畫每年財務缺口約為 30 至 40 億美元，相當於高所得國家每人每年 3 至 4 美元，大約就是一杯咖啡的花費。

**建議六：全球應履行阻止結核的全球計畫，弭平每年 30 至 40 億美元的財務缺口。**

第七，全球，特別是主要捐助國，應該保證兩性與生育相關衛生服務的使用權。包括為安全分娩的緊急產科保健、為安全懷孕的產前保健、現代避孕用品。越來越多女性都希望能使用現代避孕用品，以擁有較少的孩子，但缺乏使用權或金錢，以致無法如願。這些女性需要家庭計畫的服務、避孕、緊急產科保健與孕婦保健的完整資助。所有這些服務，都能以低預算方式完成，使得這些服務能在全球普遍提供。

**建議七：至 2015 年，各國應該提供兩性與生育相關的衛生服務，包括緊急產科保健、避孕等。所需的資金，一部分透過全球衛生基金，一部分透過聯合國人口基金。**

第八，讓全球衛生基金開始處理「被忽視的熱帶疾病」，包括鉤蟲病、蛔蟲病、鞭蟲病、蟠尾絲蟲病、血吸蟲病。象皮病是另一類的熱帶蟲媒病，帶來嚴重的後果。近年透過蚊帳與衛生機構的努力，證明這類疾病是可以控制的。另一種遭到忽視的疾病是白內障導致的失明，可用成本非常低的手術治療。

**建議八：全球衛生基金應該為七種可控制的、被忽視的熱帶疾病建立一個資金窗口。這七種疾病包括鉤蟲病、蛔蟲病、鞭蟲病、蟠尾絲蟲病、血吸蟲病、象皮病、砂眼。**

第九，呼籲全球衛生基金建立一個專款項目，以協助衛生體系的運作，包括社區護理人員的訓練與部署。將原本以疾病為目標的基金，轉型成提供廣泛服務的全球衛生基金。我與同事已經要求聯合國，協助非洲在 2015 年前招募 100 萬名社區護理人員到非洲，做為達成千年發展目標的重要助力。

**建議九：全球衛生基金應該為衛生體制建立一個窗口，包括在 2015 年大**

量訓練、部署 100 萬名社區護理人員到非洲。

　　第十，處理若干非傳染性的疾病，這些疾病在許多緊急的千年發展目標下遭到忽視。例如，牙齒護理是非常基本與重要的一環，貧窮國家通常都很欠缺。還有眼睛的保健、心理健康諮詢。憂鬱症如今越來越普遍。此外，心血管疾病通常來自未診斷的高血壓，如果沒有治療可能會危及生命，若能及時診斷，就可以使這種疾病受到控制。某些癌症的治療成本也不高。反對菸草使用，是公共衛生推廣中不可或缺的，這是一種行為需求（behavioral challenge），但仍必須抑制這種行為，因為這是拯救生命最有效的方式之一。

　　**建議十：應該為非傳染性疾病，如口腔衛生、眼保健、心理健康、心血管疾病、新陳代謝失調等引進基本醫療護理或者大規模干預與治療。包括生活方式的改變，如戒菸、杜絕反式脂肪，以及為健康環境進行都市設計、監視、臨床護理等措施。**

　　我們可以說，全球已經持續在往全民健康的目標邁進了。千年發展目標更大幅鼓舞了這項努力。現在，我們看到一條途徑，即將通往下一個目標，也是全球發展與永續發展目標的下一個階段。

## ▌高所得國家醫療面的持續挑戰

　　我們已經分析過當前最貧窮地區的衛生挑戰。有人可能會假定，高所得國家因為預期壽命長、醫療保健體系也非常成熟，可以從此高枕無憂了。在高所得國家中，醫療保健的年度公共支出通常每人每年 3,000 至 4,000 美元，在美國更高達每人每年 8,000 美元，佔 GDP 總值的 18% 左右，是美國經濟中最大的單一部門。成本如此高昂，已經成為美國經濟的主要負擔。對窮人來說，更是如此。因為負擔不起，窮人通常被完全排除在醫療保健市場之外，就連中產階級也被沉重的醫療成本壓得喘不過氣。在美國，收入的高度不平等伴隨著昂貴的醫療支出，以及政府提供相當有限的社會安全網。

接下來，我想探討美國的特定情況。與別國相比，為什麼美國的醫療保健體系那麼昂貴？雖然問題主要發生在美國，但從中找出的原因應該也適用別的國家。就讓我們先來了解美國的問題。

首先，美國是私人導向的醫療提供（privately oriented health-delivery）系統。對此，美國人常見的說法是私人部門較有效率，公共部門被官僚體系弄得很沒效率，成本也非常高。雖然如此，美國私人部門的醫療保健所占的比重是高所得國家中最高的，每人平均成本也是最高的。探討其中原因有助於了解公共與私人部門的適當分界線，特別是在醫療保健體系，通常這有助於推翻「自由市場永遠是最佳解決方案」的假定。至少可以說，美國醫療保健是很罕見的。

先來了解的是，醫療保健不是典型的市場商品，而是一種殊價財：我們多數人都同意，醫療保健的使用是一種基本人權，因此它是以一種特定狀況開始，如同教育。公共部門提供這些服務是很重要的，即使不為其他原因，這有助於確保窮人能使用這些殊價財，如同富人一般。

經濟學家、諾貝爾獎得主肯尼斯・亞羅（Kenneth Arrow）在 1963 年的一篇論文中指出，因為一個基本問題，醫療保健部門不能真正像競爭市場部門那樣運作：在醫療上，病人通常不知道什麼是對自己最好的選擇，必須仰賴醫生、假定醫生知道。亞羅強調，這種資訊的不對稱性（asymmetry of information）違反自由市場運作的基本假定，也就是消費者與供應商在一筆交易中擁有相同的資訊。

當只有供應商擁有這種資訊時，會發生什麼事？當醫生說你需要做一項檢驗，通常你會聽醫生的。當不對稱的資訊發生時，供應商是擁有資訊的人，如果供應商的誘因沒有經過適當設計，消費者可能被過度收費。美國醫療保健體系就有這個問題。為數眾多的醫療保健提供者擁有過度收費的誘因，不論是透過詐欺、過多醫療程序的使用、獨佔力量的使用（例如社區裡只有一所醫院）。

將醫療保健視為一種自由市場商品，還衍生了其他問題。醫療保健需要保險，因為某些疾病的醫療保健成本非常高昂。如果個人知道自身情況，保險人不知道，保險人發現保費太低後，便提高保費，使得健康的人不買保險，只有生病的人才會買。於是，被保險人的群體將由越來越多已經生病，或是認為自己會生病的人所組成。保險市場終將縮小或崩潰，也就是通稱的「保險死亡螺旋」（insurance death spiral）。

美國體系的特點是有大量的詐欺、過度醫療、浪費，以及當地醫療保健提供者的壟斷現象。保險市場運作不佳，造成許多人被排除在醫療體系之外。「患者保護與平價醫療法案」（Affordable Care Act），通稱為「歐巴馬醫改」（Obamacare），只處理了其中一部分的問題，並未觸及美國醫療保健成本過高的關鍵。美國醫療保健體系因此比其他體系昂貴得多。

在圖 9.9 中，最上面一條黑色點線是美國每人的支出成本，這個數字正在大幅上升。1980 年，美國平均的醫療保健支出為每人 1,000 美元左右，2009 年成為每人 8,000 美元。另一個富裕國家挪威居次，但是低出許多，約為人均 5,500 美元。大體上，其他的富裕國家也聚集在較低的水準，一般的支出是在 4,000 美元左右。

圖 9.10 顯示，支出除以 GDP，得到醫療支出佔所得的百分比。回到 1980 年，美國的醫療保健約占國民所得的 9％，2009 年比例上升到國民所得的 18％。在 1980 年，其他國家大致花費國民所得 6％到 9％，2009 年多數國家花費 GDP 的 10％左右。美國早已經脫離群體，成為全世界最昂貴的醫療保健體系。大體上，醫療成本與醫療支出占國民所得百分比都在上升之中，但速度都比不上美國。

美國國家科學院醫學研究所（Institute of Medicine of the U.S. National

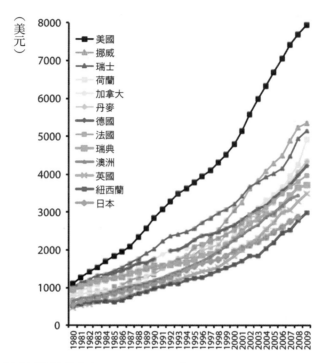

※ 圖 9.9 每人平均健康支出，1980-2009 年

資料來源：*Squires, David A. 2012. "Explaining High Health Care Spending In the United States: An International Comparison of Supply, Utilization, Prices, and Quality." The Commonwealth Fund, Pub. 1595, Vol. 10.*

Academies of Science）是研究美國醫療體系的主要科學機構之一。在最近的一項研究中發現，醫療保健體系的浪費、詐欺與濫用高達美國國民所得的5%，包括過度收費、資源浪費、重複檢驗、公然詐欺，以及管理成本偏高。

　　從圖 9.11 我們看到，美國是高所得國家中唯一醫療私人支付超過總支出一半的國家。這不是巧合。解釋美國體系價格過高的原因，就是錯誤仰賴私人市場。偏偏這種體系不能滿足有效率、有競爭力市場的假定。

　　表 9.4 是美國與其他高所得國家在某些特定商品與服務的比較。例如，

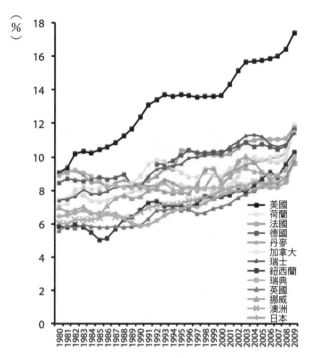

※ 圖 9.10 醫療支出總額占國內生產毛額，1980-2009 年

資料來源：*Squires, Duvid A. 2012. "Explaining High Health Care Spending In the United States: An International Comparison of Supply, Utilization, Prices, and Quality." The Commonwealth Fund, Pub. 1595, Vol. 10.*

美國 30 種最常見的處方藥物設定為指數 1.0，接著是紐西蘭的成本是 0.33，代表美國成本的三分之一；澳洲是 0.4，接近美國成本的一半。在美國看醫生，由公共部門支付（60 美元）的費用與他國相當，但由私人部門或保險公司支付的費用（133 美元）就超過公共部門的一倍以上。美國體系的成本顯然太高。

　　圖 9.12 顯示每位病人從醫院出院的支出。在美國，每位病人要花費多少錢呢？天啊，竟然高達 18,000 美元！在法國與德國，只要不到三分之一的費

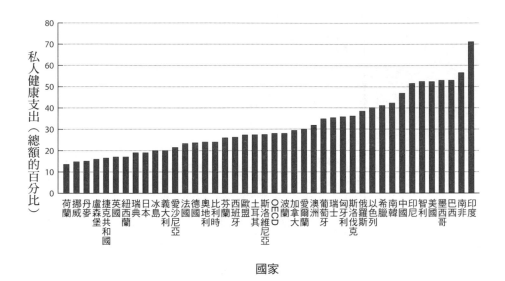

資料來源：*Organization for Economic Co-operation and Development. 13/05/2014. "Aid (ODA by sector and donor." OECD Publishing. http://www.oecd.org/dac/stats/data.htm.*

用。經濟合作暨發展組織會員國，也都是高所得國家，平均的出院成本只有美國的三分之一。

另一項差異是薪水，美國醫生賺的錢比別的國家高出許多。2008 年，美國整形外科醫生平均收入為 44 萬美元，德國的整形外科醫生約為 20 萬美元，還不及美國的一半。圖 9.13 顯示幾個國家的醫生所得。

美國體系出奇昂貴，不是因為美國提供了許多他國沒有的服務，也不是因為美國的治療成果比較好，而是因為干預（intervention）與藥物的單位成本比別的國家高出許多。原因出在美國醫療部門在政治上的影響力十分強大，所以能抵抗有效的立法或被公共體系取代。的確，私人醫療保健業應該被視為美國四個遊說力量最大的產業之一，與華爾街、軍火工業、石油業並

表 9.4　藥物與醫生價格

| | 30 種最常見的處方藥物，2006–2007 年（設定美國為 1.00） | | | 2008 年基本保健門診的醫生收費 | | 2008 年髖關節置換術整形外科醫生費用 | |
|---|---|---|---|---|---|---|---|
| | 專利藥 | 學名藥 | 整體 | 公共部門付費 | 私人部門付費 | 公共部門付費 | 私人部門付費 |
| 澳洲 | 0.4 | 2.57 | 0.49 | $34 | $45 | $1,046 | $1,943 |
| 加拿大 | 0.64 | 1.78 | 0.77 | $59 | | $652 | |
| 法國 | 0.32 | 2.85 | 0.44 | $32 | $34 | $674 | $1,340 |
| 德國 | 0.43 | 3.99 | 0.76 | $46 | $104 | $1,251 | |
| 荷蘭 | 0.39 | 1.96 | 0.45 | — | — | — | — |
| 紐西蘭 | 0.33 | 0.9 | 0.34 | — | — | — | — |
| 瑞士 | 0.51 | 3.11 | 0.63 | — | — | — | — |
| 英國 | 0.46 | 1.75 | 0.51 | $66 | $129 | $1,181 | $2,160 |
| 美國 | 1 | 1 | 1 | $60 | $133 | $1,634 | $3,996 |
| 中位數 | 0.43 | 1.96 | 0.51 | $53 | $104 | $1,114 | $2,052 |

資料來源：*Squires, David A. 2012. "Explaining High Health Care Spending In the United States: An International Comparison of Supply, Utilization, Prices, and Quality." Issues in International Health Policy 10: 1–14.*

駕齊驅。在 1998 至 2014 年間，醫療保健的遊說支出超過所有產業，如我們在表 9.5 中所見。這種強大的遊說力量阻擋了一切對過高成本的矯正措施。

醫療保健部門也是選舉經費的主要貢獻者。

在最近幾年的選舉中，以競選捐獻的規模而言，醫療保健部門在各產業中排名第六，如表 9.6 所示。2011 到 2012 年的大選中，醫療保健部門的管理階層與員工一共捐獻了 2.6 億美元。這代表政客會注意這個高度集中的團體的利益，而非市井小民的利益。

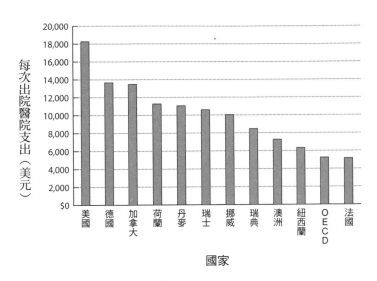

※ 圖 9.12　平均醫院出院支出，2011 年

資料來源：*Squires, David A. 2012. "Explaining High Health Care Spending In the United States: An International Comparison of Supply, Utilization, Prices, and Quality." The Commonwealth Fund, Pub. 1595, Vol. 10.*

## 有哪些改革選項

　　第一步是走向如同加拿大的單一支付系統（single-payer system）。加拿大的醫療保健體系品質甚高，成本也比美國體系低得多。各省政府負擔大部分的醫療保健成本，使得私人支付不到總額的 30％。

　　第二個可能性是所謂的集中給付制（all-payer system）。醫療費用將來自私人雇主，但是法律規定將可防止獨占力量進行定價。特別是每一種醫療服務都有單一、眾所周知的價格。醫院與醫生將不准進行「價格歧視」（price discriminate，意即「差別定價」），也就是當他們能逃避時就收取獨占價格，如同現在的情況。（文接第 287 頁）

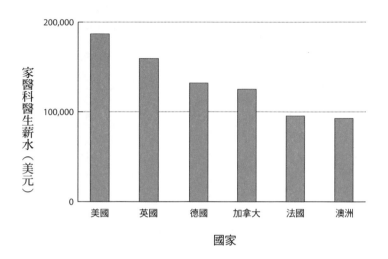

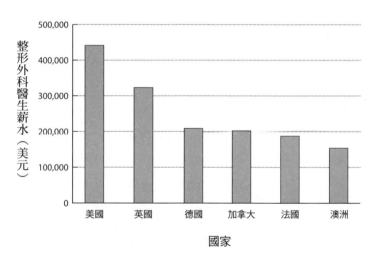

※ 圖 9.13 醫生收入的比較，2008 年

資料來源：*Squires, David A. 2012. "Explaining High Health Care Spending In the United States: An International Comparison of Supply, Utilization, Prices, and Quality." The Commonwealth Fund, Pub. 1595, Vol. 10.*

表 9.5　遊說支出，1998-2014 年

| 產業 | 總計（美元） |
|---|---|
| 雜貨企業 | $ 6,078,960,580 |
| 醫療 | $ 6,008,970,746 |
| 金融／保險／房地產 | $ 5,987,751,654 |
| 通訊／電子 | $ 4,928,429,581 |
| 能源／天然資源 | $ 4,462,152,496 |
| 其他 | $ 3,184,831,387 |
| 運輸 | $ 3,059,318,830 |
| 意識形態／單一議題 | $ 1,965,929,158 |
| 農業 | $ 1,809,056,698 |
| 國防 | $ 1,730,989,688 |
| 建築 | $ 656,221,136 |
| 勞工派遣 | $ 594,160,648 |
| 律師與遊說人士 | $ 415,404,522 |

資料來源：*Center for Responsive Politics (opensecrets.org).*

表 9.6　各產業的競選捐獻，2011–2012 年

| 排名 | 產業 | 金額（美元） | 對民主黨的% | 對共和黨的% |
|---|---|---|---|---|
| 1 | 金融／保險／房地產 | $172,827,317 | 33 | 56 |
| 2 | 其他 | $113,552,639 | 45 | 39 |
| 3 | 意識形態／單一議題 | $104,239,447 | 36 | 42 |
| 4 | 雜貨企業 | $88,473,842 | 36 | 56 |
| 5 | 律師與遊說人士 | $71,300,161 | 60 | 33 |
| 6 | 醫療 | $65,375,066 | 41 | 54 |
| 7 | 勞工 | $48,685,905 | 50 | 7 |
| 8 | 通訊／電子 | $44,451,767 | 55 | 39 |
| 9 | 能源／天然資源 | $41,260,278 | 21 | 73 |
| 10 | 農業 | $29,485,708 | 26 | 70 |
| 11 | 建築 | $29,149,051 | 26 | 63 |
| 12 | 運輸 | $26,760,118 | 28 | 69 |
| 13 | 國防 | $14,054,121 | 41 | 59 |

資料來源：*Center for Responsive Politics (opensecrets.org).*

　　第三個可能性是「論人計酬」。與其按服務項目逐項收費，醫院與醫生將按病人每人每年收取固定數目的金錢，不論他們在哪一年需要提供哪種特定的服務。這項固定金額將按照醫療保健提供品質的「預期成本」（expected cost）而定。如果實際的成本較高，醫院將負擔額外的成本。如此一來就無法向病人過度收費，也沒有誘因進行過度的服務。當然，也可能帶來麻煩，醫生可能會拒絕執行醫療程序或手術，因為沒有財務誘因讓他們這麼做。要讓這種體系良好運作，醫療保健提供者將對保健品質負責並接受績效評鑑。

　　最後，科技能成為降低成本的關鍵，運用資訊科技、智慧系統，病人甚至可以在家裡監控重要訊號，使成本大幅下降。在部分地區，醫療保健提供者已經運用廣泛的病人遠距監控。有了這些新科技，低成本的社區護理人員能提供一些目前由高成本的醫生與護士提供的服務。

　　還有許多改革的途徑。當然，這種改革也要仰賴政治，如果遊說為所欲為，成本仍將被大量灌水。如果美國醫療保健體系是為大眾的福祉運作，那麼讓更多的人獲得極大的福祉是可以辦得到的，同時以較低的成本改善醫療成果。

# 10 | 糧食安全

## ▌永續糧食供給與飢餓的終點

　　永續發展最複雜難解的問題之一是，這個世界該如何餵飽自己。這是個古老的問題，然而許多人認為，以科學進步為基礎的糧食生產力已大幅突破，這個問題被解決了。特別是，發生在 1960 年代的綠色革命，糧食生產看似將超越人口成長。對此，我們十分懷疑。不但有一大部分的人類吃得不好，全球糧食安全也面嚴重威脅。

　　兩個世紀以前，就有人提出警告。馬爾薩斯在 1798 年的《人口論》（*An Essay on the Principle of Population*）就提出，人口成長對糧食安全造成的基本挑戰。馬爾薩斯的基本論點是，任何暫時增加糧食生產的方法只會造成人口增加，使人類再度面對糧食不足的情況。馬爾薩斯若活到現在，會檢視目前全球糧食過剩的情況，並且警告：「是的，這都很好，但若人口從目前的 72 億人，在本世紀末增加超過 100 億人，會發生什麼事？」同時他也指出，即使是今天仍有許多人活在慢性飢餓之中。

　　在馬爾薩斯提出「餵飽世界人口的挑戰」的時候，全球約有 9 億人，如今人口已經增加 8 倍，高達 72 億人口，每年還在持續增加 7,500 萬人。我們再度面臨同樣的挑戰，情況甚至比馬爾薩斯所能想像的還要複雜。有下列四個主要原因：

1. 世界人口中有部分處於營養不良。

2. 全球人口持續增加。

3. 氣候與其他環境的改變，嚴重威脅未來的糧食生產。

4. 糧食體系本身也是造成氣候改變與其他環境傷害的主要來源。

首先，讓我們檢視營養不良的問題。營養不良相當普遍，世界人口中約40％處於某種形式的營養不良，主要是慢性飢餓，或者營養不足。糧食與農業組織（Food and Agriculture Organization，FAO）將慢性飢餓定義為熱量與蛋白質攝取不足，數以億計的人口受此折磨。糧食與農業組織估計，2010 至 2012 年全球有 8.7 億的飢餓人口。

另一種較不明顯的營養不良，有時稱為「隱性饑餓」，或者「微量營養素缺乏症」。熱量與蛋白質可能足夠，但維生素之類的微量營養素或特定的脂肪酸在飲食中可能不夠。此種微量營養素的缺乏會導致健康不良、容易受到感染，以及其他疾病的侵襲。在許多低所得國家中，微量營養素缺乏情形相當普遍，包括缺乏維生素 A、維生素 B12、鋅、鐵、葉酸、Omega-3 脂肪酸、碘。第三種營養不良正在世界各地流行，特別是富裕國家，因為攝取熱量過多而導致的肥胖症。肥胖症通常是以身體質量指數（body mass index，BMI）高於 30 為定義。BMI 的計算是以公尺為單位測量的身高，除以公斤為單位的體重平方的比值。當 BMI 大於 25 時就被定義為超重。全球成人約有三分之一超重，大約 10％至 15％是肥胖症。

將這些數目加總起來，數量相當驚人。9 億人是慢性飢餓，或許另有 10 億人以上擁有足夠的主要營養物質，但缺乏一種或多種微量營養素，另外有 10 億人是肥胖症。也就是說，在 72 億人的全球人口中，有 30 億人營養不

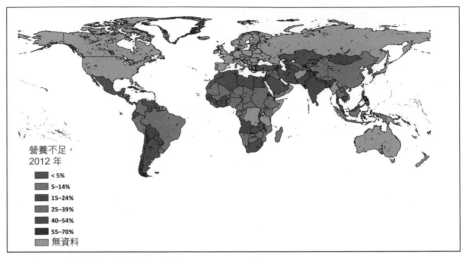

※ 圖 10.1 世界各地的營養不足
資料來源：*World Bank. 2014. "World Development Indicators."*

良，占全球人口的 40％。

　　200 年前。馬爾薩斯就警告我們糧食不安全的慢性危機，這的確不是我們想見的，但危機確實存在。有時是飢餓；有時是微量營養素缺乏；有時是不健康的飲食導致攝取過多的熱量。認真關注世界糧食供給的永續與安全，必須了解每一個層面的營養危機。

　　圖 10.1 顯示慢性飢餓大半集中於熱帶非洲與南亞。熱帶非洲有三分之一以上人口營養不足，特別是中非與南非。南亞的慢性營養不足人口占 20％至 33％。當年幼的兒童營養不足時，身體的發育可能遭到無法彌補的傷害，負面的健康狀況將延續一輩子，包括損害腦部發展，以及成年後容易罹患心臟血管的疾病、代謝失調。

　　年幼兒童的慢性營養不足有以下幾種指標。第一是生長遲緩（stunting），也就是兒童比同齡矮小，低於標準身高二個標準差的兒童被視為

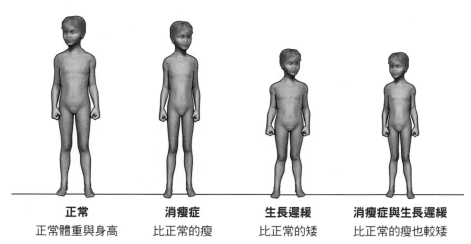

| 正常 | 消瘦症 | 生長遲緩 | 消瘦症與生長遲緩 |
| :---: | :---: | :---: | :---: |
| 正常體重與身高 | 比正常的瘦 | 比正常的矮 | 比正常的瘦也較矮 |

※ 圖 10.2　發展遲緩、發育不良與消瘦症
資料來源：*London School of Hygiene & Tropical Medicine.*

發育不良，反映的是飲食攝取不足，也可能同時有慢性感染，例如寄生蟲病。如圖 10.1 顯示，最嚴重的發育不良位於熱帶非洲，全球最高的發育不良比率是南亞，特別是印度。我們先前討論過南亞的貧窮問題。發育不良通常反映的是幾項因素的結合：飲食不足、慢性感染、欠缺安全飲水與衛生，使得兒童容易生病。

　　第二是消瘦症（wasting），情況更緊急。發育不良是慢性的，兒童無法成長，消瘦症是體重過輕。圖 10.2 說明這些情況之間的差異性。消瘦症通常是緊急訊號，代表了足以威脅生命的營養不足，通常在饑荒時見到。在這種狀況下，兒童可能需要透過高密度營養食品，來對抗緊急的營養不足，以及相關緊急程序以維持兒童的存活。

　　慢性營養不足與緊急營養不足間的差別可能來自戰爭、災難、旱災與人口的移動。當這些緊急情況發生時，會有大量人口受難，以及因饑饉與疾病造成大量的生命喪失。

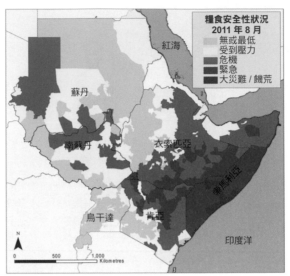

※ 圖 10.3　嚴重的糧食不安全，2011 年 8 月
資料來源：*FEWS NET (2012)*.

　　此外，暴力與衝突也經常在飢餓地區上演。圖 10.3 描繪 2011 年 8 月發生在西非薩赫勒（Sahel）出現的旱災與糧食危機，涵蓋馬利、查德、尼日。東非的非洲之角（horn of Africa）也有旱災與糧食危機，涵蓋衣索匹亞、索馬利亞、烏安達北部、肯亞東北部、吉布地（Djibouti）。上述情況下，旱災與造成的饑荒導致人口大量移動與暴力頻仍。在馬利共和國，區域性與地方性的衝突導致大規模與毀滅性的內戰。

　　隱性飢餓折磨的不僅是那些慢性營養不足的人口，另外有 10 億左右的人擁有足夠的熱量攝取，但在飲食中缺乏足夠的營養素。圖 10.4 顯示鐵、維生素 A、鋅這三種營養素的缺乏情況。我們注意到，在南亞、西亞、中亞、熱帶非洲的大部分、安地斯地區（Andean）有高比例的微量營養素缺乏症。可惜隱性飢餓的資料本身是隱性的，全球各地並無精確的微量營養素缺乏症估

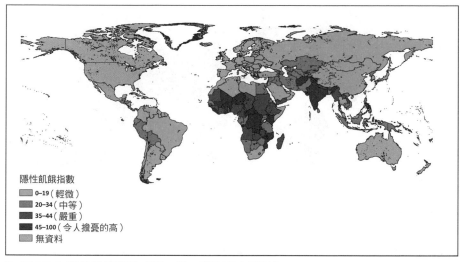

※ 圖 10.4 隱性飢餓指數（鋅、鐵、維生素 A 不足）

資料來源：*Muthayya, Sumithra, Jee Hyun Rah, Jonathan D. Sugimoto, Franz F. Roos, Klaus Kraemer, and Robert E. Black. 2013. "The Global Hidden Hunger Indices and Maps: An Advocacy Tool for Action." PLoS One 8(6): e67860. doi:10.1371/journal.pone.0067860.*

計數字。

　　肥胖症是營養不良光譜上的另一端，同樣也造成大量人口的疾病與過早死亡。如我們在圖 10.5 所見，美國、墨西哥、委內瑞拉、利比亞、埃及、沙烏地阿拉伯、南非等國，都擁有 30％以上的肥胖症人口。歐洲與前蘇聯的肥胖症比率也在 20％至 30％之間。

　　肥胖症流行的基本原因並不太清楚。部分原因跟熱量總攝取有關，部分原因是都市環境造成身體相對不活動的結果。過多熱量的攝取可能是人們吃高度加工食品所造成，特別是升糖指數（glycemic index）較高的食物。升糖指數是以食物提高血糖的比率計算，高升糖指數的食物包括冷飲、馬鈴薯、稻米，以及許多烘烤的產品。低升糖指數的食物包括全穀類、水果、蔬菜。假定高升糖指數會使血糖大幅上升，胰島素也會隨之大幅上升，進而降低血

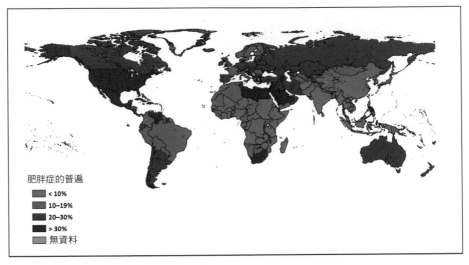

※ 圖 10.5　肥胖症全球流行，2008 年
資料來源：*GHO data repository, World Health Organization.*

糖、提高食欲，飽足感因而降低，結果就造成飲食過量。

　　簡單的說，肥胖症流行很可能是熱量太多、攝取錯誤種類的熱量、都市生活少運動所造成。如圖 10.5 顯示，肥胖症正在全球流行，從高所得國家蔓延到中所得國家，對健康與福祉的威脅正在上升當中。

　　要反制這種流行，改變飲食加上更多的身體活動將是關鍵。營養科學的突破正提供我們飲食改善的指引。現代飲食的領導者之一是哈佛大學營養學系主任華特・威雷特（Walter Willett），他建議一種「健康飲食金字塔」，如圖 10.6 中描繪的各種食物，在健康與平衡的飲食中，應該吃的相對頻率與數量。健康飲食包括低升糖指數的全穀類、蔬菜、水果、植物油。高升糖指數的馬鈴薯、米飯、肉類等食物則應該很節制的吃。在金字塔的底部則是每天運動。然而，美國與其他肥胖症流行國實際的飲食與此不同，人們攝取非常多的加工穀類、稻米、馬鈴薯、紅肉，不健康的反式脂肪在烘培食物與速食

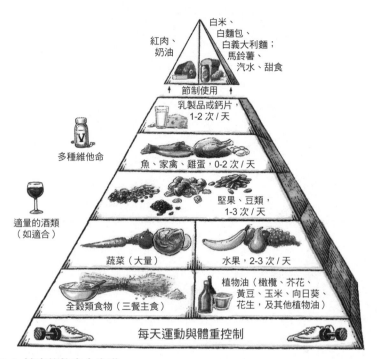

白米、
白麵包、
白義大利麵；
馬鈴薯、
汽水、甜食

紅肉、
奶油

↑ 節制使用 ↑

乳製品或鈣片，
1-2 次 / 天

多種維他命

魚、家禽、雞蛋，0-2 次 / 天

堅果、豆類，
1-3 次 / 天

適量的酒類
（如適合）

蔬菜（大量）

水果，2-3 次 / 天

植物油（橄欖、芥花、
黃豆、玉米、向日葵、
花生，及其他植物油）

全穀類食物（三餐主食）

每天運動與體重控制

※ 圖 10.6　健康的飲食金字塔

資料來源：*The Healthy Eating Pyramid, Department of Nutrition, Harvard School of Public Health. From Eat, Drink, and Be Healthy by Walter C. Willett, M.D., and Patrick J. Skerrett (2005). Harvard University.*

中常被使用。

　　全球糧食不安全性的情況已經很糟，而且在變好之前可能還會更糟。不但有 40％人口營養不良，糧食供給在氣候打擊與惡劣環境下變得不穩定，而全球人口仍在持續增加之中。此外，全球對穀物需求的增加也超過人口的成長速度。像是中國等所得上升的國家，正在將飲食轉向更多的肉類產品，因為每公斤的牛肉需要 10 至 15 公斤的穀物來餵養牛隻，因此較高所得對全球穀物需求會有乘數效果。在不穩定的糧食生產環境中，面對上升中的糧食需求之下，造成全球糧食價格的漲升壓力。

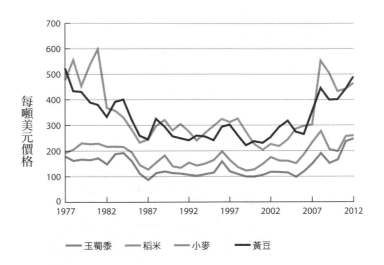

※ 圖 10.7　全球關鍵大宗商品價格，1977-2012 年（以 2005 年美元計價）
資料來源：*Rosegrant, Mark W., Simla Tokgoz, Prapti Bhandary, and Siwa Msangi. 2012. "Scenarios for the Future of Food." In 2012 Global Food Policy Report, 89–101. Washington, DC: International Food Policy Research Institute.*

　　圖 10.7 顯示自 1970 年代末期以來的糧食價格。從 1970 年到 2000 年代初期，實質糧食價格下降：糧食生產的上升超越需求的成長腳步。然而，自 2000 年代初期起，實質糧食價格出現大幅飆升的走勢。的確，自 2000 年起的糧食價格上漲趨勢，代表二十世紀實質糧食價格下降趨勢已經扭轉向上。

　　對富裕的人們而言，糧食價格的上升只是一種不方便。如我們在圖 10.8 看到的，美國家庭消費中只有 6％是花在食物上。然而，對貧窮的人們來說，飲食消費卻占家庭收入很高的比例，像是肯亞的家庭預算中有 45％是花在食物上，如圖所示。這種每人消費總額與食物花費比例的反向關係，通稱「恩格爾定律」（Engel's law）。近年來，全球穀物價格的上漲對窮人不僅是困擾，對都市窮人的影響尤其大。

　　綜上所述，我們發現全世界 40％人口仍然營養不良，糧食供給已經受到

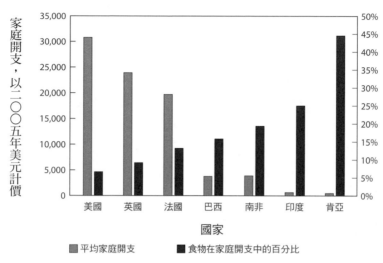

※ 圖 10.8 恩格爾定律：當所得上升時，花費在食物上的比例下降
資料來源：*World Bank. 2009. USDA.*

壓力，糧食價格上漲，對糧食生產的需求增加。有什麼事是可以做的？接下來，我們將轉向供給面，了解糧食是如何生產？生產的地點在哪裡？未來永續與健全的糧食生產展望何在？特別是在這個氣候改變與缺水的時代裡。

## 農業體系、生態、糧食安全

　　世界各地的農業體系差異極大，正是全球糧食安全的挑戰之一。因此，談到農業或提高農場產出的方法時，無法一體適用。這種驚人的多元性應該不令人意外。農人種什麼，如何種，以及他們面對氣候、土壤、水、地形、害蟲、生物多樣性、運輸成本的種種挑戰，都有極大的差異。這些差異對農業體系與策略產生重大的影響，如何讓農人有較高的生產力，以及對環境變化的因應，都欠缺單一或簡單的答案。然而，為適當診斷全球永續的糧食供

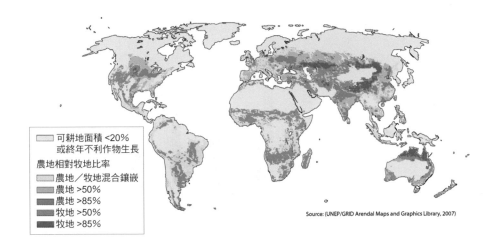

※ 圖 10.9 牧地與農地的全球分配情況，2007 年

資料來源：*Ahlenius, Hugo. 2006. UNEP/GRID-Arendal. http://www.grida.no/graphicslib/detail/agriculture-land -use-distribution-croplands-and-pasture-land_a0ab.*

給，找出解決方案，仍需徹底了解各地的農業體系究竟有什麼差異。

　　地球約有 1.3 億平方公里的土地，其中絕大部分都用於人類需求。農業約占 5,000 萬平方公里，為全球土地面積的 40％；1,400 萬平方公里是可耕地，還有 3,400 萬平方公里的草地與牧地。農地約占全球土地面積的 10％強，牧地要大上許多，約占土地總面積的四分之一，另外有 3,900 萬平方公里是森林，涵蓋全球土地面積的 30％左右。森林的 15％至 20％用於紙漿、木材、伐木等產品。剩下的土地約為 4,100 萬平方公里，約占全球總數的 30％，其中大部分是不能居住的沙漠與高山。全球土地面積只有幾個百分比是都市，全球半數人口在此居住。最近估計，都市用地約占全球土地面積的 3％，鄉村住家與企業用地占另外的 3％。

　　圖 10.9 顯示農地所在，包括耕地與牧地。綠色區域總數的 50％以上是耕

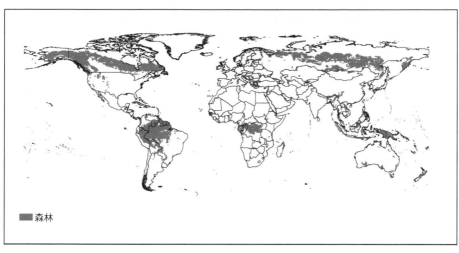

■森林

※ 圖 10.10 世界森林分布，2000 年

資料來源：*Potapov P., A. Yaroshenko, S. Turubanova, M. Dubinin, L. Laestadius, C. Thies, D. Aksenov, A. Egorov, Y. Yesipova, I. Glushkov, M. Karpachevskiy, A. Kostikova, A. Manisha, E. Tsybikova, I. Zhuravleva. 2008. "Mapping the World's Intact Forest Landscapes by Remote Sensing." Ecology and Society, 13(2): 51. http:// www.ecologyandsociety.org/vol13/iss2/art51/.*

地，包括美國中西部；西歐、中歐、東歐的一部分；俄羅斯；中國與印度的大部分。在非洲與南美，牧地與耕地相互交錯。在較乾旱的地區，糧食作物通常無法以高生產力生長，因此大多用於動物放牧。在半乾旱的環境裡，遊牧人口在廣大地區移動成群的家畜，以追逐季節性降雨滋養的水草。在非洲，這些遊牧環境見於西非薩赫勒、非洲之角、非洲南部沙漠，像是喀拉哈里與波札那等半沙漠地區。

　　在圖 10.10 的世界森林地圖中，要研究兩個主要的森林區域。第一個是赤道帶附近的雨林。地球赤道接受每平方公尺最高的陽光照射，密集的陽光照射造成溼潤的赤道空氣上升後冷卻，水蒸氣濃縮後在赤道造成大量降雨，以及在北緯、南緯 25 度下降乾燥空氣，產生赤道南北的沙漠。赤道降雨及終年溫暖的氣候產生地球上最大的三個雨林：南美亞馬遜、非洲剛果盆地、印度群島與東南亞的龐大雨林。這個雨林帶在赤道環繞地球。另一個主要的森林地區在高緯度，像是橫跨龐大歐亞板塊與加拿大的北方森林，與曾經位於中緯度的美國、印度、中國、歐洲已被砍伐殆盡的森林不同，北方森林目前仍然存在的主因是這些森林不能用於農耕獲利，因為氣溫太低，潛在的植物生長期太短。否則，人類屯墾者早已砍光高緯度區的森林。

因此我們看到農地與牧地的地點跟生態條件息息相關，包括溫度、降雨、地形、灌溉可行性，以及其他因素。所有的這些模式，形成農業體系與人類定居的地點。在沙漠與凍原，人口密度接近零，接近沙漠的地區與緊鄰凍原的高緯度區人口密度很低。在溫和的中緯度地區，水源充足、土壤良好、氣溫溫和，構成良好的作物生長條件，人口密度與農地遍及各地。這些地區在史前時期都是濃密森林，人類從很久以前就開始砍伐這些森林，供農地與牧地使用。

目前，有許多森林都受到砍伐的威脅，特別是赤道雨林，包括供農地、牧地使用，或者做為薪柴等商品與勞務用途。砍伐森林將使所有大型赤道雨林無法永續。部分森林被過度砍伐，因為盛產的硬木有高度經濟價值；雨林也被砍伐，取而代之的是大規模的樹木種植場，例如改種像棕櫚這類高需求樹種，印尼、馬來西亞、巴布亞紐幾內亞都面臨特別嚴重的問題。

深入觀察世界的某一個部分，可以理解地理如何形成農業體系與社會。在非洲，氣候的獨特性形成特有的農業體系及經濟成果。圖 10.11 標示出非洲的 14 種主要農業生態區，每一種都有其特色，以適應某種特定的生態。

從赤道開始。全年高溫、高降雨產生了雨林生態。鮮綠色的區域 3 正是剛果盆地雨林，由於頻繁的降雨迅速沖走土壤中養分，使這個森林主要用於生產熱帶森林產品，包括熱帶原木與橡膠、棕櫚油、可可之類的熱帶農作物。類似情況適用於綠色區域 2 的西非幾內亞灣，海岸的樹木作物生態，從西邊的賴比瑞亞延伸至喀麥隆，乃至於剛果盆地，整區都有大量的樹木作物

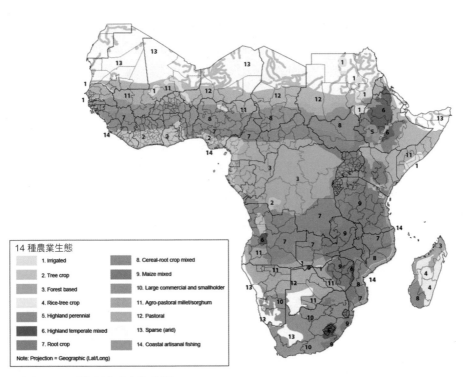

※ 圖 10.11　撒哈拉以南的非洲
資料來源：*Dixon, John et al. 2001. Farming Systems and Poverty. Food and Agriculture Organization of the United Nations. http://www.fao.org/farmingsystems/staticssa_en.htm. Reproduced with permission.*

種植場。

　　當你向兩極前進，降雨量遞減，季節感越明顯。整體而言，夏季月份降雨量最大，例如北半球是 5 月至 9 月，以奈及利亞與肯亞為例；南半球是 9 月至 3 月，以馬拉威與坦桑尼亞為例。與其種植樹木作物，這些地區種植的是一年生作物。玉蜀黍在東非最普遍種植，即紫色區域 9。像木薯之類的根莖作物是在棕色區 7 種植。繼續向兩極前進，雨季越來越短，只有短季節作物能適應乾季，例如高粱屬及小米，才能安全的生長。這些乾旱地區作物見於南北半球的紫色區 11。再繼續往兩極前進的旅程，你就到達乾旱地區，降雨量太低無法讓作物生長，但仍足夠滋養遊牧家畜需要的牧地。在南北半球的生態區 12 是非洲遊牧民族的家園，例如西非的圖瓦雷克（Tuareg）、富拉尼（Fulani）與非洲南部地區的科伊科伊（Khoikhoi）。最後，再往兩極前進一步，我們就到了北方的撒哈拉沙漠與南方的喀拉哈里沙漠。

有些國家在地理上同時跨越好幾個區域。例如迦納，在接近幾內亞灣的潮溼南部有樹木作物，在北部有玉蜀黍與乾旱地區作物。馬利在南部有經過灌溉的稻米與北部的遊牧區。肯亞的農業體系是混合鑲嵌的，就像衣索匹亞，有沙漠、遊牧、低地與高地作物。這些獨特的生態導致獨特的種族、人種、宗教群體，以及社會與文化多元性，甚至是相互衝突的可能性。例如，定居的農業社區與移居的遊牧民族間古老的緊張關係。

住在氣候溫和地區、糧食安全無虞、農作物水源充足的人們，很難了解熱帶環境糧食生產的複雜性與潛在的糧食不安全性，特別是那些平均降雨量偏低與很容易發生旱災的地區。當乾旱地區不下雨時，當地居民可能面臨飢餓而被迫在絕望中移居，通常會往與其他種族群體接觸而必須競爭稀少土地與水源的地區，後果可能是嚴重的暴力，像是達佛（Darfur）、衣索匹亞、馬利北部。生態的緊張通常是暴力背後的幾種因素之一，種族間暴力衝突的原因很多，並非只有單一因素。

超乾旱地區的深度危機極少被世人理解，例如非洲之角，包括衣索匹亞、肯亞、索馬利亞的一部分與其他鄰近地區，與塞內加爾、馬利、尼日、查德等地區。這些是農牧地區，有些地方完全是遊牧區，生活在此的人們通常非常貧窮，完全仰賴降雨，深受氣候改變、降雨不穩定、人口增加、降雨量下降趨勢的影響，因而長期處於不穩定，飽受暴力之苦。英、美等富裕國家當局並不了解危機背後的長期因素，包括氣候改變、人口增加，無法及時反應。當這些貧窮與脆弱地區爆發暴力事件時，富裕國家通常是以軍事手段做為因應。例如，以武力對付薩赫爾的恐怖分子與索馬利亞的海盜，而不是處理貧窮、氣候改變及人口增加等潛在問題。美國政府或北大西洋公約組織未能看到這些危機的人類面、生態面。

## █ 環境改變如何威脅糧食體系

　　這個問題甚至更為深遠。不但大量人口正面對糧食的不安全性，世界各地的農業體系都面臨重大壓力，無法以經濟、永續的方式確保健康飲食與營養，能符合當地與全球人口的需求。

　　橫亙眼前的巨大挑戰，使問題較目前更加艱難。最直接的挑戰是世界人口迅速成長，即使是以絕對值而論，每年增加 7,500 萬左右。至 2025 年，地球將有 80 億人。根據聯合國估計，2100 年世界人口將達 109 億人，或者更多。若以比聯合國中等出生率較快下降的出生率估計，世界人口可能在 80 至 90 億人之間穩定下來。

　　因此，世界要對抗餵養更多人口的挑戰。目前的糧食供給已經承受許多壓力，但還有更多將要迎面而來。稍早提到，所得增加的國家在飲食中加入更多肉類，擴大對飼料穀類的需求。其次，環境的威脅使得許多地方糧食的生長更困難，這些環境威脅與改變來自許多形式，氣候變遷是其中影響最大的。由於人類不斷排放溫室氣體，導致氣候以複雜的方式改變，高度不利於糧食生產。

　　整體而言，目前日益升高的氣溫將對糧食生產造成傷害。特別是世界最貧窮的熱帶地區，農作物可能面臨與氣溫相關的壓力。在高溫之下，農作物可能完全無法生長，種子結不了果。較高的溫度代表土壤中的水分較快蒸發，透過植物葉子的細孔，水分從葉面將蒸發得更快。氣候改變影響了土壤的水分溼度，進而威脅農作物的生產力。

全球的降水模式也將伴隨暖化而改變。許多地區將變得更乾旱，農作物的生長越來越困難。目前，在熱帶、亞熱帶的旱地將變得更乾旱，越接近赤道的潮溼地區變得更潮溼，降水的情況將更集中。過於乾旱的氣候並不適合糧食生產，潮溼地區的洪水與極端的熱帶暴風雨將大量增加。氣候改變也將代表海平面的上升，用於農耕的沿海低地將遭到威脅。大河的三角洲地區，像是孟加拉，可能會被洪水淹沒或甚至永遠沉入海中。

除了氣候改變之外，二氧化碳的排放直接造成海洋的酸化。圖10.12說明海洋酸化程度對貝類的影響，導致貝類變小，因為酸度阻礙碳酸鈣貝類的形成。許多供海洋生物棲息的高度水生環境將被破壞，後果不但將威脅生物多樣性，也將威脅人類的營養。

除了氣候改變、海洋酸化外，許多其他環境改變也正在讓農地退化，威脅農業生產。農人使用大量的殺蟲劑、除草劑，但這些化學物質會毒化土壤與環境，使農業地區的生物多樣性付出代價。例如，像是蜜蜂之類的授粉生物對農作物非常重要，數量卻在大幅減少。雖然原因尚不明確，化學污染物很可能是罪魁禍首。

侵入的物種是另一個問題。當動物或植物有意無意從一個環境遷移至另一個環境時，結果可能危及整體生態。沒有自然天敵的新物種一旦被引進新環境，數量可能暴增至取代原有物種。超級野草、嚙齒動物，或其他種類的害蟲、病原體在到達新環境後，可能以這種方式獨霸整個生態體系。

環境壓力也威脅全球的灌溉用地，此等土地提供全球不成比例的穀物生產。穀物生產明顯仰賴水的供應能力，包括雨水滋養與經灌溉的土地。灌溉可以高度控制用水，使得一年當中甚至能生產多種作物，包括旱季。問題是，現有的全球灌溉仰賴的是河流、冰河與地下水，這些都已使用過度，並且受到氣候改變的威脅。冰河在暖化下融化，增加河流流量與作物生產。然而，當冰河最後消失，後果可能具有毀滅性，造成作物的大量損失。

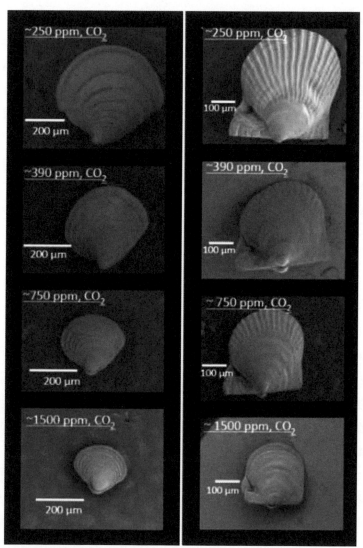

※ 圖 10.12 二氧化碳對貝類的影響

資料來源：*Talmage, Stephanie C., and Christopher J. Gobler. "Effects of Past, Present, and Future Ocean Carbon Dioxide Concentrations on the Growth and Survival of Larval Shellfish." Proceedings of the National Academy of Sciences. September 20, 2010. doi:10.1073/pnas.0913804107.*

目前，許多河流遭到過度使用，甚至不流入海洋。除了增加對氣候改變的壓力外，也代表河流整體流量下降。數億人仰賴的尼羅河，由於氣候改變，將最可能出現河流流量顯著下降。中國北方眾所仰賴的黃河，也將經歷河流流量下降的後果，成為不再抵達海洋的河流。美國與墨西哥共用的格蘭德河（Rio Grande）現在也面臨相同的處境，因為墨西哥北部與美國西南部乾旱地區，雙方競相用水，使得供水面臨極大壓力。

地下水被汲取用於灌溉，包括美國中西部、恆河平原、中國華北平原，用水速度都超過回補的速度，地下水含水層被持續耗竭。令人震驚的是，數以億計人類仰賴灌溉作物的地下水、河流、冰河，都遭逢龐大的壓力且未來很可能會加劇。

快速的土地退化，以及土壤流失、養分耗竭都是密集農耕造成的後果，情況非常嚴重。包括物種棲息地的喪失，以及當森林遭到砍伐、燃燒後，大量的二氧化碳排放進入大氣層。此外，在農耕生產力快速消失後，人類也有廢棄農耕地區的習慣。

氣候改變、冰河後退、過度汲取地下水與河流……所有這些環境的威脅都強化了一個事實，農業體系比其他活動更仰賴過去我們所知道的氣候與環境。糧食供給是根據已知的水文模式、海洋化學、生物多樣性模式，然而這些都遭到人類驅動因子正在快速改變。人類對地球施加的壓力，從糧食安全性的觀點來看，將是一種危險。

當然，也有萬物漸漸適應，以及資源使用更有效率的可能情況發生。但是，目前運作的體系與大自然之間衝撞所造成的不穩定，各種危機、衝突，都需要著手解決。我們必須了解，這將是一個多麼大的挑戰。過去以來，要餵飽這個星球已經十分困難，即便現在，我們甚至還沒有餵飽現有的人口。當我們思及人口與環境壓力都在持續增加時，我們就會發現，橫亙眼前的糧食挑戰有多麼嚴峻。

## ▍糧食體系如何威脅環境

　　除了糧食供給遭到環境改變的威脅以外，目前農業體系也是人類造成環境改變的單一最大來源，使得糧食供給的問題更為複雜。換句話說，農業體系本身正是威脅未來糧食生產的來源。因果關係的箭頭朝向兩個方向：一方面環境改變威脅糧食生產，另一方面則是農業耕作嚴重威脅自然環境。

　　農業對自然環境的傷害，使得如何以永續方式餵飽這個星球的挑戰，又更顯複雜。我們的問題不僅是如何餵飽更多人，而且要以比目前更有營養的方式餵飽增加的人口；不僅是面對環境威脅維持農業產出，也要改變目前農耕方式以停止對環境施加的大量傷害。由於全球各地的農業體系各不相同，解決方案必須獨特且在地，使地方的農業體系能與生態體系的保存、生物多樣性的保存、減低人類影響氣候體系與淡水供應都能彼此相容。

　　從人類導致環境改變的觀點來看，農業部門事實上是最重要的。許多人設想汽車或燃煤火力電廠才是造成環境傷害的最大來源，事實上糧食生產才是環境傷害最大的單一驅動力量。

　　農業產生哪些類型的壓力？首先是溫室氣體。農業部門是三種主要溫室氣體的來源：二氧化碳、甲烷、一氧化二氮。這代表農業耕作需要重新設計，以幫助降低溫室氣體排放。

　　第二種主要影響是氮循環。大氣中有79%是以氮分子形式存在的氮氣，這種形式的氮是有惰性、無色、無臭，不常用到。不過，氮氣在合成硝酸鹽、亞硝酸鹽、氨中扮演重要角色，因為氮是胺基酸與蛋白質的骨幹。活性氮是新陳代謝作用的核心，包括生長糧食的能力。因此，農人將氮以化學肥料、綠色有機肥的形式加在土壤中。氮是農作物的關鍵營養素。雖然如此，使用含氮肥料將導致生態體系受到重大傷害。

　　農業體系影響這星球的第三種主要方式是，破壞了其他物種的棲息地。

如今，地球約有 40％都是農地，人類已經攫取大量土地，卻還想要更多，特別是在森林地區。雨林區令人驚嘆與無可取代的生物多樣性，也正面臨風險。人類破壞棲息地的過程，也是地球可能面對第 6 次生物大滅絕的主要原因之一。

農業活動還以許多其他方式破壞環境。包括殺蟲劑，除草劑，以及其他農業生產過程中使用的化學品，同時也對生物多樣性形成重大威脅。如圖 10.13 顯示。此外，人類使用的淡水中約有 70％是農業用途，只有 10％是供家庭使用，剩下的 20％是工業用。農業是水資源的貪心用戶，也使得水資源受到威脅。

基於以上所有原因，可以看出農業部門是環境損失的關鍵驅動力。改變農業科技、土地使用的過程與模式，才能使糧食體系與星球永續相容。

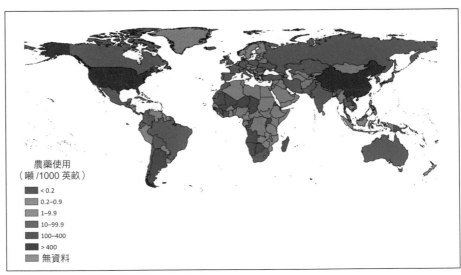

農藥使用
（噸 /1000 英畝）

- < 0.2
- 0.2–0.9
- 1–9.9
- 10–99.9
- 100–400
- > 400
- 無資料

※ 圖 10.13　全球農藥使用，1992–2011 年

資料來源：*Food and Agriculture Organization of the United Nations. "Pesticide Use." Latest update: 7/18/2014.*
*http://faostat3.fao.org/faostat-gateway/go/to/download/R/RP/E.*

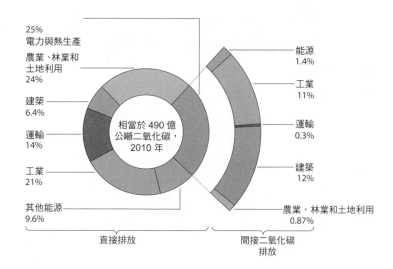

※ 圖 10.14 溫室氣體排放來源（按經濟部門區分）
資料來源：*IPCC AR5 Summary for Policymakers. Total anthropogenic GHG emissions (GtCO2eq/yr) by economic sectors. Inner circle shows direct GHG emission shares (in % of total anthropogenic GHG emissions) of five economic sectors in 2010. Pull-out shows how indirect CO2 emission shares (in % of total anthropogenic GHG emissions) from electricity and heat production are attributed to sectors of final energy use. "Other Energy" refers to all GHG emission sources in the energy sector. . . . The emissions data from Agriculture, Forestry and Other Land Use (AFOLU) includes land-based CO2 emissions from forest fires, peat fires, and peat decay that approximate to net CO2 flux from the Forestry and Other Land Use (FOLU) sub-sector. . . . Emissions are converted into CO2-equivalents based on GWP100 from the IPCC Second Assessment Report.*

　　圖 10.14 的圓形圖顯示溫室氣體排放的總量。煤、石油、天然氣的燃燒，電力與熱能的生產，都必須為大量排放二氧化碳及溫室氣體總量的 25％負責。透過使用內燃機的汽車，運輸部門必須為總排放量的 14％負責。鋼鐵與石化生產則要為溫室氣體總排放量的 21％負責。總計化石燃料的直接與間接使用，約占溫室氣體排放量的三分之二。

　　非能源部門領域因而必須為溫室氣體排放量的三分之一負責。這些排放包括二氧化碳、甲烷、一氧化二氮，以及來自如氟氯化碳等的化學污染物質。在非能源溫室氣體排放的廣泛項目中，農業扮演的是最重要的角色，包括農耕的直接影響，以及砍伐森林、變更土地用途供農耕與家畜管理的間接影響。當然，透過能源使用，包括農產品的耕種、收割、儲藏、運輸，農業也排放二氧化碳。

透過土地使用，農業也是二氧化碳排放的主要來源，也是第二級、第三級溫室氣體的主要來源。甲烷會在生產特定作物時排放，特別是水稻，也會透過家畜排放。一氧化二氮也是透過農業排放，例如透過含氮肥料的化學變化。肥料裡的氮沒有被地球吸收，反而揮發，進入供水，經家畜與肥料使用而排放大量的一氧化二氮。

的確，天然的氮循環已經被人類排放量超越。在大自然中，大氣裡的氮分子透過各種固氮細菌的生物過程轉化為活性氮，閃電也可以。然而目前人類將更多的氮轉化為活性氮，超過大自然的數量。透過工業程序，人類將大氣裡的氮轉化成氨與其他形式的活性氮。回到 20 世紀初期，偉大的化學家佛列茲‧哈伯（Fritz Haber）與卡爾‧博施（Carl Bosch）發明一種程序，被部分人士認為是 20 世紀影響力最大的工業創新。「哈伯—博施法」（Haber-Bosch process）透過大量能源的應用、使用各種已知的催化劑，破壞氮分子的三鍵，同時以大規模的工業程序創造氨，這種氨被用於提供尿素與其他肥料基礎。這項在 1908 至 1912 年發明的程序，解決了氮營養素稀少的問題，提高全球糧食生產需要的正是氮營養素。在哈伯—博施法發明以前，儲存在土壤的氨不是來自農場動物的排泄物，就是來自鳥類或蝙蝠的鳥糞，大部分是來自秘魯與智利的海岸。這些鳥糞存量很快就被耗盡，使 19 世紀末期出現缺氮危機。在哈伯—博施法出現後，刺激以氮為基礎的化學肥料生產，也使得當時不到 20 億的人口得以在 1 個世紀以後超過 70 億人。

以氮為基礎的肥料問世，加上綠色革命等農業上的大幅進步，使得這個世界能生產足夠糧食，支持 72 億人口。然而，其中有一大部分是營養不良。當所有的氮從氮分子轉化成活性氮，出現一個大問題，如圖 10.15 複雜的流

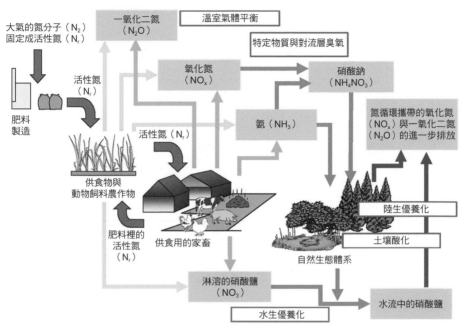

大氣的氮分子（N₂）
固定成活性氮（Nᵣ）

一氧化二氮
（N₂O）

溫室氣體平衡

特定物質與對流層臭氧

活性氮
（Nᵣ）

氧化氮
（NOₓ）

硝酸鈉
（NH₄NO₃）

肥料
製造

氮循環攜帶的氧化氮
（NOₓ）與一氧化二氮
（N₂O）的進一步排放

活性氮（Nᵣ）

氨（NH₃）

供食物與
動物飼料農作物

陸生優養化

土壤酸化

肥料裡的
活性氮
（Nᵣ）

供食用的家畜

自然生態體系

淋溶的硝酸鹽
（NO₃）

水流中的硝酸鹽

水生優養化

※ 圖 10.15　氮循環

資料來源：*Sutton et al. 2011. Reprinted with permission from Cambridge University Press.*

程圖顯示。所有用於農場的化學氮去了哪裡？進入供水，加上揮發進入空氣，被風吹向順風的陸地與水流。當活性氮以硝酸鹽形式進入供水後，對供水與生態構成重大危險。部分活性氮經由河流進入海洋，導致河口的海藻大增與硝化作用。其中一部分進入大氣層，不是氮分子而是一氧化二氮，這是一種溫室氣體。還有一部分是二氧化氮，這種氣體會造成煙霧與污染。

　　圖 10.16 為歐盟的一項研究圖形顯示，大量使用肥料所產生的一連串問題：釋放更多的溫室氣體；土壤酸化；供水含有硝酸鹽；下游河口的優養化；亞硝酸鹽、硝酸鹽等其他以氮為基礎的分子進入都市大氣層，形成煙霧、對流層臭氧，在都市構成重大的健康危害。

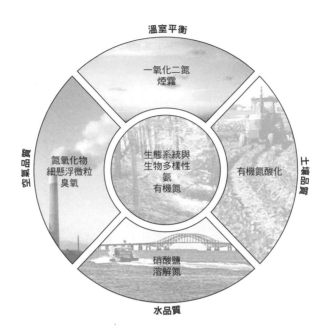

溫室平衡

一氧化二氮
煙霧

空氣品質

氮氧化物
細懸浮微粒
臭氧

生態系統與
生物多樣性
氨
有機氮

土壤品質

有機氮酸化

硝酸鹽
溶解氮

水品質

※ 圖 10.16　過多活性氮對社會的關鍵威脅

資料來源：*Sutton et al. 2011. Reprinted with permission from Cambridge University Press.*

　　接著是一個進退兩難的重大問題，但在生活中很難得討論。我們絕對需要氮，包括化學肥料，提供全球糧食生產。然而，氮對於自然環境的多重影響，從氣候改變到優養化，乃至於都市煙霧，都在惡化與持續增加中。圖10.17 來自一項研究，顯示全球河口受到優養化的傷害，特別是在高度使用肥料的各個經濟體海岸。這些在沿海區域是以紅色標示的「死亡區」，區域的優養化造成海藻大增，接著，海藻的細菌分解導致水中氧氣耗竭、海洋生物被消滅，問題日益嚴重。除非，我們開始以負責任的方式來使用需要的氮，例如非常精準的使用化學肥料，減少活性氮的流失與揮發。

　　農業嚴重影響的另一個關鍵地區是森林。在所有大型雨林地區，森林正

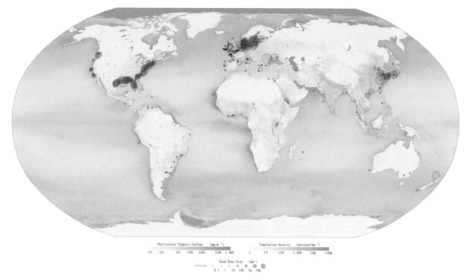

※ 圖 10.17　海洋死亡區，2008 年
資料來源：*NASA's Earth Observatory.*

在消失，包括亞馬遜盆地、剛果盆地、印尼群島。在亞馬遜，清除雨林以供
新的牧地、農地與基礎建設的建造，正是大部分森林消失的原因。幸運的
是，近年來亞馬遜砍伐森林的情況正在減少。在東南亞，亞洲蓬勃成長的經
濟對熱帶硬木有龐大需求，伐木事業與「把雨林變成人工林場」是破壞原始
雨林的主要部分。

　　在非洲，散布森林邊緣的小農砍伐，也是一個惱人問題。通常是為了從
森林取得薪柴，例如為了製造木炭。在亞馬遜與東南亞較為富裕的雨林地
區，薪柴問題通常不嚴重，因為另有替代性能源，但在剛果盆地與非洲其他
地區，當地人口非常貧窮，也沒有替代性能源，只能大量使用木炭，造成砍
伐森林、物種喪失棲息地的情況嚴重。

　　為了保存棲息地、保護生物多樣性、降低因砍伐森林造成的溫室氣體排

放後果，因應這些地區獨特的挑戰及當地人口特定需求的行動，的確需要展開有效行動。不僅有助於降低氣候改變的速度，也能成功避免生物多樣性的大量喪失。

## ▋ 朝向永續的全球糧食供給

在全球各地創造永續的農業體系是絕對必要的。這個農業體系必須餵養日益增加的世界人口，同時降低我們目前對地球造成的龐大壓力，在面對氣候與其他環境改變時更有韌性。我們需要思考，如果繼續我行我素，會導致何種後果，並且對照我們真正必須做的事，在永續發展的軌道上，重新塑造農業體系。

繼續我行我素將帶來哪些威脅？圖 10.18 中的表格嘗試總結這些風險，並且對各地區的特定風險給予專業評估。表格的紅色格子是主要的警戒地區，也就是情況最嚴峻的地方；黃色格子就像是黃燈的警告燈號，提醒我們這些地區的情況可能會繼續惡化。

其中，受到最大威脅的是撒哈拉以南的非洲與南亞，兩地都是營養不足的震央。此外，也要注意北非與中東日益增加的威脅，氣候數據顯示，這些地區未來有嚴重的乾旱，農作物生產將面臨更大的威脅。

東亞與東南亞也正面臨相當程度的風險。這些地區的供水受到龐大壓力，加上氣溫較高，將嚴重破壞糧食供給。營養不良的問題將持續以撒哈拉以南的非洲與南亞為震央。至於肥胖症，很可能在北美及許多拉丁美洲地區惡化，例如墨西哥有著已接近流行的高比例。在東南亞、東亞、印度，以及南亞其他地區，也瀕臨嚴重的狀態。

土地用途的改變有時將付出高昂的代價，包括拉丁美洲、撒哈拉以南的非洲，以及南亞與東亞的部分地區。由於農人嘗試在陡峭的斜坡上種植作

| | 北美 | 拉丁美洲與加勒比海 | 歐洲 | 中東與北美 | 撒哈拉沙漠以南的非洲 | 南亞與中亞 | 東南亞與太平洋 | 東亞 |
|---|---|---|---|---|---|---|---|---|
| 糧食安全性 | | | | 高 | 高 | 高 | 中 | 中 |
| 營養不良 | | | | | 高 | 高 | 中 | 中 |
| 肥胖症，健康 | 高 | 高 | 高 | | | 中 | 中 | 中 |
| 貧窮 | | | | 中 | 高 | 高 | 中 | 中 |
| 鄉村基礎建設貧乏 | | 中 | | 中 | 高 | 高 | 中 | 中 |
| 土地使用變更 | | 高 | | | 高 | 中 | 中 | 中 |
| 土壤退化 | | | | 中 | 高 | 高 | 中 | 高 |
| 水缺乏 | 中 | | | 高 | 高 | 高 | 中 | 中 |
| 水與空氣污染 | 中 | | 中 | 中 | | | 高 | 高 | 高 |
| 生物多樣性喪失 | 中 | 高 | 中 | 中 | 中 | 中 | 高 | 高 |
| （高：高度風險，中：中度風險） | | | | | | | | |

※ 圖 10.18　我行我素的風險

資料來源：*Rockström, Johan, Jeffrey D. Sachs, Marcus C. Öhman, and Guido Schmidt-Traub. 2013. "Sustainable Development and Planetary Boundaries." Background Paper for the High-Level Panel of Eminent Persons on the Post-2015 Development Agenda. New York: Sustainable Development Solutions Network.*

物，風力會將表層土壤吹走，如同中國許多地方發生的現象，造成土壤流失。

　　雖然有些地區將避開其中部分的風險，但沒有一個地區能置身事外。目前，貧窮地區已面臨極端的危險，因為他們已經生活在邊緣之上。許多人已經生活在脆弱的環境中，例如熱帶或旱地生態體系。他們貧窮的部分原因跟大自然不友善的環境有關。當環境改變時，一個原本很困難的地區可以很快變成無法支援人類生存的環境，人們將受災、死亡、引發衝突，最後只好被迫移居。因環境改變產生的難民將數以百萬計，甚至上億。被迫移居的貧窮新移民得面對充滿敵意的環境。人類如果繼續我行我素，麻煩也將接踵而來。

　　我們要如何走向永續發展的軌道？由於糧食體系的複雜性；土地使用、

氮的使用及化學污染物質的相互關聯；農作物對高溫的脆弱性……我們需要的因應措施必須具有多變性、全盤性，並且得按當地的環境背景量身打造。這是我們面對永續發展的挑戰中最艱難的，因為世界已經身處危機之中，同時問題還在惡化。很難說一個地區將能拯救其他地區，因為所有的地區都面臨壓力，沒有魔法鑰匙可以瞬間解決這些問題，每個地區都必須找出自己通往永續農業的道路。

其中有哪些事情是可以做的？首先是改進糧食生長的能力。就每個單位的土地產量而言，我們應該有更高的生產力。如同諾曼・鮑洛格（Norman Borlaug）與他的同事史瓦名納森（M. S. Swaminathan）、舒伯曼尼安（Chidambaram Subramaniam）讓印度綠色革命變得可能一樣，我們需要另一次的綠色革命，特別是以新的作物多樣性適應未來的環境挑戰。

對部分地區而言，因為嚴重旱災的頻率可能大幅提高，需要專注於研發各種農作物的抗旱品種。天然植物已有高度的抗旱能力，植物科學家現在正在嘗試找出相關基因，透過各種方式，包括傳統的植物育種或先進的基因改造，創造新的抗旱品種。許多人認為基因改造的概念深具威脅，對環境與人類健康的潛在風險甚高。不論尖端基因組學（genome）的領域已經做了哪些工作，我的主張是，我們當然應該測試這些科技，看他們能提供什麼樣的成果。透過找出抗旱或耐鹽性的基因，以便使我們在糧食安全上能獲得大幅進展。因此，我們不應該太快排斥整個類別的科技。基因改造生物科技可能造成特定的風險，此等風險應該是可以被控制與監控的。這類科技在糧食安全上可能會有重大突破，我們身處的時代將需要這種突破。

其次，是使農作物品種更有營養。農作物不但在嚴苛條件中成長得更好，而且應該更有營養。改善飲食的一部分牽涉一開始就選擇對的農作物，伴隨以水果、蔬菜、穀類、植物油的良好平衡飲食。解決方案的一部分是使特定的農作物更有營養，例如稻米。這是所謂「黃金大米」（golden rice）的概念。這種農作物已經在菲律賓洛斯巴諾斯（Los Baños）由國際稻米研究協會（IRRI）發展出來，該協會協助實現稻米的綠色革命。目前，其科學家正在再造稻米的基因組學，使其富含類胡蘿蔔素（beta-carotene），使兒童吃了黃金大米就擁有所需的維生素 A，有助於對抗隱性飢餓。

第三個方向是絕對必要的，通稱「精準農耕」（precision farming）或「資訊充分的農耕」（information-rich farming），在高所國家已經普遍被採用。精準農耕的重點是更經濟、有效率使用水、氮等生產投入，使得較多的糧食能在較少的環境影響中被生產出來。由於資訊科技成本的下降，即使貧窮的農人也能使用此種技術。精準農耕牽涉的是較為精準的施肥，沒有肥料揮發或流失的問題。

精準農耕仰賴資訊科技，包括詳細繪製土壤種類，通常是透過全球定位系統精確告知農人所在位置，以及農場的土壤狀況。這種精準農耕正往中度所得與貧窮國家推進，以較低的成本持續發展。因為可以很有效率的使用稀少資源，同時能使農人顯著減少在土壤施肥的數量，使農人可在不浪費資源、降低對環境衝擊的情況下，獲得較佳的收入。前景可期。

更為普遍的是，透過較佳的土壤測試、土壤繪製，以及適合在地風土的化學配方，找出最佳的養分管理。從手持儀器或衛星閱讀土壤性質，得到更佳的土壤需求解析度。這種土壤養分管理，有助於增加土壤養分耗竭地區重新恢復產出的可能性。非洲是第一批受惠的地區。這種方式也有助於施用太多肥料的國家減少肥料的使用，例如中國。

另一項突破是改善用水管理。水資源的挑戰在未來將更為艱鉅，因此我們需要妥善利用每一滴水，「每滴水產量」（crop per drop）正是基於這樣的理念。不單是因為水已經耗竭，也因為環境持續惡化中。以太陽能為動力的灌溉，在微型灌溉科技中扮演非常重要的角色，特別是對小農來說。

最後，找出更好的方式協助農民收割、儲存、運輸，以減少目前從農場到市場間的大量損耗。此種糧食損耗通常可以多達產量的 30％至 40％。這些大量損耗來自嚙齒動物與害蟲、糧食腐爛、作物實體的損耗、曝露於雨水等。簡單的低成本做法包括較有效的儲存系統，較佳的糧食處理誘因制度，授權當地合作社投資以社區為基礎的儲存設施……這些改善不但可以增加農場所得，也將提高糧食安全，減少人類對環境的壓力。

最後，當我們探討個人的食物問題時，必須對個人健康負責。大量流行的肥胖症，顯示我們普遍缺乏正確的飲食觀念。許多問題來自政府補貼錯誤的食物種類。碳水化合物、反式脂肪，以及各類速食絕對是不健康的，這些食物卻被政府大量補貼與普遍食用。我們的經濟誘因通常與有益健康的食物背道而馳。事實上，我們已經補貼飼料穀類，導致美國、歐洲過度食用牛肉，達到有害健康與環境的水準。以 10 至 15 公斤的飼料穀類換取 1 公斤的牛肉，嚴重增加土地、肥料的使用、供水的負擔，使大自然的問題惡化。

最近我們將極具價值的糧食生產移轉至汽車油箱，更使情況雪上加霜。在美國，透過政治驅動而非基於常識或生態觀察的補貼，政府將為數不少的年度玉米產量轉進供汽車使用的乙醇。這是個悲慘的決定，將我們需要的重要資源用來生產乙醇。玉米變成乙醇的策略對自然環境沒有幫助，反倒推升了糧食價格，對環境造成額外壓力。這項政策的達成來自幾家有力的公司，積極在華盛頓遊說成功。這正是個行為與政策皆錯的例子。

結論正如我們前面所指出的：永續發展的路途牽涉行為改變、公眾覺醒、政治與個人責任。推動新的體系與科技，能大幅降低自然環境的壓力，幫助我們對已經開始的環境改變更具適應力，不論在經濟或生活方式上。永續的農業與糧食安全仍然是個龐大未決的問題，然而是可以解決的。這是最需要在地方層級加強問題解決能力的領域之一。基於這些理由，永續的糧食體系與對抗飢餓在未來永續發展的目標中，將繼續占有一席重要地位。

# 11 | 適應力強的都市

## 全球都市化的模式

前面討論過全球最大的生態系統，包括雨林、海洋、旱地與南北極，接下來將聚焦在世界一半以上人口居住的都市。

根據聯合國 2008 年的官方資料，人類歷史上首度有超過 50％的人口住在都市。從獵人與採集者開始，人類居無定所。約 1 萬年前，隨著定耕農業的發現與發展，文化由此開展。人們不再打獵與採集，漸漸定點居留。當農業部門生產的多餘糧食逐漸增加後，都市經濟崛起，特點之一便是都市的主要勞動力不是農人。從 1 萬年前開始，食品加工、輕重工業、公共行政、宗教儀式、娛樂、金融、貿易、銀行等製造業與服務業出現，與鄉村換取糧食。

直到工業革命前，農業部門的生產力不足以支持大型的都市經濟。即使我們想到開羅、羅馬、北京、君士坦丁堡、巴黎、倫敦等大都市偉大的歷史遺跡，實際住在都市的人口比例一直維持在 10％或更低。絕大多數的人仍住在鄉村的農戶裡，從事當地的糧食生產。

接著是 18 世紀開始的科學、農業，以及工業革命。有了較佳的農耕能力，較佳土壤養分的運用，例如作物輪作的改善、綠色與化學肥料提升土壤含氮量，加上較佳的運輸條件，每位農人有更多產出，餵養了更多不產糧食的都市人口。工業化時代也與人口都市化的展開齊頭並進，由英國與荷蘭互別苗頭，如同經濟發展的其他層面。

根據經濟歷史學家保羅‧貝羅克（Paul Bairoch）的研究，歐洲於 1800 年的平均都市化比率是 10.9％，同年，英國的都市化比率為 19.2％，荷蘭的都市化比率更是創下 37.4％的新紀錄。至 1850 年，英國達到 39.6％，荷蘭在 35.6％左右，歐洲整體比率為 16.4％。即使是在工業革命後 100 年，歐洲整體的都市化尚未超過三分之一，英國、荷蘭、比利時均已超過 50％了。（都市區域的標準是，在一個聚集點超過 5,000 人以上）

工業革命及後續每個農人的產出大幅提高，可以歸因於幾個結果：科學知識的改善；高產出的作物品種；土壤養分的管理；當然還有機器的發明，協助除草、播種、收割、運輸，使得個別農人可以管理更大的土地面積。哈伯—博施法以工業規模製造的含氮肥料大幅增加了穀類作物的產出，如同 20 世紀一連串改良作物品種的綠色革命。所有的這些進步，代表一小部分從事農業的人口能為越來越多的都市人口生產糧食。

與工業、服務業相比，農業有另外有兩個特性使其在經濟中的角色獨特。第一，對農業產出的需求並不會隨著所得增加而成等比增加，例如當人均 GDP 增加時，每人的食物消費不會以相同速度增加。也就是說，一個人比另一個人富裕 10 倍，但是前者吃東西不會是後者的 10 倍。食物是一種必需品，不是奢侈品。這代表經濟開始發展後，農業占整體經濟的比重將越來越低。

第二，農業仰賴的是土地，但工業、服務業不一樣。農人仰賴土地的程度遠超過他們需要鄰居的程度。反之，提供服務的人，例如理髮師、醫生，律師、銀行家、電影院老闆，需要顧客與鄰居的程度超過他們需要大量開放空間的程度。類似的是，製造業需要緊鄰上游的供應者、下游的消費者與運

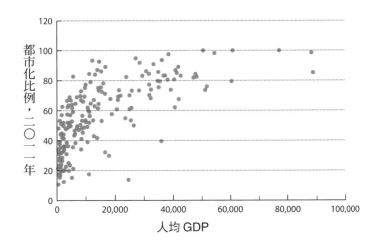

貨者。結果是，農人需要住在人口稀疏的地區，擁有很多的土地空間，而工業與服務業的工作者必須住在擁擠的地區，接近供應者與買方。簡單的說，農業本質上屬於鄉村，而工業與服務業本質上屬於都市。當然這些說法適合服務業的程度高於製造業，至少一部分的工業活動的本質屬於鄉村，這些活動要接近農場或礦場，而非顧客與都市供應者。

　　因此，除了從農業向工業與服務業轉變外，人口從散居的鄉村移向人口密集的都市也是一項平行與基本的轉變。此外，研究與發展類的活動也在都市大量集中，奠基於科學創新與工程突破，都市成為科技進步的主要基地，甚至有利於農耕的科技進步，促成農場與都市間的動態共生（symbiosis）。生產力增加的農場促進了都市的成長，都市則倒過來為農場提供進步科技，進一步提升農場生產力。農場的進步刺激了都市，都市又引動農場的再進步，在近代充沛的經濟成長過程中，展現了一種具建設性的相互作用。

　　圖 11.1 確認了經濟發展伴隨著都市化。橫軸上是人均 GDP，縱軸上是各

國住在都市地區人口的比例。這個分布圖正是 2011 年全球各國的縮影，呈現的是一種上升斜率的曲線，個人所得越高，伴隨著比例越高的都市化。我們預期，未來全球的成長將伴隨著都市化的升高。

　　都市也是多數政治問題解決之所在，首都通常是政治衝突與戲劇性事件的發生地。近年來，各大都市不穩定的情況有上升趨勢。都市民眾群起抗議全球化的後果：不平等與失業率的上升，跟許多科技與貿易模式的改變有關，而資訊時代也使得人們更深入了解政治過程，提高人們組織抗議或甚至推翻政府的能力。在推特、臉書等社交媒體的推波助瀾之下，都市的抗議活動與動盪不安似乎正在增加之中。然而，這種推動變化的力量又被弄得更複雜，因為政府也在運用新科技偵查公民與鎮壓抗議行動。

　　接下來，讓我們思考都市與眾不同的一些因素。首先，都市有高度密集的人口，通常以 2, 000 至 5, 000 人為標準。當然，最大的都市是以數百萬人計算，擁有超過千萬人，並且持續增加中。聯合國估計，全球有 30 個都會區擁有 1 千萬以上的人口。目前已有 29 個，印度清奈（Chennai）估計在 2015 年會到達 990 萬人，名單如圖 11.2 所示。這不是根據政治疆界劃定的都市，而是以人口的單一集中為定義，通常包括十幾個個別的行政區群集在一個更大的地理區域，聯合國稱之為都會區（urban agglomeration）。

　　其次，都市是以當地主要經濟活動的種類區分。雖然也有小量農耕，大體上是以工業與服務業為主。在高所得國家，服務業擁有壓倒性的地位。零售與躉售交易、教育、金融、法律、醫療、娛樂、公共行政等服務活動掌控都市的經濟。

　　第三，都市是一國相對生產力較高的區域。平均每人產出通常高出該國鄉村地區的 2 至 3 倍。從鄉村遷居到都市的人口增加通常伴隨著全國生產力顯著上升。

　　第四，如先前指出，都市是大量創新活動的所在地，大學、研究實驗室或大企業多半位於都市，創新成果因而從都市散播到偏僻區域。

第五，做為中心所在，加上買方與賣方的鄰近便利性，都市是極佳的交易中心，大量產品在此進行龐大金額的交易、交換與簽約活動。

第六，主要的都市通常位於海岸，利用海洋運輸貨物的較低成本。回憶亞當斯密在 1776 年的觀察：發展通常始於海岸並逐漸向內陸移動。全球多數的大都市都位於或接近海岸，使其能以低成本將貨物進行國際性移動，再利用主要鐵路線往內陸輸送。紐約與上海就位在大河河口，分別透過哈德遜河與長江水系，將該國與世界市場連結。

再看一次圖 11.2 的大都會區。這些都市如果不是本身直接位於海岸，就是距主要港口 100 公里以內，如同我們在圖 11.3 看到的 2012 年全球的大都市。多數內陸都市位於主要的內陸水道，透過河流與海洋連接，例如芝加哥與重慶。只有少數幾個像墨西哥市、莫斯科、班加羅爾沒有連接到海岸的河流。再看我的故鄉紐約，不但是個偉大的貿易都市，也是一個主要以海洋為基礎的網絡中繼站。一方面，貨品來自大西洋貿易，另一方面，美國內陸透過自 19 世紀開始運作的水路系統與紐約相連。來自內陸都市芝加哥的貨品透過五大湖、伊利運河、哈德遜河的船隻運送到紐約，再進入大西洋。紐約位於東海岸線的絕佳位置，不但將美國與世界連接，同時也連接了美國內陸與海岸。這正是為何「芝加哥—紐約」這條運輸紐帶如此重要的原因之一。另一個類似的對照是中國最大的工業都市上海，也位於主要的長江終點站。長江將上海與中國內陸的都市相連，特別是成都與重慶，最後從上海通往世界市場。

第七，都市是人口快速增加的地點，通常也是唯一人口增加的地區，因為鄉村人口已經到高點。

第八，都市通常存在明顯的不平等。鄉村當然也會，在地主與沒有土地的佃農之間。都市裡能將富人與窮人比鄰而居，如圖 1.11 所見，里約熱內盧

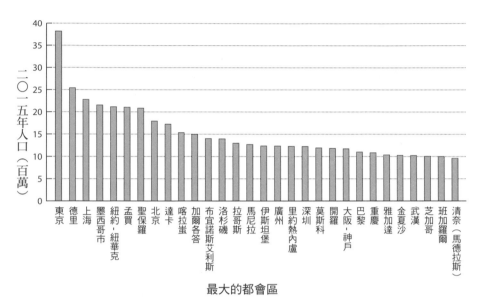

最大的都會區

※ 圖 11.2　全球最大的都會區，以 2015 年人口估計

資料來源：*United Nations Department of Economic and Social Affairs Population Division (DESA Population Division). 2013. "World Population Prospects: The 2012 Revision." New York.*

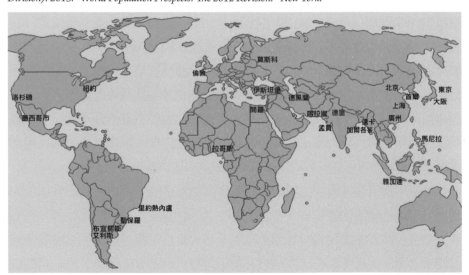

※ 圖 11.3　全球主要都市

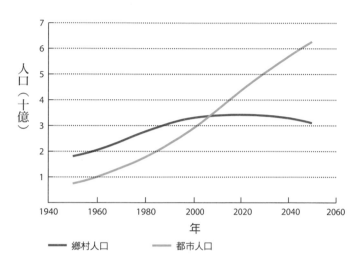

※ 圖 11.4　全球人口分布，都市相對鄉村

資料來源：*United Nations, Department of Economic and Social Affairs, Population Division (DESA Population Division). 2012. "World Urbanization Prospects: The 2011 Revision." New York.*

的高聳現代化建築物緊鄰隔壁的巴西貧民窟。美國最富裕的地方，例如曼哈頓上東區，就緊鄰著破敗的社區，哈林區就位於上東區的北邊。

　　第九，都市享有範圍經濟（economies of scope）與規模經濟（economies of scale）的優勢，生產力被其所提供的龐大市場提升，得以深度的專業化從事大範圍的經濟活動與生產規模。

　　第十，也是最後一項，都市面對「都市外部性」（urban externalities）的挑戰。都市必須對抗空氣與水的高度污染、嚴重的交通阻塞、疾病的迅速傳染，許多都市必須對抗高度集中化導致潛在的大量犯罪與暴力。然而就公共服務的提供來說，人口與經濟活動的集中有正面幫助，例如施打疫苗以阻止疾病傳染、污染控制，以及犯罪的防制。

　　當世界經濟在 21 世紀繼續成長與發展之際，假定農業沒有毀於氣候變遷，鄉村的生產力也將增加，都市地區預料將持續成長，如圖 11.4 所見。

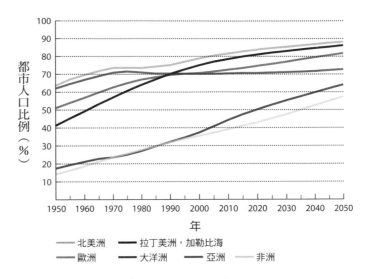

北美洲　　拉丁美洲，加勒比海
歐洲　　大洋洲　　亞洲　　非洲

※ 圖 11.5　全球都市區域的人口比例，1950-2050 年

資料來源：*United Nations, Department of Economic and Social Affairs, Population Division (DESA Population Division). 2012. "World Urbanization Prospects: The 2011 Revision." New York.*

2008 年，鄉村、都市人口交叉了，這是首次都市人口超過世界人口的一半，而且不會回頭。聯合國預測，至 2030 年將有 60％的人口住在都市，2050 年將有 67％的人口住在都市。換句話說，所有預期增加的人口，從目前的 72 億人增至 80 億人以上，將與上升的都市人口有關，鄉村人口將持穩，甚至有下降趨勢。

　　如同人均 GDP 與健康，橫跨世界各地的都市化速度現在有朝向收斂而趨於一致的傾向。貧窮國家現在的經濟成長比富裕國家來得快，都市化也比富裕國家快速，而富裕國家幾乎已經全是都市。圖 11.5 顯示不同地區的都市人口百分比。亞洲與非洲是目前活力最充沛的地區，經歷了漫長的鄉村社會後，正在蛻變成都市社會。

　　當我們檢視世界人口在不同地區的比重時，發現一些值得注意的現象：

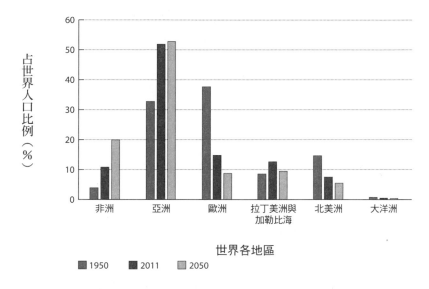

占世界人口比例（％）

世界各地區

■ 1950　■ 2011　■ 2050

※ 圖 11.6　全球都市人口分布，1950、2011、2050 年

資料來源：*United Nations, Department of Economic and Social Affairs, Population Division (DESA Population Division). 2012. "World Urbanization Prospects: The 2011 Revision." New York.*

全球都市化的分配正如經濟的分配模式在轉變中。根據圖 11.6 所示，1950 年世界都市人口的 38％是在歐洲。歐洲是帝國主義強權的地點，掌控世界其餘地區的經濟與政治。1950 年，歐洲與北美的都市人口占全球都市人口的 53％，總人口僅占全球總人口的 29％。2050 年，亞洲與非洲均將顯著都市化，聯合國預測，歐洲都市人口將僅占全球都市人口的 9％，因為歐洲總人口的比重正在下降，其餘地區正在都市化。北美將只有 6％。與 1950 年世界都市地區的 53％相比，歐洲與北美合計將僅占 15％。可以說，西方領導世界的時代已經邁向終點。

　　這種趨勢也透過一些大都市加以證實。回到 1950 年，只有東京與紐約地區是超過 1,000 萬人的大都市，兩者都是已開發國家。1990 年，有 10 個大都市，東京、大阪、紐約、洛杉磯來自高所得國家，墨西哥市、聖保羅、孟買、加爾各答、首爾、布宜諾斯艾利斯來自開發中國家。2011 年，有 23 個大都市，只有 5 個來自高所得國家，其他 17 個都屬於開發中國家。2015年，將出現驚人的 36 個大都市，其中只有 7 個來自高所得國家，相當於總數的 20% 左右。

## ▎如何讓都市永續、環保、適應力強？

由於多數人都將住在都市裡，哪些事物能使都市永續就變得很重要。根據永續發展的三個面向，答案是，永續都市在經濟上具有生產力、社會（與政治）包容，以及環境永續。換句話說，他們必須促進有效率的經濟活動，確保所有的市民能從中獲得好處，同時保留生物多樣性、安全的空氣與水、市民的身體健康……特別是處於這樣一個氣候變遷中的時代。

如今，都市將受到環境衝擊的打擊。位於海岸、海平面正在上升的大都市，在面對嚴重的暴風雨及其引發的巨浪時將更顯脆弱，例如紐約市在 2012年珊迪颶風（Sandy）中痛苦學習。都市需要為這些衝擊預做準備，不要將這種看起來出人意料的事件視為天災，而是將其視為頻率正在上升的事件，雖然不能事先正確預測何時發生。總之，都市的永續是一項龐大任務，我們將以下列的概要方式說明相關特點。

**都市生產力。**都市需要成為每個人能找到像樣、有生產力的工作的地方，也是企業能有效率的生產與交易的所在。關鍵在於有生產力的基礎建設，包括道路網、公共運輸、電力、連結性、水與污水處理系統、廢棄物流程等，使都市經濟能以低交易成本運作。基礎建設也包括「軟體」、像是有效的法院系統以執行合約。當都市的基礎建設欠佳時，就充斥擁擠、犯罪、污染，進而妨礙企業運作、就業機會的創造，吸引不了具前瞻性的投資。

　　**社會包容**。都市可以創造高度社會流動，也可以加大富人與窮人之間的分歧。社區街坊可以是不同所得與種族的混合，或是以階級、種族區隔。學校可以是一個強大的公共體系，或是分成專供富人就讀的貴族學校與市井小民念的平民學校。社會穩定性、信任度、社會中的和諧，都將受到社會流動的程度影響。當這些條件偏低與下降時，抗議、動盪不安，甚至衝突就會接踵而至。有效的都市規劃與政治手腕，能使都市中不同人種、階級與種族和平互動，擁有高度的社會流動與信任。無效的都市規劃，缺乏市民參與、忽視社會平等，都市可能成為貧富階級對立、對峙的地方。

　　**環境永續**。根據定義，都市是人口密度高的地方，容易受到環境問題的傷害，包括空氣與水污染、土地掠奪、傳染病快速蔓延、氣候衝擊，以及其他如旱災、水災、極端暴風雨、火山爆發、地震等災變。都市需要致力於兩種環境的努力：一是緩和（mitigation），降低自身的「生態足跡」（ecological footprint），減少都市活動造成的溫室氣體排放。二是適應（adaptation），代表事先準備，對變動中的環境狀況有調適能力，例如氣溫與海平面的變化。有效的都市規劃與因應未來變化的準備，在判定該都市永續發展的前景上具有決定性的影響。基礎建設、社會流動、教育平等、為環境預作準備這類核心議題，沒有一項可以透過市場機制單獨完成，需要相當程度的腦力激盪、規劃、深思熟慮，以及政治承諾。

## 都市的相對高密度

　　決定都市生產力與環境足跡的一項關鍵因素是密度，也就是每平方公里的人口集中情形。密集居住的都市，經過適當設計，通常會比分散四處、密度低的都市有較高的生產力，以及較少的溫室氣體排放。有些人或許對此說法感到意外。事實上，高密度代表很多人擠在一起，因此可能在運輸上達到

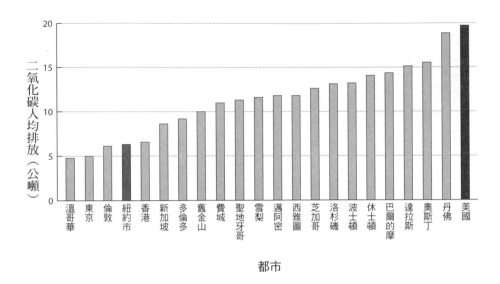

※ 圖 11.7 溫室氣體排放，紐約相對主要美國都市

資料來源：*Dickinson, Jonathan, and Andrea Tenorio. 2011. Inventory of New York City Greenhouse Gas Emissions, September 2011. New York: Mayor's Office of Long-Term Planning and Sustainability.*

較低的排放，以及較有效率的交易。也就是說，人口密度高的空間通常會有較低的生態影響，包括較低的每人碳排放量。紐約市都會區整體人口密度約為每平方英里 3.3 萬人，如表 11.1 所見，洛杉磯每平方英里有 1.2 萬人；洛杉磯是汽車都市，紐約不是。亞特蘭大無疑也是個汽車都市，人口密度僅有紐約的 6%，每平方英里約 2,000 人。據估計，在所有的通勤或來往中，紐約人有 36% 是步行或搭乘公共運輸，洛杉磯是 8%，亞特蘭大只有 5%。可以說，較高的人口密度代表較多的步行，以及低排放的公共運輸。

　　前述資料顯示，與美國其他地區相比，紐約市在碳排放表現上相當良好。2008 年，美國人每人每年約排放 20 公噸二氧化碳，最近的排放為每人 17 公噸左右，紐約人則只有 6 公噸。圖 11.7 顯示紐約市位於二氧化碳排放排名最低的位置。好處不但只在運輸，建築物的取暖與冷卻也有好處。公寓建

表 11.1　主要美國都市密度與通勤

| 都會區域 | 每平方英里人口數（排名） | | 密度的梯度指數（排名） | | 公共運輸通勤占比（排名） | | 公共運輸或步行通勤占比（排名） | |
|---|---|---|---|---|---|---|---|---|
| 紐約—紐華克 | 33,029 | (1) | 6.2 | (1) | 30.6% | (1) | 36.5% | (1) |
| 舊金山—奧克蘭 | 15,032 | (2) | 2.2 | (5) | 15.9% | (2) | 20.5% | (2) |
| 洛杉磯—長堤—聖塔安娜 | 12,557 | (3) | 1.8 | (8) | 5.8% | (8) | 8.2% | (8) |
| 芝加哥 | 10,270 | (4) | 2.6 | (4) | 11.9% | (4) | 14.7% | (5) |
| 費城 | 8,457 | (5) | 3.0 | (3) | 9.7% | (6) | 13.3% | (6) |
| 波士頓 | 7,711 | (6) | 3.3 | (2) | 11.6% | (5) | 16.1% | (4) |
| 聖地牙哥 | 7,186 | (7) | 2.1 | (6) | 3.1% | (12) | 5.0% | (11) |
| 華盛頓 | 6,835 | (8) | 2.0 | (7) | 15.7% | (3) | 18.6% | (3) |
| 邁阿密 | 6,810 | (9) | 1.6 | (12) | 3.6% | (10) | 5.3% | (9) |
| 鳳凰城 | 5,238 | (10) | 1.4 | (14) | 2.5% | (13) | 4.1% | (13) |
| 底特律 | 4,955 | (11) | 1.6 | (10) | 1.7% | (15) | 3.0% | (15) |
| 西雅圖 | 4,747 | (12) | 1.7 | (9) | 7.6% | (7) | 10.3% | (7) |
| 達拉斯—沃思堡—阿靈頓 | 4,641 | (13) | 1.6 | (11) | 1.9% | (14) | 3.2% | (14) |
| 休士頓 | 4,514 | (14) | 1.5 | (13) | 3.2% | (11) | 4.6% | (12) |
| 亞特蘭大 | 2,362 | (15) | 1.3 | (15) | 4.0% | (9) | 5.1% | (10) |

資料來源：Eidlin, Eric. 2010. "What Density Doesn't Tell Us About Sprawl." ACCESS 37: 2–9.

築物與整排房屋裡的每人排放量通常會低於獨棟房屋。如果都市人口能運用智慧建造能源與運輸系統，同時鼓勵高密度的住宅區，使人們接近商店、辦公室、便利設施，以及鄰里，那麼都市化的同時也能促進較低的碳排量。若想同時享有低生態足跡、高生產力、行動方便、低阻塞、更有效率的生活，端視都市如何投資基礎建設又做了哪些選擇。

## ▌智慧的基礎建設

　　都市需要做關於基礎建設的選擇。如何處理能源、運輸、水、廢棄物？都市是個複雜體系，有數以百萬計的人彼此互動，與複雜的運輸、通訊、飲用水、污水處理、廢棄物系統互動。哪一種基礎建設最適合這種體系？規劃與設計基礎建設良好的都市能將經濟機會最大化，改善生活品質，促進公眾健康，將居民對自然環境的影響最小化。有關密集居住區域的交通安排，公共運輸有很多較佳的選擇，例如公車、捷運系統，適當管理的自行車與人行步道，而私人汽車是塞車、空氣污染，以及溫室氣體排放的源頭。有些都市將大眾運輸管理得很好，有些則是亂得難以想像。圖 11.8 顯示印尼的通勤者不顧性命的瘋狂行為，以及菲律賓市區一座火車站的景象。

　　圖 11.9 是全世界最閃亮、有效率、活力充沛的捷運系統，位於南韓首爾。這是一座龐大、高效率的系統，有著長達數百公里的鐵路線與現代化的車站，如圖 11.10 顯示。許多中國都市，例如北京，近年紛紛建造捷運系統，提供很好的服務。這是一種明智的投資，否則中國將被滿街的汽車塞到動彈不得。

※ 圖 11.8（左）印尼通勤者
路透社／ *Crack Palinggi.*

※（右）在菲律賓進入一座火車站的動線
路透社／ *John Javellana.*

※ 圖 11.9 首爾地鐵站
資料來源：*"Train Waiting for Start,"* Doo Ho Kim, Flickr, CC BY-SA 2.0.

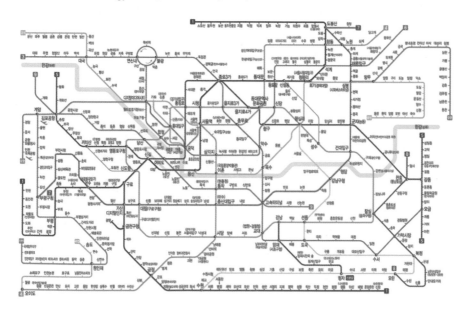

※ 圖 11.10 首爾捷運路線圖
資料來源：*Courtesy of the Seoul Metropolitan Rapid Transit Corporation.*

　　在波哥大，哥倫比亞提供了公共運輸的另一種選擇：巴士捷運系統（bus rapid transit，BRT）。這是仿效巴西城市庫里奇巴（Curitiba）於 1970 年代首先推出的 BRT。其概念是透過專用道路給予公車有利的條件，鼓勵人們從搭乘汽車轉變為公車。有頻繁的班次、舒適的空間方便人們進出公車、等車。許多城市紛紛前來取經，在許多國家掀起熱潮。

　　近來，歐洲率先採用自行車專用道與創新的智慧卡，供市民騎自行車。一個例子是巴黎的 Velib 自行車分享系統，騎自行車的人口因此大增。曾經，在汽車的排擠下，自行車被大眾束之高閣。隨著塞車情況越來越讓人無法忍受、停車費用高昂，以及環境意識的抬頭，人們又重新回頭尋找較健康的行動方式。騎自行車的習慣在紐約、倫敦等城市街頭重現，而漫步在曼哈頓令人眼花撩亂的購物街，讓城市更顯活力，當地人民也因而更健康。

　　全球數不清的都市人漸漸體會步行與騎自行車的重要。久坐不動的生活型態，加上肥胖症、糖尿病、心臟病患者持續攀升，越來越多都市人急著以步行、騎自行車做為代步方式。

　　公共政策對個人、社會的影響甚巨。美國政府就曾以 1956 年的《聯邦補助高速公路法案》，對汽車押下極大的賭注。該法案創造了全美的州際高速公路系統，鼓勵郊區興建新道路與土地發展。這項新的道路網產生重大的經濟影響，有助於移動貨物與人們，大幅促進了郊區的發展，從人口密集的市中心出走的人口，轉而進駐較為分散的郊區，結果換來偏高的生態足跡及高出他國甚多的碳排放。

　　現在輪到中國抉擇。快速進展的都市化正將數以億計的人口帶進中國的都市。中國擁有全球最大的都市網路，有 100 個以上的大都市，每個都超過 100 萬人。這些都市都相當仰賴汽車。截至目前，中國已經是全球最大的新車銷售市場，每年遠超過 2 千萬輛。中國的汽車數量很快將與美國相當，上看 2 億 5 千萬輛。

中國領袖也體會到，在一個已經非常擁擠的國家高度仰賴汽車的危險。中國已經開始承受大量空氣污染之苦，加上大量仰賴進口石油、無法紓解的交通阻塞……近年積極在主要都市打造公共地下捷運系統、興建高速鐵路。然而，中國主要都市運輸選擇仍然未定。究竟中國將著重快速巴士運輸、打造密集居住的都市，還是走向美國式的汽車都市？究竟中國將持續生產與使用汽柴油汽車，還是改採以低碳電力為動力的車輛？這些選擇仍有待決定，而這些決定將影響中國的環境永續性。畢竟，中國的溫室氣體排放已是全世界最高的了。

## 未來的都市供水

基礎建設的另一個關鍵面向是供水。每個大都市都必須為其人口提供飲用水，以及其他用途的水，包括都市周邊地帶的農業、健康的生態系統、工業活動。如何安全、公平、可靠、永續提供這些水，又能以合理成本取得，是一個重大挑戰。在紐約市，這個問題在 1 個世紀以前就已經被提出來，透過分接都市外的兩個集水區，從集水區透過龐大的地下管線運送到紐約市，如圖 11.11 所見。

15 年前，紐約面臨一個問題，來自這兩個地區的水受到污染，含有從附近工業與農業活動地區排放的化學產品。當時的提議是建造一座數十億美元的全新水處理廠，以維持供水安全。這是一個直覺的想法：當供水變得不安全時，市政府應該處理，提供潔淨用水。一座供 800 萬人使用（整個都會區約有 2 千萬人）的大型淨水廠似乎是不可或缺。然而，紐約市當時的規劃者有個較為聰明的想法，是鼓勵減少危害水質的經濟活動，這樣就不必花費數十億美元在淨水處理廠了。當然，相關業者有他們的利益考量，因此紐約市了解到必須為集水區的業者提供財務誘因，如果他們能停止所有危害紐約市

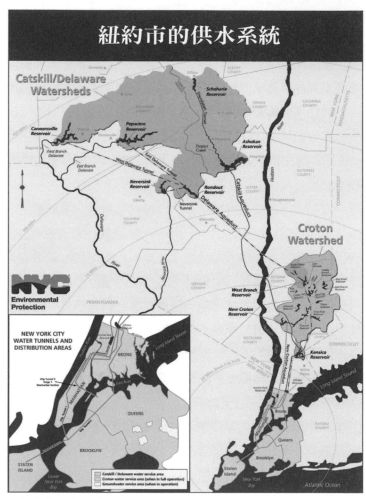

※ 圖 11.11 紐約市供水系統

資料來源：*New York City Department of Environmental Protection.*

飲用水的活動的話，例如肥料、殺蟲劑的使用與化學工業排放，市政府將提供他們補償金，以彌補他們的損失。這項安排被證明是很聰明的。紐約市保留供水的安全與品質，業者獲得補償。雙方都有所得，因為紐約市支付業者的費用遠低建造、營運龐大淨水廠的成本。

這項解決方案當然是特例，不過每個大都會區都有類似問題待決。紐約市的解決方案非常有意思，也十分罕見，必須結合許多創造力、深入洞察，以及良好的政治管理。最後，點出一些非常重要的東西：永續發展本質上是解決問題的一種訓練；輔以適當的創造力，結合經濟、社會與環境的關心，創造新的模式。

都市供水的挑戰益顯重要，在許多地區甚至是迫切的。都市人口與工業持續的大量成長更提高了對水的需求。另一方面，氣候變遷、地下水耗竭，全球暖化使冰河融化，導致淡水供應量下降，都市與農人為稀少的供水展開激烈競爭。都市也必須在與水有關的基礎建設進行大量投資。

## 都市廢棄物管理

都市基礎建設還有另一個重要面向：廢棄物管理。有些廢棄物，像是紙與塑膠，可以回收再利用；有些廢金屬可以再加工處理：許多都市廢棄物是有機的，例如腐壞的食物；有些具有高度毒性。都市要如何處理這些廢棄物？常見的方式是放置在某些地方，例如垃圾掩埋場。為此，許多大都市建立大型的垃圾掩埋場，這種地方會讓人眼睛痛、鼻子痛，成為污染媒介，當有機廢棄物被細菌分解後釋出大量甲烷的地方。工程師越來越了解，這種只將垃圾堆填在土地上的做法，並非明智之舉，而且對土地、供水、附近居民具有潛在的危險，還有甲烷排放的溫室氣體。垃圾掩埋場也代表了錯失龐大的經濟機會，許多被丟到垃圾掩埋場的東西可以回收再利用，投入工業處

※ 圖 11.12 安卡拉垃圾掩埋場變成能源設施
資料來源：*ITC Invest Trading & Consulting AG.*

理、再生能源。

　　過去 20 年，都市經歷了不同階段的資源回收計畫，以及各種將廢棄物變能源的創新做法。如圖 11.12 所示，土耳其安卡拉的一座設施，可將廢棄物分類成塑膠、有機物與金屬。有些廢棄物分解做為肥料，有些可以回收再利用，有機廢棄物則被送入大型生物分解槽，透過細菌作用，釋出甲烷，再用於發電或把電賣給都市電廠。這裡原來是垃圾掩埋場，臭氣四溢，後來轉變成廢棄物加工廠，除去先前有毒的臭味與氣體，變成能獲利的資源回收中心，還將廢棄物變成能源。附近也建造起大型的購物中心。這類聰明的廢棄物管理模式，如今在世界各地被廣泛採納。

　　這項安卡拉設施是「智慧基礎建設」（smart infrastructure）的例子，可以重組都市代謝機能，排放較少的污染與溫室氣體，有效率的使用物質與能源。智慧的運輸系統以無縫接軌的方式連結公共運輸、汽車共乘、步行，成為一個整合的系統。智慧的發電廠將使電力車輛與建築物以光電板發電，再將電力賣回給電廠，發電者本身也可使用電力。智慧的發電廠將電價依每天不同的時間分別定價，加上其他的管理工具，促使都市地區節約用電、紓解尖峰發電。這些智慧系統有一個共同點，就是運用儀表、監視器、機器對機器通訊這些廣泛的資訊科技提升效率與便利性。

## ▎都市的韌性

　　透過正確的基礎建設，各個城市都能選擇有效率的生活，減少碳排放量。此外，都市也必須為未來做好規劃，以便因應可能發生的生態衝擊。即使人類做了每一樣該做的事，未來數十年仍將經歷平均溫度上升，熱浪、暴風雨、洪水、旱災極端氣候的頻繁發生。我們將在稍後的章節仔細檢視這些威脅。

　　對此，基礎建設必須事先做好準備。2005 年的卡翠納颶風為紐奧良帶來大規模的洪水、人命損失，以及驚人的損害。當時，保護這個低窪都市的防洪堤宣告崩潰，使受災情況雪上加霜。多年來，當地工程專家警告紐奧良的防洪堤系統受到威脅，卻因為預算受限，加強防洪堤系統的工作一再延宕。全球許多都市都面臨這類的風險，而且也不斷接到警告，卻仍輕忽以對，或是因為財務陷入窘境，而無力因應。

　　污染似乎也在惡化當中。全球氣候的變遷，汽車數量的增加，工業活動及其他產生煙霧活動的頻繁，2013 年 1 月大量煙霧在北京落下，嚴重程度超過全球污染標準的 20 至 30 倍，讓北京幾乎全面停擺，當地居民都感到驚駭不已。再一次嚴重煙霧於 2014 年 1 月襲擊北京（圖 11.13）。所幸，這些都市有可能克服此等危機。

　　類似的煙霧攻擊也曾發生在 1950 與 1960 年代的紐約、倫敦，見圖 11.14。從那時開始，污染法規與能源使用從煤轉變成天然氣等較乾淨的能源，才使空氣變得清澈。經濟學家談到，從煤轉變到低碳能源的雙重好處：較清澈、較安全的空氣，同時降低二氧化碳的排放。

　　地震對位於地震帶的許多都市而言，是另一個重大威脅。圖 11.15 記錄了 1900 至 2012 年的地震，許多人口眾多的都市都位於其中。高風險的大都市包括洛杉磯、馬尼拉、伊斯坦堡、利馬、德黑蘭、智利聖地牙哥、舊金山、名古屋、伊茲密爾（Izmir）。

　　地震是可以預做準備的，建築物能以相當低的成本加強。倘若無視這點的重要與必要，悲劇就會發生。2010 年 1 月，海地太子港的地震，造成 10 萬人以上的死亡（圖 11.16）。雖然類似震度的地震在前幾年襲擊日本神戶

※ 圖 11.13 北京的煙霧
資料來源：*Beijing Air Pollution, Kentaro IEMOTO, Flickr, CC BY-SA 2.0.*

※ 圖 11.14 紐約市的煙霧，1966 年
資料來源："*Midtown and Lower Manhattan covered in smog. 1966. New York,*" *Andy Blair, Flickr.*

時，死亡人數也多達 5 千人，但是傷亡情形與海地大不相同。海地是個非常貧窮的國家，未曾做過地震預防措施，建築物多以石塊或磚塊砌成，沒有針對地震風險加固。此外，許多聚落都位於陡峭山坡，地震後便受創於災難性的山崩。較佳的土地用途區隔，像是禁止在危險區域興建房屋與居住，也將有助於防止大量人口死亡。

　　洪水是沿海都市的另一個風險，全球多數的大都市都在海岸附近。東京、德里、墨西哥市、紐約、上海、聖保羅、達卡、加爾各答、布宜諾斯艾利斯、里約熱內盧等都市，因為地形、氣候、海岸的鄰近性都有遭到暴洪的風險。即使是最成熟的都市也不必然做好準備。圖 11.17 顯示曼哈頓市中

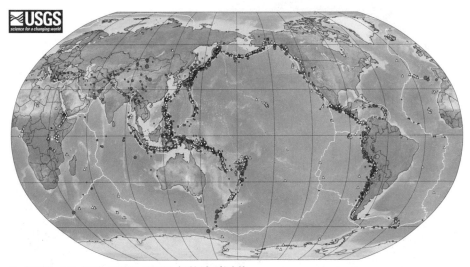

※ 圖 11.15 地球 1900-2012 年的地震活動
資料來源：*U.S. Geological Survey, Department of the Interior/USGS.*

心，這個星球上最富裕的地方之一，在 2012 年 10 月超級颶風珊迪的侵襲後發生大停電。結果證明，紐約市並未為此種大型暴風雨做好準備。電廠被洪水淹沒；醫院的備用發電機在地下室，很快就被滅頂，大型醫院因而需要緊急疏散。許多紐約市科學家與工程師曾預測，紐約對大型暴風雨與隨之而來的洪水，應變能力非常脆弱。雖然被警告過，但是實際的準備工作做得太少。

　　各大都市現在發現，他們必須防範升高的海平面。荷蘭可能是全球最有經驗與海搏鬥的，該國大部分陸地都明顯低於海平面，在整個歷史上，荷蘭必須建造特殊的防禦工事、堤防等障礙，保護土地與居民不受洪水傷害。1950 年代，曾經歷洪水的可怕事件與人命損失後，荷蘭的工程專家再度以新的解決方案成為全球先驅。這一次，他們不但要防止陸地遭到大海入侵，同時也要保護海岸脆弱的生態。工程專家了解，僅以傳統的障礙阻擋海水入侵陸地，將會傷害河口，而潮汐的起落又是河口生態系統的關鍵，因此尋求一

※ 圖 11.16 2010 年地震後的海地太子港
資料來源：*"haiti_postearthquake13,"* *Colin Crowley, Flickr, CC BY 2.0.*

種解決方案，既可以讓正常的生態系統運作，又可以防止大型暴風雨。圖
11.18 為東斯海爾德屏障（Eastern Scheldt barrier），這是荷蘭花費數十億美元
創造的巨大工程，在暴風雨及巨浪侵襲時，使用閘門關閉水道，其他時間維
持開放，使海洋水流與潮汐起落不受影響。

　　持續的氣候與其他的環境改變，為日益擁擠的都市帶來更多新風險，須
以更仔細、嚴格的方式來評估這些風險。每個都市都有獨特的地形、人口密
度、脆弱性，挑戰都是獨一無二的。聯合國已經完成一份頗具價值的報告，
區分主要都市面對的各種危害，包括熱帶暴風、旱災、地震、洪水、山崩、
火山。這些主要的危害需要每個都市建立模型、了解、預期。危害持續增加

※ 圖 11.17 珊迪颶風後曼哈頓市中心大停電，2012 年 10 月
資料來源："*Hurricane Sandy Blackout New York Skyline,*" *David Shankbone, Wikimedia Commons, CC BY 3.0.*

※ 圖 11.18 荷蘭東斯海爾德屏障
資料來源："*The Oosterscheldekering seen from the sky,*" *Bryan Tong Minh, Wikimedia Commons, CC BY-SA 3.0.*

中，與我們已經進入人類世或是永續發展時代的概念一致。為此，我們需要前瞻性的規劃，結合生態學、工程學及公共政策，讓我們的都市在 21 世紀維持韌性，仍是人們想要居住的地方。

## ▍規劃永續發展

可以永續的都市是綠色、適應力良好的。綠色的意義是指，都市的生態影響低，人均排放溫室氣體低，提供人們一個健康的居住與工作環境。包括安全與潔淨的空氣、可以使用的公園，人們可以透過走路、騎自行車或其他方式保持活躍與健康。可以永續的都市是有適應能力的，因為充分體認且事先規劃未來可能經歷的衝擊。

紐約市就非常努力，特別在遭到超級颶風珊迪侵襲後。據估計，這個單一颶風造成高達 600 億美元左右的損失。更早或更有效的事先規劃，可以減少生命財產的損失。

波特蘭與西雅圖是兩個非常綠色的美國都市，也或許是美國首先採納全面性永續規劃的都市，在環境敏感度與前瞻性方面的確做了許多值得稱許的努力。見圖 11.19 的時間表。早在 1994 年，他們就檢視了本身如何降低溫室氣體排放，以及對氣候變遷的因應方式。其他都市也開始這類的嚴肅規劃，紐約市在 2007 年初就啟動「規劃紐約市」（PlaNYC）計畫，哥本哈根於 2009年、鹿特丹於 2010 年紛紛跟進採納。目前，全球各大都市都在進行類似的計畫。如同聯合國積極推動的千年發展目標，此舉將鼓勵全球數以千計的都市跟進。毫無疑問，永續的都市應該是永續發展的重要目標之一，因此全球的市長、市政府都理應清楚，永續發展是他們責無旁貸的焦點議題，沒有人、也不應該能將這個議題丟給中央政府！

「規劃紐約市」的具體做法是什麼？這個計畫有 10 項永續發展目標，如

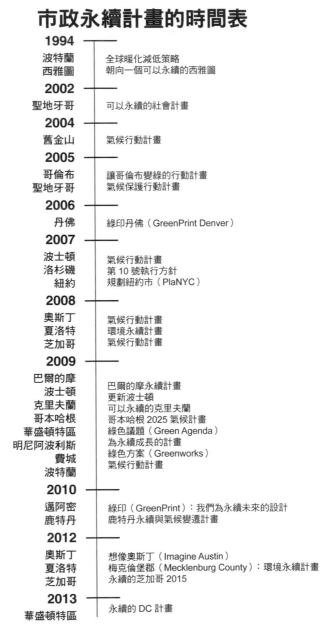

# 市政永續計畫的時間表

**1994**
波特蘭　　　全球暖化減低策略
西雅圖　　　朝向一個可以永續的西雅圖

**2002**
聖地牙哥　　可以永續的社會計畫

**2004**
舊金山　　　氣候行動計畫

**2005**
哥倫布　　　讓哥倫布變綠的行動計畫
聖地牙哥　　氣候保護行動計畫

**2006**
丹佛　　　　綠印丹佛（GreenPrint Denver）

**2007**
波士頓　　　氣候行動計畫
洛杉磯　　　第 10 號執行方針
紐約　　　　規劃紐約市（PlaNYC）

**2008**
奧斯丁　　　氣候行動計畫
夏洛特　　　環境永續計畫
芝加哥　　　氣候行動計畫

**2009**
巴爾的摩　　巴爾的摩永續計畫
波士頓　　　更新波士頓
克里夫蘭　　可以永續的克里夫蘭
哥本哈根　　哥本哈根 2025 氣候計畫
華盛頓特區　綠色議題（Green Agenda）
明尼阿波利斯　為永續成長的計畫
費城　　　　綠色方案（Greenworks）
波特蘭　　　氣候行動計畫

**2010**
邁阿密　　　綠印（GreenPrint）：我們為永續未來的設計
鹿特丹　　　鹿特丹永續與氣候變遷計畫

**2012**
奧斯丁　　　想像奧斯丁（Imagine Austin）
夏洛特　　　梅克倫堡郡（Mecklenburg County）：環境永續計畫
芝加哥　　　永續的芝加哥 2015

**2013**
華盛頓特區　永續的 DC 計畫

※ 圖 11.19 市政永續計畫的時間表

資料來源：*City of New York, PlaNYC Progress Report 2013. Mayor's Office of Long-Term Planning and Sustainability, New York, 2013.*

# 前進
## 我們的目標是更綠、更偉大的紐約

**供給住宅與社區**
為幾乎 100 萬以上的紐約人創造住宅，使居住更讓人可以負擔與永續

**公園與公共空間**
確保所有紐約人都住在距離公園步行 10 分鐘以內

**棕土**
清除紐約市所有遭污染的土地

**水道**
改善我們水道的品質，以增加娛樂機會、重建海岸生態系統

**供水**
確保我們供水系統的高品質與可靠性

**運輸**
擴展永續交通選擇性，確保我們運輸網路的可靠性與高品質

**能源**
降低能源消耗，使我們的能源系統更乾淨、更可靠

**空氣品質**
達成美國所有大都市中最乾淨的空氣品質

**固體廢棄物**
減少垃圾掩埋場 75％的固體廢棄物

**氣候變遷**
降低超過 30％的溫室氣體排放。提高各社區、大自然體系、基礎建設對氣候風險的承受力

※　圖 11.20「規劃紐約市」（PlaNYC），為紐約市規劃的永續發展目標
資料來源：*City of New York, PlaNYC Progress Report 2013. Mayor's Office of Long-Term Planning and Sustainability, New York, 2013.*

圖 11.20 顯示。第一是預期紐約市人口至 2030 年將增加 100 萬人，因此規劃了更多住宅與社區。第二，是創造更多公園與公共空間，確保良好的生活品

質與公共健康。第三，徹底清除遭到污染的區域。第四，改善運輸水道、娛樂休閒、飲水安全、海岸生態系統的品質。第五，確保紐約市供水的安全無虞。第六，確保強大、有韌性、有效率、低成本、合乎生態的公共運輸系統。第七，維護能源效率性與可靠性。第八是改善空氣品質。第九，從傳統的垃圾掩埋場模式轉變為像是將「廢棄物變成能源」、更多回收再利用的新方式。第十項目標則是降低都市的溫室氣體排放。

　　紐約的人均碳排放已經降至美國平均值的三分之一，約 6 公噸左右，這個水準仍然遠高於本世紀中期需要達到的理想目標。如我們稍後會指出，如果要將全球氣溫上升的幅度維持在攝氏 2 度以內，全球排放量至 2050 年應該不要超過每人每年 1.7 噸，全球各國政府已經同意這個目標。因此，紐約市必須卯足全力降低碳排，美國其他地區得做得更多。

　　對此，紐約市已經著手降低碳排，以期在 2030 年以前降低 30％。如圖 11.21 顯示，「規劃紐約市」預期以幾種手段達成目標，包括能源效率更高的建築物、較乾淨的能源來源、更為永續的運輸系統、經過改善的廢棄物管理。此外，還有幾項值得關注的焦點，包括即使當聯邦政府還在氣候政策上裹足不前之際，紐約市已經在降低碳排上採取行動。主要項目有：第一在建築物上以加熱、冷卻、通風方式，降低二氧化碳排放。這個目標可以透過各種手段達成，包括較佳的空氣密封與隔離、天然的加熱與冷卻、使用加熱幫浦取代汽鍋與火爐，以及發電廠的汽電共生。

　　第二是較乾淨的能源供給，從石化燃料朝向可更新的能源，例如紐約各大樓屋頂的太陽能裝置。紐約也計畫透過長途管線從加拿大帶進更多的水電力，做為降低碳排放的策略之一。風力發電是第三種大規模的可能性。

　　第三個項目是永續的運輸。車輛應該轉型為充電車，例如電池供電或燃料電池供電的車輛，以及運輸方式應該越來越朝向低碳的大眾運輸，以及步行、騎自行車。

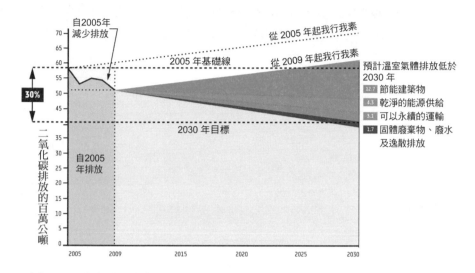

※ 圖 11.21　紐約市溫室氣體減量策略的預期影響

資料來源：*City of New York, PlaNYC Full Report, April 2011. Mayor's Office of Long-Term Planning and Sustainability, New York, 2011.*

　　第四個項目是改善固體廢棄物的管理。從垃圾掩埋場轉向像是安卡拉的回收再利用，以及廢棄物變成能源的系統。

　　最後也是「規劃紐約市」中重要的部分，就是新計算標準的使用。圖11.22 描述每個目標都以特定的量化方式設定進度、最近的數據，以及行動所在的位置。

　　事實上，表中最後一列有許多綠色方格，代表了進展的指標，然而還有許多領域需要提升，包括供水、運輸、二氧化碳排放、能源等。這類計畫表將有助於政府維持對永續發展目標的專注，同時監督政府對承諾負責，創造一種政策行動的回饋，加速向永續發展前進。

| 項目 | 計算標準 | 2030 年目標 | 最近年度數字 | 自基礎年度以來的趨勢 |
|---|---|---|---|---|
| 供給住宅與社區 | 為幾乎 100 萬以上的紐約人創造住宅並使其更讓人可以負擔與永續 | | | |
| | 自 2007 年 1 月迄今增加新的住宅單位 | 314,000 | 125,837[1] | ↗ |
| | 紐約市供給住宅總數 | 增加 | 3,415,500[1] | ↗ |
| | 對中等收入的紐約市家庭提供可以負擔住宅的百分比 | 增加 | 60.0%[3] | ↘ |
| | 最低廉出租公寓的空屋率 | 增加 | 1.0%[2] | ↗ |
| | 新住宅距離捷運 1/2 英里以內的百分比 | >70% | 93.9%[1] | ↗ |
| | 住宅的人均能源使用 | 減少 | 47.28%[2] | ↘ |
| 公園與公共空間 | 確保所有紐約人都住在距離公園步行 10 分鐘以內 | | | |
| | 紐約人住在距公園 1/4 英里的百分比 | 85% | 76.3%[1] | ↗ |
| 棕土 | 清除紐約市所有遭污染的土地 | | | |
| | 假定被污染土地（經課空地稅）數目 | 減少 | 1,500-2,000[1] | 中性 |
| | 透過紐約市每年棕土潔淨計畫改善的空地（經課稅）數目 | 增加 | 11[1] | ↗ |
| 水道 | 改善水道的品質以增加娛樂機會、重建海岸生態系統 | | | |
| | 紐約港大腸桿菌比率 | 減少 | 42.97[1] | ↗ |
| | 紐約港溶氧量比率 | 增加 | 6.5[1] | 中性 |
| 供水 | 確保供水系統的高品質、可靠性 | | | |
| | 飲用水分析低於最高污染水準次數 | 100% | 99.9[1] | ↗ |
| | 人均用水量（加侖／每日） | 減少 | 124.46[1] | ↘ |
| 運輸 | 擴展永續交通選擇性，確保運輸網路的可靠性與高品質 | | | |
| | 永續運輸工具種類（曼哈頓中央商業區範圍通勤） | 增加 | 74%[2] | ↗ |
| | 自 2007 年起改搭捷運量減去改搭汽車交通量 | 正值 | 0.9%[4] | ↗ |
| | 車輛英里收入（捷運車輛旅程英里數，有收入服務為準） | 增加 | 915,096,265[2] | ↗ |
| | 橋梁符合良好維修狀態的百分比（會計年度） | 100% | 41.4%[1] | 中性 |
| | 道路符合良好維修狀態的百分比（會計年度） | 100% | 73%[1] | ↗ |
| | 捷運站符合良好維修狀態的百分比（會計年度） | 100% | 71%[1] | ↗ |
| 能源 | 降低能源消耗，使我們的能源系統更乾淨與更可靠 | | | |
| | 電力的每單位溫室氣體排放（磅碳／毫瓦小時） | 減少 | 657.69[2] | ↘ |
| | 系統可靠性：客戶平均停電持續時間指標 | 減少 | 2.39[1] | ↗ |
| | 系統可靠性：系統平均停電次數指標 | 減少 | 104[1] | ↘ |
| | 人均能源使用（來源 百萬焦耳） | 減少 | 123.20[2] | ↘ |

| 項目 | 計算標準 | 2030 年目標 | 最近年度數字 | 自基礎年度以來的趨勢 |
|---|---|---|---|---|
| 空氣品質 | 達成美國所有大都市中最乾淨的空氣品質 | | | |
| | 在平均期間內的都市排名 | #1（至少） | 5.67[2] | ↘ |
| | 平均績效監控年增率改變% | 減少 | -9.4%[2] | ↘ |
| 固體廢棄物 | 減少垃圾掩埋場 75%的固體廢棄物 | | | |
| | 從垃圾掩埋場減量的百分比（包括埋入） | 75% | 54%[2] | ↘ |
| 氣候變遷 | 降低超過 30%的溫室氣體排放 | | | |
| | 提高各社區、大自然體系、基礎建設對氣候風險的韌性 | | | |
| | 溫室氣體排放（碳公噸當量） | 減少 30% | 53,358,868[2] | ↘ |
| | 溫室氣體排放（100% =2005 年溫室氣體排放） | 70% | 84%[2] | ↗ |
| | 溫室氣體排放（碳公噸當量）地球全球碳計畫（百萬美元） | 減少 | 93.82[2] | ↘ |
| | 人均溫室氣體排放（碳公噸當量） | 減少 30% | 6.47[2] | ↘ |

1　2011 會計年度或 2011 年的結果
2　2010 會計年度或 2010 年的結果；資料只有在延遲才有
3　資料每三年更新一次
4　無更新資料

※ 圖 11.22 PlaNYC 永續發展指標儀表板

資料來源：*City of New York, PlaNYC Full Report, April 2011. Mayor's Office of Long-Term Planning and Sustainability, New York, 2011.*

# 12 氣候變遷

## ▍氣候變遷的基礎科學

　　大約 40 年前，一小群科學家與政策制定者開始意識到，人類正走向一條衝突的道路：一邊是迅速成長的經濟與人口，另一邊是有限的資源與脆弱的生態系統；前者即將有衝撞後者之虞。這項警告於 1972 年在斯德哥爾摩的聯合國人類環境會議（UNCHE）首次昭告全球。既著名又兼具影響力的《成長的極限》一書警告，人類的我行我素可能導致 21 世紀的經濟崩潰。

　　回到 1972 年，當人們首次聽聞「地球限度」這個核心概念時，科學界還不太明瞭極限的種類。1972 年最大的關切是，人類將耗盡特定的礦產，使經濟水準難以維持，更甭提持續的經濟成長。

　　1972 年尚未弄清楚的是，真正的極限不在礦產，而是地球生態系統、生物多樣性，以及大氣層吸收了人類釋放的溫室氣體後，還有多少運作的能力。直到現在，我們才開始了解，地球真正的極限主要是生態方面，而非礦源。毫無疑問的是，這些威脅中首推人類導致的氣候變遷，來自包括二氧化碳、甲烷、一氧化二氮等溫室氣體的累積。

　　從來沒有一個全球經濟問題像氣候變遷這麼複雜，這真的是人類有史以來面對的最嚴峻問題。第一，這絕對是全球危機。氣候變遷影響的是地球的每一個部分，沒有人可以逃離其嚴重性與威脅。現代人類曾經面對若干可怕的威脅，包括核能毀滅、大規模流行的傳染病。氣候威脅在這些風險的天平上排名第一，特別是對未來的世代而言。

世界每個部分都助長這個問題，不過就人均（per capita）的基礎而言，美國這類地方造成的傷害與風險遠大於其他地方。大致上而言，排放量與所得水準成正比；高所得國家通常人均排放量也大，貧窮國家通常是氣候變遷的受害者。

第二，當這個危機是全球性時，要全球動員採取行動卻面臨龐大挑戰。聯合國氣候變化綱要公約（The UN Framework Convention on Climate Change，UNFCCC），1992 年在里約地球高峰會簽署，已有 195 個國家與歐盟都簽字了，然而各國的觀點截然不同。有些是化石燃料的出口國，有些是進口國；有些使用大量再生能源，有些很少使用；有些是富裕國家，有些很窮；有些國家容易受氣候變遷的傷害，有些自認較不易受到傷害；有些是民主國家，有些不是……所有這些差異都帶來了截然不同的意見與利益。

第三，這個問題不但跨越國家也跨越世代。即將被氣候變遷影響最深的人們尚未誕生，他們沒有投票權、沒寫社論，也沒有發表論文或演講，甚至還不在這個星球上。人類的確不擅長考慮這種橫跨多世代的風險，遑論解決。誰代表未來的世代？是明年面對選舉的政客，還是擔心下一季財報的企業家？抑或是專注於今天、明天、後天的我們其中一人？因此，要政治體系或你我，記住且公平代表未來世代的利益，是很困難的。

第四，溫室氣體的排放問題是現代經濟的核心，也使得挑戰更為複雜。現代經濟的成功繫於化石燃料能源。首先，是蒸汽引擎與利用燃煤的能力，然後是內燃機與其使用石油的能力，接著是天然氣渦輪機與其使用天然氣的能力。整個世界經濟的成長都是以化石燃料為基礎，然而，化石燃料正是氣候變遷危機的核心。氣候變遷的頭號原因，就是燃燒化石燃料排放的二氧化碳進入大氣層。為此，我們必須進行「心臟移植」，以另一種低碳為基礎的能源替代化石燃料能源！

第五，氣候變遷是緩慢移動的危機。更精確的說，就地質時代的觀點來看，這是快速前進的，但若從每天的事件與政治行事曆的角度而言，則是非常緩慢。如果氣候變遷危機將在一年的時間、以單一事件達到頂點，那麼人類會迅速組織動員，防止或適應這項危機。然而，氣候變遷是以數十年的時間的時間進行。我們的處境有點像「溫水煮青蛙」，或許人類也會遭到同樣的後果。年復一年的改變太過緩慢，不足以引發大規模的政治行動，然而累積效果卻足以致命。有朝一日當我們驚覺要改變時，恐怕為時已晚。

第六，氣候變遷的解決方案天生就很複雜。因應氣候變遷牽涉經濟的每個部門，包括建築、運輸、糧食生產、發電、都市設計、工業運作。由於脫碳（decarbonization）作業的複雜，至今少有政府建立行得通的計畫或路徑。

第七，大型的石油、天然氣公司都是最大企業，以營運收入計算，2013年全球最大的企業中有七家都屬於能源部門，以下是《財星》（Fortune）雜誌全球五百大企業的排名，括弧中是排名數：

荷蘭皇家殼牌集團（1）

埃克森美孚公司（3）

中國石油化工集團（4）

中國石油天然氣集團（5）

英國石油（6）

中國國家電網（7）

道達爾（Total）（10）

排名第八、第九的是豐田與福斯，兩家公司都生產以石油為基礎的車輛。因此石油、天然氣、汽車業的遊說力量十分驚人。

　　簡單的說，我們面對的是全球政治、經濟中力量最大的重量級企業。大體上，這些企業希望全世界繼續大幅仰賴石油與天然氣，即使這麼做對我們及未來世代都會產生風險。這些企業透過許多工具，包括宣傳活動、提供財務、遊說等，贏得政治支持，以拖延轉換至低碳能源。部分企業已經發起多種反科學的宣傳，使社會大眾對眾所周知的事實及主流科學心存懷疑。有了足夠資金，他們就能捍衛超級謊言。在美國，擁有美國大型石油公司股份的柯氏兄弟（Koch brothers），已經出資發動反對氣候科學與低碳能源的激進宣傳活動。整體而言，氣候變遷成為一個非常困難的問題，而且時間就快用完了！溫室氣體的排放導致氣候變遷的規模持續增加中，對地球的威脅也在成長當中。雖然這個星球的賭注高的令人無法相信，但是我們仍在損失寶貴的時間。

## 氣候科學的基本原理

　　當尋求問題的一個真正解決方案時，最佳起點是科學本身。早在十九世紀就有科學家著手研究人類導致的氣候變遷。一位偉大的科學天才斯凡特·阿瑞尼士（Svante Arrhenius）曾獲得諾貝爾化學獎，他用手（沒用電腦）精確計算出二氧化碳在大氣層增加一倍所產生的效果。那時才 1896 年！他正確算出當二氧化碳在大氣層增加一倍時，地球平均氣溫將上升攝氏 5 度，這項估計與目前用精密電腦算出來的結果十分接近。雖然阿瑞尼士是位優秀的科學家，但是他不是經濟預測學家，他估計二氧化碳增加一倍的時間並不正確。

　　阿瑞尼士預期人類使用煤等石化燃料，將在大約 750 年後使大氣層的二氧化碳密度增加一倍。事實上，由於全球經濟以驚人的速度成長，在阿瑞尼士的研究後的 150 年，大氣層的二氧化碳密度就會增加一倍，也就是在 2050

※ 圖 12.1 溫室效應
資料來源：*U.S. Environmental Protection Agency, 2012.*

年前後。

　　二氧化碳可能增加一倍如此令人害怕的基本原因，可以從圖 12.1 的溫室氣體效果圖解中一窺究竟。如圖表的解釋，太陽輻射是以紫外線輻射抵達地球。大部分的紫外線輻射會穿過大氣層抵達地球，一小部分進來的太陽輻射被雲層反射而回到太空，另有一部分太陽輻射降落地球表面，例如冰層上，也會被反射回到太空。

　　抵達地球表面的太陽輻射與尚未被反射的部分，造成地球的暖化。究竟暖化地球多少？地球向太空輻射的能源，等於太陽向地球傳輸的能源，這種能源平衡的概念通稱「黑體輻射定律」（black-body radiation）。任何溫暖的物體，包括地球本身，都會發射電磁能源；物體越溫暖，輻射就越大。當太陽向地球發射能源時，地球暖化至一個溫度，在這個溫度上，地球向太陽發射的能源等於太陽向地球發射的能源，於是達到平衡。至於「地球溫度是如何決定的」這個基本概念由法國科學家約瑟夫‧傅里葉（Joseph Fourier）於1824 年發明。當太陽向地球表面發射紫外線輻射，地球發射紅外線（長波）輻射至太空。在能源平衡中，進來的紫外線輻射必須等於出去的紅外線輻射。接下來就是整個氣候變遷問題的關鍵重點。地球的大氣層包含一些特別的分子，像是二氧化碳，這些分子捕捉了一部分前往太空的紅外線輻射。這些氣體，稱為溫室氣體，因而改變了能源平衡：較多的紫外線撞擊地球，較少的紅外線輻射抵達太空。二者的淨差異是地球吸收的淨輻射，然後便開始暖化。注意，溫室氣體不吸收進來的紫外線輻射，只吸收出去的紅外線輻射。

　　然而溫室氣體會造成多少的地球暖化？地球暖化的程度會到達一個較高的溫度，使得地球發射多餘的紅外線輻射，即使有些被溫室氣體捕捉，其餘離開地球進入太空的數量，正好與從太陽抵達地球表面的數量平衡。現在，我們的確能看到溫室氣體將暖化地球多少。如果我們知道二氧化碳捕捉多少的紅外線輻射，就知道地球必須上升多少溫度，以恢復與太陽之間的能源平衡淨值。

　　主要的幾種溫室氣體包括二氧化碳、甲烷、一氧化二氮，以及一些工業化學物質氟烷（hydrofluorocarbons，HFCs）、全氟化碳（perfluorocarbons，PFCs），以及六氟化硫（sulfur hexafluoride，SF6），還有水蒸氣，如同二氧化碳也會捕捉紅外線輻射，使地球暖化。第一類的溫室氣體，如二氧化碳、甲烷、一氧化二氮、氟烷都是直接由人類活動排放。當地球變暖時，大氣層中的水蒸氣通常會增加，導致更多的溫室效應，使溫度會進一步上升。基本的溫室效應對人類來說是一種救命之舉，如果地球跟月球一樣沒有溫室氣體，地球溫度將變成攝氏零下14度，無法支持多數的生物存活。有了溫室效應，地球的平均溫度為攝氏18度。對於這點我們必須感恩！

　　當我們排放更多的溫室氣體進入大氣層，暖化地球的程度將遠超出以往。過去1萬年，我們的糧食作物與農業體系、植物與動物的所在、都市的地點、關鍵的基礎建設、公眾健康，都在這個星球的文明時期內、在相當穩定的溫度下形成。相較於更早以前的冰河時期更新世（Pleistocene），這個通稱為全新世（Holocene）的現代時期是文明發展的時期。這段期間的溫度非常穩定，整體平均的氣候宜人。而現在，透過自己大量生產的溫室氣體，我們正要破壞這個穩定的時期。

　　關於不同的溫室氣體，有幾個重點要加以說明。在二氧化碳的案例中，我們談到的是長達數個世紀的「滯留時間」（residence time）。上升的二氧化碳不會下來，至少不會很快下來，例如二氧化碳不會被雨水沖刷回到地球。其他溫室氣體的吸熱能力（又被稱為輻射力）及滯留時間與二氧化碳不同，例如甲烷的吸熱能力是二氧化碳的23倍以上。然而甲烷的滯留時間比二氧化碳短很多，大約是10年，不像二氧化碳的數百年。

　　所有人為的溫室氣體的總暖化效果，是將這6種溫室氣體分別的輻射力相加總。對於每一種溫室氣體，我們是以其相對二氧化碳的輻射力計算。例如，因為甲烷的輻射力相當於二氧化碳的23倍，我們說在大氣層裡的每一個甲烷分子相當於23個二氧化碳分子，每個一氧化二氮分子相當於296個二氧化碳分子。以這種方式，我們能將任何二氧化碳、甲烷、一氧化二氮、氟烷、全氟化碳、六氟化硫的組合以相當於二氧化碳輻射力的合計表示。

　　接著，我們來看每一種溫室氣體在總溫室效應的個別百分比。二氧化碳是第一名，如我們在表12.1中的最後一列所見，二氧化碳占這6種分子總溫室效應的77％。加總起來，溫室氣體的前三名（二氧化碳、甲烷，一氧化二氮）合計占總溫室效應的99％。

表 12.1　溫室氣體性質

| | 在大氣層的生命期<br>（年） |
|---|---|
| 二氧化碳 | 5–200 |
| 甲烷 | 10 |
| 一氧化二氮 | 115 |
| 氟烷 | 1–250 |
| 全氟化碳 | >2,500 |
| 六氟化硫 | 3,200 |

資料來源：*The Stern Review Report c Crown copyright 2006.*

　　我們並不實際計算大氣層增加的二氧化碳分子數目，而以人類排放至大氣層的總噸數計算，主要透過燃燒煤、石油、天然氣。從這裡，我們能將排放至大氣層的噸數轉換成為在大氣層的二氧化碳濃度。以下是大致的計算方式：每增加 10 億噸的二氧化碳進入大氣層，相當於在大氣層的每 10 億噸的二氧化碳增加 127 個分子。因此，在大氣層增加 160 噸二氧化碳，就相當於每一百萬噸整體的二氧化碳分子中增加 2 個分子。當這個世界每年在能源使用燃燒約 350 億噸二氧化碳時，其中約 46 ％停留在大氣層。其餘的 54 ％被森林、土壤、海洋吸收。留在大氣層的部分會導致在每百萬噸的大氣層二氧化碳分子濃度增加 2 個分子。

　　總計，全球每年約排放 550 億噸的二氧化碳當量（CO2E，將 6 種溫室氣體合計後的二氧化碳噸數）。二氧化碳部分約占 350 億噸，來自燃燒煤、石油、天然氣。此外，每年約 35 億噸二氧化碳來自砍伐樹木、清空土地供農場與牧地使用。二氧化碳淨排放量的不確定性來自土地用途的改變，而非能源改變，因為土地是排放來源，也是二氧化碳「沉沒」之處，土壤與地表植物

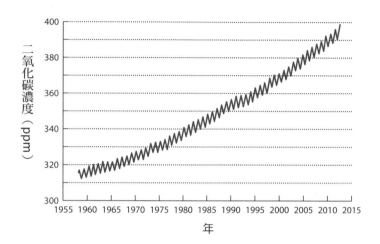

※ 圖 12.2　大氣層二氧化碳濃度的基林曲線，1958–2013 年
資料來源：*Scripps 2014.*

能捕捉部分大氣中的二氧化碳，每年的淨效果很難精確估計。

　　每年 350 億噸二氧化碳排放有多龐大？可以確定的是，龐大到足以產生全球規模的危險性。大約 50 年前，一位很有遠見的科學家查理斯・基林（Charles Keeling）在夏威夷的山頂設立監測器，開始測量大氣層中的二氧化碳數量。感謝那些自 1958 年起的測量數字，使我們擁有年度甚至季度的二氧化碳水準。他所完成的紀錄通稱為「基林曲線」（Keeling Curve，見圖 12.2），顯示大氣層中的二氧化碳數量於過去數十年中的顯著上升。

　　回到 1958 年，當機器被架設在夏威夷莫納羅亞山頂時，二氧化碳是每一百萬個分子中有 320 個二氧化碳分子，即 320ppm，現在二氧化碳已經增至 400 ppm。在瓦特發明蒸汽機時，大氣中的二氧化碳含量約為 280 ppm。過去的 300 萬年中，二氧化碳大氣含量介於 150 至 300 ppm 之間。接著是工業革命，我們開始燃燒大量的煤、石油、天然氣，同時在許多地方砍伐森林，使

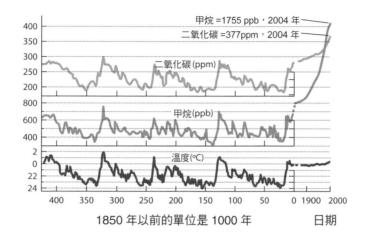

※ 圖 12.3　二氧化碳、甲烷與氣溫，45 萬年前至目前

資料來源：*Hansen, James E. 2005. "A Slippery Slope: How Much Global Warming Constitutes 'Dangerous Anthropogenic Interference'?" Climatic Change 68(3): 269–279.*

得二氧化碳水準飛增，2013 年春季到達了 400 ppm，是過去三百萬年以來地球從未見過的水準。換句話說，人類的活動已經將地球推進人類歷史與地球最近歷史中前所未見的氣候地帶。

　　大氣中的二氧化碳在冬季、春季上升，5 月達到最高點，在夏季、秋季下降，10 月達到最低點。從這裡，我們看到的是地球的呼吸。在北半球的冬季，樹木降低光合作用並且落葉，因此釋放了二氧化碳進入大氣層。在北半球的夏季，樹木增加了碳成分，於是吸收大氣層中的二氧化碳，並且建立大量植被。

　　一些偉大的科學家，像是哥倫比亞大學的詹姆士‧韓森（James Hansen）就運用各種技術，例如在冰層裡的二氧化碳同位素性質，檢視二氧化碳的長期歷史，以及地球的溫度。圖 12.3 是地球氣候歷史的公開原稿，顯示二氧化碳的重建與過去 45 萬年的地球溫度。我們看到是，大氣層的二氧化碳在大自

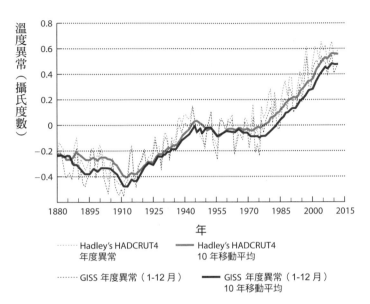

※ 圖 12.4 自 1850 年全球溫度偏差

資料來源：*GISS/NASA.*
附註：英國 *Hadley Centre, Climatic Research Unit (CRU) of the University of East Anglia* 數據資料庫
（*HADCRUT4*）戈達太空研究所（*Goddard Institute for Space Studies*，*GISS*）

然循環中波動，沒有受到人類的影響。這些是透過火山的自然過程，海洋與大氣間二氧化碳的自然流動，地球數十萬年來定期性的循環軌道。這種古代氣候紀錄顯示，當二氧化碳濃度由於大自然運行的結果升高時，地球的氣溫也會升高。這是基本的溫室效應在運作：大氣層的二氧化碳提高，地球就會較溫暖。這種關係從盤古開天以來就是如此，現在也是一樣。

　　如果我們檢視從工業革命開始迄今的溫度，如圖 12.4，地球已經暖化了攝氏 0.9 度。在溫室氣體持續增加之下，暖化過程尚未結束，即使我們不再排放任何溫室氣體進入大氣層，地球仍將持續暖化，或許再上升攝氏 0.6 度，為因應大氣層中增加的溫室氣體，海洋要花上很長的一段時間暖化。有

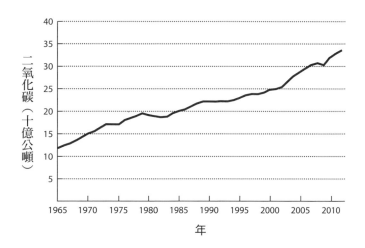

※ 圖 12.5　全球每年二氧化碳排放，1965-2012 年
資料來源：*BP Statistical Review of World Energy June 2014.*

些證據顯示，在 1998 年以後年度暖化有減緩跡象，代表太平洋模式的改變有增加的證據，因為更多反聖嬰現象有助於減緩暖化；如果擺盪回到聖嬰現象，將導致較高的年度暖化。

當然，我們沒有停止排放溫室氣體。當全球經濟於近年持續成長之際，每年總排放量也跟著顯著成長。雖然各國政府已經承諾抑制二氧化碳的排放，每年的實際排放量仍持續大幅增加。因此，我們能預期基林指數將在未來數十年內持續上升。

自里約地球高峰會迄今已經超過二十年，各國政府皆同意我們正在面臨溫室效應的緊急挑戰，但是並沒有因此降低排放。事實上，當世界經濟規模持續增加之際，排放率也逐年上升，如圖 12.5 顯示，加上中國的成長，近年來溫室氣體排放甚至大幅增加。由於經濟體過於龐大、將煤做為主要能源來源，中國已經成為全球最大的二氧化碳排放國。

# ▎氣候變遷的後果

　　為什麼我們要關心氣候變遷？事實上我們應該害怕，而且不只害怕，還要將害怕轉為行動：透過減少溫室氣體排放，緩和氣候變遷。我行我素的結果，對地球絕對是一場災難。本世紀結束時，與工業革命前的平均溫度相比，氣溫可能會上升攝氏4至7度，在許多方面將造成毀滅性的後果。

　　沒有絕對精確的數據顯示，平均氣溫將會上升多少，也很難確定人類在我行我素的路途中將排放多少溫室氣體。有關二氧化碳導致氣溫上升，對地球的具體作用，也存有不確定性。氣候模型不能精確算出溫度可能上升的準確小數點，然而來自許多不同方向的壓倒性證據（包括儀器紀錄、古代氣候、氣候模型、直接測量太空與海洋的能源流動，以及在自然與人類體系中的證據顯示改變已經在進行中）告訴我們，我們正在走向氣溫上升的危險道路，並且伴隨著潛在的危險後果。

　　有一份重要的氣候變遷報告是由尼古拉斯·史登（Nicholas Stern）爵士撰寫，通稱《史登報告：氣候變遷的影響》（The Stern review on climate change），提供了潛在危險的圖示。在圖12.6中，上方顯示依據我們遵循的政策，產生不同的二氧化碳濃度所導致的氣溫上升，圖的左邊是受到氣溫上升影響的不同部門，包括糧食、水、生態系統、極端的天氣事件，以及對地球自然體系的大型而不可逆轉的改變，例如格陵蘭與南極洲的大冰原融化，將使海平面升高10公尺。

　　透過圖中紅色的濃度顯示，當全球氣溫上升時，這些領域中的危險也顯著跟著上升。當全球平均氣溫上升攝氏3度左右時，每一個領域都已經在鮮紅的危險區。當上升攝氏4度，我們只能屏息關注真正災難性的改變。然而，這是我行我素之下的最壞結果，如今我們需要做的只是改變方向。

　　想想糧食。例如只要高出攝氏1度，就會對某些地區的糧食生產造成嚴

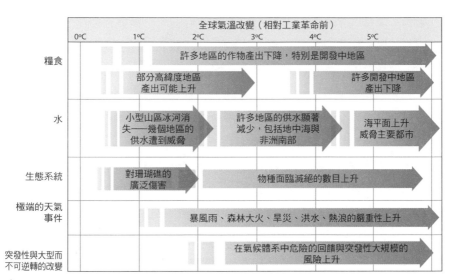

※ 圖 12.6 溫度上升與潛在風險

資料來源：*Stern, Nicholas. 2006. The Stern Review Report: The Economics of Climate Change. © Crown copyright 2006.*

※ 圖 12.7 薩赫爾沙漠的乾旱地區

資料來源：*EC/ECHO/Anouk Delafortrie, Flickr, CC BY-ND 4.0.*

重影響。薩赫勒是西非緊鄰撒哈拉沙漠的地區，已經非常乾旱，如圖 12.7 照片顯示。即使僅上升攝氏 1 度，對薩赫勒造成的後果就相當嚴重。如果上升攝氏 4 度會發生什麼事？整區將會經歷農作物生產的大幅下降，非洲農作物產出最高可能會減少 50％，可能造成大規模饑荒。如果地球氣溫上升超過攝氏 4 度，後果絕對駭人聽聞：冰河將會消失，土壤不再溼潤，大型熱浪、旱災、洪水、極端的熱帶氣旋都會變得非常頻繁。

如果氣溫上升攝氏 5 度或更高，隨之而來的是海平面上升，威脅世界的主要都市，包括倫敦、上海、紐約、東京、香港。海平面的大幅上升很可能造成大災難。南極洲西部與格陵蘭的大冰原大半融化或是只要部分破裂落入海洋，海平面將會上升好幾公尺。當然較高的氣溫也會導致海水膨脹，使海平面直接升高。過去，只要地球氣溫比現在上升攝氏幾度，冰原與冰河就會後退，海平面就會比現在高出幾公尺。然而，數十萬年前發生同樣事件時，地球的海岸線並沒有遍布數百萬人口居住的大都市！

在美國東北角海岸，海平面已經上升三分之一公尺。自 19 世紀末期以來，海平面已平均上升了約四分之一公尺，如圖 12.8 顯示。你可能以為全球海平面上升應該是一致，就像在澡盆裝滿水一樣，事實上由於地球的地形與其他地理特性，各地海平面的上升幅度各有不同。隨著海平面上升，各地已經出現更多的暴風巨浪、海岸侵蝕。新的證據顯示，本世紀結束時，海平面將比現在高出 1 公尺。在最糟糕的情況下，上升幅度將會是好幾公尺。

目前沒有精確估計，格陵蘭與南極洲的大冰原如何與何時可能融化或裂開，但是人類的影響已經大到造成這些冰原大量的損失，以及海平面的大幅上升。這些冰原已經受到壓力，如圖 12.9 顯示。整體而言，這些後果對擁抱海洋的都會區及全球的糧食供給都有巨大影響。

某些地區對於高溫與土壤的水分流失特別敏感。前面提過西非的薩赫勒，然而問題並不僅限於開發中國家。美國西南部的德州、新墨西哥、亞利

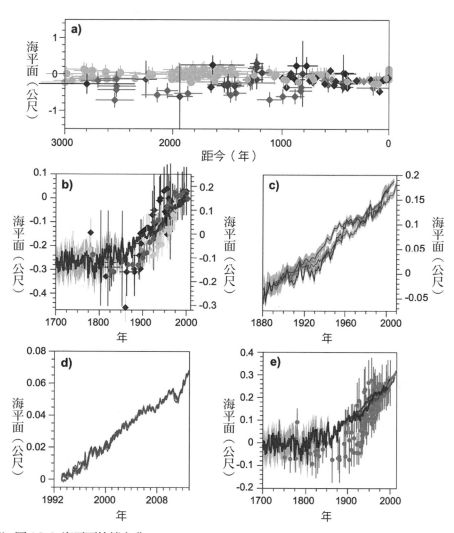

※ 圖 12.8 海平面持續上升

資料來源：*Church, J.A., P.U. Clark, A. Cazenave, J.M. Gregory, S. Jevrejeva, A. Levermann, M.A. Merrifield, G.A. Milne, R.S. Nerem, P.D. Nunn, A.J. Payne, W.T. Pfeffer, D. Stammer, and A.S. Unnikrishnan, 2013: Sea Level Change. In Climate Change 2013: The Physical Science Basis. Contribution of Working Group I to the Fifth Assessment Report of the Intergovernmental Panel on Climate Change [Stocker, T.F., D. Qin, G.-K. Plattner, M. Tignor, S.K. Allen, J. Boschung, A. Nauels, Y. Xia, V. Bex and P.M. Midgley (eds.)]. Cambridge University Press, Cambridge, United Kingdom and New York.*

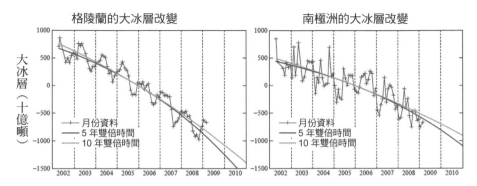

※ 圖12.9 格陵蘭與南極的結冰大幅改變，2002-2010年

資料來源：*Hansen, James, and Makiko Sato. 2012. "Paleoclimate Implications for Human-Made Climate Change." In Climate Change: Inferences from Paleoclimate and Regional Aspects, ed. André Berger, Fedor Mesinger, and Djordjie Šija ki, 21–48. Heidelberg: Springer.*

桑那、南加州對乾旱也特別脆弱。地中海盆地，包括南歐的西班牙、義大利、希臘，北非的摩洛哥、阿爾及利亞、利比亞、突尼西亞、埃及，以及東地中海的土耳其、敘利亞、以色列、約旦，也會因為乾旱而遭到破壞。注意地中海盆地過去一個世紀降雨量的改變，如圖12.10。地中海盆地已經歷顯著的乾旱，紀錄清楚顯示如果我們繼續我行我素，這個地區將招致更嚴重的乾旱，對經濟、大自然、生態系統、糧食安全都將產生相當嚴重的後果。這個地區原本就有極高的不穩定性，較高的糧食價格加上政治問題，使得北非與東地中海近年來動亂不斷，例如敘利亞、巴勒斯坦。

　　研究顯示，全球許多人口眾多的區域都可能經歷土壤溼度的顯著下降，而這是生長糧食的必要條件。圖12.11使用帕爾默乾旱指數（Palmer drought severity index，PDSI）、標準化降水蒸散發指數（Standardised Precipitation-Evapotranspiration Index，SPEI）來估計2080至2099年旱災風險的增加。這項研究運用一系列的氣候模型，結合氣溫與降雨對土壤溼度的影響。結果顯

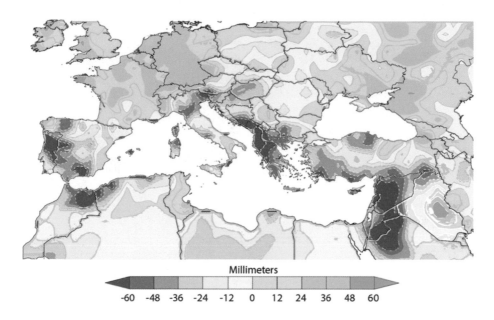

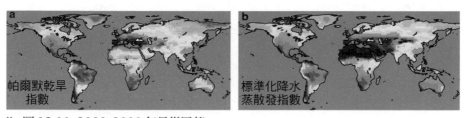

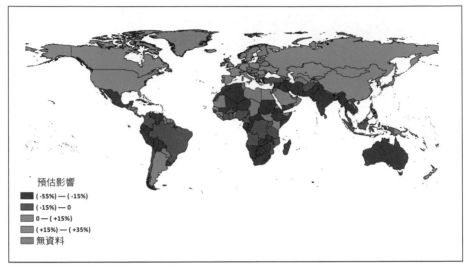

※ 圖 12.12　預估農業生產力的改變，2080 年

資料來源：*Cline, W. R. 2007. Global Warming and Agriculture: Impact Estimates by Country. Washington D.C, USA: Peterson Institute.*

示，全球接近赤道到中間緯度的大部分地區都以棕色覆蓋，代表旱災即將發生的趨勢。只有較高緯度的地區才有較高的土壤溼度。

圖 12.12 來自一項研究，探討在更暖、更乾的情況，對糧食生產會產生何種影響？證據顯示，在全球許多地區，特別是熱帶與亞熱帶，糧食生產力有大量損失的可能性。在南亞與熱帶非洲，這張地圖是以紅色區填滿，代表農業生產力的大幅損失可能性。美國的南部部分地區、拉丁美洲及澳洲的大部分地區也是同樣情況。唯一持續提高糧食生產力的地區可能是高緯度區。簡單的說，我行我素的做法將使全球糧食供給的危險上升。

即便暫不考量溫室氣體對氣候的影響，另一個事實讓我們無法視而不見：大氣中較高的二氧化碳已經溶入海洋，提高了海洋的酸度。如圖 6.2 顯

示，海洋酸鹼值已經下降。當海洋變得更酸，包括貝類、蝦蟹、特定的浮游
生物等，以及對海洋生態系統至關重要的珊瑚礁，都可能出現大量死亡。

這些威脅遠遠超過我們的想像。很不幸的，還有另外一種否定氣候影響
的活動，是由大型利益團體有系統的發動的。為了我們自己、為了地球，以
及未來世代的安全，我們責無旁貸的必須站出來改變這個遊戲，緩和人類造
成的氣候變遷。然而，氣候變遷應該如何控制？怎麼緩和？

## 控制全球升溫不多於 2 度

面對氣候變遷的挑戰，有兩個用語反映不同的因應方式，兩個都一樣重
要。一是「緩和」，代表減少溫室氣體，降低氣候變遷的可能危害。對此，
各國已在不同會議場合取得共識，將控制全球平均溫度不增加超過攝式 2 度。

另一個是「適應」，代表在氣候變遷的後果下，如何做好因應的措施，
讓生活更安全、更實際。例如，保衛都市免於暴風引發的巨浪侵襲；保護作
物免於高溫與旱災；提升農業科技，使我們的作物與生產體系有更好的抗旱
能力、忍受酷熱與洪水。

人類的適應能力是有限度的，海平面上升幾公尺或是全球糧食發生供給
危機，這樣的改變太大，往往超出我們所能控制的範圍，因此緩和是絕對必
要的。於此同時，適應也很重要，因為氣候變遷正在發生，而且會持續發
生，即使緩和的工作大為成功也一樣。暖化是有慣性的，而將全球規模的溫
室氣體納入控制，需要花費很長的時間。因此，緩和是第一優先，需要仔細
的診斷與對症下藥，有效遏止溫室氣體濃度進一步增加。

由於增加的溫室氣體有四分之三來自二氧化碳，最高的緩和優先性就是
降低二氧化碳排放。多數二氧化碳排放是來自化石燃料的燃燒，降低能源有
關的二氧化碳排放成為緩和議題上的首要目標。其次，二氧化碳的濃度增加

跟土地用途的改變有關，因此阻止森林砍伐行為是第二件當務之急。第三優先是降低甲烷的排放，這種氣體多半來自農業與非農業的幾種做法。最後是設法降低一氧化二氮的排放。

　　針對每一種溫室氣體的排放，必須尋求可行又經濟的降低方法。要花多少時間轉變成低碳能源系統？有哪些科技替代品？最具成本效益的方式有哪些？由於溫室氣體中以二氧化碳的占比最大，努力減少二氧化碳的產生，是首要之務。此外，因為氣溫已經上升了將近攝氏 1 度，未來數十年中大幅降低二氧化碳的排放，更是刻不容緩。

　　圖 12.13 是最近的一項科學研究報告，當中明確指出了努力的方向。注意，排放的測量是 PgC yr$^{-1}$。PgC 是每年 petagram（=1015 公克）碳（C）排放，相當於每年 10 億噸（= 109）的碳（= 106 公克）排放。要轉換成每年 10 億噸二氧化碳，我們必須乘以 3.667（= 44/12）的係數，也就是二氧化碳的原子重量相對碳原子的重量。因此，2014 年的現今排放水準為 9.5petagram 的碳，相當於 350 億噸的二氧化碳。

　　未來，二氧化碳排放有許多可能的軌道。橫軸是 1980 到 2050 年的時間軸，圖中各種不同的路徑裡有二條是最重要的。紅色路徑是我行我素的軌道，這條軌道假定全球經濟繼續快速成長、能源效率提升的效果很有限。二氧化碳全球排放至 2040 年將高達 600 億噸。在這種情況下，假定全球經濟持續快速成長，過程中使用越來越多的化石燃料，這條軌道將在 2100 年把全人類帶向氣溫的新高點，很可能比工業革命前高出攝氏 4 到 7 度。

　　那麼，哪一條軌道能避免攝氏 2 度以上的增加？藍色曲線這條軌道在 2020 年以後急速下降，二氧化碳水準降至 450ppm 附近，很有可能將氣溫的上升抑制在攝氏 2 度的上限內。然而，這將是件艱鉅難解的任務，特別是在全球經濟持續成長的環境下。一方面，我們需要一條全球經濟至 2050 年成長 3 倍的軌道，以目前價格計算將達 250 至 300 兆美元，另一方面 2050 年的排

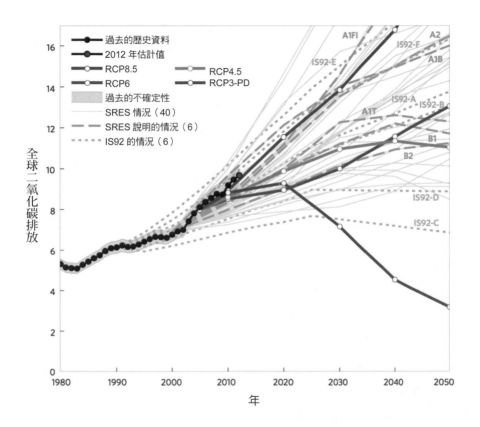

※ 圖 12.13　二氧化碳排放的路徑：估計過去 30 年的二氧化碳排放，與 IS92，SRES，
RCPs 相比

資料來源：*Reprinted by permission from Macmillan Publishers Ltd: Nature, Peters, Glen P., Robbie M. Andrew,
Tom Boden, Josep G. Canadell, Philippe Ciais, Corinne Le Quéré, Gregg Marland et al.* "*The Challenge to Keep
Global Warming Below 2° C.*" *Copyright 2014.*

放要比目前少一半。攝氏 2 度上限的假設是指 2050 年的二氧化碳將介於 100 到 150 億噸之間，與 2014 年的 350 億噸相比，這代表世界生產毛額（GWP）需要以 6 倍或甚至更多的速度下降！

要維持升溫不超過攝氏 2 度的上限內，深度脫碳是必須的。多數二氧化碳是來自化石燃料，因此我們需要大幅減少化石燃料的使用，或是以大規模的系統來捕捉與隔絕在外的二氧化碳。

身為大型經濟的美國加州，以法律承諾至 2050 年降低 80％的排放。鑒於加州對美國經濟與世界經濟的重要性，這可不是一小步。如果加州是個獨立國家，根據 2012 年的資料，其國內生產毛額（GDP）將在全球排名第十二名。最近一份很吸引人的研究報告檢視加州達成這個目標的路徑。這項發現相當重要，設定了深度脫碳的通用原則，而且將被廣泛應用。如圖 12.14 顯示，深度脫碳有三個關鍵步驟：第一個是能源效率，每單位的能源投入必須達成高出許多的產出。其中大部分可以來自建築物的加熱、冷卻與通風設施；家電使用的電力；以及運輸使用的能源。

第二個必要步驟是降低每百萬瓦時（MWh）電力的二氧化碳排放。這牽涉到大幅提高零排放能源的發電量，例如風力、太陽能、地熱，水力、核能，同時削減以化石燃料生產的電力。

第三個必要步驟是替換燃料，從直接使用化石燃料換成乾淨的初級能源。這種以乾淨能源替換化石燃料的方式適用許多部門，例如汽車的內燃機可以被電動馬達取代；加熱建築物的火爐與汽鍋可以被電力運作的加熱幫浦取代；工業用的敞口爐可以被以氫氣運作的燃料電池取代……每一個部門有數不清的方式可以改變，接著便是以低的碳排放或零排放發電。

關於能源效率，一直以來相當成功的政策是透過法律為家電用品訂定標準。許多經濟學家不喜歡這種方式，但在以必要速度促進能源效率的轉型時，市場機制通常不太有效。可以規定汽車每英里油耗、冰箱與空調設備的

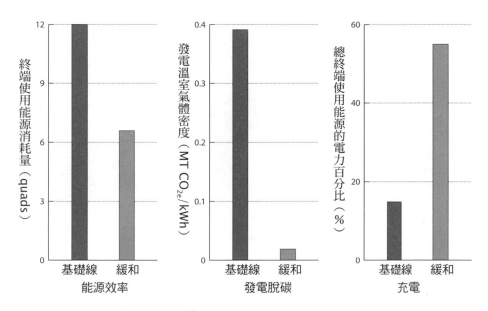

※ 圖 12.14　為了降低溫室氣體排放，加州計畫的三種能源轉換，至 2050 年

資料來源：*Williams, James H., Andrew DeBenedictis, Rebecca Ghanadan, Amber Mahone, Jack Moore, William R. Morrow III, Snuller Price et al. 2012. "The Technology Path to Deep Greenhouse Gas Emissions Cuts by 2050: The Pivotal Role of Electricity." Science 335(6064): 53–59. Reprinted with permission from AAAS.*

能源使用的基本標準。建築建材相關法規也能收同樣功效，包括建築材料品質、加熱與冷卻系統的選擇、動力來源的種類，在建築物的能源效率上都會造成巨大的差異。

　　低碳能源也有幾種升級方式，關鍵選項是太陽光電系統。光電池可以將光源轉換成能源，光電池系統可以是全球大部分地區的大型電廠基礎。圖 12.15 是橫跨全球的太陽能潛力地點，主要根據的是緯度與平均雲層覆蓋率。例如中緯度沙漠的太陽能潛力非常高，赤道地區實質潛力比較低，雖然太陽直射此處，但是雲層覆蓋率較高。

　　圖 12.16 顯示另一種可升級的零碳能源：風力發電。風力渦輪機使用的

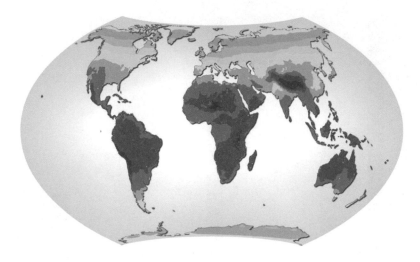

※ 圖 12.15　全球太陽能潛力地區

資料來源：*Credit: Hugo Ahlenius, UNEP/GRID-Arendal; Source NASA. 2008. "NASA Surface Meteorology and Solar Energy (SSE) Release 6.0 Data Set, Clear Sky Insolation Incident On A Horizontal Surface." http:// www.grida.no/graphicslib/detail/natural-resource-solar-power-potential_b1d5#.*

是電磁傳導發電。在許多風大的地區，相對化石燃料，風力發電已經具有成本效益。圖 12.17 是全球各地平均地表風速超過 80 公尺地區的地圖，顯示橘色與紅色區域有高度風力發電的潛力，包括美國中西部與東北部、南美洲的最南端，以及非洲的摩洛哥、蘇丹、衣索匹亞、索馬利亞，沿著北海的北歐、中國中部與西部的一部分等地區。

　　另一個零碳的替代品是地熱能源。例如地質板塊的邊緣，可以大規模開發地函的熱能。地熱能源是用沸水推動蒸汽渦輪機發電，已在冰島提供大部分的能源，包括發電，以及將水加熱後以管線輸送至住家或辦公室。東非裂谷與其他地熱區的相關配置也正在擴大規模中。圖 12.18 顯示全球各地的地熱潛力估計。

※ 圖 12.16　風力渦輪機
資料來源：*"Wind Turbine,"* *Chrishna, Flickr, CC BY 2.0.*

　　核能也能以低成本提供零碳能源，目前供應全球約 12％的電力，例如圖 12.19 的英國核電廠。然而，核能因為非氣候風險而迭有爭議，例如將核能燃料與廢水祕密轉換成核子武器用途，或是核災導致輻射塵向周遭環境擴散，例如 2011 年日本的福島核災，核燃料棒遭到海嘯侵襲，以及 1986 年烏克蘭的車諾比核災，由於不適當的作業程序導致核燃料棒過熱。另一項爭議則是核能廢棄物質的處理方式。核能在東亞仍在大幅成長，特別是中國、南韓，包括德國在內的某些國家則是決定放棄核能。美國則採取中立，因為社會嚴重區隔為贊成派與反對派。

　　當電力是以低碳或零碳科技產生時，電力本身成為提供其他產業降低碳

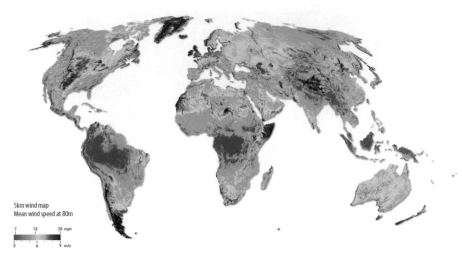

※ 圖 12.17 全球平均風速

資料來源：*3TIER by Vaisala.*

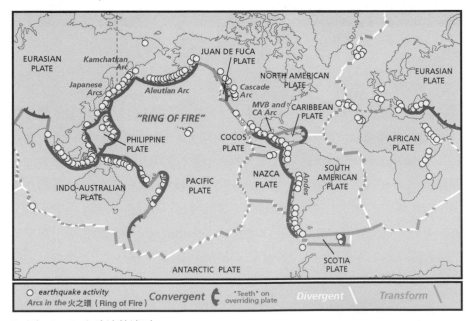

※ 圖 12.18 全球地熱地區

資料來源：*"What Is Geothermal Energy?" by Mary H. Dickson and Mario Fanelli. Pisa: Istituto di Geoscienze e Georisorse, CNR, 2004. International Geothermal Association http://www.geothermal-energy.org.*

排放的間接工具，這些產業部門目前是直接燃燒化石燃料。與其使用內燃機驅動車輛，車輛可以用低碳電力運轉電動馬達，提供車輛動力（圖 12.20）。有許多方式能達此目的，包括電池為動力的電動車輛，使用發電廠電力充電，或是燃料電池（fuel-cell）車輛，燃料電池使用的能源來自氫氣。甲烷之類的合成燃料，則能使用低碳能源生產。此外，目前透過燃煤、石油、天然氣取暖的建築物，都能改用電力驅動的熱泵，電力則由低碳來源產生，消除從建築物直接排放的二氧化碳。熱泵就像個冰箱的反向運轉，將熱從一個相當冷的儲存槽，抽進一個相當熱的儲存槽。同樣的原理，幫浦將建築物外部的熱，抽進建築物內部，例如冬季來自地下的地熱。

※ 圖 12.20 倫敦電動車在充電點充電
資料來源：*"Electric car charging," Alan Trotter, Flickr, CC BY 2.0.*

　　許多工業的做法能從直接燃燒燃料，例如火爐，轉換成以氫燃料電池或其他電力來源加熱。如同汽車與建築物，低碳電力提供一種消除仰賴化石燃料的選項，降低工業的二氧化碳排放。目前一些排放最高的產業，例如鋼鐵生產，就可以重新設計而成為低碳經濟的一部分。

　　當加州的研究報告將這些數字相加之後，工程師發現了一個可讓加州至2050年降低80％二氧化碳排放的重要路徑。如同圖12.21中所示。基礎排放是最上面的線條，顯示加州因為長期經濟成長與我行我素造成二氧化碳排放的上升。我們最想要的緩和軌道是最下面一條向下傾斜的線條。二者之間的差距解釋了一系列降低二氧化碳排放的方式。例如，淺藍色地帶顯示排放降低來自能源效率；紫色地帶顯示排放降低是來自低碳發電；黃色地帶顯示的排放降低是來自燃料改變，例如從內燃機車輛轉換成電動車輛。

　　還有其他較小的低碳能源項目，例如採用生物燃料。生物燃料利用生物質（Biomass）生產液體燃料，做為化石燃料替代品。圖 12.22 是先進生物燃料的一個例子。這些平板看似光電太陽能電池，實際上他們裝滿了基因修飾細菌（genetically modified bacteria），利用太陽能來合成液體碳水化合物。有許多生物路徑可以使生物質成長後轉換成電力。不過在許多案例中，生物質原料的生產與糧食相互競爭。美國透過酵母的厭氧呼吸作用，大規模將玉米轉換成甲烷的計畫，就發生這種問題，推升了糧食價格，對於降低二氧化碳排放淨值幫助不大。

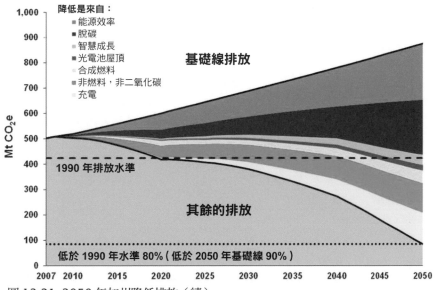

※ 圖 12.21 2050 年加州降低排放（續）

| 楔形項目 | 降低 Mt CO$_2$e | | 使用項目 | 2050 年時的關鍵因素 |
|---|---|---|---|---|
| | 2030 年 | 2050 年 | | |
| 能源效率（EE） | 102（33%） | 223（28%） | 建築物 EE（18）<br>車輛 EE（9）<br>其他 EE（6） | 改善能源效率，40 年平均每年 1.3% |
| 電力脫碳 | 72（23%） | 217（27%） | 高再生的、高核能、高碳封存，及三者混合 | 符合 90% 的發電規定，以無二氧化碳來源。在每一種情況下脫碳當量 |
| 智慧成長 | 13（4%） | 41（5%） | 降低車輛旅行里數（VMT）（6） | 輕型車輛（LDV）VMT 降低 10%；運貨卡車 20%；其他運輸 20% |
| 屋頂光電池 | 8（3%） | 21（3%） | 住宅與商用光電池屋頂（2） | 屋頂光電池至 2050 年取代 10% 電力需求 |
| 合成燃料 | 18（6%） | 49（6%） | 運輸合成燃料：甲烷、生質柴油、生質噴氣發動機燃料（9）；住宅、商用、工業生質甲烷（3） | 至 2050 年，生質甲烷取代建築物天然氣使用 2%，合成燃料取代以石油為燃料基礎車輛的 10-20% |
| 非燃料，非二氧化碳 | 67（22%） | 116（15%） | 水泥、農業與其他（3） | 非燃料，非二氧化碳溫室氣體排放，基礎線以下降低 80% |
| 充電 | 29（9%） | 124（16%） | 運輸充電（9）；其他終端使用充電（5） | 以插電式混合動力車輛（PHEV）與電動車輛取代 75%LDV 汽油使用；其他運輸部門燃料使用的 30% 改為充電；建築物內非加熱/冷卻燃料使用改為 65% 充電；工業燃料使用改為 50% 充電 |
| 基礎線情況排放 | 688 | 875 | | |
| 緩和情況排放 | 380 | 85 | | |
| 降低總量 | 308 | 791 | | |

※ 圖 12.21 2050 年加州降低排放

資料來源：*From Williams, James H., Andrew DeBenedictis, Rebecca Ghanadan, Amber Mahone, Jack Moore, William R. Morrow III, Snuller Price et al. 2012. "The Technology Path to Deep Greenhouse Gas Emissions Cuts by 2050: The Pivotal Role of Electricity." Science 335(6064): 53–59. Reprinted with permission from AAAS.*

※ 圖 12.22　合成燃料電廠：從陽光與二氧化碳製造甲烷
資料來源：*Credit: Joule.*

## 再生能源的區域解決方案

　　再生能源的開發有兩個重要方向。首先，最有潛力的再生能源通常都遠離人口稠密地區，例如太陽能潛力最高的是沙漠地帶。其次，風力與太陽能都是間歇性能源，太陽能可以根據時間早晚來預測，但也會受到雲層不定時的覆蓋影響；風力則無從預測，即使是在風力最強的地點，也有連續幾小時或幾天沒有風的狀況，使發電量變得很低，此外有許多地方的風力是季節性的。

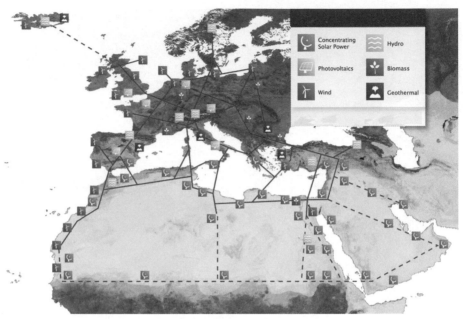

※ 圖 12.23 沙漠技術（DESERTEC）能源計畫
資料來源：*DESERTEC.*

　　以下是三種最常見的考量：第一，大規模開發再生能源通常需要建造新的傳輸管線，從遙遠地點將電力傳送到人口稠密區。第二，再生能源的儲存使他們成為最具吸引力的能源來源。第三，將不同的幾種再生能源結合成為一種分享性的電廠，絕對有其必要。當電網的部分地區烏雲密布時，其他地區可能是豔陽高照，有助於消除任何單一地點發電的不穩定性。

　　接下來思考三種以再生能源為基礎的大型發電與傳輸計畫。這些計畫尚未付諸行動，但是每一種都已經有政府與投資人考慮開發。第一項專案計畫通稱沙漠技術（DESERTEC），計畫將北非、中東與歐洲連結成為一個單一電廠，如圖 12.23 顯示。這個系統將開發北非、阿拉伯半島強大的太陽能與風力潛力，除了提供當地電力，並可將剩餘電力輸往歐洲。實現這項概念的

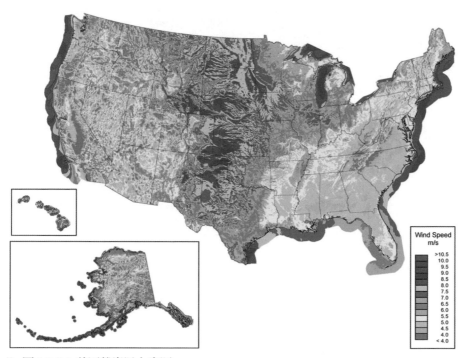

※ 圖 12.24 美國離岸風力資源

資料來源：*Wind resource map developed by NREL with data from AWS Truepower.*

挑戰十分龐大，不僅投資規模高達數十億美元，還有管理遙遠地區電廠所需
的技術性挑戰。然而，這個概念可能是歐洲無法解決深度脫碳問題的關鍵解
方，也是促進北非與中東經濟的龐大動力。

　　第二個重要概念是開發美國龐大的離岸風力，如圖 12.24 顯示。支持風
力發電者主張，美東沿海地帶的風力絕對能滿足東北部多數電力的需求。雖
然已有許多提案與投資計畫，但仍陷於法規、政治、對環境的挑戰，持續爭
辯不休，迄今尚未開發離岸風力。此外，還有尚未解決的科技挑戰，因研發
經費不足而尚未深入探究。此外，美國還有龐大而未開發的大規模再生能源

385

※ 圖 12.25 因加瀑布大水壩位置地圖

資料來源：*International Rivers, Congo's Energy Divide (2013).*

潛力，包括莫哈韋（Mojave）沙漠，達科他州的陸上風力，以及如圖 12.24 顯示的離岸風力。

　　第三個具有潛力的再生能源計畫，是剛果河盆地因加瀑布（Inga Falls）龐大的水利發電潛力。已經討論半個世紀的因加大水壩計畫（Grand Inga Dam Project）能產生 40 億瓦的電力，相當於非洲總發電量的三分之一，如圖 12.25。然而，剛果民主共和國多年來戰亂不休，因加瀑布是全球各銀行最擔心受怕的地區。不過許多接近當地的觀察家認為，該地區的若干國家，包括剛果民主共和國、剛果共和國（布拉薩維爾）、蒲隆地、盧安達，或許還有南非，已經接近共同支持這項多邊計畫。這項估計需要 500 億美元計畫的出資者，可能包括非洲開發銀行、中國國家開發銀行，以及世界銀行集團。

以上三項計畫都說明了現實面的問題。大型零碳計畫已接近實現，卻都因為政治局勢的複雜、需要龐大的前期投資，或者需要進一步的研究發展，才能實現這些計畫。簡單的說，大量再生能源的夢想是可能的，但離成真還很遙遠，需要全球對低碳能源的鄭重承諾。

## 捕碳封存

降低來自化石燃料的二氧化碳排放，除了能源效率、低碳電力、燃料轉換以外，還有一個可能的方式。當化石燃料燃燒時，二氧化碳進入大氣層，然後在大氣層裡停留幾十年乃至於幾個世紀。有個可能的解決方案是收集二氧化碳，不讓二氧化碳在大氣層累積。有人提議以下列兩種主要方式達成目的：第一是在產生二氧化碳的現場收集二氧化碳，然後將之儲存在地質沉積處，例如廢棄的礦坑。第二是讓二氧化碳進入大氣層，然後用特殊設計的程序直接移除，例如以特殊的化學吸附劑吸引二氧化碳後收集。後者被稱為二氧化碳「直接的空氣移除法」（direct air capture）。圖 12.26 是直接的空氣移除法設施的實體模型，由克勞司・萊克納（Klaus Lackner）教授提議，他是該領域的先驅。

如果捕碳封存（Carbon capture and storage，CCS）證明有效，那麼這真是令人驚奇的方式！與其改成新的非碳能源，我們又可以繼續使用化石燃料，然後將產生的二氧化碳移除，不論採用前述兩種方法的哪一種。關於大規模碳封存科技的可行性與有效性，各界熱烈進行技術性與政治性的辯論。其中的確有許多問題。第一，不論透過哪種方法，大規模收集二氧化碳將要花費多少成本？第二，透過新的管線網路輸送二氧化碳，然後儲存在一些安全的地下儲存處要花費多少成本？第三，如果將二氧化碳儲存於地下，如何確定

※ 圖12.26 在標準船運貨櫃的空氣移除單位說明
資料來源：*Credit: GRT, 2009.*

二氧化碳將留在地底，而不會重回地表或大氣層？二氧化碳的洩漏率必須非常低，才能使這項科技具有大規模的可行性。包括美國、歐盟、澳洲、中國在內的各國政府，討論大規模使用碳封存的時間已經超過 10 年，直到現在，相關的研究發展仍然沒有上路。畢竟，每年必須封存的二氧化碳是以數十億噸計算。如果碳封存要扮演要角的話，處理成本會是一大考量，或許較小規模的碳封存將被證明是可行與經濟的。

### 地球工程做為最後選項

還有一個被稱為「地球工程」（geoengineering）的概念。基本的想法是，無法以合理的成本或時間表阻止碳排放時，還有其他方式可以抵銷或反制二氧化碳的增加。例如，當二氧化碳持續增加，暖化地球到危險的地步，科學家建議我們可以以故意將硫酸鹽氣膠（sulfate aerosol）分子釋出至大氣層，遮蔽進入地球的陽光，以冷卻地球，抵銷二氧化碳的暖化效果。其他包括在太空中架設大鏡子，以反射部分照向地球的太陽輻射等提議，明顯是過於激進與行不通的謬論了。

這種抵銷行動建議的另一個大問題，是可能有毒害效果。例如，空氣污染或較陰暗的陽光，或許因此解決了二氧化碳的問題，卻創造另一個可能更大、更不可預測的問題。如果我們真的以增加硫酸鹽氣膠嘗試解決暖化問題，大氣層的二氧化碳濃度仍將持續上升。因為一旦我們停止對大氣層增加硫酸鹽氣膠，二氧化碳的暖化效果將迅速顯現，像是當硫酸鹽氣膠因下雨被沖洗回到地球時。其次，就算硫酸鹽氣膠暫時能抵銷二氧化碳的暖化效果，大氣層二氧化碳的高濃度仍將持續使海洋酸化。

基於這些原因，如果人類持續增加大氣層二氧化碳濃度，地球工程的抵銷做法可能永遠不安全。除了將碳排放維持在增加 2 度的上限外，很可能別無良策。

## 適應的必要

大幅降低人類溫室氣體排放是可能的，所需科技伸手可及。能源效率、低碳電力與燃料轉換都是需要的，捕碳封存也扮演部分角色。即使這些方向的努力非常成功，未來的很多年大氣層二氧化碳的持續增加已成定局，隨之而來的就是持續的氣候變遷與暖化。換句話說，防止氣候傷害，目前為時已晚。

事實上，情況比上述更為嚴峻。假定（不切實際地！）我們能立即停止所有的新排放，維持大氣層二氧化碳與其他溫室氣體於 2014 年的水準。這還不足以停止全球暖化。與工業革命前相比，地球的平均氣溫已經上升攝氏 0.9度，然而海洋暖化的程度尚不如陸地這麼多。一旦海洋的溫室氣體濃度與陸地達成一致時，地球的平均溫度很可能比現在要高出攝氏 0.6 度，也就是合計攝氏 1.5 度的暖化。因此，有兩個原因將使暖化再惡化：一是「熱慣性」（thermal inertia，海洋暖化的延遲），二是短期內溫室氣體仍然進一步增加。

為此，我們不但需要將能源體系脫碳以避免未來的氣候變遷，也必須學習如何與氣候變遷共存。在勤奮不懈與全球合作之下，平均氣溫可能可以維持在比工業革命前高攝氏 2 度以內的水準。即使如此，上升攝氏 2 度意味氣候體系的大幅改變，包括更多的旱災、洪水、熱浪與極端的暴風雨。我們必須事先有所準備。

在農業方面，作物品種在更高的氣溫、更頻繁的洪水與旱災下，必須更有環境適應力。都市必須防止海平面上升，防範可能更大的暴風巨浪與洪水。當氣溫上升時，瘧疾之類的區域性疾病會擴散。當動植物無法跟著氣候變遷做出調整時，生物多樣性將會受損。

## 深度脫碳

經濟學家強調，我們需要修正定價（corrective pricing），提供生產者與消費者適當誘因，降低二氧化碳的排放，避免二氧化碳導致氣候變遷有關的「外部經濟效果」（externalities）。二氧化碳使社會及未來世代被迫負擔高成本，那些排放二氧化碳的人並不需要支付他們強迫施加的社會成本。結果是，從化石燃料轉變成替代品時缺乏市場誘因。最理想的情況，是生產者與消費者為了使能源使用的真正社會成本最小化，化石燃料的使用者應該比乾淨能源使用者付出更高的價格，以便將誘因轉向低碳經濟。有幾種方式可以克服化石燃料目前使用的不正確定價。最直接了當的方式是，化石燃料的所有使用者應該支付一筆額外的「碳稅」（carbon tax），金額等於該燃料排放二氧化碳的社會成本。

與風力、太陽能、核能及其他低碳能源選項相比，這項措施將提高煤、石油、天然氣的成本。當然如果這些替代能源也會造成社會成本，例如核能意外的成本，這些替代能源也將負擔真正的社會成本，包括在上述風險之內。經濟學家已建議，碳稅應在每噸 25 至 100 美元之間，立意基礎是每噸二氧化碳增加的社會成本估計在 25 至 100 美元之間。經過一段時間，當氣候變遷加劇時，二氧化碳的社會成本也會跟著上升，碳稅非常有可能提高。

一種相關的替代性做法，已在歐洲與美國部分州使用，是許可證（permit）制度。二氧化碳排放者必須事先購買許可證。這種做法類似碳稅，但是排放者是在公開市場上購買許可證，或從政府取得，而不是付稅。如果一位排放者想增加二氧化碳排放，或許是企業擴張而增加能源使用，這位排放者必須在市場上向其他成功減少排放的公司購買額外的許可證。碳稅與許可證何者較佳的辯論，已經持續了二十年。碳稅對碳的未來價格較具預測能力，排放許可證對未來排放的數量較具預測能力，不過許可證制度通常不太可靠，因為許可證的稀少性預期經常會導致政府增加許可證的配發。租稅通常比較容易管理，許可證原則上比較容易為特定利益團體安排。例如，特定的偏好產業可以獲得免費的許可證，導致該產業延遲調整至替代能源來源。在實務上，這二種制度很可能將在未來並行使用，不過以租稅為基礎的制度明顯較為健全、有可預測性，也比較容易管理。

第三種調整市場價格的方式是政府電力收購制度。政府告知電力公司或發電廠：「我們將向你們買電力，如果你們用的是太陽能之類的低碳來源，我們將支付一筆額外的費用。」政府不但不對二氧化碳課稅，還對替代來源增加一項鼓勵。在誘導企業轉向低碳能源發電時，這些正面的經濟誘因具有相當強大的力量。政府的電力收購制度與碳稅相比，主要問題會出在政府可能沒有足夠預算補貼低碳能源。的確，自 2008 年金融危機後，若干政府已經撤回有關收購電力的承諾。

## 科技進步的利弊得失

　　科技知識的進步能使人類找到安全有效率、成本相當低的替代品，從化石燃料轉換成以較具能源效率、低碳電力、燃料轉換為基礎的低碳經濟，令人振奮。最近科技的進步包括風力與太陽能能源成本的大幅下降；電動車輛

※ 圖 12.27 浮動的液化天然氣工廠模型
資料來源：*Photographic Services, Shell International Ltd.*

較佳的電池；地熱能源的改進；較具智慧的發電廠；建築材料的改進；較佳的廢棄物管理；加熱、冷卻、通風能源所需較少的新建築物設計⋯⋯同時未來的重大進步將包括直接從空氣中收集二氧化碳、間歇性再生能源的儲存、高效率的遠距電力傳輸、先進的生物燃料、新奈米科技提供堅固而重量輕的建築材料等。科技進步能反敗為勝。

　　然而，我們也不應該將真實情況過度簡化。很諷刺的情況是，科技進步有時能使情況變得更糟，而非變好。尤其，當這些科技是朝向高碳能源來源的開發時。一項簡單的事實是，石油與天然氣部門近年的科技發展相當成熟，因而大幅提升了以石化燃料為基礎能源的產能！以下是幾個相當貼切的例子。

※ 圖 12.28 加拿大亞伯達的石油沙地
資料來源：*"Tar sands, Alberta," Dru Oja Jay, Howl Arts Collective, Flickr, CC BY 2.0.*

　　第一項進步是真正的科技驚奇，如圖 12.27 顯示。浮動的液化天然氣工廠，由荷蘭皇家殼牌集團設計製造，即將展開運作。這項被描述為史上伸入海中最大人造結構的設施，將冷卻離岸天然氣成為液化天然氣，直接提供海洋運輸之用。新設施出現前，離岸天然氣必須透過管線輸送至陸地上的液化天然氣工廠。當海洋儲存的甲烷必須透過管線輸送時，經濟效益太低，如今可以顯著提升經濟效益。此外，輸送管線不但成本高昂且易受暴風雨、洩漏、破裂等開放海域的意外影響，而十分脆弱。的確，這項科技驚奇加速了天然氣的生產與使用。

　　第二項科技突破的例子是，加拿大龐大油沙（oil sands）儲存的開發能力。在沙子與岩石中含有瀝青，這是一種很粘的石油。開發地點之一如圖 12.28 顯示。加拿大及委內瑞拉的油沙都有龐大的石油儲存量，可以對全球市場增加大量的石油供給量。過去的開採成本太高，最近由於開採與處理技術的提升，加上油價看俏，獲利機會大增。擬議中的基石油管（Keystone XL Pipeline，這項新油管開發計畫具有高度爭議性）計畫載送加拿大的石油至墨西哥灣的煉油廠，並且輸往世界市場。這項科技突破將連帶造成開採地點的重大污染（圖中的證據），以及大量增加石化燃料資源，使全球更快突破攝氏 2 度的排碳上限。

　　第三項值得一提的科技突破如圖 12.29 顯示。圖中說明在頁岩中用水平鑽探與水力壓裂（hydrofracking）擷取天然氣。過程中，鑽探先往下然後水平（如圖所示）延伸至頁岩岩石小孔中含有甲烷的天然氣。要釋出甲烷，高壓氣體與鑽探工具被置入岩石中爆炸，壓列岩石後釋出天然氣，接著天然氣上升至地表被收集。頁岩天然氣的蓬勃發展，以及類似的頁岩石油開發，已於近年改變美國能源前景與鄉村地貌。這個過程具有高度爭議性。一方面這項發展也導致美國石油與天然氣的蓬勃發展，另一方面這項發展導致當地大量的污染與石化燃料的繁榮，延遲或者阻擋美國轉向低碳能源的趨勢。

　　所有這三種進展都大幅擴張全球使用石化燃料的能力，但是我們必須停下來捫心自問，透過減緩至急需的低碳能源，我們真的在幫自己的忙嗎？這些進展會讓我們更難遵守排碳上限，使環繞氣候變遷的政治運作更為困難，因為石化燃料遊說團體擁有一些看似重要的東西：真正的資源賺取真正的利潤，而且是大幅利潤。然而這些都無法改變基本的真理：我們正朝重大危險邁進，代價是短期的市場報酬率。

## ▌緩和二氧化碳的政治問題

　　低碳世界有許多障礙，科技的、經濟的、工程的、組織的⋯⋯要達到低碳經濟並非易事，需要認真規劃加上市場力量，全球合作投資低碳科技。此外，也需要更深度脫碳的承諾，而且遠高於目前大多數政府所考慮的。正確的體認是，至 2050 年我們必須削減目前排放水準的 50％以上，同時回推截至目前，讓能源體系做出深度改變的時機。沒有一件事是容易的，何況我們差得太遠。然而，最大的障礙可能是政治問題，來自那些國內生產大量煤、石油、天然氣的國家。氣候變遷的全球協定最大障礙，仍然來自主要石化燃料生產國的立場：美國、加拿大、中國、俄羅斯，以及波斯灣各經濟體。這些立場主要是反映國內的政治考量。

　　圖 12.30 顯示二張地圖。上圖棕色覆蓋的地區是產煤州，約占美國半數。下圖以紅色顯示的州是參議員投票反對氣候管理法案（Climate Stewardship Acts），也稱為「麥肯—利柏曼法案」（McCain-Lieberman Acts），法案目的是設立溫室氣體的上限與交易制度。這幾乎是個最完美的案例。在「棕色州」，利益團體經常贊助政客，因此到目前為止仍持續否決聯邦政府的氣候管理立法。這種情況遍及全球，使得進展極大困難。很有意思的是，在投票地圖裡的「綠色州」已經執行州層級的緩和計畫，例如加州決定在 2050

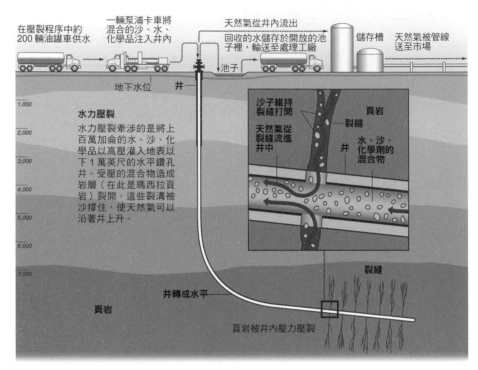

在壓裂程序中約 200 輛油罐車供水

一輛泵浦卡車將混合的沙、水、化學品注入井內

天然氣從井內流出 回收的水儲存於開放的池子裡，輸送至處理工廠

儲存槽　天然氣被管線送至市場

地下水位　井

池子

**水力壓裂**

水力壓裂牽涉的是將上百萬加侖的水、沙、化學品以高壓灌入地表以下 1 萬英尺的水平鑽孔井。受壓的混合物造成岩層（在此是瑪西拉頁岩）裂開。這些裂溝被沙撐住，使天然氣可以沿著井上升。

沙子維持裂縫打開

天然氣從裂縫流進井中

頁岩

裂縫

井　水、沙、化學劑的混合物

1,000
2,000
3,000
4,000
5,000
6,000
7,000

井轉成水平

頁岩

裂縫

頁岩被井內壓力壓裂

※ 圖 12.29 水力壓裂圖解

資料來源：*Al Granberg/ProPublica.*

年前將二氧化碳排放降低 80％。

　　自 1992 年，各國領袖在里約地球高峰會接受聯合國氣候變化綱要公約（UNFCCC）以來，氣候變遷的全球政治運作大部分都被卡住。這是份相當成熟與平衡的文件，將方向指向全球緩和碳排放。該公約的主要目標明確載於第二條，內容是：

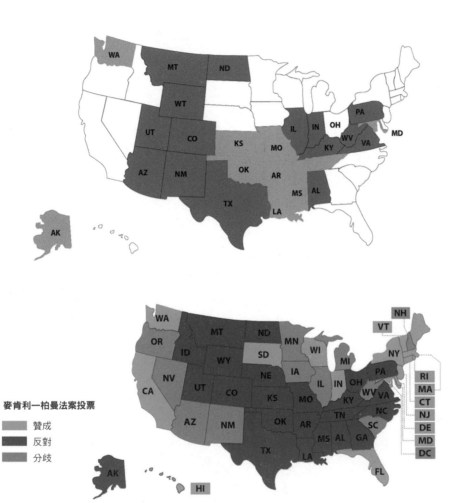

※ 圖 12.30 產煤州相對氣候管理法案投票模式

資料來源：*U.S. Department of Energy & U.S. Senate.*

　　本公約與任何相關法律的終極目標，是本次大會成員可能採行，並根據本公約規定，達成穩定大氣層溫室氣體濃度至一個防止危險的人為干預氣候體系的水準。

　　然而，自1994年公約生效起，全球並未適當執行這項公約。成員年復一年的開會，已經在利馬完成第二十次締約方會議。然而，公約並未成功減緩溫室氣體排放的逐年上升，更甭提將排放曲線轉頭向下。1997年簽訂的京都議定書（Kyoto Protocol）首次大力嘗試執行這項公約，透過將「危險的人為干預」與「全球平均氣溫上升攝氏2度」相聯繫，目標十分合理。這項高所得國家的協議是，與1990年相比，至2012年計畫平均降低20％的排放。開發中國家，包括中國等快速成長的新興經濟體，則沒有義務符合特定的排放目標。結果，這項公約仍然行不通。一方面美國一直都沒有簽署，澳洲與加拿大雖然簽了但並未執行。（注意主要化石燃料生產國家的行為模式！）另一方面，中國與其他新興經濟體的排放大幅增加，導致全球排放水準維持陡峭的上升。

　　自1992年起，美國參議院一直被煤、石油、天然氣遊說團體控制，而且還產生一種看法，就是「如果中國不多做一點，美國應該什麼也不做」。美國的基本理由是，期望美國的行動超過中國是不公平的，因為這會使中國在世界貿易中居於有利的競爭地位。這種想法很奇怪，因為美國數十年以來在改變整個世界的氣候時，並沒有意識到美國對其他地區施加的龐大成本是否公平。雖然柯林頓政府於1997年時已簽署京都議定書，但是美國總統從未將此議定書送交參議院批准，因為參議院保證不會通過這項議定書。實際上，聯合國氣候變化綱要公約指定初步的緩和責任應落在高所得國家肩上。

　　高所得國家被指定擔負這項責任有幾個原因：一是他們較能負擔低碳能源的額外成本；二是他們要為過去承擔不成比例的責任；三貧窮國家需要時

間與幫助，以趕上較富裕的國家。中國有很長的一段時間堅持，美國與歐洲
應該領先進行，而中國在經濟強大後將會跟進。

不過自 1992 年以來情況改變許多，中國現在已經成為世界第二大經濟
體，同時也成為全球最大的溫室氣體排放國。雖然中國經濟還沒有美國那麼
大，但是釋出的二氧化碳已遠多於美國，原因包括：中國的能源效率較低；
中國較仰賴煤，在所有石化燃料中，煤的二氧化碳密集程度最高；中國擁有
較多的工業。的確，美國與歐洲比中國排放較少的二氧化碳，因為他們與中
國的貿易中是能源密集產品的淨進口國。

在聯合國氣候變化綱要公約通過的 22 年後，全球政治正在轉變中，世界
各國現在要求中國，在氣候緩和的努力中，扮演更具全球領導地位的角色。
中國現在比 1992 年富裕太多。經過二十年非常快速的成長，如圖 12.31 顯
示，中國於 2007 年取代美國，成為全球最大的溫室氣體排放國。不過中國在
為自己辯護時指出，以人均排放而言，中國排放二氧化碳仍然遠低於美國。
美國每人排放 17.6 噸二氧化碳，中國每人排放 6.2 噸二氧化碳。儘管如此，
中國領導階層清楚了解，為了達成全球升溫不超過攝氏 2 度的目標，中國必
須做遠多於過去所做的工作。

還有來自內部的壓力。首先，中國本身對氣候變遷是高度脆弱的，部分
地區已經非常乾旱，氣候變遷會讓這些地區乾旱的情況更嚴重。此外，還有
極端的暴風雨、極端的天災、大規模的洪水要面對。近年來，中國主要都市
深受嚴重的霧霾污染所苦，情況越來越頻繁。這種霧霾是混和工業污染、大
量燃燒煤、汽車擁擠的結果。最近的研究估計中國北部部分地區由於嚴重的
空氣污染，平均壽命減少 5 年半之多！從煤轉換至低碳、零碳能源，將使中
國因此得到二項龐大益處：氣候變遷的緩和與公共健康的改善。

2011 年在南非德爾班（Durban）舉行的第十七次締約國會議中，聯合國
氣候變化綱要公約成員同意，他們將在 2015 年達成更具決定性的氣候控制協

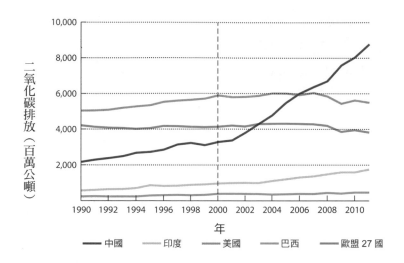

※ 圖 12.31　最大的化石燃料排放國（絕對值）：中國成為世界最大的排放國
資料來源：*The Policy Climate. 2013. San Francisco: Climate Policy Initiative.*

定，屆時所有國家都將以有約束力的承諾緩和溫室氣體排放。與架構性公約不同，這賦予富裕國家率先開始行動的責任，新的協定原則是將責任賦予每一個國家。至少這在概念上具有突破性，因為現在美國、中國與其他主要排放國有可能同意這種新方式。

　　這種方式可以被視為一種突破，不過還是必須從全面的角度來觀察：2011 年德爾班的決定是聯合國氣候變化綱要公約於 1992 年簽署後的 19 年達成；3 年後於 2015 年末進行協商；26 年後於 2018 年獲得批准；28 年後於 2020 年生效。

　　在這個世界已經瀕臨斷崖的危險之下，這種行動不具應有的迫切性！以解決問題的角度而言，實務上全球每個地區都需要執行一個合理、具經濟效率、深度的脫碳計畫，並且建立在能源效率、低碳電力、燃料轉換的三大基礎之上。只要有決心，這項計畫是可以完成的。這個世界也應該在關鍵的低碳挑戰上同意研究發展的合作計畫，例如再生間歇性能源的有效儲存與捕碳封存，也應該同意幫助最貧窮的國家接受挑戰，例如透過幫助中非國家建造因加大水壩。簡單的說，這個世界已經擁有氣候的解決方案，缺少的是可以耽擱的時間。

# 13 生物多樣性與生態系統

## 什麼是生物多樣性？

　　我們已經詳細檢視，一個成長中的世界經濟推擠地球限度時會發生什麼事。這個世界現在有 72 億人、90 兆美元的產出，人口與產出雙雙持續增加。世界經濟每年持續成長 3% 至 4%，代表每 20 年左右就增加 1 倍。然而，這個世界的生態系統、氣候、海洋已經遭逢龐大壓力，至今尚未找到平衡經濟持續成長與永續環境間衝突的方式。

　　這種對地球限度的侵犯，以許多方式出現，包括氣候變遷與污染。其中最引人注目的方式，便是喪失地球的生物多樣性（biodiversity），這也是本章的主題。

　　人類對地球施加太多的壓力，造成物種以驚人的速度加快滅絕。據估計，比工業革命前的速度快了 1,000 倍。物種消失還帶來其他的效應，例如物種內基因多樣性也下降了，加上特有物種的滅絕，兩者加乘的效果已經大到足以讓地球發生「第 6 次生物大滅絕」。

　　第 6 次生物大滅絕與生物多樣性遭受的威脅，來自一項共同事實：對於物種生存的威脅從四面八方而來。我們面對的是一個複雜的系統，單一原因與單一結果之間並不是線性關係。物種滅絕的原因包含了多項壓力因素，以及多個驅動環境改變的因子，我們必須了解當中的複雜性，因為任何單一的方式都不足以阻止第 6 次生物大滅絕的發生。這次，威脅的是上百萬的物種，甚至包括我們自己！

　　要了解生物多樣性，必須先從了解生態系統開始，包括植物、動物、微生物等。這些活著的生物與無生命的環境，都在同一個系統內相互作用。生態學家研究生態系統的方式是，找出這個系統的變遷與動態，例如營養素如何在食物網內流動，以及進行新陳代謝、氧化、呼吸作用、光合作用的過程，乃至生物在系統內其他新陳代謝的基本過程。然而，物種的多樣性，以及單一物種內個別生物的多樣性，又是如何影響整個生態系統？

　　生態系統的核心概念便是生物學上的多樣性。生物多樣性指的是，在所有層級中出現的生物的變異性（variability），包括一個物種內個別生物的變異，以至於我們每一個人與其他人都不一樣。生物多樣性也包括了生態系統中物種的多樣性，以及物種間的不同關係，例如掠食者、被掠食者、互利共生（mutualism）、寄生（parasitism）……多樣物種的相互作用決定了一個生態系統的基本特點，例如這個生態系統是否具有生物學上的生產力；在一個生態系統內，光合作用的產出、生物的數量，以及這個生態系統在面對諸如氣候變遷、外來物種入侵，或是人類的過度收割生態系統的一部分等衝擊時，是否具有調適能力。

　　最後，生物多樣性也牽涉不同生態系統之間的差異。生態系統的遠距離交互作用，例如沙漠與溼地之間的相互作用，就會影響其他生態系統的運作，以及地球整體的調節作用。如果一種關鍵的生物群系（biome），例如赤道雨林或北極，因重大改變而受害，像是人類導致的氣候變遷，透過地球各種的相互作用運行，包括降水、風、海洋環流、化學變化等，對其他生態系統也能造成深遠影響。

　　因此，要了解生物多樣性，必須先了解不同層級中的生物變異，以及這種變異如何影響生態系統的表現。研究全球生態系統運作的權威報告之一，是 2005 年的《千年生態系統評估》（Millennium Ecosystem Assessment）。這份報告嘗試從世界主要生態系統的全球觀點，提供一種觀念上的架構，說明這些生態系統如何運作、如何相互作用、如何為人類提供服務（或稱生態系統服務）。

　　圖 13.1 的重要圖解是來自《千年生態系統評估》。這個圖解的概念是定義生態系統如何影響人類福祉，圖左顯示生態系統服務（ecosystem services）的四個項目。第一是供應服務，生態系統直接提供人類各種需要，包括食物、淡水，供建築結構與衣著用的木材、纖維，乃至燃料。

　　第二是調節服務，意指生態系統的各種功能，控制氣候的基本模式。生態系統對氣候調節有重大影響，一旦氣候變遷大幅改變南北極的生態系統，將對地球其他地區產生強大的回饋反映。例如南極洲與格陵蘭大冰原的融化，將大幅提高全球海平面，改變海洋環流的基本模式，同時改變地球的能源平衡。凍原的冰層融化可能釋出大量的甲烷與二氧化碳，產生龐大的正向回饋，將放大人類導致的溫室氣體排放影響。

　　調節服務的另一個例子是洪水控制。生態系統的地形特色，例如紅樹林溼地，通常能保護接近海岸線的人類生活。如果這些沿海的特色被人類行為改變，可能造成嚴重後果。在遭逢洪水時，這些天然防衛與生物特色可能成為高度受害對象。類似的情況曾經出現，例如墨西哥灣與美國南方的紐奧良，颶風影響密西西比河的水流，改變了紐奧良四周的防洪機制，導致 2005 年的卡翠娜颶風對該城與四周環境造成重大破壞。

　　生態系統也能調節造成疾病的媒介病原體與害蟲，因此，當生態系統退化時，病原體、害蟲，或侵入性物種將對糧食生產、人類健康帶來嚴重後果。生態系統的改變，能導致新疾病的出現，例如從動物蔓延到人類的傳染

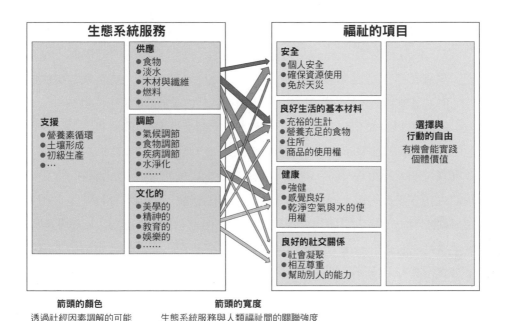

**箭頭的顏色**
透過社經因素調解的可能

**箭頭的寬度**
生態系統服務與人類福祉間的關聯強度

- ■ 低
- ■ 中
- ■ 高

- ━ 弱
- ━ 中
- ━ 強

※ 圖 31.1　生態系統如何影響人類福祉

資料來源：*Millennium Ecosystem Assessment. 2005. Ecosystems and Human Wellbeing: Synthesis. Washington, DC: Island Press.*

病。愛滋病就是一種動物傳染病，大約 100 年前在西非，從黑猩猩傳染到人類，或許是因為人類捕獵黑猩猩，將之做為野味食用。

　　侵入性物種是指從外界將物種引進至一個新的生態系統。人類經常將動物或植物，從一個生態系統攜帶至另一個生態系統，有時是刻意的，有時是意外。問題是，新引進的物種可能大幅破壞原有生態系統的調節功能。例如，如果新的物種在新的生態系統中沒有天敵，因而快速繁衍，很快的就會取代生態系統的食物鏈，甚至驅逐本地物種。

　　第三個生態系統服務的項目是支援服務。這類服務包括透過有生命的（biotic）與無生命的（abiotic）程序相互作用，產生營養素的循環與土壤形成，兩者都是支持農業生產力的支柱。沒有健康的土壤、缺乏氮的提供能力，以及其他包括蜜蜂授粉等的自然作用，我們的食物供應將會崩潰。

　　最後一個是文化服務。生態系統通常會提升人類的價值觀、美學、宗教、文化。我們這個時代最偉大的科學家之一，哈佛大學生物學家愛德華・威爾森（Edward O. Wilson）指出，人類根深柢固的喜愛生物多樣性，這正是我們人類在漫長的演化過程中，一代代遺傳的緣故。他稱這種特性是一種生物自衛本能，並將之定義為「與其他形式生命連結的迫切要求」。威爾森提供了廣泛的有力的證據，從人類學相關研究中發現，人們在特定的自然環境下有賓至如歸的感覺，以及自然環境的退化會深深擾亂我們的文化、精神的健康、對美學的感覺，乃至整體的生活品質。

　　生物多樣性與生態系統服務之間，通常有一個重要的關聯：生物多樣性促進生態系統的健康、活力與生產力，因此使得生態系統回饋供應、調節、支援與文化服務。不過，當生物多樣性遭到威脅時，生態系統各種功能將隨之減少，他們提供的服務也遭到破壞。

　　換句話說，保護生物多樣性正是保護生態系統服務的關鍵。例如，科學家已經證實，目前在各地發生的魚類生物多樣性下降，將導致漁場生產力的下降。農場也是如此。在農業體系中，擁有較高的生物多樣性，長期而言，農作物產出較高，也較有適應環境的能力。然而，全球許多農業體系都正在經歷生物多樣性的大量損失，例如當農人被鼓勵只栽種一種作物，與通常只有一種品種的時候，短期內的確獲得較高的產出，但是，單一物種中的單一品種通常非常脆弱，難以應對四面八方來的各種衝擊，例如天氣模式的改變，或者某種新害蟲、病原體的侵入。例如，農人可能被建議栽種單一品種，以便提高產量，儘管這與農人傳統上會種植多種作物的習慣不同。結果，短時間能的確能享受到豐收的喜悅，一旦農地遭到旱災、洪水、熱浪、侵入的物種或新病原體等衝擊，很快的就會以災難告終。

　　整體而言，生態系統服務對人類的生存與福祉至關重要；生物多樣性對生態系統的健全運作也扮演不可或缺的角色。然而，生物多樣性在輕率、無知的人類活動下正遭逢前所未有的威脅，我們正在從底部淘空支持這個生態系統運作的結構。接下來，讓我們轉向生物多樣性與生態系統運作遭到威脅的方式，來看看我們能做些什麼來扭轉這個危機。

## 生物多樣性遭到威脅

　　在一個又一個生態系統中，生物多樣性都遭到大規模的傷害。全球各地的生物多樣性分別處於「降低」、「退化」與「大受威脅」的景況中。由於許多原因，這種情況特別難以控制。

　　了解人類對生物多樣性影響的極佳起點，是圖 13.2 顯示的人類足跡。我在地球研究所（Earth Institute）的同事，將若干指標彙整並加權，包括人口密度、土地用途改變、基礎建設涵蓋範圍、鐵路，公路，以及其他人類的改變，然後使用這項資訊測量全球人類生態足跡的程度。結果顯示，人類取得壓倒性的勝利。除了在最極端的環境裡，特別是沙漠地區、赤道雨林的一部分，以及接近南北極地這幾個少數不適合農業的環境，全球幾乎都有大量的人類足跡。

　　15 年前，偉大的生態學家彼得・威圖瑟克（Peter Vitousek）做過一個類似的先驅研究。當時，他與同事提出一個問題：人類在全球的生態系統中盜用（appropriate）了多少？他們的概念架構顯示於圖 13.3 之中。威圖瑟克與同事以各種方式描繪出人類對地球的影響，然後嘗試以幾種計算標準評估人類對生態系統的影響：人類改變了多少土地？人類改變了多少碳循環？人類對

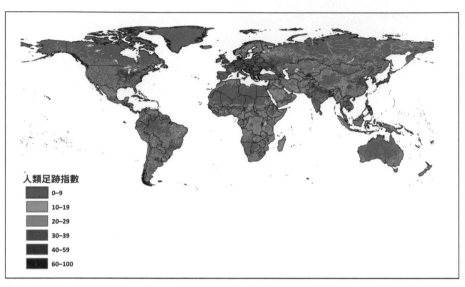

人類足跡指數
- 0–9
- 10–19
- 20–29
- 30–39
- 40–59
- 60–100

※ 圖 13.2　全球的人類足跡指數

資料來源：*Copyright 2008. The Trustees of Columbia University in the City of New York. Source: Center for International Earth Science Information Network (CIESIN). "The Last of the Wild" data set. New York: Columbia University and Wildlife Conservation Society, the Bronx Zoo. http://www.sedac.ciesin.columbia.edu/wildareas.*

用水與水循環做了什麼？

　　他們的結論顯示在圖 13.4，透露人類的影響橫跨地球生態系統的所有層面，人類已經盜用了大量土地供自身使用。威圖瑟克考量淨初級生產量（net primary production）的總量，也就是全球光合作用的總產出，然後他質問，淨初級生產量有多少部分被人類拿去使用？威圖瑟克將所有農場、牧地、森林地區人類控制的光合作用加總起來，判定淨初級生產量的比例，也加上因人類的建設而所損失的光合作用。結果令人震驚！我們占據整個地球光合作用的 40% 至 50%。也就是說，我們霸占全球基本的糧食供給，卻不是供所有物種使用，只給自己用。好比邀請 10 萬名賓客參加宴會，卻宣布一半的食物將

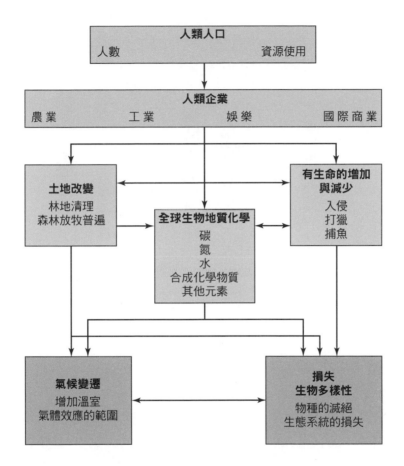

※ 圖 13.3　人類對地球系統直接與間接影響模型

資料來源：*Vitousek, Peter M., Harold A. Mooney, Jane Lubchenco, and Jerry M. Melillo. 1997. "Human Domination of Earth's Ecosystems." Science 277(5352): 494–499. Reprinted with permission from AAAS.*

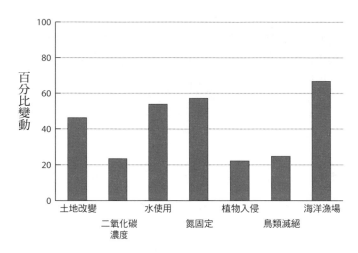

※ 圖 13.4　人類支配或改變地球系統的幾個主要部分

資料來源：*Vitousek, Peter M., Harold A. Mooney, Jane Lubchenco, and Jerry M. Melillo. 1997. "Human Domination of Earth's Ecosystems." Science 277(5352): 494–499.*

只給一位賓客享用。這或許就是對生態系統最基本的威脅：人類正在吃光地球上其他物種！

　　以下是另一種檢視這個問題的方式。一個像我們這樣的物種（每個成人平均 50 到 75 公斤的哺乳類），經過了許多科技與文化革命，物種數量不再是以百萬計算，而是以 10 億計算。人類數量自 1750 年以來約增加 10 倍，為自己要求越來越多的土地，用來生長穀類、畜養家畜，在生活中供應充足的林木產品與纖維，足跡遍及各地，盜用淨初級生產量的比例令人吃驚。結果，代價是毀滅了生物多樣性。

　　當我們檢視圖 13.4 中威圖瑟克的發現，人類的影響並不止於土地，而是全面性的。人類已經基本改變碳循環，將大氣中的二氧化碳水準從工業時代開始時的 280ppm 提高到 400ppm。人類盜用了大量的水，特別是為了種植糧

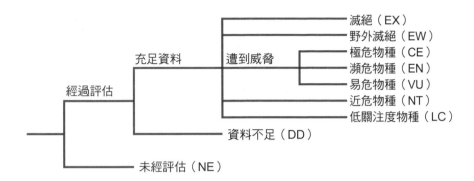

```
經過評估 ─┬─ 充足資料 ─┬─ 遭到威脅 ─┬── 滅絕（EX）
          │            │            ├── 野外滅絕（EW）
          │            │            ├── 極危物種（CE）
          │            │            ├── 瀕危物種（EN）
          │            │            ├── 易危物種（VU）
          │            │            ├── 近危物種（NT）
          │            │            └── 低關注度物種（LC）
          │            └── 資料不足（DD）
          └── 未經評估（NE）
```

※ 圖 13.5 國際自然保護聯盟物種分級制度
資料來源：*IUCN 2001.*

食。目前在許多地方都面臨缺水危機。人類主宰了氮循環，將大氣的氮分子轉變成活性氮供植物使用，例如硝酸鹽、亞硝酸鹽、氨。人類已經將許多侵入性物種引進生態系統，有意或無意的，不論是哪一種情況，侵入的物種都嚴重干擾了生態系統與食物網。人類已經驅使許多其他物種滅絕。最後如圖 13.4 所見，透過大規模的濫捕模式，造成海洋生態系統的改變，例如海洋污染、海洋化學改變，以及實體破壞如海床與珊瑚礁等海洋特色。人類已經嚴重破壞魚種的豐富度。

　　人類正在威脅太多物種，現在，我們需要一種系統化的計分卡了解現況。國際自然保護聯盟（The International Union for the Conservation of Nature）是瀕危物種的全球計分員。圖 13.5 解釋物種分級制度，範圍從不受威脅的到已經被滅絕的。我們必須注意，地球上的物種總數是未知數，估計在 1 千萬到 1 億個物種之間，全球科學界與國際自然保護聯盟仍然在進行物種的分級程序。此外，大多數物種的狀況從來都沒有被評估過。毫無疑問的，數不清的物種在被發現存在前就被滅絕了。我們正在摧毀這些物種的棲息地，同時盜用他們的水與食物，速度之快，超過我們能發現他們並為其命名的速度。

國際自然保護聯盟有一種「瀕危物種紅色名錄」（Red List），如圖 13.6 顯示。這些數字十分嚇人，因為瀕危物種的數目仍在激增。部分原因是有許多新的、更多的物種被分級，但大部分的原因是人類活動正在驅使全球物種走向瀕危與滅絕的道路。龐大數量的物種正在崩潰之中，從兩棲動物到蜜蜂之類的授粉動物，乃至於類人猿（great ape）。

人類導致的壓力來自四面八方：土地用途的改變、氮與其他人類造成的化學物質外溢、供水耗竭、過度收割、都市化等不一而足。其中太多原因與世界經濟及人口數目激增相互交織，要扭轉這種趨勢將極端困難。在 1992 年的里約地球高峰會中，與會代表同意〈生物多樣性公約〉時，我們已經開始嘗試減緩生物多樣性的破壞。換句話說，人類正被這個問題喚醒之中，只是還沒有解決方案。

## 海洋與漁業

當人類對地球的各種生態系統施加壓力的同時，我們對海洋生態系統與各個海洋也施加龐大的壓力。我們正在改變基本的海洋化學，來自漏油與其他災難的污染正在毒化海洋。我們也透過其他形式的人類活動減少生物多樣性，特別是透過濫捕海洋生物。

海洋覆蓋地球表面的四分之三，與人類關係密切。全球各地的大城都擁抱海洋，並且仰賴海洋進行貿易、經濟活動、提供糧食供應，也從魚類攝取蛋白質及營養，例如 omega-3 脂肪酸。維持海洋健康對人類的福祉是絕對必要的。正如其他的經濟領域，我們的科技知識收割了各種海洋的服務，例如我們能找到與捕捉魚類的能力，在過去六十年大幅改進，已經從「主宰」海洋到威脅海洋生物的地步了。然而，科技的主宰能力並不代表智慧、責任或

| 極危物種（CE） | | | | | | | | | | | | |
|---|---|---|---|---|---|---|---|---|---|---|---|---|
| 群體 | 1996/98 | 2000 | 2002 | 2003 | 2004 | 2006 | 2007 | 2008 | 2009 | 2010 | 2011 | 2012 | 2013 |
| 哺乳類 | 169 | 180 | 181 | 184 | 162 | 162 | 163 | 188 | 188 | 188 | 194 | 196 | 196 |
| 鳥類 | 168 | 182 | 182 | 182 | 179 | 181 | 189 | 190 | 192 | 190 | 189 | ·197 | 197 |
| 爬蟲類 | 41 | 56 | 55 | 57 | 64 | 73 | 79 | 86 | 93 | 106 | 137 | 144 | 151 |
| 兩棲類 | 18 | 25 | 30 | 30 | 413 | 442 | 441 | 475 | 484 | 486 | 498 | 509 | 519 |
| 魚類 | 157 | 156 | 157 | 162 | 171 | 253 | 254 | 289 | 306 | 376 | 414 | 415 | 413 |
| 昆蟲 | 44 | 45 | 46 | 46 | 47 | 68 | 69 | 70 | 89 | 89 | 91 | 119 | 120 |
| 軟體動物 | 257 | 222 | 222 | 250 | 265 | 265 | 268 | 268 | 291 | 373 | 487 | 549 | 548 |
| 植物 | 909 | 1,014 | 1,046 | 1,276 | 1,490 | 1,569 | 1,569 | 1,575 | 1,577 | 1,619 | 1,731 | 1,821 | 1,920 |

| 瀕危物種（EN） | | | | | | | | | | | | |
|---|---|---|---|---|---|---|---|---|---|---|---|---|
| 群體 | 1996/98 | 2000 | 2002 | 2003 | 2004 | 2006 | 2007 | 2008 | 2009 | 2010 | 2011 | 2012 | 2013 |
| 哺乳類 | 315 | 340 | 339 | 337 | 352 | 348 | 349 | 448 | 449 | 450 | 447 | 446 | 446 |
| 鳥類 | 235 | 321 | 326 | 331 | 345 | 351 | 356 | 361 | 362 | 372 | 382 | 389 | 389 |
| 爬蟲類 | 59 | 74 | 79 | 78 | 79 | 101 | 139 | 134 | 150 | 200 | 284 | 296 | 313 |
| 兩棲類 | 31 | 38 | 37 | 37 | 729 | 738 | 737 | 755 | 754 | 758 | 764 | 767 | 773 |
| 魚類 | 134 | 144 | 143 | 144 | 160 | 237 | 254 | 269 | 298 | 400 | 477 | 494 | 530 |
| 昆蟲 | 116 | 118 | 118 | 118 | 120 | 129 | 129 | 132 | 151 | 166 | 169 | 207 | 215 |
| 軟體動物 | 212 | 237 | 236 | 243 | 221 | 222 | 224 | 224 | 245 | 328 | 417 | 480 | 480 |
| 植物 | 1,197 | 1,266 | 1,291 | 1,634 | 2,239 | 2,258 | 2,278 | 2,280 | 2,316 | 2,397 | 2,564 | 2,655 | 2,871 |

| 易危物種（VU） | | | | | | | | | | | | |
|---|---|---|---|---|---|---|---|---|---|---|---|---|
| 群體 | 1996/98 | 2000 | 2002 | 2003 | 2004 | 2006 | 2007 | 2008 | 2009 | 2010 | 2011 | 2012 | 2013 |
| 哺乳類 | 612 | 610 | 617 | 609 | 587 | 583 | 582 | 505 | 505 | 493 | 497 | 497 | 498 |
| 鳥類 | 704 | 680 | 684 | 681 | 688 | 674 | 672 | 671 | 669 | 678 | 682 | 727 | 727 |
| 爬蟲類 | 153 | 161 | 159 | 158 | 161 | 167 | 204 | 203 | 226 | 288 | 351 | 367 | 383 |
| 兩棲類 | 75 | 83 | 90 | 90 | 628 | 631 | 630 | 675 | 657 | 654 | 655 | 657 | 656 |
| 魚類 | 443 | 452 | 442 | 444 | 470 | 681 | 693 | 717 | 810 | 1,075 | 1,137 | 1,149 | 1,167 |
| 昆蟲 | 377 | 392 | 393 | 389 | 392 | 426 | 425 | 424 | 471 | 478 | 481 | 503 | 500 |
| 軟體動物 | 451 | 479 | 481 | 474 | 488 | 488 | 486 | 486 | 500 | 587 | 769 | 828 | 843 |
| 植物 | 3,222 | 3,331 | 3,377 | 3,864 | 4,592 | 4,591 | 4,600 | 4,602 | 4,607 | 4,708 | 4,861 | 4,914 | 5,038 |

※ 圖 13.6 國際自然保護聯盟瀕危物種紅色名錄
資料來源：*IUCN Red List version 2014.*

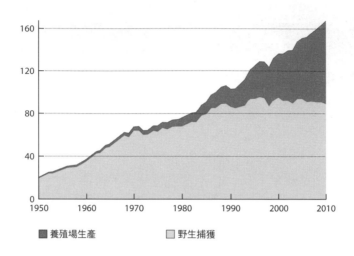

160

120

80

40

0
1950　1960　1970　1980　1990　2000　2010

■ 養殖場生產　　　　□ 野生捕獲

※ 圖 13.7 總漁獲量（百萬噸）
資料來源：*Global total wild fish capture and aquaculture production in million tonnes, 1950–2010 as reported by FAO/FishStat database, Wikimedia Commons, CC BY-SA 3.0.*

遠見。

　　1950 至 2010 年全球總漁獲量如圖 13.7 說明。漁獲量分為兩個部分：野生捕獲，主要來自海洋、河流與湖泊，以及水產業或是魚類養殖業。1950 年的野生漁獲量約為 2,000 萬噸。至 1990 年變成 8,000 萬噸，然後在這個水準走平。養殖業從 1950 年的零水準，至 1990 年增至 2,000 萬噸，至 2010 年約為 7,500 萬噸。野生漁獲量的大幅增加，相當於原來的 4 倍，這還低估了在海洋捕魚活動真正增加的程度，因為這項估計不包括漁夫丟回海中的龐大生物量。

　　圖 13.7 也反映出一個必須正視的事實。1990 年左右，海洋野生漁獲量就已經達到最高的程度，漁獲量進一步增加是透過經過管理的養殖業。這是個壞消息，也是個好消息，然後還有個壞消息。第一個壞消息是，人類已經到

達海洋捕魚的上限，事實上還超過了上限。過度捕魚導致全球各地的漁業出現下降，甚至完全崩潰。好消息是，養殖業能成長至符合人類與日俱增的飲食需求。這的確是個好消息，因為魚類是個關鍵，魚類是人類飲食中重要的營養來源，特別是豐富的油脂與蛋白質。第二個壞消息是，養殖業本身以許多方式威脅環境。在經過管理的養魚場培育的魚類能導致疾病蔓延、使用過多的養分，一旦養殖的魚逃回野生環境時，會對野生魚類造成威脅。簡單的說，儘管養殖業是以負責任的方式營運，也是人類高度想要的方式，但在所有的事都可能出錯的情況下，還是變成一個複雜的挑戰。

　　野生漁獲量的大增是如何發生的？這是來自捕魚活動的大量增加，如圖13.8 顯示。該圖比較了 1950 與 2006 年全球各地漁場捕魚船隊的密度。回到1950 年，當時的漁場主要是沿著幾個海岸線與河流流經的地區運作。至 2006年，漁場已經在整個海洋運作，包括高緯度海洋，只要是任何他們能找到並捕獲大量魚類的地方。在各種經濟部門中，海洋漁業歷經許多大幅的技術進步，包括使捕魚數量大增的延繩捕魚（longline net）；使用各種遠距感應找出魚群的位置；以及使用海洋拖網捕撈海洋底部的海洋生物，這種捕魚方式完全破壞了海洋底部高度複雜、生物多樣化的海洋生態。

　　海洋漁業科技進展造成的後果是，成為海洋生物多樣性與海洋生態系統永續性的敵人。捕魚的科技進步導致野生捕獲量的大幅增加，這也造成了海洋漁業的耗竭、生物多樣性的大量損失，以及對海洋生態系統生產力的龐大威脅。

　　想要取得人類整體影響的指標，我們要檢視在海洋的一個特定區域餵養野生魚獲量所需的初級生產數量，測量方法是該地區總光合作用的百分比。例如，如果野生魚獲量的海洋原料相當於該海洋地區總光合作用的三分之一，我們說海洋初級生產的三分之一都遭到人類盜用。這個概念是由海洋科學家威爾夫 · 史瓦茲（Wilf Swartz）等人提出，與威圖瑟克的淨初級生產量

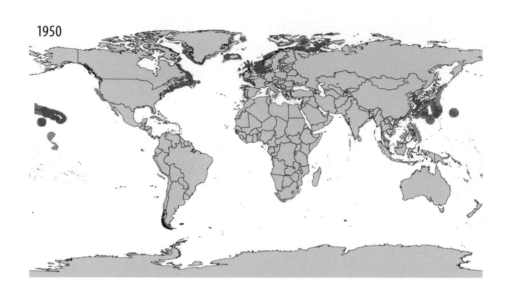

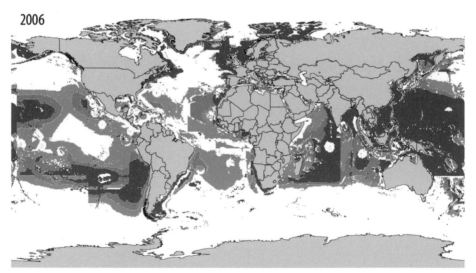

※ 圖 13.8 全球捕漁船隊的增加，1950 年、2006 年

資料來源：© WWF. 2012. Living Planet Report 2012. WWF International, Gland, Switzerland.

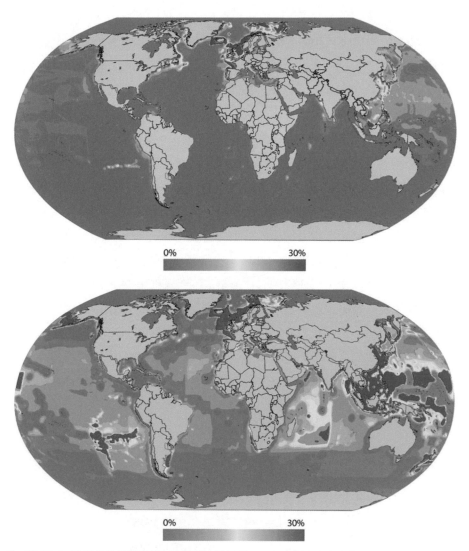

※ 圖 13.9 漁場的空間擴張與生態系統的足跡，1950 年、2005 年

資料來源：*Swartz W., Sala E., Tracey S., Watson R., Pauly D. (2010) The Spatial Expansion and Ecological Footprint of Fisheries (1950 to Present). PLoS ONE 5(12): e15143. doi:10.1371/journal.pone.0015143. Sea Around Us (www.seaaroundus.org).*

概念相近，也就是威圖瑟克應用地球光合作用的概念。圖 13.9 顯示，淨初級生產量的數目跟漁獲量相關的數量已經達到危險區，也就是全球各地許多漁場的初級生產的 30%。比較 1950 與 2005 年，我們看到海洋初級生產遭到人類盜用的比例大幅增加。

　　這項發現的另一個含意是，人類不但將原本豐富的魚源下降至瀕危的水準，同時也正在改變海洋生態系統的結構與運作方式。這裡有一個稱為「沿著食物鏈往下捕魚」（fishing down the trophic chain）的例子。人類先食用與耗竭食物鏈中最上層的大魚。接著，當最上層的大魚供給耗盡後，再改吃食物鏈較低層的魚，最後也耗盡這些魚的供給，導致魚類絕種或降至非常低的數量。逐漸的，我們仰賴越來越小的、越接近食物鏈底層的魚類。專家測量被捕獲魚類的平均營養級（trophic level），證據顯示，越來越多的漁獲營養級往下降。人類很擅長食用那些位於食物鏈最高層的高價魚類，這些魚類是掠食者中的掠食者。隨著這些魚類迅速被耗竭，迫使人類往食物鏈裡較低層的魚類前進。

　　生態學家說到生物體的「營養級」，生產本身食物的植物被稱為「無機營養生物」（autotroph），其營養級被指定為 1.0。所有的動物物種都是透過吃無機營養生物或其他動物物種取得食物，這些物種都被稱為「異養生物」（heterotroph）。直接吃無機營養生物的食草動物（herbivore）營養級被指定為 2.0。吃食草動物的食肉動物（carnivore）營養級被指定為 3.0。吃其他食肉動物的食肉動物營養級被指定為 4.0。然後在食物鏈裡以此類推。

　　當人類沿著食物鏈往下捕魚時，代表我們的飲食是從營養級數字高的野生魚類開始，隨著時間過去，接著轉向營養級數字較低的野生魚類。這個現象顯示於圖 13.10，該圖報告來自野生與養殖漁場漁獲的平均營養級。上面的藍線是海洋漁場，紅線是淡水漁場。在這二種情況中，我們看到人類都是沿著營養級往下捕魚，進一步證明人類正在耗盡高營養級物種的供給。

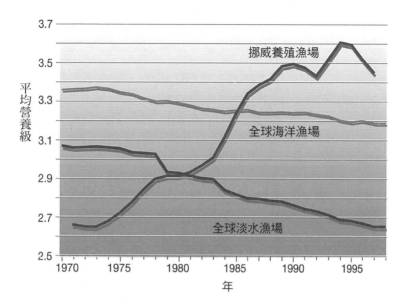

※ 圖 13.10 全球漁場的營養級平均，1970–2000 年

資料來源：*Pauly, Daniel, Villy Christensen, Sylvie Guenette, Tony J. Pitcher, U. Rashid Sumaila, Carl J. Walters, R. Watson, and Dirk Zeller. 2002. "Towards Sustainability in World Fisheries." Nature 418: 689–695. Reprinted with permission from Macmillan Publishers Ltd.*

　　我們也看到挪威養殖漁場生產的魚類在營養級排名較高，例如大西洋鮭魚（營養級高於 4）與北極紅點。這些魚類可以高度滿足人類的飲食，但在生態上會造成更複雜的情況。營養級高的魚類是在被俘虜的環境下成長，需要大量的魚粉飼料，飼料來源是透過捕捉海洋中營養級較低的魚類製成。因此即使這些魚類是在養殖漁場成長，並不代表對海洋沒有影響。養殖漁場營養級高的魚類越多，代表對魚粉飼料的需求越大，進而對海洋生態系統施加更大的壓力。

　　海洋生態學家嘗試估計個別魚種的最大永續量（maximum sustainable

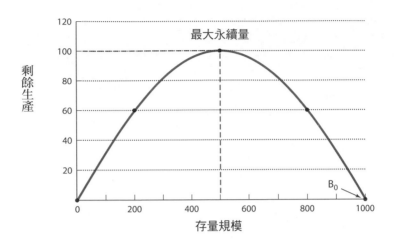

※ 圖 13.11　最大永續量的計算

yield），以判定野生漁獲量的安全水準。問題是要如何知道，從漁場中取出安全數量的特定魚種而不會耗竭該魚種的存量？答案顯示在圖 13.11 中的倒 U型。假定在海洋的某個漁場中，完全不捕魚的情況下，漁場中會有 1,000 條魚。因為總數 1,000 是穩定的，同時也是最大化的，在 1,000 的情況下，任何捕魚都會導致魚數量的下降。

　　現在假定魚的總數是 800 條。如果放任不管，魚的總數將傾向逐步回升至 1,000 條。或許 800 條魚將能於第二年增至 860 條，淨增 60 條魚。如果漁場捕捉那 60 條魚，那麼今年的 800 條魚在第二年仍是 800 條魚。因此，一個擁有 1,000 條魚潛力的漁場，目前只有 800 條，這個漁場可以每年捕捉 60 條而不會增加或減少魚的總數。在圖 13.11 中，有 800 條魚的漁場（如橫軸顯示）擁有 60 條魚的「剩餘生產」（surplus production，如縱軸顯示）。

　　下一步，假定魚的總數是 500 條。當魚的總數是 500 條時，每年通常會增加 100 條魚。如果這 100 條魚每年都被捕獲,魚的總數會維持在 500 條,造成 100 條的年度捕獲量。我們在圖 13.11 裡見到的倒 U 型,就是魚的總數是 500 條,擁有 100 條魚的「剩餘生產」。

在什麼水準下剩餘生產可以達到最大化?我們清楚看到當魚的總數是 500 條時,出現最大永續量,相當於可能數量的一半。在這個水準,漁場能支持每年捕獲 100 條魚,然後維持穩定的總數。如果我們那年捕獲 200 條魚,會發生什麼事?很明顯的,魚的總量會下降,在第二年變成 400 條魚。同時如果持續過度捕魚,例如第二年再捕 200 條魚,第三年魚的總數將低於 300 條。最後這個漁場將會被耗盡,沒有任何魚,未來也沒有魚獲的展望!

最大永續量因而是一種政策工具,藉此告知商業漁人每年安全的捕獲數

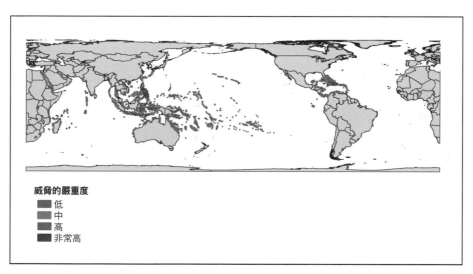

※ 圖 13.12 對全球珊瑚礁主要觀察到的威脅

資料來源:*Rekacewicz, Philippe. UNEP/GRID-Arendal. http://www.grida.no/graphicslib/detail/threats-to-the-worlds-coral-reefs_3601.*

量。然而他們是否會聽從此項建議？每一個人仍然會嘗試將自己的漁獲量達到最大化，同時希望別人遵從捕魚限制。結果將是一種「公地悲劇」（tragedy of the commons），所有的商業漁人過度捕魚，加總效果是導致漁場被耗盡。基於這個原因，政府可能需要強制總漁獲量的最高水準，例如透過發放許可證的方式告知每一艘漁船能捕捉多少漁獲，許可證的總數相當於在一個擁有500條魚的漁場中，每年相當於100條魚的最大永續量。近年來，全球各地的捕魚業已經成功的採用可交易的許可證制度，許可證的總數等於估計的最大永續量，同時個別的商業漁人得向其他人買賣許可證。在這種方式下，最有生產力的漁人可以向生產力最低的漁人購買捕魚權利，不致違反最大永續量的整體上限。

最大永續量的概念於近年來甚至變得更為複雜，因為生態學家已經了解一次管理一種海洋物種是不夠好的，整體的生態系統都必須加以管理。如果一次只管理一種物種，基於該物種在食物鏈的位置，其數量的增加可能會對其他物種造成負面影響。由於這個原因，海洋生態學家現在已經在討論整個生態系統的永續量，也就是從一個較為全面的方式對待生態系統。

如果海洋只因為過度捕捉野生魚類而遭遇麻煩，我們的麻煩已經夠多了，事實上人類正在許多方面攻擊海洋生態系統。圖13.12說明全球珊瑚礁面臨的風險。人類以各種方式威脅珊瑚生命，包括海洋酸化、觀光客破壞珊瑚、過度捕魚、直接收割珊瑚本身、捕魚時使用炸藥、污染，以及人類行為造成的沈澱，例如建築、採礦、森林砍伐、洪水，都會導致珊瑚棲息地的沉澱。人類在各方面的活動導致珊瑚耗竭，甚至很多品種的滅絕。此種多項衝擊說明，人類對生物多樣性的威脅並非來自單一因素，而是眾多因素的加總。

我們有重大的問題，也有一些工具來提出這些問題。持平的結論是，由於人類活動的多項壓力，海洋正遭逢極度且持續增加的風險中。為了我們的福祉與自身的生存，我們在數不清的方面要仰賴海洋。如果坐視不管或是逃避這些多重攻擊，那麼在不太遠的未來就得承擔苦果。

## 森林砍伐

涵蓋地表面積 31% 的森林仍然是地球生態系統的重要部分。在人類染指以前，天然森林曾經涵蓋的地表面積遠高於目前。人類從事破壞森林的行為已經長達數千年以上，這是個古老的故事。但是因為人類對森林體系的壓力與日俱增，加上國際貿易的遠方力量，目前我們持續喪失許多森林區域。在喪失森林的同時，生態系統也在退化中，同時也損失驚人數量的生物多樣性。亞馬遜盆地、剛果盆地、印尼群島這三大熱帶雨林是地球大量生物多樣性的家園，現在正在迅速消失當中。

圖 13.13 指出，過去森林砍伐程度與目前森林砍伐的若干挑戰。地圖中所有的陰影區域原來都覆蓋森林。顏色最淺的陰影區域，像是西歐或是橫跨中國與橫跨歐亞板塊的區域，都是遭到砍伐的地區。這些砍伐行為發生在數百年或甚至數千年以前，只有深色的陰影區域目前仍然覆蓋著森林。這些森林主要是在高緯度地區、美國東部海岸，以及沿著赤道，也就是三大熱帶雨林地區的所在。

目前，大部分的森林砍伐發生在快速成長的熱帶與亞熱帶地區，特別要指出的是熱帶雨林，傳統上這個地區的人口密度很低，現在正在成長之中。為了提供人類需要，例如熱帶伐木、供農地或牧地使用，以及提供小農進入森林拾取薪柴或其他需求，這些熱帶雨林正在被人類侵犯。結果，溫帶地區的森林很久以前就被人類砍伐殆盡，現在輪到熱帶地區被更快的速度遭到砍伐。生物多樣性驚人的雨林現在正面臨重大的干擾響。圖 13.14 的顯示目前森林砍伐的模式，紅色區域是砍伐快速的區域。我們看到亞馬遜盆地、剛果盆地、印尼群島的損失。包括美國東岸、斯堪地那維亞半島、中國北部部分

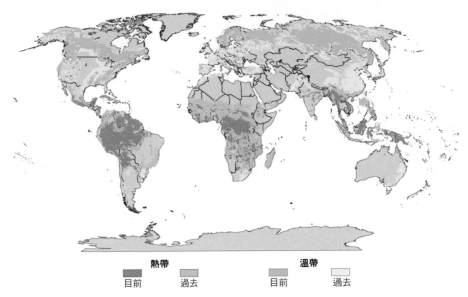

熱帶　　　　　　　　　　　溫帶
目前　　過去　　　　　　　目前　　過去

※ 圖 13.13　原始與剩餘森林的全球分布
資料來源：*UNEP World Conservation Monitoring Centre. 1998.* "*Global Generalized* '*Original*' *Forest dataset (V 1.0) and Global Generalized* '*Current*' *Forest dataset (V 3.0).*"

地區的深綠色區域都在重新造林，大多數是將農地變成林地。

　　首創蓋亞假說的洛夫洛克指出，這項假說是基於地球生態系統具有相互關聯性。他強調，當我們使一個生態系統退化時，同時也會妨礙或破壞這些生態系統在地球其他部分的正常運作。洛夫洛克對熱帶雨林的砍伐說的是：「我們不再需要指出潮溼熱帶雨林存在的正當性，只要卑微的點出這些地方可能有足以治癒人類疾病所需的植物……將之以農地取代，可能會促成全球規模的災難。」例如，透過維持廣大的雲層覆蓋，將進來的紫外線輻射反射回到太空，不讓紫外線輻射抵達地表而暖化地球，熱帶雨林提供的是維持這個星球涼爽的功能。如果亞馬遜雨林乾涸或是因為森林被清除做為農地使用而

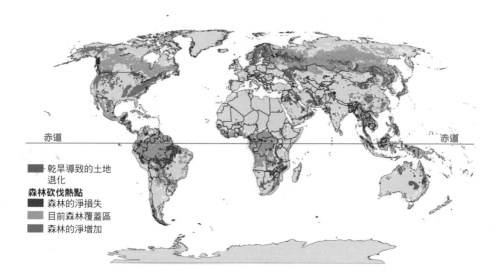

赤道

赤道

乾旱導致的土地
退化

**森林砍伐熱點**
森林的淨損失
目前森林覆蓋區
森林的淨增加

※ 圖 13.14　全球森林砍伐與土地退化

資料來源：*Rekacewicz, Philippe, and Emmanuelle Bournay. 2007. UNEP/GRID-Arendal. http://www.grida. no/graphicslib/detail/locations-reported-by-various-studies-as-undergoing-high-rates-of-land-cover-change-in-the -past-few-decades__fe3b.*

消失，亞馬遜的雲層覆蓋也將跟著縮小，因而會改變地球的反射比，可能會造成大規模的正向回饋，而將地球進一步暖化。

　　洛夫洛克的重點是，大規模森林砍伐的影響可能遠超過我們能了解的程度，不限於當地生態系統服務的損失。地球系統科學教導我們，生態系統在調節全球氣候、水循環之間的互動關係，同時，養分循環（nutrient cycle）對於地球的平衡與人類福祉也有重大影響。

　　大規模森林砍伐的原因是什麼？森林砍伐的影響因素有部分是內部導向，主要是當地國家的人口增加。然而，有一大部分也來自國際貿易，就是世界各國對林木產品的需求。這種因素很難控制，因為這代表高度的需求，通常來自富裕國家或是快速成長的經濟體，例如中國，這些需求通常透過非法手段凌駕當地的保護組織。其中主要的驅動因素之一是對棕櫚油的需求激增，這是一種用途極廣的產品。馬來西亞、印尼都有大規模的種植，以棕櫚樹單種栽培作物取代具有高度生物多樣性的熱帶雨林。類似的驅動因素是世界市場（例如中國）對黃豆的需求，結果導致亞馬遜雨林遭到砍伐。

　　就這些生態系統的調節功能而言，這些行為造成生物多樣性的損失十分驚人，同時也威脅在馬來西亞與印尼瀕臨滅絕的物種，例如猩猩。對熱帶林木產品的需求是很難滿足的。如果不對市場加以控制，國際貿易將導致持續與大量的森林砍伐。除非我們開始以永續性的方式管理熱帶雨林，這些生態系統將無法逆轉的崩潰。

　　當然，關於這個問題已經做了幾項努力。一項值得注意的努力是，將熱帶雨林與森林的保育與氣候變遷的議題聯結。每年二氧化碳排放總量的 15%或許是來自土地用途的改變，特別是來自森林砍伐。近年來，做為氣候緩和努力的一部分以降低我們的碳足跡，以來自森林砍伐的排放以及來自能源範圍的二氧化碳排放而言，人類已經展開一項努力。避免森林砍伐的主要專案計畫被稱為「從森林砍伐到森林退化減少的排放」（Reduced Emissions from Deforestation and Forest Degradation，REDD+）。這項專案鎖定森林的縮減與清除。其想法是對當地農人與社區，包括原住民，提供財務誘因來保護森林。由於當地社區不能過度開發林產品之後，在短期內收入會受到損失，REDD+以永續性的其他收入替代，包括捐贈國提供的持續收入。例如挪威已經在REDD+ 專案中對巴西提供 10 億美元給亞馬遜社區，讓他們扮演保護亞馬遜的角色而非協助破壞。這是一項非常重要的努力，然而與來自國際貿易壓倒性的市場力量相比，仍然只是相當小型的反制措施。這些市場力量對森林的需求除了林產品本身以外，還有將森林清除後可以種植的產品，以及用來從事其他如農耕與畜牧之類的經濟活動。

## 國際動態

在了解喪失全球生物多樣性有多大危險之下，世界各國至少已經採取若干步驟嘗試從第 6 次大滅絕撤退。有些是間接的，例如透過 REDD+，朝向氣候控制的工作。已經有若干公約限制威脅海洋的污染物質跨越國境，以及一些全球漁業的協定。除了這些以外，至少已經有幾項專注生物多樣性非常重要的正面嘗試。

其中兩項最重要的嘗試都是透過國際公約。其中最重要的一項是 1992 年的〈生物多樣性公約〉，核心目的是減緩與扭轉生物多樣性的喪失。其次是 1973 年的〈瀕臨絕種野生動植物國際貿易公約〉（Convention on International Trade in Endangered Species of Wild Fauna and Flora），嘗試限制瀕危物種的貿易。這兩項都經歷成功與失敗。最重要的一點是強調時間，全球經濟的壓力如此強大，即使有公約與法律，既得利益者通常會對這些措施予以強力的反擊，而控制機制通常受到非法活動、賄賂、貪污與其他執法限制的擺布。世界經濟的力量與動能通常強大到讓世界經濟在法律之上橫行霸道。

〈生物多樣性公約〉是一項英勇嘗試，試著將人類對生物多樣性的威脅納入控制。這項公約是 1992 年里約地球高峰會的三項多邊環境協定之一，另外二項是〈聯合國氣候變化綱要公約〉與〈聯合國防治荒漠化公約〉（UN Convention to Combat Desertification）。儘管已經完成一點點工作，但是距離扭轉生物多樣性的喪失的核心目的還差得遠。這項公約的目標如下：

本公約的目標是生物多樣性的保育，永續使用其組成分子與公平分享所有的好處。

　　要強調的一個重點是，〈生物多樣性公約〉不但強調保護生物多樣性，同時也強調公平分享帶來的好處。同時，生物勘探（bioprospecting）可能帶來意外的幸運，生物勘探是指科學家進入世界各地的森林地區而發現具有醫學與財務價值的新藥的過程。

　　問題是如何確保地主國能獲得這些新發現的好處？大自然中當然擁有尚未被發現而具有重大價值的化學化合物，這不是異想天開的想法。我認為其中一項最偉大的發現就是古代中醫以苦艾治療熱病，後來變成現代的黃花蒿分子，用於治療瘧疾。後來的不幸主要來自眾人專注的是來自生物勘探的財富，而不是限制人類活動，以避免生態系統與生物多樣性的崩潰，這才是人類深遠長久的福祉。

　　這項公約完成了一部分工作，但是距離該做的還差得太遠。主要原因之一是美國政府的行為。雖然美國科學家與部分政界人士是支持這項公約的主導人士，但是美國右翼政客遊說反對這項公約，甚至從談判階段就開始。等到這項公約在1992年里約地球高峰會最後確定後，小布希總統在來自本身黨派的壓力下，決定不簽署這項公約。第二年柯林頓總統就任，簽署了這項公約，然後送至參議院等待批准，美國制度需要參議院三分之二的票數通過。參議院委員會通過了這項公約，但是參議院迄今仍未批准這項公約。

　　值得注意的是後來發生了什麼事？美國所謂的自由市場政客，反對這個世界應該同意公平分享生物產品的想法。他們說要讓美國藥廠賺大量利潤。接著，私人開發業者開始大聲疾呼購買美國聯邦政府土地開礦、鑽油或壓裂頁岩天然氣的權利。他們主張，〈生物多樣性公約〉對他們將財產權最大化是個威脅。這類「自由市場」的意見被嚴重誤導，因為市場應該是為人類服務，而非自我終結或是成為貪婪者的工具，而將龐大的社會成本施加在別人身上。當市場未考慮個人行為的外部性，例如生物多樣性的喪失或物種滅絕，自由市場就成為人類的公敵。有一種激進的意識形態說：「不要管我，我

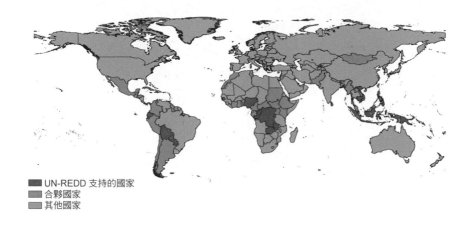

■ UN-REDD 支持的國家
■ 合夥國家
■ 其他國家

※ 圖 13.15 聯合國從森林砍伐到森林退化減少的排放專案計畫
資料來源：*"UN-REDD Programme Regions and Partner Countries." The United Nations REDD Programme.*

有絕對的權利摧毀物種。」這種想法明顯會造成浩劫。當美國仍然是〈生物多樣性公約〉的旁觀者時，也就是美國不簽署這項公約已經嚴重弱化這項公約的執行。當〈生物多樣性公約〉成員國於 2002 年誓言，他們的策略計畫是減緩或扭轉生物多樣性的喪失，至 2010 年沒有實際效果。2010 年，生物多樣性喪失的程度大於以往任何時刻。

　　里約地球高峰會這三種多邊環境協定在 20 年之後的「里約 20 周年地球高峰會」（Rio+20 Summit）進行檢討。當時《自然》雜誌就各項公約的實際表現進行了一項深度分析，並且為每一項公約製作一張評分卡。圖 13.16 顯示生物多樣性公約的評分卡。其主要任務是降低生物多樣性喪失的速度；得到的評分是一個 F，完全失敗。這項公約沒有減緩生物多樣性的喪失。對於其他任務：發展目標，得到一個 D；保護生態系統，一個 C；承認原住民權利，一個 D；提供資金抵消生物多樣性的喪失，一個實在的 F。唯一的一個

| 評分卡 | |
| --- | --- |
| **生物多樣性 大會** 主要任務 | |
| **降低生物多樣性損失的速度** | F |
| 其他任務 | |
| **發展生物多樣性目標** 各國才剛開始為生物多樣性建立專注目標與評估方式。 | D |
| **保護生態系統** 全球具生態價值的土地至 2010 年至少有 10% 獲得保護，但是相對的海洋只有 1% 獲得保護。 | C |
| **基因分享** 名古屋議定書已經有 92 國簽署，但尚未生效。只有幾家公司迄今已與來源國家分享此種效益。 | E |
| **承認原住民權利** 在尊重原住民權利上，各國立場分歧，特別是要在其領土內創立保護區。 | D |
| **提供資金** 各國已經有許多承諾，但很少履行這些承諾。 | F |
| **規範基因改造生物** 卡塔赫納議定書（Cartagena Protocol）的設計是規範基因改造生物在各國之間移動，已有 103 國簽署，並於 2003 年生效。 | A |

※ 圖 13.16《自然》雜誌評分卡：生物多樣性大會

資料來源：*Reprinted by permission from Macmillan Publishers Ltd: Nature News, Tollefson, Jeff, and Natasha Gilbert. "Earth Summit: Rio Report Card." Copyright 2012.*

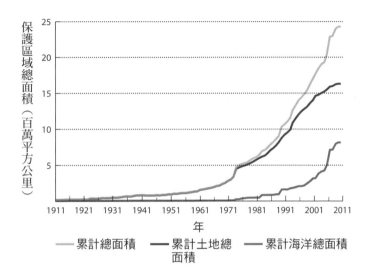

※ 圖 13.17 全球野生保護區域，1911–2011 年
資料來源：*UNEP-WCMC.*

高評分是建立基因改造生物的法律架構。不論這個架構最後是否符合人類需要，還是不可避免的破壞先進遺傳學培育種子帶來的好處，還有待觀察。唯一一個還算像樣的評分是保護生態系統的 C。〈生物多樣性公約〉的一項條款是設立保護區；圖 13.17 全球累計的保護區域。國家公園、國家保護區、保護野生動物難民、海洋保護區都比過去數十年增加。保護區域的增加，特別是海洋保護區，是生物多樣性公約的貢獻。這項公約有些許效果，但是整體評斷是 F 等級，也就是總結是不成功的。

　　另一項非常重要的公約是，比〈生物多樣性公約〉早二十年的〈瀕臨絕種野生動植物國際貿易公約〉（CITES），這項於 1973 年簽署的公約於簽署後不久生效，其概念是透過以法律規範特定瀕危物種的交易，降低物種滅絕的壓力與危險。這項公約將物種加以分級：瀕危物種；尚未瀕危的物種但是可能瀕危；以及某些物種，其交易將間接導致其他物種瀕危滅絕。在這三個項目之下，目前一共涵蓋 35,600 種植物與動物物種。

雖然瀕臨絕種野生動植物國際貿易公約有一項重要的影響，就像是國際法，世界經濟的力量會規避法律文字而造成慘痛的後果。這種情況的一個例子是由於需求激增，犀牛角的非法交易大幅增加，造成犀牛大量遭到殺害。這種需求幾乎全部來自中國，因為犀牛角被傳統中藥藥典視為珍貴藥材。犀牛角是一種非常昂貴的商品，但是黑犀牛也是高度瀕危的物種，其數量已經下降至險峻的水準。2013 年 11 月，西部黑犀亞種（western black rhino subspecies）已經被官方宣布滅絕。報導指出，每公斤犀牛角的市價達到 65,000 美元，比黃金價格還高。因此必然有龐大壓力及供應鏈的每個環節都有大量的貪污情事。

雪梨大學的曼佛萊特・藍森（Manfred Lenzen）與同事最近一項非常重要的研究發現，像犀牛角與象牙之類產品的交易是個普遍性的問題，不僅是報紙頭條的產品，而且涉及數以千計的瀕危植物與動物物種。結果顯示，大約有三分之一的瀕危物種已經成為全球交易鏈的一部分。這代表阻止當地的壓力是不夠的。來自藍森研究的一項有用的圖表，如圖 13.18，這張圖表的重點是，問題在於全球供應鏈，許多國家以供應商或消費者的身分從事對生物多樣性的威脅。

全球數十年來的努力仍未能有效阻止第 6 次生物大滅絕的趨勢。人類對生態系統與危害生物多樣性的力量實在太龐大，而且來自許多不同方向。我們仍然缺乏大眾覺悟、政治推動力、經濟誘因來導正這個問題。

當全球各國 2012 年 6 月在里約 20 周年世界高峰會會面時，〈生物多樣性公約〉、〈聯合國氣候變化綱要公約〉、〈聯合國防治荒漠化公約〉的執行都獲得 F 的評分。很清楚的是，各國政府必須做些不一樣的。在全球政策與

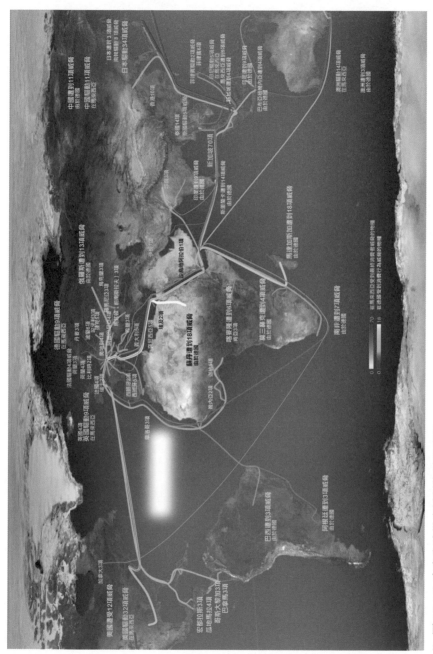

※ 圖 13.18 來自全球供應鏈對物種的威脅

資料來源：Based on the Eora global trade database (worldmrio.com), Lenzen, M., Moran, D., Kanemoto, K., Foran, B., Lobefaro, L., Geschke, A. International trade drives biodiversity threats in developing nations. Nature 486(7401).

行動上，我們需要一項突破，制定一套新的永續發展目標，至少可以幫助我們從我行我素的高威脅路徑走向一條永續發展的正確道路。

# 14 永續發展目標

## 永續發展的新目標

這個世界遠遠偏離永續發展的目標，這個問題在全球被廣為討論了 40 年以上。最早可以回溯到 1972 年在斯德哥爾摩召開的第一次聯合國人類環境大會，以及《成長的極限》的出版。這份研究報告正確指出，結合經濟發展與環境永續性的挑戰，將在 21 世紀造成巨大威脅。

20 年以後，世界各國在里約熱內盧召開聯合國環境與發展大會，通稱「里約地球高峰會」，並且採納二項重大的多邊環境協定：〈聯合國氣候變化綱要公約〉與〈生物多樣性公約〉。同時也為 2 年以後採納的第三項協定奠定基礎，通稱〈聯合國防治荒漠化公約〉。在里約地球高峰會召開的 20 年後，世界各國於 2012 年 6 月再度在里約召開聯合國永續發展大會，通稱「里約 20 周年地球高峰會」（圖 14.1）。

在里約 20 周年地球高峰會中，世界各國領袖對 40 年來的國際環境主義與 20 年來所訂的三項環境公約進行反思。所有的證據都顯示，1972 年首次做成的診斷基本上是正確的：結合經濟發展、社會包容，以及特別是環境永續的艱鉅任務仍然沒有獲得滿足，事實上還正在加劇之中。回到 1972 年，當

※ 圖 14.1　各國領袖於里約 20 周年地球高峰會合影
資料來源：*"Quarta-feira, 20 de junho,"* *Roberto Stuckert Filho/PR, Flickr, CC BY-SA 2.0.*

時全球人口約為 38 億人，現在已經增加至 72 億人。回到 1972 年，當時二氧化碳濃度約為 350ppm，並以每年約 1 ppm 的速度增加；現在二氧化碳濃度已經站上 400ppm，並以每年 2ppm 以上的速度增加。回到 1972 年，生物多樣性的喪失幾乎無人認同；現在我們已經身處第 6 次生物大滅絕之中。

　　各國領袖也必須接受第二個讓人不怎麼開心的結論。主要的環境公約在 1992 年地球高峰會被譽為歷史性的突破，迄今並不成功，至少尚未成功。如我先前指出，《自然》雜誌給予地球高峰會三個公約「F」的評分。在里約 20 周年地球高峰會舉行之際，這三個公約其中沒有任何一個達成當初的承諾。

　　念茲在茲，里約 20 周年地球高峰會的各國領袖於 2012 年 6 月再度投入這項戰役。他們意識到這個世界需要一種引人注目的新方式。各國領袖在他們的與會結果文件《我們要的未來》中開宗明義的宣稱我們絕對不能放棄：

> 我們承諾重申 1992 年在里約發起永續發展的全球合夥關係。我們承認對於合作追求永續發展有給予新動力的必要，並且承諾將與主要群體、其他利益關係人合作，開始思考與處理執行上的鴻溝。

他們也特別注意另外一件非常重要的事：在所有永續發展相互關聯的挑戰中，單一最緊急的任務是他們在 2000 年採納千年發展目標時的任務：對抗赤貧。赤貧是最緊急的優先課題，因為這攸關至少 10 億人的生死。赤貧的正確定義是生存成為一種每天掙扎的狀況；處於赤貧的人們不曉得下一頓飯將來自何處，不曉得下一杯水是否會有病原體而威脅到他們的生命，也不知道下一次的蚊子叮咬是否會傳染致命的瘧疾到他們或孩子們身上。

每年大約有 650 萬名兒童在過 5 歲生日前死亡，較 1990 年死亡兒童數目減少了一半，他們的死亡大多數來自可預防或可治療的疾病。赤貧是一種危機，一種機會，也是一種道德挑戰。就這種精神而言，我們能解決這個問題，各國領袖在里約 20 周年地球高峰會宣稱：

> 消滅貧窮是這個世界目前面對的全球最大挑戰，同時也是永續發展不可缺少的必要條件。在這一點上，我們承諾將「人類免於貧窮與飢餓」做為緊急事項……我們重申我們的承諾，盡所有的努力加快達成國際同意的發展目標，包括至 2015 年的千年發展目標。

里約 20 周年地球高峰會中最重要的一項步驟是當各國領袖宣稱：「我們承認這些目標的發展可能也對追求永續發展的專注與相互連貫的行動很有用處。」事實上，各國領袖檢視了千年發展目標，並且看到他們自從 2000 年 9

月採納以後的十餘年間，在提升全球致力於對抗赤貧上有多麼成功。這些領袖同意，在提升全球的永續發展努力上，現在迫切需要一種類似的方法。因此他們宣稱：

> 我們進一步承認一套永續發展目標的重要性與實用性……這些目標應該將所有永續發展的三個層面與其相互連結，以一種平衡的方式處理與納入。

大體上，各國領袖同意從千年發展目標到永續發展目標的轉換。正如千年發展目標曾經激勵一些強而有力的目標一樣，新的永續發展目標應能激勵全球的熱誠、知識與行動。正如各國領袖在《我們要的未來》中所形容的。

永續發展目標應該是行動導向、簡明與容易溝通、數目有限、夢寐以求的，性質上是全球的而且對所有國家一體適用，同時考慮到不同國家的現實狀況、能力，以及尊重各國政策與優先性的發展水準。我們也承認，這些目標應該開始處理並且專注在達成永續發展的優先領域，按照這份《我們要的未來》結論文件的引導。各國政府應該以利益關係人的身分適當的積極參與推動、執行。

永續發展目標的要求可能是一項歷史性的決策，是一種走向全球新議題的有力方式，這項議題讓全球社會普遍參與，不但包括各國政府，而且也包括許多企業、科學家、民間社團領袖、非政府組織，當然還有世界各地的學生。不像千年發展目標大部分只適用於貧窮國家，涉及富裕國家的主要只有捐贈者的角色，永續發展目標則是一體適用，即使是美國，也必須學習永續生存。

這些目標能提供新的推動力、新的力量、新的社會動員、新的資源、新的政治決心，以面對大眾覺悟與國際法迄今未能成功執行的挑戰。這些目標將不會代替國際法。我們仍然需要這些公約。但是這些目標能創造解決問題

※ 圖 14.2 聯合國祕書長潘基文
資料來源：*Ban Ki-moon—World Economic Forum Annual Meeting 2011, Remy Steinegger, World Economic Forum, Wikimedia Commons, CC BY-SA 2.0.*

的新全球動力與氛圍，將有助於執行這些公約。

　　里約 20 周年地球高峰會的後續工作，以及要求各國領袖將永續發展做為國際發展議題的最核心項目之下，承蒙聯合國祕書長潘基文抬愛，委託我打造一種解決問題的永續發展全球新網絡，我們稱之為「永續發展解決方案網絡」（Sustainable Development Solutions Network，SDSN）。

　　新的永續發展解決方案網絡關鍵的原動力是基於以下的理念：這個世界需要的不僅是新的目標、政治動機及決心；而且這個世界正邁入一個集中解決問題的新時代，需要解決的問題包括健康、教育、農業、都市、能源系統、生物多樣性的保育等各種永續發展的挑戰。

　　永續發展解決方案網絡是由全球各地的科學、企業、公民社會、政策領袖組成的傑出群體，已經接下建議聯合國大會與祕書長關於「新永續發展目標」可能的模樣的挑戰。永續發展解決方案網絡已經建議 10 個目標的簡明版本，可能做為行動架構。將由各國政府在聯合國大會開會後，最後決定新的永續發展目標，以及 2015 年後的發展議題。聯合國大會非常努力的致力於這個挑戰，在 2013 至 2014 年間一個稱為「開放性工作組」（恰好是由匈牙利與肯亞共同擔任主席）分析這個問題；這個過程將在政府間協商下持續到 2015 年。世界各國領袖將在 2015 年 9 月的聯合國大會一次特別高峰會中通過實際的永續發展目標。聯合國祕書長潘基文已在 2014 年底對世界各國領袖提出他的建議。

聯合國永續發展解決方案網絡建議了 10 個永續發展目標。這 10 個目標中的每一個都有三個相關的特定目標，以及更多（通常是 10 個）數字化指標以追蹤目標與標的進度。以下是聯合國永續發展解決方案網絡建議的 10 個永續發展目標。

**永續發展目標一：終結赤貧，包括飢餓**。更為特定的目標是以所有形式終結赤貧；換句話說，要完成千年發展目標包括飢餓、兒童發展遲緩、營養不良、糧食不安全性，並對高度脆弱的國家提供特殊支援。世界銀行領導階層於 2013 年投票決定將此列為特定目標，該銀行將於 2030 年負責終結赤貧。

**永續發展目標二：在地球的極限內達成經濟發展**。這個目標代表所有國家都有權利進行經濟發展，只要尊重地球極限，確保永續生產與消費模式，並且有助於全球人口至本世紀中期穩定下來。這個永續發展目標的想法是，對持續的經濟成長給予支持，特別是開發中國家，但前提是在地球極限範圍之內，環境上能夠永續。我們使用與生產能源、種植糧食、設計與建造都市等方式都必須做大幅度的改變。

**永續發展目標三：確保所有的兒童與年輕人為了人生與生計而有效學習**。這項教育目標稱為「有效學習」（effective learning），代表年輕人應能發展讓他們具有生產力需要的技能，以滿足他們的生活，成為良好的公民，同時能找到像樣的工作。當科技改變時，像樣的工作也需要像樣的工作技能與良好的教育。有效學習的一部分將包括更注意幼兒期發展，也就是關鍵的大腦發展期。

　　**永續發展目標四：為所有人達成性別平等、社會包容與人權。** 永續發展依賴司法、公平性、社會包容性、社會流動性的核心層面。歧視是完全參與經濟生活與生活滿足的障礙。這個目標也將指引全球關注所得與財富的不平等，這代表的情況是雖然一些家庭並非赤貧，但是他們仍然太過貧窮而無法成為擁有尊嚴生活的一分子。

　　**永續發展目標五：達成所有人不分年齡的健康與福祉。** 這項永續發展目標的小標題是，在人生每一個階段達成全球醫療涵蓋，並特別強調基本醫療服務，以確保所有人接受有品質的醫療服務而不必因財務困境而受難。所有國家也將被要求促進一些政策，以協助個人進行健康與永續的決定，其中包括關於飲食、身體活動與個人或健康的社會層面。有了適當的組織，有可能大幅降低兒童與產孕婦死亡率，提高預期壽命，以及以非常低的成本控制許多疾病。

　　**永續發展目標六：改進農業體系與提升鄉村生產力。** 這個目標要求所有國家改善農業實務、鄉村基礎建設、糧食生產的資源使用，以提高農業、畜牧、漁業生產力；提高小農收入；降低環境影響；促進鄉村繁榮；確保對氣候變遷的韌性。小農面對許多挑戰，問題有淡水耗竭、氣候變遷的影響，需要創造新科技與資訊為基礎的系統，幫助最貧困的這些家庭脫離貧窮，並確保農業體系更有生產力也更具韌性。與此同時，農業做法導致生物多樣性的喪失、地下水耗竭、氮與磷過度外溢、化學污染等其他傷害。這個永續發展目標承認永續農業及（做為農業一部分的）糧食供給的永續能力的重要性。

　　**永續發展目標七：授權人們建立具有包容性、生產力與有韌性的都市。**

這個目標是讓所有的都市具有社會包容性、經濟生產力、環境永續性,以及面對氣候變遷等其他風險時安全可靠與深具韌性。這個永續發展目標的成功,將需要高度參與、負責、有效的都市治理新模式,以支持迅速與公平的都市轉型。

**永續發展目標八:阻遏人類導致的氣候變遷與確保永續的能源**。這個目標是阻遏來自能源業、農業、建成環境與土地用途改變的溫室氣體排放,以確保全球二氧化碳排放在未來不久能見到高點,同時阻止氣候變遷快速增加的風險,為所有人促進永續能源。即使世界經濟從現在到 2050 年之間或許會再成長 2 倍,地球在 2050 年也必須將二氧化碳排放降低一半。要成功,這個世界必須將能源系統進行脫碳,同時也要確保電力與現代能源服務能供應所有的人。當然,要符合這項要求,轉換至低碳能源的速度要比目前快上許多。

**永續發展目標九:保障生態系統的服務能力與生物多樣性,以及確保水與其他天然資源的良好管理**。地方、區域、全球的生物多樣性及海洋與地球生態系統的意義,都應該進行測量、管理、監測,以確保支持永續發展所需的堅韌能夠持續,並且具有適應能力。水與其他天然資源應該進行永續與透明的管理,以支持包含經濟與人類在內的發展。

**永續發展目標十:為永續發展轉型治理**。包括公共部門、企業與其他利益關係人應該承諾良善治理。為了永續發展的良善治理包括透明度、責任、資訊的使用、參與度,終結租稅天堂,以及致力於杜絕貪污。管理國際金融、貿易、企業財報、科技、智慧財產權的國際法規應該與達成永續發展目標一致。降低貧窮與全球公共財的資金提供應被強化,包括阻止氣候變遷的努力,並且以全球權利與責任的一整套漸進計畫為基礎。

這些是聯合國永續發展解決方案網絡建議的 10 項永續發展目標。做為整體的一套方案,這些目標打算以明確、具體、可測量、簡明、可理解的方式導正這個世界,以協助全世界從我行我素與日益危險的路徑轉變至可永續發展的新軌道。現在，要看世界各國政府是否遵從里約 20 周年高峰會的要求，在 2015 年 9 月以前選擇新的永續發展目標，並在如何執行這些新目標上設定新的應辦事項。

## ▍以全球為基礎的發展

世界各國政府已經要求執行永續發展目標，這些目標正由聯合國大會協商之中。這些目標是否真的能有所作為？新的一套目標不知道會如何幫助這個世界完成尚未做到的，從我行我素的危險路徑轉變至一條真正可以永續發展的新軌道嗎？聯合國的目標真的能有所作為嗎？

來自千年發展目標的證據顯示，執行效果威力強大與令人振奮。2000 年 9 月聯合國大會通過《千年宣言》，其中包括了千年發展目標。這 8 個目標成為全球為貧窮國家發展努力的核心。這些目標是否真的有所作為？答案似乎是真的。全球最貧窮國家，特別是非洲的那些，在千年發展目標的成果中，在減少貧窮、疾病控制、教育普及基礎建設上都已經出現大幅進展的現象。這些目標有助於組織全球的工作計畫。

他們是怎麼做到的？為什麼目標設定很要緊？有許多答案可以回答這個問題。首先，這個世界需要導向至一個方向，以對抗貧窮或有助於達成永續發展，但是我們這個吵雜、分歧、分裂、擁擠、密集、分神、通常不堪重負的世界，很難以一致的努力達成我們的共同目標。制訂明確目標有助於全球的個人、組織、政府站在同一個方向上。

此外，在千年發展目標通過後，即使是那些一開始不傾向採取這項努力的政府，也知道進度會被報告，每個國家會被拿出來互相比較。當政府領袖被公開或私下質疑他們採取達成千年發展目標的步驟時，同儕壓力就來了。這類的運作方式絕對實際而有效。

再者，知識社群是專業知識的網絡，像是糧食生長、對抗疾病、設計與執行都市計畫等特定挑戰四周的實務做法。當目標設定後，這些具有知識與實務能力的社群，就聚集在一起建議達成結果的實際路徑。我親眼看到對抗瘧疾的目標，是如何有助於組織與動員全球主要的瘧疾學家。做為一個群體，這些專家建議實際的步驟以對抗這種疾病，而且這些建議奏效。知識社群的角色極端重要，因為政府本身沒有這些專業能力來引領行動。這種專家級的知識社群能進行緊要的建議，並提出具體做法，例如聯合國千年專案計畫所做的建議。

最後是各個目標不但會動員知識社群，也會動員利益關係人網絡。社群領導人、政客、政府部會首長、科學界人士、主要的非政府組織、宗教團體、國際性組織、捐款機構、基金會等所有分子都需要聚集在一起。這類的多重利益關係人聚集的程序，是對抗貧窮、飢餓、疾病等永續發展的複雜挑戰不可或缺的。在千年發展目標的領域，透過刻意的設計，這種情況的確發生過。透過將這些多重利益關係人聚集在一起的程序，能從只不過是目標的陳述，轉變為經過改善的成果，這是最明確的方式之一。

為以目標為基礎的成功辯護，沒有人比得上甘迺迪總統（John F. Kennedy）在 50 年前發表現代美國總統任期中最偉大的演說。1963 年 6 月，甘迺迪在他著名的和平演說中說：

透過將我們的目標定義得更為清楚，透過將這個目標看來更容易管理而非遙不可及，我們能幫助人們看到這個目標，然後從這個目標凝聚希望，接著義無反顧地朝向這個目標前進。

這是設定目標重要性的精髓。千年發展目標曾經有那些成就與缺失？最大的成就是在公共衛生的領域。在 8 項千年發展目標中有 3 項是關於公共衛

※　圖 14.3　甘迺迪總統在美國大學發表和平演講，1963 年 6 月 10 日
資料來源：*Commencement Address at American University. Cecil W. Stoughton, John F. Kennedy Presidential Library and Museum.*

生：降低兒童死亡率、產孕婦死亡率、控制流行性的傳染病。其中，千年發展目標都造成重大的影響。為什麼我們在這些領域中如此有效果？第一，公共衛生千年發展目標以具體、可以量化的目標明確規定，使得進展與成果能被測量與評估。

　　第二，這些公共衛生千年發展目標看來更容易管理而非遙不可及，因為知識社群協助描繪出達成這些目標的途徑。在學術界、私人基金會（例如比爾蓋茲基金會）、企業、國際性機構等許多組織都聚集在一起，共同發展與分享新科技與成功的企業模式。

　　第三，千年發展目標有連結達成公共衛生的具體資金來源機制。最重要的是對抗愛滋病、結核與瘧疾的全球基金，這個組織成立於 2001 年，也就是千年發展目標通過後的一年，並於 2002 年開始運作。毫無疑問，千年發展目標對於催生全球基金有很大影響。美國政府於 2003 年通過美國總統防治愛滋病緊急救援計畫，將數十億美元的資金投入在貧窮國家對抗愛滋病。2005年，美國政府通過美國總統防治瘧疾行動計畫。兩者在對抗這些疾病時扮演主要角色。在許多國家中，捐款基金的增加伴隨著國內財務資源的增加，因為各國政府被鼓勵對例如疾病控制的高優先項目投入更多資金。

最後，公共衛生千年發展目標在這些領域的成功是因為監控、測量、評估，以及對計畫設計的回饋。

千年發展目標在其他特定領域表現沒那麼好。像是衛生設備的領域，千年發展目標的成就落後。對於乾淨用水與衛生設備的改進上就不如全球基金。國際性的資金來源沒有被詳細闡述與增加；做成的目標沒有看來更容易管理，也沒有透過仔細計畫的行動降低遙不可及的程度；知識社群組織的情況也沒那麼好；政治領袖也比較忽略這個領域。令人意外的是，教育在全球議題上也不如公共衛生那麼高，資金來源也不如公共衛生。結果是公共衛生的進展超越教育的進展。農業與飢餓的千年發展目標更是落後；雖然農業進展是真實的，全球政策與政治的改變不如公共衛生的改變那麼巨大。

這些案例顯示目標能造成激勵的差異。但是陳述一個目標之後，關於達成大規模的成果，沒有什麼是不可避免的。陳述目標只是執行行動計畫的第一個步驟。必須有良好的政策設計以執行該行動計畫，必須有新的財源、有新的機構來協助執行該目標。當產生成果時，這些成果必須被測量評估，策略必須經過重新思考並採取持續循環的政治回饋。所有這些都在一整套的目標與清楚的時間表之下，受到壓力與激勵。

永續發展的議題當然比千年發展目標更大也更困難，千年發展目標本身已經不是小的挑戰。永續發展目標將不只是持續對抗赤貧，而且還整合其他幾個目標，包括社會包容性與環境永續性，這套挑戰因而更複雜。至少有兩個方面使得永續發展更為複雜：首先，計畫的執行時間更長。能源體系的減碳將需要 30 至 40 年的努力，即使我們以最快的速度進行。讓我們的都市更具韌性當然也要花上數十年或更長的時間。在設定需要實際達成永續發展目標所需的架構時，展望至少未來的 20 至 30 年是非常必要的。此外，這一次的目標將是全球一體適用的，需要世界所有人的支持與行動。

　　為了將永續發展目標轉變成實際，有兩個特定工具是很重要的。第一個是工具被稱為「後向估計」（backcasting）。不是預測 2040 或 2050 年將發生什麼事，而是將目標所鎖定一個特定的日期，然後分析從目標日期回到現在的問題，以描繪出今天與未來目標之間的方向。後向估計是關於詢問：我們要如何從這裡到那裡？

　　第二個緊密相關的工具是路徑規劃，探討的是許多具有深度的問題，包括關於從今天到未來目標的路徑。實際的政策地形會是個什麼模樣？有那些大的挑戰？從現在到 2030 年之間或其他未來的日期，有那些科技障礙有待克服？在永續發展的路徑上，我們可能要跨越一座科技大山。例如，在能源部門有待克服的障礙將包括再生電力的間歇性；儲存風力與太陽能電力的挑戰；特定替代能源的相對高成本；以及創建新電廠的需要，已將低碳能源來源與主要人口密集中心相連，例如將北達科他州的風電力與美國東海岸的能源需求地區相連。換句話說，我們也需要一張地圖通過這些崎嶇不平的地形。

　　對於部分人士而言，特別是那些極端的自由市場經濟學派，結合這些目標、後向估計，這種規劃式的地圖看起來似乎根本不可行，甚至與市場運作程序相互違背。這是不正確的，在精密的高科技產業，這種繪製地圖的方式是標準模式。一項近來相當成功的例子是摩爾定律（Moore's Law）的地圖繪製。

　　如圖 14.4 顯示，摩爾定律是資訊科技的原理，這項定律是預測積體電路的容量每 18 至 24 個月就會提高一倍。戈登‧摩爾（Gordon Moore）於 1965 年擔任英特爾執行長時提出這項定律。他當時指出，過去 10 年，能被裝進積

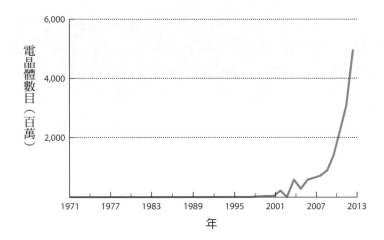

※ 圖 14.4 英特爾微處理器的電晶體數目，1971-2012 年
資料來源：*Intel.*

體電路的電晶體數目，每 18 至 24 個月就會提高一倍。當這些積體電路威力變得越來越強大，就會提高處理、儲存、傳輸資料的能力。中央處理單位的資訊容量的大量增加與傳輸龐大數量資訊的能力，已經改變我們的世界。自 1965 年以來，我們處理、儲存、傳輸資料的容量增加了大約 10 億倍。因此我們活在一個資訊相互交織的世界，是摩爾當初闡述這項原理時所不能想像的。英特爾（Intel）2013 年最新的晶片（XEON PHI）積體電路中擁有 50 億個電晶體。摩爾定律已經造成 10 億倍資訊的革命，足以改變世界。

　　但這是怎麼達成的？這個產業是怎麼成功的？其成功是透過結合一群天才工程師與科學家、產業競爭，以及全產業的路線地圖。這種路線地圖是一種稱為「半導體資訊科技路線圖」（International Technology Roadmap for Semiconductors）的正式程序，業界領導人聚集在一起，繪製出未來需要採取的步驟，以確保摩爾定律在未來數十年的持續性。他們聰明與成功的達成這個目標，改變這個世界，同時也給那些懷疑前瞻性的人一個教訓。也許我們不能預知未來，但是很重要的是規劃如何克服特定障礙、預先思考、為未來可能出現的問題預做準備，同時採取措施朝著未來數十年的目標方向前進。

最後一點將是絕對關鍵，就是與千年發展目標相同，永續發展目標將是個多重利益關係人的運作程序。我們將需要橫跨公共部門、私人部門、公民社會、政府、個人、學術機構、研究中心、基金會等所有人的努力與參與。來自社會不同領域的人都必須參與。這個星球的極限已經受到太大的壓力，行動的速度是不可或缺的，動員社會每個部分的多重利益關係人的解決方式也是十分重要的。這裡人人平等，歡迎大量討論、大量不同解決方式的投入；有的人是為了利潤，有的人不是為了利潤，有的人是為了基本科學，有的人只是為了應用理性決策，有的人是為了全球的當地社會，有的人是為了訓練與教育未來的領袖。總之都是為了有效解決問題、理性決策與執行，所有這些全球社群網絡相互交織、聚集在一起共同努力。

## ▎為永續發展提供資金

達成永續發展將需要大量新的投資：在供水、能源、運輸的新基礎建設；新的醫療體系；以及其他的重要領域。就像為未來打造的任何事物，投資未來是達成永續發展目標的重要核心。然而誰將為此付費？要如何透過有效的資金籌措來達成？

以某種意義而言，我們都需要付費，因為做為公民與消費者，必須對成為我們生活一部分的商品與勞務付費。我們以兩種基本上不同的方式付費：一種是我們以消費者或供應者的身分參與市場，在我們經濟中的市場部門，供給與需求的互動產生經濟活動與提供資金的動機。企業打造工廠是因為他們預期從這些工廠獲利。

　　另一種方式是以公民身分付稅，使政府能提供公共服務，像是築路、提供醫療、公共教育、消防或警察服務，並資助科學研究以支持科技的改變。

　　就這種意義而言，我們每個人都將以兩種方式為永續發展付費：透過市場與透過政府機構。但是隨之而來就是在市場導向、以牟利為目的、透過對消費者銷售商品的企業投資與公共部門二者之間籌措資金時，如何取得適當的平衡？有時，會引起極大的衝突。主張自由市場動機的認為，市場將比政府更有效率；主張公共部門領導力的人士認為，市場不會做必要的投資、提供必要的服務，因此需要公共部門的處理方式。

　　事實上，這兩種不同的資金來源是提供永續發展目標相輔相成的資金籌措機制。公共與私人部門，以及慈善基金的途徑都是必要的。分析哪裡是正確的分界線，是我們分析與了解這些問題的核心。在以市場為基礎的私人部門與公共部門之間配置資金來源，哪些是最有效的方式？

　　在某些情況下，市場幾乎能以本身的力量完成這項工作，最好的例子是行動電話在全球各地的大量擴張。僅僅 25 年內，行動電話用戶人數從 1990 年左右的數億人增至目前的 70 億人，其中包括全世界許多最貧窮的人。這種大規模的擴張不是以政府計畫為基礎，而是私人電信公司為了獲利，致力於連結消費者、基地台、光纖網路，並大獲成功。這是個由私人市場完成工作的絕佳範例。當然，我們必須記住，造成這項全球連結性革命的基礎科技始於基本科學，包括固態物理、量子力學，以及應用工程，其中大部分是由公共部門出資，然後再由私人部門接手。的確，這項產業的一些基礎，如同其他產業，都是在二次大戰期間美國政府為了支持戰爭而資助科學與工程而出現。

　　另外一種重要的活動就絕對無法與行動電話的動態發展相比。十幾年前，市場加上補貼是瘧疾控制的組織偏好的模式，但是肩負瘧疾控制不是件小事。當企業生產經過殺蟲劑處理的蚊帳，而嘗試透過市場對大眾銷售時，他們發現最貧窮的人絕對不是他們的顧客,雖然他們需要這些蚊帳才能活下去。在鄉下地區的人們窮困到即使是最便宜而可以讓他們活下去的蚊帳都無法負擔!然後是組織瘧疾控制體系的交付,包括派遣社區護理人員、與當地診所的連結、瘧疾診斷服務、伸出援手、可用性,以及使用正確的藥品,私人部門的解決方式完全失敗。這種新的體系並未以利潤為基礎而浮現。

接著就是對抗愛滋病、結核與瘧疾的全球基金與美國總統防治瘧疾行動計畫的來臨。這些計畫動員來自國際性的捐款國家與遭受瘧疾打擊的國家本身的公共財源。然後是更多全面性的措施以社會福利的提供方式引進,而不是以利潤為基礎的經濟活動。企業接著扮演關鍵角色。他們製造高品質與耐久的、經殺蟲劑處理過的蚊帳,他們大量生產抗瘧疾藥品,他們研究生產了新的且快速的診斷測試,可以在社區內使用而不是在實驗室進行。然而這些創新都仰賴像是對抗愛滋病、結核與瘧疾的全球基金與美國總統防治瘧疾行動計畫之類的公共財源,以購買蚊帳、藥品、診斷套件,並提供資金給社區護理人員運用這些新科技。

經濟學教導我們,關於正確的分界線位於什麼地方。儘管有幾種決定性的問題要採用私人部門的解決方式(如果這種方式實際上能解決問題,將是全球最理想的方式),但是這種方式不能解決許多關鍵性的問題,特別是重要的。第一個案例是對抗赤貧的挑戰。市場基本上的設計是忽略窮人,因為他們通常不是好的顧客。但是當牽涉醫療保健的使用時,舉例而言,窮人可能因為缺乏市場的使用權而死亡,這裡就是殊價財登場的所在。在我們的經濟生活中,不論醫療、教育及其他領域,政府應該提供這些服務,不論人們是否能付得起,因為這些是殊價財。要確保窮人能使用殊價財,公共財源是不可缺少的要件。

以直接的現金意義而言,在難以補償投資回報的領域,公共財源也是不可缺少的。想想對基本科學的投資。科學知識是免費提供給大家使用,科學的回報是整體社會的改善，但是科學家不能為這些他們研究出來的大自然基本力量申請專利權。科學必須仰賴公共財源，因為利潤動機本身不足以支付。很幸運的是，許多國家已經公認這點並且支助科學。當我們想要加快研發低碳能源來源時，研發低碳能源的公共財源是絕對不可缺少的。

公共財源對於社會保險也很重要。當人們因為全球市場的轉變而失業，或是因為其他的困難而不能受到私人市場有效的保險涵蓋時，政府應該提供某種社會安全網。

公共財源之所以對永續發展目標非常重要，有三個主要原因。來自高所得國家納稅人的國際援助，在協助稅基不足的貧窮國家迎合永續發展目標時也將起重要作用。在許多領域中，私人部門是提供資金以追求進步的自然方式。未來打造與營運大型能源系統時，私人企業最可能扮演領導的角色。但是為了對私人部門提供正確的誘因，我們需要適當的價格訊號，有時稱為「修正定價」。例如，為了將私人公用事業的投資從燃煤火力發電轉向風力與太陽能電力（圖 14.5），課徵碳稅是恰當的。即使資金來源完全是私人部門以內的範圍，適當的法規架構與糾正措施是非常重要的，以確保私人部門投資在正確的領域，並且透過市場訊號對整體社會成本與社會效益給予正確的指引。

關於公共財源，還有一項強烈與持續的辯論。當某個國家的納稅人對另一個國家提供公共服務的援助，通稱為政府開發援助（ODA）。有關對外援助的嚴厲批評不少，然而許多人，包括我在內，認為由納稅人提供財源的方式，對於像是鎖定幫助窮人的對抗愛滋病、結核與瘧疾的全球基金、美國總統防治愛滋病緊急救援計畫或其他國際發展努力的組織來說非常重要，是拯救人命不可缺少的。關於政府開發援助的辯論聲浪，在千年發展目標的整段時期內一直相當強大。

要終止這項辯論，有一派的思想，包括我自己的觀點在內，認為援助可

※ 圖 14.5　美國猶他州熊河（Bear River）鳥類保護區的太陽能面板
資料來源：*Solar Panels at Bear River Migratory Bird Refuge, Jason St. Sauver / USFWS, Flickr, CC BY 2.0.*

能很有用，在特定狀況下更是生死攸關。然而要使援助成功，此種援助必須善加鎖定目標並施予良好的管理。批判者來自不同的領域。有一派人士主張這種援助根本是不必要的、市場才是永遠的解決方案。對援助抱持懷疑論的第二派人士認為，援助是一種無法避免的浪費。第三派人士的論點認為，援助不僅是浪費，還會導致弱化，養成依賴的心態，損害與降低原動力。還有些人認為不管外國發生什麼事，他們都不希望被打擾。這些說法都已經喧擾多時，我想藉此簡單解釋，為什麼我相信援助是重要的。

　　對於大量的浪費這點，我同意對援助持懷疑論的看法。有些被稱為「援助」的案例實際上是將錢推進軍閥的口袋中。這種不是援助，至少不是發展援助（development aid），或許在外交政策上扮演某種角色（不過我懷疑這點）。然而，這絕對不是我支持達成永續目標的援助。

我的論點是，援助是行得通的，而且在特定情況下是攸關人命的。特別是當人們非常窮困且面臨生存或死亡的挑戰，例如瘧疾、愛滋病、安全分娩、安全的飲水、衛生設備，以及生長足夠維持生命的農作物。幾近絕望的窮人不是消費者，不會創造立即的利潤。透過貧窮國家貧乏的預算也不能解決迫切的需要。因此窮人需要其他來源的幫助。另一個問題是，透過國際援助是否可能提供有效的幫助，而且沒有太多的貪污、盜竊、官僚體系無效率的弱化？如果經過三思而後行，我的答案是肯定的。

我們當然需要努力思考設計有效的援助提供系統。我偏好的例子是對抗愛滋病、結核與瘧疾的全球基金與全球疫苗免疫聯盟。這兩個新組織集中來自較富裕國家的援助，擁有評估各種提案在受援助國家使用這些援助的專業程序，接著非常仔細監控，以判定援助是否有效的運用。我的看法，這是援助行得通的範例。將許多國家的捐款集中成為一個共用的基金，讓程序變得流暢。透過專家審查、仔細的量化監控與評估，產生一個行動計畫，分配特定數目的資金用於採購蚊帳、抗瘧疾藥物、診斷工具、緊急產科設備等，接著仔細監控往後發生的情況。

這類型援助運作非常良好的證據不勝枚舉。雖然有人高度懷疑全球基金與全球疫苗免疫聯盟的創建，但他們都交出了很好的成績，我們已經在現場看到成果。曾經發生過貪污案件，但是因為這個系統被仔細的監控，有數量化的目標及事後追蹤，因此即使發生金錢被偷，還是有可能阻止、改正，然後繼續執行。這類型的回饋系統是不可缺少的。

我相信我們需要更多的集資機制，更多的全球基金供醫療、安全飲水與衛生設備所需，供小農耕作，供所有人能使用低碳能源來源，以及供保護生物多樣性。我們有全球環境機構（Global Environment Facility），這個機構是在

〈生物多樣性公約〉之下成立，使我們向前邁進一大步。與其將所有不同類型的政策與計畫混在一起，然後宣稱注定失敗，我們需要明確並且了解哪些方向是比較可能會成功的方向。我們也需要在籌募資金上創新，建立更多公共、私人部門的合夥關係，讓私人與公共部門的資金籌募能以一整套的方式連接，以符合適當類型的法規程序。為了更乾淨的能源與新的基礎建設，我們需要公共、私人部門的合夥關係。在科技發展上，我們已有成功的案例，例如對抗愛滋病的抗病毒藥物。

有效的政府開發援助與公共財源，大體上需要嚴謹的規劃程序、後向估計、路徑規劃、監控、評估，以及策略更新。當這種有效的系統就位後，支援永續發展目標的全球成本可能會以相當於全球每年產出的 1% 至 2%，達成我們需要的轉型，包括公共財源加上政府開發援助，再加上公共、私人部門的合夥關係。這是個相當粗略的估計，需要在未來一兩年內精密的估算。這種水準的籌資不會讓銀行倒閉，也不會單單透過市場進行。為國家需求規劃的預算提供一項明確有效的官方籌資策略，其中特別是為貧窮國家設立的政府開發援助，將在永續發展目標的成功過程中起重要作用。

## 良善治理的原則

我認為永續發展有四個主要層面。經濟發展、社會包容、環境永續這三個是傳統上的看法，但是所有這三個層面都需要良善治理的支持。良善治理對於永續發展目標最後的成功與失敗將起核心作用，因此我們理所當然要想清楚這個字眼代表的真正意義。治理是關於行為的準則，特別是在組織內。不只是關於我們的政治與政府，也關係到在永續發展扮演關鍵角色的大型機構，包括我們的私人企業在內。良善治理包含公共部門與私人部門，特別是私人部門中的大型跨國企業。

　　很清楚的是全球有許多類型的政府與許多套治理原則，因此只採行一套政治準則執掌永續發展目標的執行，是行不通的。與其使用一體適用的指令，公共與私人部門應該使用特定的共同治理原則。

　　第一項原則是當責（accountability）。政府與企業需要為他們的行動當責。企業有一部分是對市場當責，但是他們也要對法院當責，對公共輿論當責。各國政府在民主選舉中要對他們的公民當責，即使是在非民主國家他們也要當責。透過當責，我的意思不是指一套特定的選舉準則，雖然其中有些準則優於其他準則，而是各國政府將採納一些目標，並且當責的透過概述如何達成這些目標的措施、報告這些措施、將朝向這些目標的進度提供給大眾評估。這種方式應該是橫跨任何政治體制的做法。

　　這就需要第二種特色，這種特色超越特定的政府或企業組織：透明度。身為公民，身為市場參與者，身為人類的一分子，除非我們知道這些行動與行為，否則我們無法要求政府與企業為他們的行動負責。這代表我們必須對一些保護機密的大型機構施壓，包括全球那些制度化的租稅天堂或「機密天堂」（secrecy havens）的機構，這些天堂讓人們隱匿他們的金錢與行為，這些行為甚至會對終結全球赤貧與拯救地球的全球目標形成巨大衝擊。任何不同政治體制的政府都有提供透明度的責任。

　　第三個關鍵原則是參與度（participation）：在決策過程中，公民與利益關係人相對企業的參與能力。當然，關於此點有許多不同觀點與許多不同的參與方式。選舉是一種參與方式，但是這不能是唯一的方式。透過公眾演說，透過公眾評議，透過立法的公聽會都是極端重要的方式。同樣的，企業也需要透過制度化的工具與明確程序，不但是股東而且也包括員工、供應商、消費者，讓所有利益關係人參與。良好的企業運作永遠必須採取多重利益關係人參與的方式。

　　良善治理的第四個方面，應被歸入責任的是「污染者付費原則」（polluter

pays principle），也就是我們所有人在污染後都必清除乾淨。不論是個別消費者或是企業的一部分，對別人施加的成本，但未反映在市場價格上，例如當企業污染水或空氣，我們需要擔負這種成本。經濟學家稱之為「外部性的內在化」（internalizing the externality），代表企業與消費者必須對他們的行為負擔完整的社會成本。

這就要考慮企業責任的問題。例如，企業在一個環保標準不足的貧窮國家營運而污染那個國家是否是對的，即使技術上並未違法？一些極端人士的看法是如果並未違法，那麼該公司實際上有污染那個國家的責任，以使股東利潤最大化。我的看法，這明顯是種錯誤的觀點。相反的，我們應該堅持該公司停止創造外部傷害（例如污染），即使技術上這種行為是合法的。我的觀點與一種古老但非常重要的法律原則，拉丁文是「primum non nocere」，意思是「首先，不得傷害」（First, do no harm）。即使法律因為任何原因允許一家公司對別人施加成本，該公司有責任不這麼做，因為我們較高的責任是一種不得傷害的道德標準。

最後我要說的是，良善治理包括對永續發展明確的正面承諾。各國政府對這個星球的需要有一種責任。在這個彼此相互連結的世界中，良善治理也是一種朝向永續發展的全球承諾與全球參與的責任。

然而，我們尚未抵達那裡。在 2015 年以前詳細說明永續發展目標與往後的執行，將是改善全球治理的一次重要的機會。如果這些責任、透明度、參與度、污染者付費的基本原則，以及對永續發展的承諾以某種形式獲得全球採納，相信我們將能產生重大的進展。各國政府能更有效的攜手合作，而且企業也能扮演負責任的角色，更致力於追求永續發展而非製造更多的傷害，例如反氣候變遷的宣傳或是企業遊說。當我們走向良善治理來支持永續發展目標時，在我們的公共與私人部門中，都需要上述那種負責任的領導力。

## ▍永續發展是否可行？

　　永續發展是否可行？我們能否詳細說明永續發展目標，並且及時執行這些目標？在這個令人困惑的、讓人煩惱的、心煩意亂的世界中，人類正以多種強烈方式偏離正常軌道，而被氣候變遷、第6次生物大滅絕、都市處於危險之中、糧食供應遭受威脅、大量人口流亡、所得不平等擴大、高度的青年失業率、政治分崩離析這些陰影壟罩。我們甚至是否有回到正常軌道上的可能？這是個非常深沉、讓人擔憂的問題。

　　世界上一些最重要的思想家已經提出嚴重的質疑。3位我非常景仰的作家最近讓我對他們的悲觀看法不寒而慄。珍‧雅各（Jane Jacobs）是全球最偉大的都市規劃專家之一，也是永續都市領域活躍的支持者，她在晚年寫了一本名為《集體失憶的黑暗年代》（*Dark Age Ahead*）的著作，讀過這位出色思想家的書後，讓我深感不安。她認為我們不但走錯了路，各種趨勢還會持續惡化，社會正在耗損、高等教育功能出現障礙、政府為既得利益者服務而忘卻那些真正需要的人。同時，我們有種文化會將我們偏離核心的挑戰。

　　此外，偉大的天文學家馬丁‧瑞斯爵士（Lord Martin Rees）撰寫的《我們最後的世紀：人類是否能活過21世紀？》（*Our Final Century: Will the Human Race Survive the Twenty-First Century?*）的悲觀主義無人出其右。書名已經說明了一切，瑞斯爵士認為有解脫之道，但是情況危險到無以復加。身為偉大的生態學家，率先指出全球每個生態系統相互交織，以及「蓋亞假說」發明人洛夫洛克，在最近《蓋亞的復仇》（*The Revenge of Gaia*）一書中指稱，我們已經越過這個星球的安全極限，注定面臨災難。他後來說他或許太過悲觀，但是如果我們對於眼前的路途仍然油腔滑調，那我們就會造成嚴重錯誤。

　　簡單的說，永續發展是人類有史以來面臨最大、最複雜的挑戰。單是氣候變遷還不會十分困難，還要加上其他像是全球快速都市化的挑戰。

由於人類對生態系統的掌控造成生物滅絕的過程正在進行，人口不斷增加，從海洋與土地抽出過多的資源，大量非法交易等所有其他已經討論過的問題。這些是複雜的問題，也是以科學為基礎的問題，但欠缺全球大眾對科學基礎的認識；這些是混亂、非線性、複雜體系極端不確定的問題，這是個多世代的問題。

我們還沒準備好思考這個問題，但這些問題已進入我們經濟生活的核心，像是能源、運輸、基礎建設、糧食供給，所有這些問題都需要大規模的翻修。

力量強大的既得利益者，像是大型石油公司，已經妨礙工作執行的透明與進展。同時，我們剩下的空間十分有限，部分原因是自從里約高峰會以來，已經浪費了 22 年，即使我們在更早的數十年前已經注意到這些問題。

我們不可放棄希望。透過後向估計與路徑規劃，我們已經發現非常特定的方式，如何從這裡到達我們需要去的地方。我們已經找出能將能源系統脫碳的科技，並導向巨大的能源效率；我們已經找出能大幅提高土地經濟效率的方法、提高農業生產力、降低氮與磷的外溢與毒化河口；我們已經顯示都市能如何事先規劃與設計有智慧的基礎建設。這些都是我們唾手可得的機會，而不是奇怪的科學幻想，是我們知道如何去做，成本也絕對在可行的範圍之內。在許多情況下，例如風電力與太陽能電力，這些成本已經與傳統科技接近，至少是在世界上一些我們偏好的地區。

我們能看到永續發展目標將如何成功，正如千年發展目標的巨大進展。我認為雖然有犬儒主義、黑暗、迷惑，以及關於這些問題的可悲政治，我們能進行突破。雖然看起來政治的反應遲鈍，但情勢是能改變的。

思想在整個人類歷史中是具有改革能力的，過去兩個世紀中也激勵了一些最偉大的改革運動。首先思考奴隸制度的終結。大英帝國宣布奴隸制度為不合法就是大規模社會運動的結果，這是現代史中的創舉。

　　在 18 世紀末期與 19 世紀初期，英國政界領袖如威廉‧威伯福斯（William Wilberforce）、格倫維爾‧夏普（Granville Sharp）、格倫維爾‧夏普（Granville Sharp）、查爾斯‧福克斯（Charles James Fox），以及小威廉‧皮特（William Pittthe Younger）挑戰這種深植於經濟利益的奴隸制度。經過數十年面對群起而攻的犬儒主義與骯髒交易後，大英帝國於 1807 年廢除奴隸貿易，1833 年在整個英國領地完全廢除奴隸制度，這項舉動完全違背根深柢固的英國經濟利益。到最後，思想與道德成為改變的根本力量。

　　與歐洲殖民主義的鬥爭是由聖雄甘地（圖 14.6）率領，以及非洲與亞洲許多同時代的人物，最初看來似乎也是不可能的。在 1910 或 1930 年時，人們會下賭注賭甘地會被遺忘，並且直到現在英國仍將繼續統治印度與非洲。結果，當然是甘地的領導力終結了殖民主義，就我們的時代眼光來看，這是正確的道德回應，也因而鼓勵了民權運動、人權運動及許許多多類似的運動。思想的強大威力扮演了重要角色，使得既得利益與根深柢固的權力結構到最後完全瓦解。

　　接著是人權運動，一部分是由愛蓮娜‧羅斯福（Eleanor Roosevelt）領導，她擁護聯合國〈世界人權宣言〉。這份道德憲章很不幸的每天遭到侵犯，但是它已經改變了這個世界。這份宣言已經擴展人權的承認與到達，賦予像是千年發展目標等重大倡議的權力，並且已經在大眾之間產生實際成果。

　　這些思想當然也鼓舞了民權運動。誠如偉大的民權運動馬丁路德‧金恩（Martin Luther King Jr.）說：「道德宇宙軌跡雖漫長，但終將歸向正義。」思想與道德不斷為偉大的突破鋪路。女權運動是我們這個時代的思想，這項運動在我們走向永續發展的道路上起了莊嚴與決定性的作用。嚴格來說，打造這條道路已經花了好幾百年，直到最近數十年才獲得重大進展，而且通常發生在最不起眼的地方，以及大半來自勇敢的政治改革家。

　　這將我們帶回到這個時代的關鍵思想。「我們能終結赤貧的思想」現在

※　圖 14.6　聖雄甘地
資料來源：*Gandhi during prayer at Mumbai, September 1944.*

是世界銀行之類等大型機構的正式法律原則，很快就會成為永續發展目標的核心。永續發展的思想現在已經成為一項全球性的承諾，要追求更安全、更繁榮及更公平正義的世界。在所有的這些思想中，有一種道德標準的支柱。當我們談到朝向全球的永續發展目標，等於也在討論全球共同道德標準的需要與可能性。令人振奮的是，全球許多宗教領袖已經聚在一起並宣稱這個世界的宗教有共同道德標準的支柱，將支持像是永續發展目標的共同承諾，包括「黃金律」；對「首先，不得傷害」的承諾；良善治理的標準；以及人權，責任、透明度、參與度。

　　半個世紀以前，美國歷史上有兩次偉大的事件，讓價值觀改變了歷史：美國民權運動與甘迺迪總統尋求與蘇聯和談。這兩次事件對我們今天的挑戰提供了鼓舞。1963 年甘迺迪總統與蘇聯成功簽訂〈部分禁止核試驗條約〉（Partial Nuclear Test Ban Treaty），這是自雙方核武競賽與 1962 年古巴飛彈危機接近核戰邊緣以來，降低雙方緊張關係的重大步驟。讓人震驚與振奮人心的是甘迺迪使用思想與言語，而非武力，就達成這項和平進展。今天他的言語能教導我們如何達成永續發展。

　　甘迺迪總統於 1963 年 6 月 10 日發表一篇被稱為〈和平演說〉的演講。這是一篇關於價值觀、人權、思想的演講，當中最重要的思想是人類能和平的解決問題也能共存，因為我們擁有相同之處遠比我們的分歧來的重要。甘迺迪說：

　　人類命運的問題並不凌駕在人類之上。人的理性與勇氣經常解決看起來解決不了的（問題），我相信它們能再一次的這麼做。我指的不是宇宙和平這類無窮無盡的概念，也不是一些幻想與狂熱分子夢想的善行。我不否認希望與夢想的價值，但是這麼做只會引來挫折與懷疑，認為那是我們唯一與直接的目標。相反的，讓我們專注一種更實際與更可以達到的和平，不是基於人性的突然改變，而是人類制度的逐漸演進。一系列具體行動與有效協定，這符合每一個人的利益。這項和平沒有單一、簡單的解答；沒有豪華或神奇的公式讓少數強權採納。真正的和平必須是許多國家、許多行動的成果。這項和平必須是動態，而非靜態的改變，以符合每一個新世代的需求。因為和平是一種過程，一種解決問題的方式。

　　永續發展也是一種過程，一種和平的、全球的解決問題的方式，運用的是我們的科技、我們的知識，以及全球共同的道德標準，處理我們共同的需求。甘迺迪掌握了美國與蘇聯之間的分歧、重大價值觀與政治體系的分歧，以及瞄準彼此的核子武器。但是他的訊息是我們有共同利益，並且能和平的解決我們的問題。他用一種極盡優美的方式描述這些共同利益，直到今天仍然迴響不絕：

因此讓我們不要無視於我們的分歧，但是也讓我們直接關注我們的共同利益，以及透過那些方法能解決我們的分歧。如果我們現在不能終結這些分歧，至少能有助於讓這個世界在分歧下保持安全。追根究柢，我們最基本的共同聯繫是，我們都生活在這個小小的星球，我們都呼吸著相同的空氣，我們都珍惜我們孩子的未來，我們都是凡人。

是的，我們所有人今天都呼吸著相同的空氣，每 100 萬個空氣分子中有 400 個二氧化碳分子的空氣；這對我們的福祉與未來生存是個威脅。我們都珍惜我們孩子的未來，也都知道有什麼是需要做的。在甘迺迪發表和平演說後，他訪問歐洲並且訪問他的祖國愛爾蘭，在愛爾蘭國會發表了一篇精彩的演講：

這是個非凡的國家。蕭伯納以愛爾蘭人的身分總結他對人生的看法，他說：「其他人看事情，都會說為什麼？……但是我夢想的事情永遠都不存在，而且我會說為什麼不？」這種希望、信心、想像力的非凡結合，即所謂「愛爾蘭的品格」，正是我們今天最需要的。這個世界的問題不可能由懷疑論者或犬儒主義者解決，他們的眼界受限於明顯的現實環境。我們需要的人是能夢想向來都不存在的事物，並且質問「為什麼不？」

甘迺迪讓他的和平協定獲得簽署，並且有助於這個世界從核戰邊緣退後一步。這是個務實與逐步過程的一部分，而我們再次需要這種務實的過程。誠如甘迺迪所說，我們需要超越懷疑論者或犬儒主義者的眼界，他們有一切理由指出所有的困難，但是我們需要前瞻性的眼光看到我們需要做什麼，以及找到達成這個目標的途徑。

1963 年秋天，就在〈部分禁止核子試驗條約〉簽署後，甘迺迪在聯合國最後一次對世界領袖的演說中，以卓越不凡的話語結束他的演說，直到今天仍是引領我們的指南，他說：「阿基米德在對他的朋友解釋槓桿原理時說：『給我一個支點，我將移動這個世界。』在這個星球上居住的同胞們，讓我們在這個世界各國的大會中堅定我們的立場；在這個時代中，讓我們檢視我們是否能讓這個世界達成公正與持久的和平。」

　　現在輪到我們了，看我們是否能推動這個世界朝向永續發展。

# 參考書目

Arrhenius, Svante. 1896. "On the Influence of Carbonic Acid in the Air Upon the Temperature of the Ground." *Philosophical Magazine and Journal of Science* 5(41): 237–276.

Arrow, Kenneth. 1963. "Uncertainty and the Welfare Economics of Medical Care." *American Economic Review* 53(5): 941–973.

Bairoch, Paul, and Gary Goertz. 1985. "Factors of Urbanisation in the Nineteenth Century Developed Countries: A Descriptive and Econometric Analysis." *Urban Studies* 23: 285–305.

Brundtland, Gro Harlem, and World Commission on Environment and Development. 1987. *Our Common Future: Report of the World Commission on Environment and Development*. Oxford: Oxford University.

Cook, Benjamin I., Jason E. Smerdon, Richard Seager, and Sloan Coats. 2014. "Global Warming and 21st Century Drying." *Climate Dynamics*. doi: 10.1007/s00382-014-2075-y.

Corak, Miles. 2009. *Chasing the Same Dream, Climbing Different Ladders: Economic Mobility in the United States and Canada*. Washington, DC: Pew Charitable Trusts Economic Mobility Project.

——. 2013. "Income Inequality, Equality of Opportunity, and Intergenerational Mobility." *Journal of Economic Perspectives* 27(3): 79–102.

Dobermann, Achim, and Rebecca Nelson. 2013. "Opportunities and Solutions for Sustainable Food Production." Background Paper for the High-Level Panel of Eminent Persons on the Post-2015 Development Agenda. New York: Sustainable Development Solutions Network.

Eidlin, Eric. 2010. "What Density Doesn't Tell Us About Sprawl." *ACCESS* 37: 2–9.

Gallup, John, Andrew Mellinger, and Jeffrey D. Sachs. 2000. "Climate, Coastal Proximity, and Development." In *The Oxford Handbook of Economic Geography*, ed. Gordon L. Clark, Maryann P. Feldman, and Meric S. Gertler, 169–194. Oxford: Oxford University Press.

Hansen, James, and Makiko Sato. 2012. "Paleoclimate Implications for Human-Made Climate Change." In *Climate Change: Inferences from Paleoclimate and Regional Aspects*, ed. André Berger, Fedor Mesinger, and Djordjie Šijački, 21–48. Heidelberg: Springer.

Hansen, James, Makiko Sato, and Reto Ruedy. 2012. "Perception of Climate Change." *Proceedings of the National Academy of Sciences* 109(37): E2415–E2423.

Heckman, James J. 2006. "Skill Formation and the Economics of Investing in Disadvantaged Children." *Science* 31(5782): 1900–1902. doi:10.1126/science.1128898.

———. 2008. "Schools, Skills, and Synapses." IZA Discussion Paper No. 3515. http://ftp.iza.org/dp3515.pdf.

Helliwell, John, Richard Layard, and Jeffrey D. Sachs. 2013. *World Happiness Report.* New York: Sustainable Development Solutions Network.

High-Level Panel of Eminent Persons on the Post-2015 Development Agenda. 2013. *A New Global Partnership: Eradicate Poverty and Transform Economies Through Sustainable Development.* New York: United Nations Publications.

International Conference on Primary Health Care, Alma-Ata, USSR, 6-12 September. 1978. "Declaration of Alma-Ata."

Institute of Medicine. 2013. *Best Care at Lower Cost: The Path to Continuously Learning Health Care in America.* Washington, DC: National Academies Press.

International Monetary Fund. 2014. "World Economic Outlook Database." Last Modified April 2014. www.imf.org/external/pubs/ft/weo/2014/01/weodata/index.aspx.

International Union for Conservation of Nature. 1980. *World Conservation Strategy: Living Resource Conservation for Sustainable Development.* Gland, Switzerland: IUCN.

IPCC. 2013. "Summary for Policymakers." In *Climate Change 2013: The Physical Science Basis. Contribution of Working Group I to the Fifth Assessment Report of the Intergovernmental Panel on Climate Change,* ed. T.F. Stocker, D. Qin, G.-K. Plattner, M. Tignor, S.K. Allen, J. Boschung et al. Cambridge: Cambridge University Press.

Kennedy, John F. 1963a. "Address to the UN General Assembly." Speech to UN General Assembly, New York, September 20.

———. 1963b. "Address Before the Irish Parliament." Speech to Irish Parliament, Dublin, June 28.

———. 1963c. "A Strategy of Peace." Commencement address to American University, Washington, DC, June 10.

Keynes, John Maynard. 1920. *The Economic Consequences of the Peace.* Library of Economics and Liberty. Accessed June 26, 2014. http://www.econlib.org/library/YPDBooks/Keynes/kynsCP2.html.

———. 1930. "Economic Possibilities for Our Grandchildren." www.econ.yale.edu/smith/econ116a/keynes1.pdf.

Kiszewski, Anthony, Andrew Mellinger, Andrew Spielman, Pia Malaney, Sonia Ehrlich Sachs, and Jeffrey Sachs. 2004. "A Global Index Representing the Stability of Malaria Transmission." *American Journal of Tropical Medicine and Hygiene* 70(5): 486–498.

Lackner, Klaus S., Sarah Brennan, Jürg M. Matter, A.-H. Alissa Park, Allen Wright, and Bob van der Zwaan. 2012. "The Urgency of the Development of $CO_2$ Capture from Ambient Air." *Proceedings of the National Academy of Sciences* 109(33): 13156–13162.

Lenzen, Manfred, Dan Moran, Keiichiro Kanemoto, Barney Foran, Leonarda Lobefaro, and Arne Geschke. 2012. "International Trade Drives Biodiversity Threats in Developing Nations." *Nature* 486: 109–112.

Lovelock, James E. 1991. "The Earth as a Living Organism." In *Learning to Listen to the Land*, ed. Bill Willers, 11–16. Washington, DC: Island Press.

Maddison, Angus. 2006. *The World Economy*. Paris: Organization for Economic Co-operation and Development.

Marx, Karl, and Frederick Engels. 1848. *Manifesto of the Communist Party*. https://www.marxists.org/archive/marx/works/download/pdf/Manifesto.pdf.

McCord, Gordon, and Jeffrey Sachs. 2013. "Development, Structure, and Transformation: Some Evidence on Comparative Economic Growth." NBER Working Paper 19512. Washington, DC: National Bureau of Economic Research.

Millennium Ecosystem Assessment. 2005. *Ecosystems and Human Wellbeing: Synthesis*. Washington, DC: Island Press.

Millennium Villages Project. 2011. *The Millennium Villages Project: The Next Five Years: 2011–2015*. New York: Millennium Villages Project.

Muthayya, Sumithra, Jee Hyun Rah, Jonathan D. Sugimoto, Franz F. Roos, Klaus Kraemer, and Robert E. Black. 2013. "The Global Hidden Hunger Indices and Maps: An Advocacy Tool for Action." *PLoS One* 8(6): e67860.

National Center for Education Statistics. 2000. "Postsecondary Attainment." http://nces.ed.gov/ssbr/pages/attainment.asp.

National Scientific Council on the Developing Child and the National Forum on Early Childhood Policy and Programs. 2010. *The Foundations of Lifelong Health Are Built in Early Childhood*. Cambridge, Mass.: Harvard University Center on the Developing Child.

Nellemann, Christian, Monika MacDevette, Ton Manders, Bas Eickhout, Birger Svihus, Anne Gerdien Prins, and Bjørn P. Kaltenborn, eds. 2009. *The Environmental Food Crisis: The Environment's Role in Averting Future Food Crises*. A UNEP Rapid Response Assessment. Arendal, Norway: UNEP/GRID-Arendal.

One Million Community Health Workers Campaign. 2013. *Fact Sheet*. New York: Sustainable Development Solutions Network.

Organization for Economic Co-operation and Development. 2010. "History of the 0.7% ODA Target." www.oecd.org/dac/stats/45539274.pdf.

——. 2011. "Health at a Glance 2011: OECD Indicators." www.oecd-ilibrary.org/sites/health_glance-2011-en/07/01/index.html?itemId=/content/chapter/health_glance-2011-60-en.

——. 2014. "Official Development Assistance—Definition and Coverage." www.oecd.org/dac/stats/officialdevelopmentassistancedefinitionandcoverage.htm#Coverage.

Peters, Glen P., Robbie M. Andrew, Tom Boden, Josep G. Canadell, Philippe Ciais, Corinne Le Quéré, Gregg Marland et al. 2014. "The Challenge to Keep Global Warming Below 2 °C." *Nature Climate Change* 3: 4–6.

PlaNYC. 2009. *Inventory of New York City Greenhouse Gas Emissions: September 2009*. New York: Mayor's Office of Long-Term Planning & Sustainability.

——. 2011. *Update April 2011: A Greener, Greater New York*. New York: Mayor's Office of Long-Term Planning & Sustainability.

——. 2013. *Progress Report 2013: A Greener, Greater New York*. New York: Mayor's Office of Long-Term Planning & Sustainability.

Rockström, Johan, Will Steffen, Kevin Noone, Åsa Persson, F. Stuart Chapin, Eric F. Lambin, Timothy M. Lenton et al. 2009. "A Safe Operating Space for Humanity." *Nature* 461(24): 472–475.

Rockström, Johan, Jeffrey D. Sachs, Marcus C. Öhman, and Guido Schmidt-Traub. 2013. "Sustainable Development and Planetary Boundaries." Background Paper for the High-Level Panel of Eminent Persons on the Post-2015 Development Agenda. New York: Sustainable Development Solutions Network.

Rosegrant, Mark W., Simla Tokgoz, Prapti Bhandary, and Siwa Msangi. 2012. "Scenarios for the Future of Food." In *2012 Global Food Policy Report*, 89–101. Washington, DC: International Food Policy Research Institute.

Rubel, Franz, and Markus Kottek. 2010. "Observed and Projected Climate Shifts 1901–2100 Depicted by World Maps of the Köppen-Geiger Climate Classification." *Meteorologische Zeitschrift* 19: 135–141.

Sachs, Jeffrey D. 2005. *The End of Poverty: Economic Possibilities for Our Time*. New York: Penguin.

——. 2014. "The Case for Aid." *Foreign Policy*, January 21.

Sachs, Jeffrey D., and Guido Schmidt-Traub. 2013. "Financing for Development and Climate Change Post-2015." Background Paper for the High-Level Panel of Eminent Persons on the Post-2015 Development Agenda. New York: Sustainable Development Solutions Network.

Sachs, Jeffrey D., John W. McArthur, Guido Schmidt-Traub, Margaret Kruk, Chandrika Bahadur, Michael Faye, and Gordon McCord. 2004. "Ending Africa's Poverty Trap." *Brookings Papers on Economic Activity* 35(1): 117–240.

Schwartz, Marc, Donna Heimiller, Steve Haymes, and Walt Musial. 2010. *Assessment of Offshore Energy Resources for the United States*. Technical Report NREL/TP-500–45889. Golden, CO: National Renewable Energy Laboratory.

Schweinhart, Lawrence J., Jeanne Montie, Zongping Xiang, W. Steven Barnett, Clive R. Belfield, and Milagros Nores. 2005. *The High/Scope Perry Preschool Study Through Age 40: Summary, Conclusions, and Frequently Asked Questions*. Ypsilanti, Mich.: HighScope.

Scripps Institution of Oceanography. 2014. "The Keeling Curve." Accessed June 4, 2014. http://keeling-curve.ucsd.edu.

Secretariat of the Convention on Biological Diversity. 2010. *Global Biodiversity Outlook 3*. Montreal: Secretariat of the Convention on Biological Diversity.

Shell. 2014. "Prelude FLNG." Accessed June 4, 2014. www.shell.com/global/aboutshell/major-projects-2/prelude-flng.html.

Smith, Adam. 1776. *An Inquiry into the Nature and Causes of the Wealth of Nations*. http://www2.hn.psu.edu/faculty/jmanis/adam-smith/wealth-nations.pdf.

Stern, Nicholas. 2006. *The Stern Review Report: The Economics of Climate Change*. London: HM Treasury.

Squires, David A. 2012. "Explaining High Health Care Spending In the United States: An International Comparison of Supply, Utilization, Prices, and Quality." *Issues in International Health Policy* 10: 1–14.

Sustainable Development Solutions Network. 2012a. *Draft Framework for Sustainable Development*. New York: Sustainable Development Solutions Network.

———. 2012b. "Global Profile of Extreme Poverty." Background Paper for the High-Level Panel of Eminent Persons on the Post-2015 Development Agenda. New York: Sustainable Development Solutions Network.

———. 2013. *An Action Agenda for Sustainable Development*. New York: Sustainable Development Solutions Network.

Sustainable Development Solutions Network Thematic Group on Challenges of Social Inclusion. 2013. *Achieving Gender Equality, Social Inclusion, and Human Rights for All: Challenges and Priorities for the Sustainable Development Agenda*. New York: Sustainable Development Solutions Network.

Sustainable Development Solutions Network Thematic Group on Early Childhood Development, Education and Transition to Work. 2014. *The Future of Our Children: Lifelong, Multi-Generational Learning for Sustainable Development*. New York: Sustainable Development Solutions Network.

Sustainable Development Solutions Network Thematic Group on Health for All. 2014. *Health in the Framework of Sustainable Development: Technical Report for the Post-2015 Development Agenda*. New York: Sustainable Development Solutions Network.

Sustainable Development Solutions Network Thematic Group on Sustainable Agriculture and Food Systems. 2013. *Solutions for Sustainable Agriculture and Food Systems: Technical Report for the Post-2015 Development Agenda*. New York: Sustainable Development Solutions Network.

Sustainable Development Solutions Network Thematic Group on Sustainable Cities. 2013. "The Urban Opportunity: Enabling Transformative and Sustainable Development." Background Paper for the High-Level Panel of Eminent Persons on the Post-2015 Development Agenda. New York: Sustainable Development Solutions Network.

Sutton, Mark A., Clare M. Howard, Jan Willem Erisman, Gilles Billen, Albert Bleeker, Peringe Grennfelt, Hans van Grinsven et al., eds. 2011. *The European Nitrogen Assessment: Sources, Effects and Policy Perspectives*. Cambridge: Cambridge University Press.

Swartz, Wilf, Enric Sala, Sean Tracey, Reg Watson, and Daniel Pauly. 2010. "The Spatial Expansion and Ecological Footprint of Fisheries (1950 to Present)." *PLoS One* 5(12): e15143.

Tollefson, Jeff, and Natasha Gilbert. 2012. "Rio Report Card." *Nature* 468: 20–23.

Transparency International. 2013. "Corruption Perceptions Index 2013." Accessed June 4, 2014. http://cpi.transparency.org/cpi2013/results.

United Nations. 1973. Convention on International Trade in Endangered Species of Wild Fauna and Flora (993 UNTS 243).

———. 1992a. Convention on Biological Diversity (1760 UNTS 79).

———. 1992b. United Nations Framework Convention on Climate Change (1771 UNTS 107).

———. 1994. United Nations Convention to Combat Desertification in Countries Experiencing Serious Drought and/or Desertification, Particularly in Africa (1954 UNTS 3).

———. 1998. Kyoto Protocol to the United Nations Framework Convention on Climate Change. (FCCC/CP/1997/7/Add.1).

United Nations Convention to Combat Desertification. 2013. *The Economics of Desertification, Land Degradation and Drought: Methodologies and Analysis for Decision-Making*. Background Document for UNCCD 2nd Scientific Conference, Bonn, Germany, 9–12 April 2013.

United Nations Department of Economic and Social Affairs Division for Social Policy and Development, Secretariat of the Permanent Forum on Indigenous Issues. 2009. *State of the World's Indigenous Peoples.* New York: United Nations.

United Nations Department of Economic and Social Affairs Population Division (DESA Population Division). 2012. "World Urbanization Prospects: The 2011 Revision." http://esa.un.org/unup /CD-ROM/Urban-Agglomerations.htm.

——. 2013. "World Population Prospects: The 2012 Revision." http://esa.un.org/wpp/Excel-Data /population.htm.

United Nations Development Programme. 2013. *Human Development Report 2013. The Rise of the South: Human Progress in a Diverse World.* New York: United Nations Development Programme.

——. 2013a. "Gender Inequality Index (GII)." Accessed June 4, 2014. http://hdr.undp.org/en/statistics /gii.

——. 2014b. "Human Development Index (HDI)." Accessed June 4, 2014. http://hdr.undp.org/en /statistics/hdi.

United Nations Environment Programme. 2012. *Global Environment Outlook 5: Summary for Policy Makers.* Nairobi: United Nations Environment Programme.

——. 2014. *Assessing Global Land Use: Balancing Consumption with Sustainable Supply. A Report of the Working Group on Land and Soils of the International Resource Panel.* Nairobi: United Nations Environment Programme.

United Nations General Assembly, 3rd Session. 1948. "Universal Declaration of Human Rights." (217 A (III)). New York: United Nations.

——, 21st Session. 1966a. "International Covenant on Civil and Political Rights" (A/RES/21/2200). New York: United Nations.

——, 21st Session. 1966b. "International Covenant on Economic, Social and Cultural Rights" (A/RES /21/2200). New York: United Nations.

——, 55th Session. 2000. "United Nations Millennium Declaration" (A/RES/55/2). New York: United Nations.

——, 66th Session. 2012. "The Future We Want" (A/RES/66/288). New York: United Nations.

United Nations Millennium Project. 2005a. *Halving Hunger: It Can Be Done. Summary Version of the Report of the Task Force on Hunger.* New York: Earth Institute.

——. 2005b. *Investing in Development: A Practical Plan to Achieve the Millennium Development Goals. Overview.* New York: United Nations Development Programme.

United Nations Secretary-General's High-Level Group on Sustainable Energy for All. 2012. *Sustainable Energy for All: A Framework for Action.* New York: United Nations.

United Nations Statistics Division. 2008. *Official List of MDG Indicators.* http://unstats.un.org/unsd /mdg/Host.aspx?Content=Indicators/OfficialList.htm.

Vitousek, Peter M., Harold A. Mooney, Jane Lubchenco, and Jerry M. Melillo. 1997. "Human Domination of Earth's Ecosystems." *Science* 277(5352): 494–499.

Walker, Susan P., Theodore D. Wachs, Sally Grantham-McGregor, Maureen M. Black, Charles A. Nelson, Sandra L. Huffman, Helen Baker-Henningham et al. 2011. "Inequality in Early Childhood: Risk and Protective Factors for Early Child Development." *Lancet* 378(9799): 1325–1338.

Wildlife Conservation Society and Center for International Earth Science Information Network, Columbia University. 2005. *Last of the Wild Project, Version 2, 2005 (LWP-2): Global Human Footprint Dataset (IGHP)*. Palisades, NY: NASA Socioeconomic Data and Applications Center. http://dx.doi.org/10.7927/H4GF0RFQ.

Williams, James H., Andrew DeBenedictis, Rebecca Ghanadan, Amber Mahone, Jack Moore, William R. Morrow III, Snuller Price et al. 2012. "The Technology Path to Deep Greenhouse Gas Emissions Cuts by 2050: The Pivotal Role of Electricity." *Science* 335(6064): 53–59.

Wilson, Edward O. 1984. *Biophilia*. Cambridge, Mass.: Harvard University Press.

World Bank. 2014a. "EdStats: Education Statistics." Accessed June 4, 2014. http://datatopics.worldbank.org/education.

———. 2014b. "World Development Indicators: Maternal Mortality Ratio (Modeled Estimate, per 100,000 Live Births)." Accessed June 4, 2014. http://data.worldbank.org/indicator/SH.DYN.MORT.

———. 2014c. "World Development Indicators: Mortality Rate, Under-5 (per 1,000 Live Births)." Accessed June 4, 2014. http://data.worldbank.org/indicator/SH.DYN.MORT.

———. 2014d. "World Development Indicators: Poverty Headcount Ratio at $1.25 a Day (PPP) (% of Population)." Accessed June 4, 2014. http://data.worldbank.org/topic/poverty.

World Health Organization. 2001. *Macroeconomics and Health: Investing in Health for Economic Development: Report of the Commission on Macroeconomics and Health*. Geneva: World Health Organization.

World Summit on Sustainable Development. 2002. *Plan of Implementation of the World Summit on Sustainable Development*. http://www.un.org/esa/sustdev/documents/WSSD_POI_PD/English/WSSD_PlanImpl.pdf.

閱讀筆記

閱讀筆記

閱讀筆記

閱讀筆記

閱讀筆記

財經企管 BCB549A

# 永續發展新紀元
## The Age of Sustainable Development

國家圖書館出版品預行編目 (CIP) 資料

永續發展新紀元／傑佛瑞‧薩克斯（Jeffrey
D. Sachs）著；周曉琪，羅耀宗合譯 . -- 第
一版 . -- 臺北市：遠見天下文化，2015.06
　面；　　公分 . --（財經企管；BCB549）
譯自：The age of sustainable
development

ISBN 978-986-320-754-2（平裝）

1. 經濟發展 2. 永續發展

552.15　　　　　　　　　　　104009932

作者──傑佛瑞‧薩克斯（Jeffrey D. SACHS）
譯者──周曉琪、羅耀宗

總編輯──吳佩穎
責任編輯──王慧雲（特約）、周宜芳

出版者──遠見天下文化出版股份有限公司
創辦人──高希均、王力行
遠見‧天下文化 事業群董事長──高希均
事業群發行人／CEO──王力行
天下文化社長──林天來
天下文化總經理──林芳燕
國際事務開發部兼版權中心總監──潘欣
法律顧問──理律法律事務所陳長文律師
著作權顧問──魏啟翔律師
地址──台北市 104 松江路 93 巷 1 號 2 樓

讀者服務專線──02-2662-0012
傳真──02-2662-0007；02-2662-0009
電子信箱──cwpc@cwgv.com.tw
直接郵撥帳號──1326703-6 號　遠見天下文化出版股份有限公司

電腦排版──中原造像股份有限公司
製版廠──中原造像股份有限公司
印刷廠──中原造像股份有限公司
裝訂廠──精益裝訂股份有限公司
登記證──局版台業字第 2517 號
總經銷──大和書報圖書股份有限公司 電話／(02)8990-2588
出版日期──2015 年 6 月 30 日 第一版第一次印行
　　　　　2023 年 4 月 25 日 第二版第二次印行

定價 ─ NT$750
EAN 4713510943168
書號 ─ BCB549A
天下文化官網 ─ bookzone.cwgv.com.tw

本書如有缺頁、破損、裝訂錯誤，請寄回本公司調換。
本書僅代表作者言論，不代表本社立場。